PROGRAMMWÄHLSCHEIBE

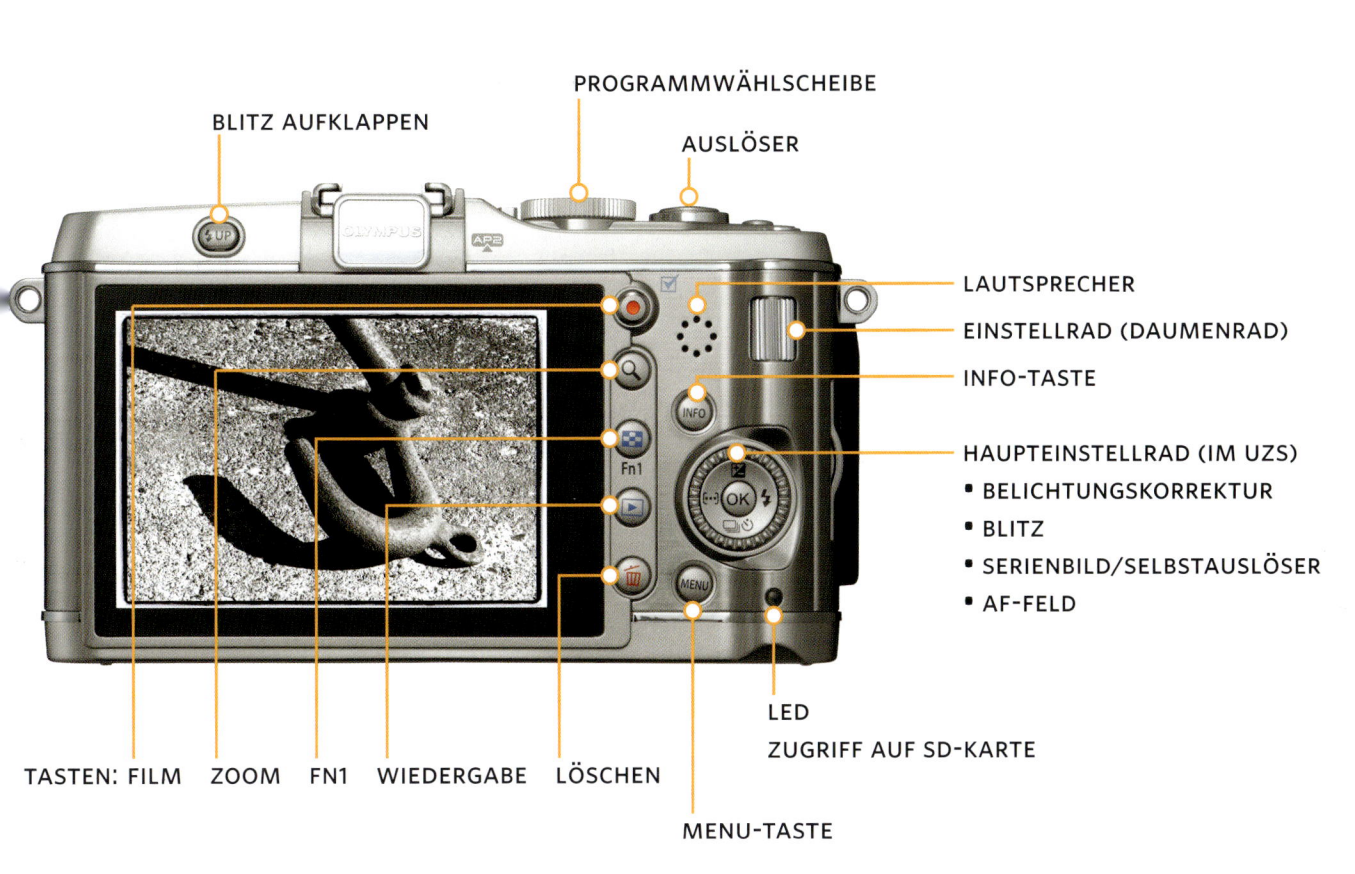

BLITZ AUFKLAPPEN

AUSLÖSER

LAUTSPRECHER

EINSTELLRAD (DAUMENRAD)

INFO-TASTE

HAUPTEINSTELLRAD (IM UZS)
- BELICHTUNGSKORREKTUR
- BLITZ
- SERIENBILD/SELBSTAUSLÖSER
- AF-FELD

LED
ZUGRIFF AUF SD-KARTE

TASTEN: FILM   ZOOM   FN1   WIEDERGABE   LÖSCHEN

MENU-TASTE

Reinhard Wagner

**Profibuch
Olympus PEN** E-P3 · E-PL3 · E-PM1

Reinhard Wagner

Profibuch
Olympus PEN
E-P3 · E-PL3 · E-PM1

371 Abbildungen

FRANZIS

Bibliografische Information der Deutschen Bibliothek

Die Deutsche Bibliothek verzeichnet diese Publikation in der Deutschen Nationalbibliografie; detaillierte Daten sind im Internet über http://dnb.ddb.de abrufbar.

Hinweis: Alle Angaben in diesem Buch wurden vom Autor mit größter Sorgfalt erarbeitet bzw. zusammengestellt und unter Einschaltung wirksamer Kontrollmaßnahmen reproduziert. Trotzdem sind Fehler nicht ganz auszuschließen. Der Verlag und der Autor sehen sich deshalb gezwungen, darauf hinzuweisen, dass sie weder eine Garantie noch die juristische Verantwortung oder irgendeine Haftung für Folgen, die auf fehlerhafte Angaben zurückgehen, übernehmen können. Für die Mitteilung etwaiger Fehler sind Verlag und Autor jederzeit dankbar. Internetadressen oder Versionsnummern stellen den bei Redaktionsschluss verfügbaren Informationsstand dar. Verlag und Autor übernehmen keinerlei Verantwortung oder Haftung für Veränderungen, die sich aus nicht von ihnen zu vertretenden Umständen ergeben. Evtl. beigefügte oder zum Download angebotene Dateien und Informationen dienen ausschließlich der nicht gewerblichen Nutzung. Eine gewerbliche Nutzung ist nur mit Zustimmung des Lizenzinhabers möglich.

© 2011 Franzis Verlag GmbH, 85540 Haar bei München

Alle Rechte vorbehalten, auch die der fotomechanischen Wiedergabe und der Speicherung in elektronischen Medien. Das Erstellen und Verbreiten von Kopien auf Papier, auf Datenträgern oder im Internet, insbesondere als PDF, ist nur mit ausdrücklicher Genehmigung des Verlags gestattet und wird widrigenfalls strafrechtlich verfolgt.

Die meisten Produktbezeichnungen von Hard- und Software sowie Firmennamen und Firmenlogos, die in diesem Werk genannt werden, sind in der Regel gleichzeitig auch eingetragene Warenzeichen und sollten als solche betrachtet werden. Der Verlag folgt bei den Produktbezeichnungen im Wesentlichen den Schreibweisen der Hersteller.

Herausgeber: Ulrich Dorn
Satz & Layout: G&U Language & Publishing Services GmbH, Flensburg
art & design: www.ideehoch2.de
Druck: GGP Media GmbH, Pößneck
Printed in Germany

ISBN 978-3-645-**60142-9**

Vorwort

Zwei Sommer sind bereits vergangen seit die erste digitale Olympus PEN E-P1 auf dem Kameramarkt für Furore sorgte. Ein metallener Kamerabody im silbernen Retro-Look. Dazu gab es ein Standardzoom mit Ausklappmechanik, eine lichtstarke Weitwinkelfestbrennweite im Pancake-Format und einen Adapter, damit man auch die bisherigen FourThirds-Objektive anschließen konnte. Die Kamera schlug ein wie eine Bombe, weil das winzige Ding in der Bildqualität mit den großen DSLRs mithalten konnte und zudem irrsinnig stylish aussah – von ihrer Schönheit hat sie bis heute nichts eingebüßt. Und auch die neuen Modelle E-P3, E-PL3 und E-PM1 stehen dem in Nichts nach.

Zwei Jahre später ist die E-P1 schon zur Kultkamera geworden, das Sondermodell in Weiß längst ausverkauft, und die neuesten Modelle glänzen mit einem Autofokus, der selbst Profi-DSLR-Kameras mit Leichtigkeit rechts überholt, einer Bildqualität, die allen Ansprüchen genügt, einer Objektivpalette, die von ultralichtstarken Festbrennweiten über hochqualitative Superzooms im Taschenformat bis zu Spezialobjektiven für Kinoproduktionen reicht – und man glaubt es kaum: Die Kameras der PEN-Familie sehen immer noch gut aus.

Mit einer PEN geht man anders fotografieren – leicht, unbeschwert und unauffällig. Und gerade das sind die Parameter für die oft intensiveren, besseren Bilder. Vor allem die neue PEN-Generation ermöglicht Bilder, die mit keiner anderen Kamera denkbar sind. Sie liegt perfekt in der Hand, sodass man selbst aus der Hüfte abdrücken kann – und bevor das Motiv überhaupt erst reagieren kann, ist es bereits abgelichtet. Bilder, die normalerweise nur mit extrem langer Brennweite aus der Deckung möglich sind – mit den neuen PENs sind sie auch mit dem kleinen Kit-Zoom oder sogar mit einem Weitwinkel möglich.

Dieses Buch ist Ihr persönlicher Begleiter im Umgang mit dem PEN-System, egal welche PEN Sie besitzen. Ob Sie Informationen zu Objektiven, Filtern, Konvertern oder zu speziellen Einstellungen im Kameramenü suchen – hier finden Sie alles. In diesem Buch stecken zwei Jahre Erfahrung mit allen PEN-Kameras, sowohl im professionellen als auch privaten Umfeld, aus Zigtausenden Bildern und Tausenden Videos. Nutzen Sie diesen immensen Erfahrungsschatz.

Reinhard Wagner

im Oktober 2011

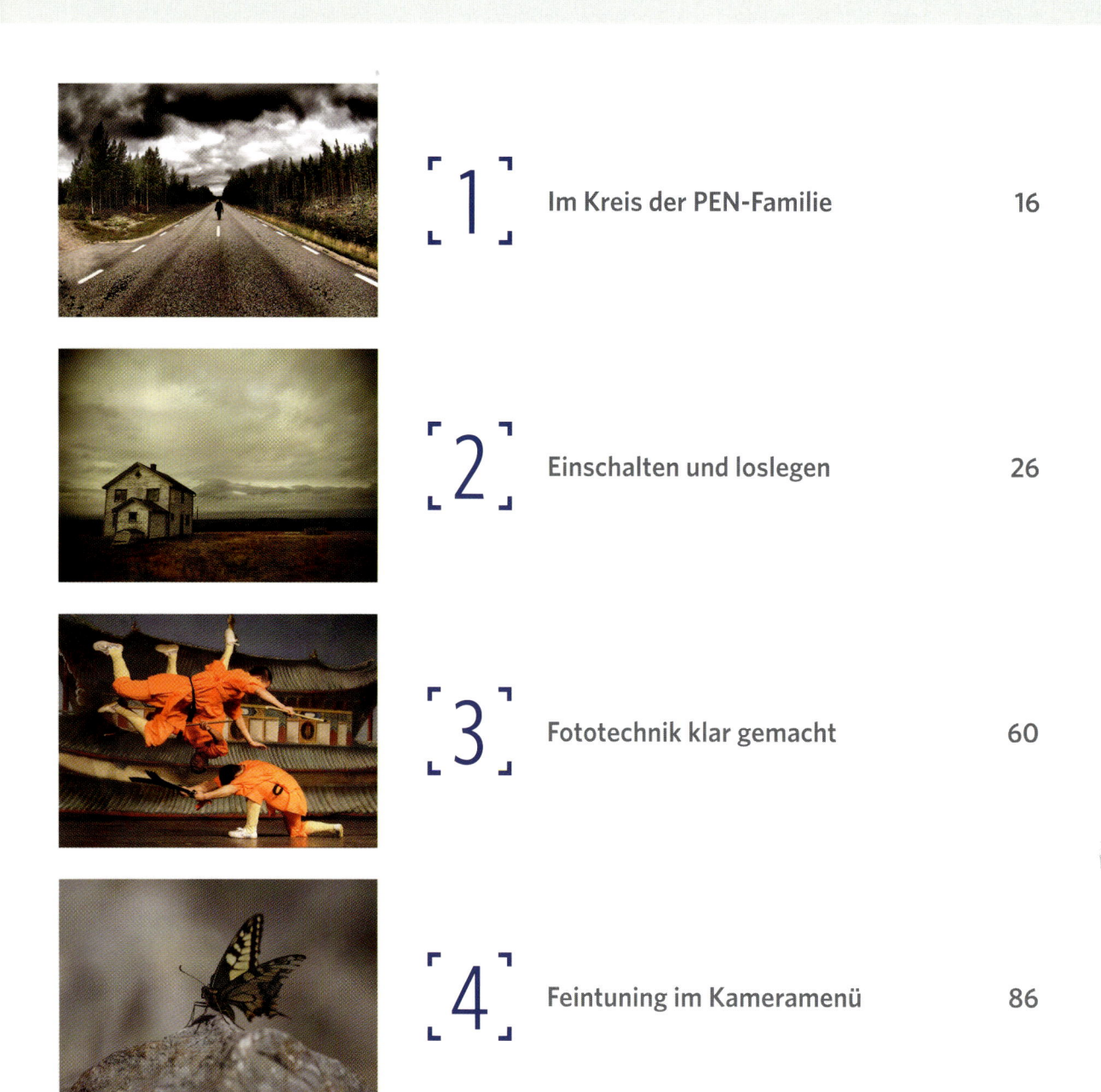

INHALT

[1] Im Kreis der PEN-Familie — 16

[2] Einschalten und loslegen — 26

[3] Fototechnik klar gemacht — 60

[4] Feintuning im Kameramenü — 86

PROFIBUCH
OLYMPUS PEN
INHALT

[5]	Fotopraxis und Motivwelten	166
[6]	Blitzen für Anspruchsvolle	220
[7]	Objektive für die PEN	250
[8]	Zubehör für die PEN	286

Index 314
Bildnachweis 319

INHALT

Im Kreis der PEN-Familie 16

Jede PEN ein wahres Kultobjekt 21
    Digitaler Stammvater: die PEN E-P1 21
    Perfekte Ergänzung: die PEN E-P2 21
    Familienzuwachs: E-PL1 und E-PL2 22
    Neue Generation: E-P3, E-PL3 und E-PM1 23

Optischer und elektronische Sucher 24

Einschalten und loslegen 26

Grundlegende Kameraeinstellungen 31
    Navigation im Kameramenü 32
    Datum und Uhrzeit einstellen 33
    Geo-Tagger aufgepasst! 33
    Optimale Monitorhelligkeit für jedes Display 34
    Bildvorschau ein- oder ausschalten? 35
    Firmware für Kamerabody und Objektiv abfragen 36

Was nicht im Handbuch steht 36
    Kameragurt mit Sorgfalt anbringen 37
    So geht die Blitzschuhabdeckung nicht verloren 37
    Auch im Aus-Zustand braucht die PEN Energie 38
    Ausschnittansichten mehrerer Bilder hintereinander 38
    Wichtige Info zum Einsatz des Serienbildmodus 38

Motivprogramme für Schnelle 39
    Darauf müssen Sie beim Einsatz der Motivprogramme achten 40

ART-Filter für spezielle Effekte 41
    Auswirkung der ART-Filter auf die Aufnahmen 42

Intelligente Automatik iAUTO 46

Bildstabilisator in der Kamera 46
    Arbeitsweise der Modi I.S.1, I.S.2 und I.S.3 46
    Bildstabilisator zuschalten oder nicht? 47
    Wirksamkeit eines Bildstabilisators 48
    Tipps für die richtige Kamerahaltung 49

Autofokussystem und Arbeitsweisen 50
    Motive im Vordergrund und im Hintergrund 50
    Gesichtserkennung mit Autofokus 51
    AF-Feld-Bestätigung immer prüfen 52
    AF-Feld per Touchpad oder Sucherlupe festlegen 52
    Exakter Fokus mit der Sucherlupe 52
    Kontinuierlicher Autofokus im praktischen Einsatz 52
    Kontinuierlicher Autofokus mit Tracking 54

Autofokus und die Schärfentiefe 55
Autofokus bei Filmaufnahmen 56
Kontrastautofokus und FT 56
Autofokus und Verschwenken 58

Fototechnik klar gemacht 60

FourThirds- und Micro-FourThirds-Standard 65

Reale Brennweite oder Äquivalenzbrennweite 65
Normalbrennweite im Micro-FourThirds-Segment 66
Digitale Brennweite und Kleinbildbrennweite 66

Entscheidungshilfe in Sachen Bildformat 67
Das passiert bei der JPEG-Kompression 67
Vorteile bei Einsatz des RAW-Formats 68

Belichtungszeit S und Blendenvorwahl A 69
Lichtwert mit der Wertetabelle berechnen 71
Dynamikumfang aller PEN-Kameras 71

Lichtfarbe und Weißabgleich in der PEN 72
Automatischer und manueller Sofortweißabgleich 73
Perfekter Weißabgleich auf einer Graukarte 76
Bei Blauviolett versagt die Digitalkamera 76
Spektrum der Lichtquelle bei Kunstlicht 78

Die Frage nach dem richtigen Farbraum 79
Kriterien für die Wahl des geeigneten Farbraums 80

Faktoren für die Festlegung der Schärfentiefe 80
Das unterscheidet Schärfentiefe von Tiefenschärfe 84
Effekt perspektivischer Tiefe und Stauchung 84

Feintuning im Kameramenü 86

Aufnahmemenü 1 91
Karte einr. 91
Rücksetzen/Myset 92
Bildmodus 93
Gradation 94
Standbild 96
Auflösung Movie 97
Bildformat 99

Aufnahmemenü 2 100
Serienbild und Selbstauslöser 100
Bildstabi. 101
Belichtungsreihe 102

INHALT

- Mehrfachbelichtung 103
- Blitzbelichtungskorrektur 105
- RC Mode 105
- Dig. Tele-Konverter. 106

Wiedergabemenü 106
- Starten 106
- BGM 106
- Bearb. 108
- Druckvorausw. Erst. 110
- Schutz Aufh. 110

Anwendermenü 111
- Anwenderspezifisch A: AF/MF 111
- Anwenderspezifisch B: Taste/Einst.Rad 116
- Anwenderspezifisch C: Auslösung 129
- Anwenderspezifisch D: Disp/Signalton/PC 130
- Anwenderspezifisch E: Belicht/Messmodus/ISO 138
- Anwenderspezifisch F: Blitz anpassen 144
- Anwenderspezifisch G: Rauschmind., Rauschunt./Color/WB 148
- Anwenderspezifisch H: Aufnah./Löschen 153
- Anwenderspezifisch I: Movie 157
- Anwenderspezifisch J: Utility 160
- Konfiguration Accessory-Port 163

Das versteckte Servicemenü 164
- Servicemenü: Bildschirm 1 164
- Servicemenü: Bildschirm 2 165
- Servicemenü: Bildschirm 3 165
- Servicemenü: Bildschirm 4 165

Fotopraxis und Motivwelten 166

Architekturfotografie 171
- Beleuchtung des Bauwerks 171
- Abend- und Morgenlicht 172
- Shiften und Tilten 172
- Blitzen in Innenräumen 173

Backpacking 173
- Objektive für unterwegs 174
- Blitz beim Backpacking 174

Eventfotografie 175
- Rockkonzerte 176
- Jazzkonzerte 180
- Comedians 181
- Theater und Klassikkonzerte 182

HDR-Fotografie   183
- Motive für HDR-Bilder   183
- Grundlegende HDR-Technik   184
- Automatisches Bracketing   185
- Stativ und Spiegelvorauslösung   185
- RAW oder JPEG?   186

Landschaftsfotografie   187
- Hyperfokaldistanz nutzen   188
- Landschaftsbilder mit GPS-Daten   189

Makrofotografie   191
- Abbildungsmaßstab erhöhen   191
- Einstellen der Schärfeebene   192
- Objektiv in Retrostellung   192
- Verlegen der Schärfeebene   193
- Achromatische Nahlinsen   194
- Bildgestaltung und Aufbau   194

Nachtaufnahmen   194
- Wenn es wirklich dunkel ist   194
- Vollmond am Himmel   195
- Sternenbilder mit Astrostativ   197
- Autofokus abschalten   198
- Licht zur blauen Stunde   198
- Weißabgleich bei Nacht   198

Panoramafotografie   199
- Motivprogramm Panorama   199
- Bildaufbau genau planen   200
- Format und Überlappung   201
- Geeignete Objektive   201
- Methoden der Belichtung   202
- Polfilter und Panoramen   203
- Multi-Row-Panoramen und Gigapixelbilder   203
- Kugelpanoramen   204

Porträtfotografie   207
- Auseinandersetzung mit dem Motiv   208
- Geeignete Objektive   209
- Hintergrund und Umfeld   209
- Gruppenporträts   211

Sportfotografie   212
- Manuelle Fokusfallen   212
- Rasant wirkende Mitzieher   213

INHALT

Filmen mit der PEN 215
   Brennweite 215
   ART-Filter 216
   Kurze Clips 217
   Bildaufbau 217
   Schwenks 217
   Klappe 217
   Beleuchtung 218
   Graufilter 218
   Ton 218
   Stativkopf 219
   Handlung 219
   Schnittprogramme 219

Blitzen für Anspruchsvolle 220

Wichtig: die Leitzahl 225

Olympus-Systemblitze 225

Blitzen im RC-Modus 228
   Einstellungen für die RC-Steuerung 229

Blitzen mit Farbfolien 229

Rote Augen ade! 231

Indirektes Blitzen 231
   Spiegelnde Reflexionsflächen 232
   Deckenhöhe berücksichtigen 232
   Zoomreflektor vom Systemblitz 232
   Winkel beim indirekten Blitzen 233

Diffusoren und Bouncer 234
   Was ein Diffusor bewirkt 234
   Diffusoren in jeder Preislage 235
   Fehler beim Blitzen 235

Stroboskopblitzen 236

Ring- und Zangenblitze 237

Elektronikblitze an der PEN 238
   AF-Hilfslicht 239
   Bewegungen 239
   Wanderblitztechnik 240
   Funkblitze 241
   Slow-Blitz 241

Vielfältige Lichtformer   243
    Styroporplatte   243
    Schirmreflektoren   244
    Softboxen   244
    Striplights   245
    Wabenspots   246

Objektive für die PEN   250

Hintergrundinfos zu Objektiv und Technik   255
    MTF-Charts richtig lesen   255
    Bildebene und Bildwinkel   258
    Die Beugungsunschärfe   259
    Motive mit Bokeh betonen   259
    Chromatische Aberrationen   262

Micro-FourThirds-Objektive   263
    Zooms   263
    Standardzooms   264
    Telezooms   266
    Festbrennweiten   270

Vollmechanische Fremdobjektive   275

Konverter und Adapter   277

Ausgesuchte FT-Objektive   279
    Zuiko 35 mm f/3,5 Makro   280
    Zuiko 11-22 mm f/2,8-3,5   280
    Zuiko 50 mm f/2,0 Makro   281

Tilt- und Shift-Systeme   281
    Objektiv shiften   282
    Objektiv tilten   282

Wagners Linsensuppe   283
    Schwergängiger Zoom?   283
    Am Ende der Schärfeskala   283
    Sorten von Objektivrückdeckeln   283
    Emittieren von Ultraschall   284
    Objektive richtig wechseln   284
    Kontakte richtig reinigen   284
    Der Trick mit dem Klick   285

INHALT

Zubehör für die PEN 286

Das richtige Stativ 291
- Stative Marke Eigenbau 292
- Stativkopf: Kugel oder Neiger 292
- Panoramakopf und Panowinkel 293
- Multi-Row-Nodalpunktadapter 293

Bluetooth-Modul PENPAL 294

Makrolicht MAL-1 294

Das Mikrofon SEMA-1 294

Kabelauslöser an der PEN 295

Streitpunkt Vorsatzfilter 295
- UV-Filter 295
- IR-Filter 296
- Lens Flare 297
- Polfilter 298
- Graufilter 299
- Grauverlaufsfilter 301
- Effektfilter 303

PEN auf dem Makroschlitten 304

Kleine Dinge für die Fototasche 305

PEN und klimatische Extreme 306
- Kälte 306
- Elektromagnetische Wechselfelder 306
- Hitze 307
- Luftfeuchtigkeit 307
- Vorsicht Spritzwasser 307
- Tiefgefrorene PEN auftauen 308

Reinigen der Kamera 308

Reinigen des Sensors 310

Nässe in der Kamera 312

Reinigen der Optiken 313

Index 314
Bildnachweis 319

PROFIBUCH
OLYMPUS PEN
INHALT

[1]
IM KREIS DER PEN-FAMILIE

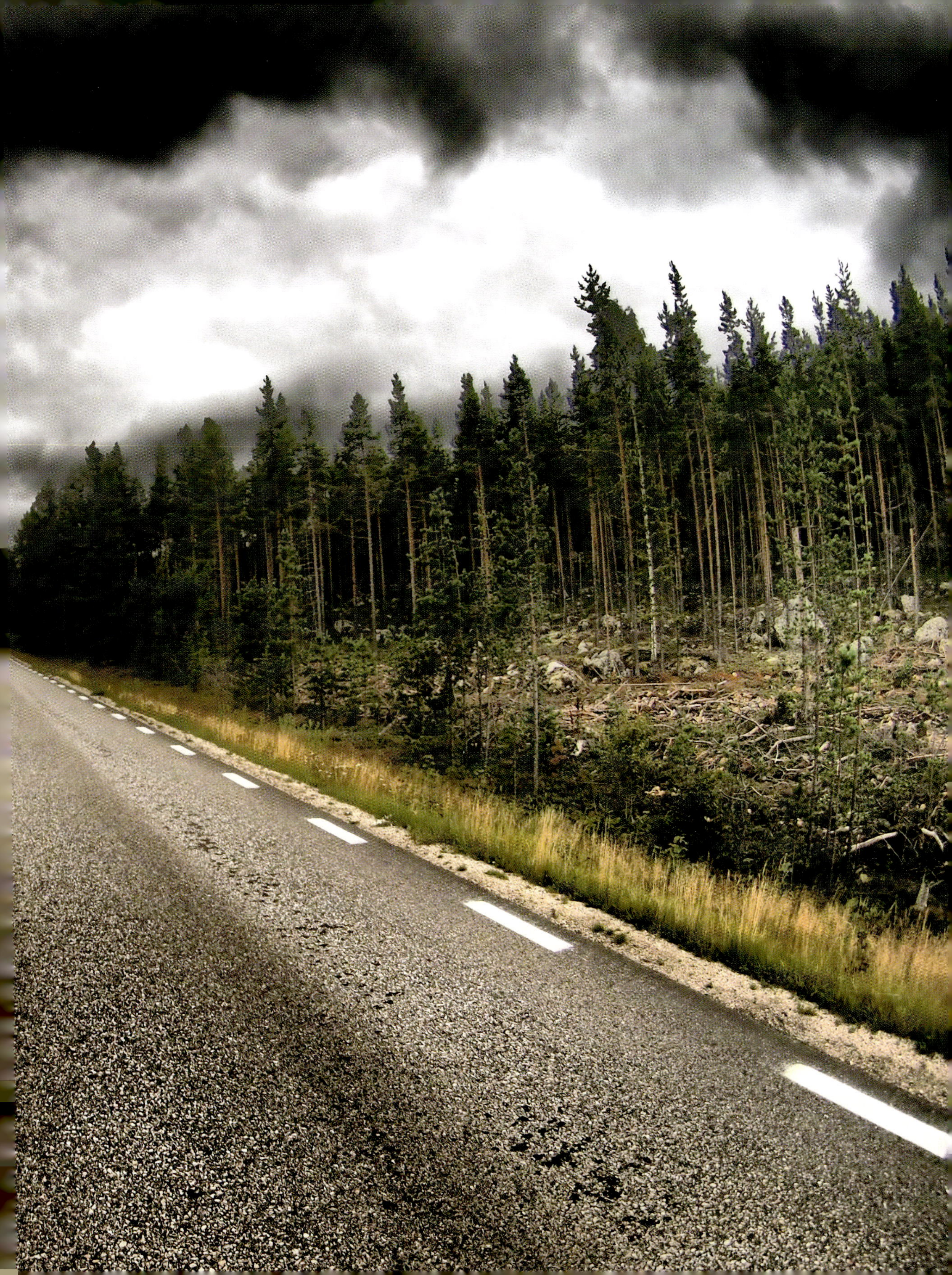

OLYMPUS
OLYMPUS-PEN
ELECTRONIC VIEWFINDER VF-3
UNLOCK
OLYMPUS
OLYMPUS DIGITAL FOUR THIRDS ADAPTER MMF-1

KAPITEL 1
**IM KREIS
DER PEN-FAMILIE**

Im Kreis der PEN-Familie

21	**Jede PEN ein wahres Kultobjekt**
21	Digitaler Stammvater: die PEN E-P1
21	Perfekte Ergänzung: die PEN E-P2
22	Familienzuwachs: E-PL1 und E-PL2
23	Neue Generation: E-P3, E-PL3 und E-PM1
24	**Optischer und elektronische Sucher**

Die PEN F kam 1963 als erste Spiegelreflexkamera der Welt für das Halbformat auf den Markt. Die elegante Stufe auf der Oberseite wurde von der E-P1 wieder aufgegriffen. Die allerersten PENs von 1959 waren dagegen reine Halbformatsucherkameras mit fest verbautem 28-mm-f/3,5-Objektiv. Die PEN F hatte aufgrund des schnellen Rotoverschlusses eine Synchronzeit von 1/500 und keine Probleme mit Verzerrungen durch einen zu langsamen Verschluss: in Zeiten von Tuchverschlüssen ein unschätzbarer Vorteil.

⌜1⌟ Im Kreis der PEN-Familie

2008 stellte Olympus die erste Designstudie eines spiegellosen Kamerasystems mit Wechselobjektiv vor. Die flache Kamera mit orangefarbener 70er-Jahre-Bauchbinde polarisierte, die Gerüchteküche brodelte, und bis zur tatsächlichen Präsentation der PEN E-P1 am 15. Juni 2009 wurden sogar schlecht abfotografierte Händlerunterlagen zum Internetaufreger. Letztendlich hatte die neue E-P1 mit dem unbeholfenen Mock-up der Photokina 2008 nichts mehr zu tun, die Olympus-Ingenieure besannen sich schließlich auf die gute alte Tradition der erfolgreichen Olympus PEN, die, wie passend, anno 1959 das Licht der Welt erblickte.

**KAPITEL 1
IM KREIS
DER PEN-FAMILIE**

Jede PEN ein wahres Kultobjekt

■ Dem kommenden Hightech-Sahnestück wurde also eine Retrohülle mit viel blankem Metall im Stile der 50er-Jahre verpasst, das Endprodukt wurde dem Designer der Original-PEN, Yoshihisa Maitani, vorgestellt. Der genehmigte die Kamera ebenfalls, und so wurde sie Mitte Juni 2009 weltweit nahezu zeitgleich den Journalisten präsentiert. Herr Maitani starb vier Wochen später im Alter von 76 Jahren.

Digitaler Stammvater: die PEN E-P1

Bereits früher hatte Panasonic die erste Kamera für das Micro-FourThirds-Bajonett vorgestellt – die Lumix G1 –, doch die PEN E-P1 hatte ein paar signifikante Vorteile gegenüber der Panasonic: Sie war deutlich kleiner, sah fantastisch aus, und vor allem konnte man über einen Adapter alle bisherigen FourThirds-Objektive mit funktionierendem Autofokus anschließen. Lange Telebrennweiten mit Lichtstärken von 2,8 oder gar 2,0 waren möglich – und das an einem Kameragehäuse, das nicht viel größer ist als ein Objektivrückdeckel, mit einer Bildqualität, die bei den großen DSLR-Kameras mitreden kann. Das gab es bisher nicht. HD-Video mit solchen Objektiven ermöglicht auf einmal einen unglaublichen Gestaltungsspielraum.

Perfekte Ergänzung: die PEN E-P2

Ein halbes Jahr später wurde die E-P1 durch die E-P2 ergänzt. Auf den ersten Blick einfach nur das Gleiche in Schwarz, doch unter dem Anthrazitblech hatte sich Gewaltiges getan. Dazu gab es den neuen Accessory-Port (Zubehörport) für den elektronischen Aufstecksucher und ein externes Mikrofon. Ein neuer, wesentlich schnellerer Autofokus mit Tracking und eine neue Farbabstimmung ermöglichten auf einmal ganz neue Einsatzgebiete. Selbst Eventfotografie mit langen, lichtstarken Brennweiten war nun nicht mehr utopisch – Panasonics GF1, die

Beste Kamera ihrer Klasse: die mit dem EISA-AWARD ausgezeichnete Olympus PEN E-P1.

Die PEN E-P2 mit externem Mikrofon und dem Pancake-Objektiv M.Zuiko 17 mm 1:2,8.

mittlerweile auf den Markt gekommen war, geriet trotz eines immer noch schnelleren Autofokus ins Hintertreffen.

Familienzuwachs: E-PL1 und E-PL2

Im Februar 2010 kam dann die Erweiterung der PEN-Familie nach unten: die E-PL1. Im Gegensatz zu E-P1 und E-P2 hat die E-PL1 nun einen ausklappbaren Blitz erhalten, der sogar mit dem Olympus RC-System andere Blitze fernsteuern kann. Für Einsteiger im Segment der hochwertigen Systemkameras wurde ein zusätzliches Menü, der Live-Guide, eingebaut, das nun im *iAUTO*-Modus rudimentäre Tipps zum besseren Fotografieren gibt und über intuitive Schieberegler die Parameter der Kamera einstellbar macht – auch Parameter wie Sättigung, an die bei den anderen Kameras nur über Menüoptionen heranzukommen ist. Weggefallen sind dafür die beiden Einstellräder, ISO 6400 und Belichtungszeiten unter 1/2000 Sekunde. Auch das eingebaute Mikrofon ist bei der E-PL1 nur noch in Mono.

Geändert wurde auch das Display der E-PL1. Statt des 3-Zoll-Displays von E-P1 und E-P2 wurde ein 2,7-Zoll-Hyper-Crystal-Display eingebaut, und auch der eingebaute Stabilisator der E-PL1 ist weniger leistungsfähig. Die eingebaute Wasserwaage wurde gestrichen, dafür hat die E-PL1 den Accessory-Port. Unter der Haube hatte sich etwas ganz Besonderes getan: Die Kamera bekam einen dünneren Anti-Aliasing-Filter und damit eine höhere Detailauflösung – die Bildqualität schlug alle zu diesem Zeitpunkt auf dem Markt befindlichen Olympus-Kameras. Gegenüber allen anderen PENs hat man dagegen bei der E-PL1 den Anschluss für den Fernauslöser vergessen, für viele ambitio-

**KAPITEL 1
IM KREIS
DER PEN-FAMILIE**

Fast schon historisch: die E-P2 (links), die E-PL1 in der Mitte und rechts die E-PL2 mit den jeweils dazu herausgekommenen 14-42-mm-Objektiven.

nierte User, die dachten, mit der E-PL1 für einen unschlagbaren Preis einen aktuellen DSLR-Ersatz zu kaufen, eine bittere Enttäuschung.

Im Januar 2011 dann die nächste Evolution: Die E-PL2 konnte 1/4000 Sekunde belichten, hatte einen besser ausgeformten Handgriff, besaß wieder einen Fernauslöseranschluss, und die Basis-ISO-Einstellung lag nun bei ISO 200. Neu eingeführt wurde der PENPAL, ein Bluetooth-Modul für den Zubehörport II, das nun erstmals bei der E-PL2 unterstützt wurde.

Neue Generation: E-P3, E-PL3 und E-PM1

Im Juni 2011 wurde von Olympus die E-P3 vorgestellt – mit vielen kleinen Detaillösungen, die zeigen, dass Olympus genau hingehört hat –, die als Highlight mit einem unglaublich schnellen Autofokus aufwartet. Zudem ist es Olympus gelungen, die Auslöseverzögerung durch den extrem schnell ansprechenden Verschluss auf 59 Tausendstelsekunden herunterzudrücken.

Selbst die DSLR Olympus E-5 erreicht nur 60 Tausendstelsekunden. Der zusätzlich eingebaute Touchscreen erleichtert die Bedienung ganz erheblich. Seit Anfang August 2011 werden die ersten E-P3 ausgeliefert, bleiben aber aufgrund der hohen Nachfrage noch Monate danach knapp.

Zusammen mit der neuen E-P3 wurde auch die weiterentwickelte L-Linie vorgestellt – mit dem gleichen Autofokusmodul, aber einem nicht ganz so schnellen Verschluss, der dafür kleiner und leichter gebaut ist und eine Serienbildgeschwindigkeit von bis zu 5,5 Bildern pro Sekunde erreicht. Die E-PL3 glänzt mit einem Klappdisplay und muss gegenüber der E-P3 eigentlich nur auf den eingebauten Blitz und den Touchscreen verzichten.

Die neue PEN-mini mit der Modellbezeichnung E-PM1 tritt in den Wettbewerb um die kleinste Systemkamera ein, bietet aber technisch fast alle Möglichkeiten der E-PL3. Nur eben das Klappdisplay nicht, und auch einige Tasten wurden zugunsten der ultrakompakten Bauweise weggelassen.

Links die E-P3 mit dem neuen M.Zuiko 14-42 mm II R, in der Mitte die E-PL3 und rechts in Weiß die E-PM1.

Optischer und elektronische Sucher

Zusammen mit der E-P1 kam das M-Zuiko 17 mm f/2,8 Pancake auf den Markt. Dieses wurde im Bundle mit einem kleinen optischen Aufstecksucher, dem mehrfach beschichteten VF-1, ausgeliefert, der auf den Blitzschuh gesteckt wird und echtes Retro-Feeling garantiert.

Optischer Aufstecksucher VF-1 für die PEN E-P1.

Der VF-2 war der erste elektronische Sucher, der das neue 800-x-600-Panel von Epson verwendete. Lange Zeit setzte er in Sachen Auflösung und Bildqualität Maßstäbe. Der Sucher kann nach oben geklappt werden und damit einen Winkelsucher ersetzen, und die komplette Kamera kann mit allen Funktionen, inklusive der Bildansicht, über den Sucher bedient werden. Sollte das Bild im Sucher flackern, ist nicht etwa der Sucher defekt, sondern eine Leuchtstoffröhrenbeleuchtung die Ursache. Leuchtstoffröhren flackern mit der Netzfrequenz, die meisten Menschen sehen das aber nicht, da das Flackern zu schnell ist bzw. der nachleuchtende Phosphor der Röhrenbeschichtung das Flackern mildert. Da der Sucher aber nur eine begrenzte Bildwiederholrate hat, landet er hin und wieder bei der Auslesung des Sensors in Lücken, in denen

KAPITEL 1
**IM KREIS
DER PEN-FAMILIE**

die Lampe gerade dunkler ist. Die Folge: Das EVF-Bild flackert. Bei den neuen PENs wurde ein doppelt so schneller Sensor verwendet, wodurch das Flackern im Sucher völlig verschwunden ist.

Der elektronische Aufstecksucher VF-3 ist eine einfachere Version des VF-2 mit der neuen Auflösung von 920.000 Pixeln. Trotz des einfacheren Displays hat der VF-3 einige Vorteile: Er besitzt eine Verriegelung, sodass er nicht mehr vom Zubehörschuh abrutschen kann, und er hat eine bessere Raste, sodass es seltener passiert, dass der Sucher ungewollt aufklappt.

AUFNAHMEDATEN	
Brennweite	41 mm
Blende	f/3,3
Belichtung	1/250 s
ISO	100

Oben: Die E-P3 mit dem Objektiv M.Zuiko 12 mm f/2,0 und dem elektronischen Aufstecksucher VF-2.

Unten: Im Vergleich: der neue elektronische Aufstecksucher VF-3 und der alte VF-2 einträchtig nebeneinander.

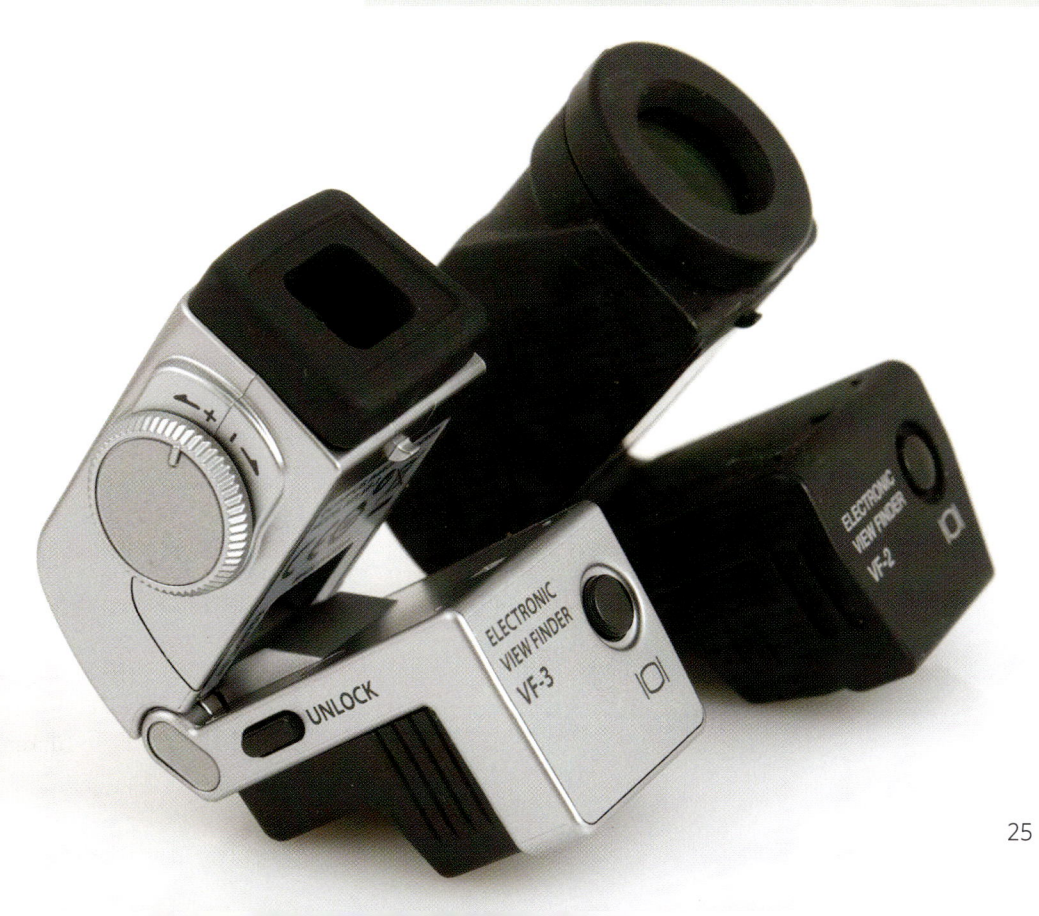

EINSCHALTEN UND LOSLEGEN

[2]

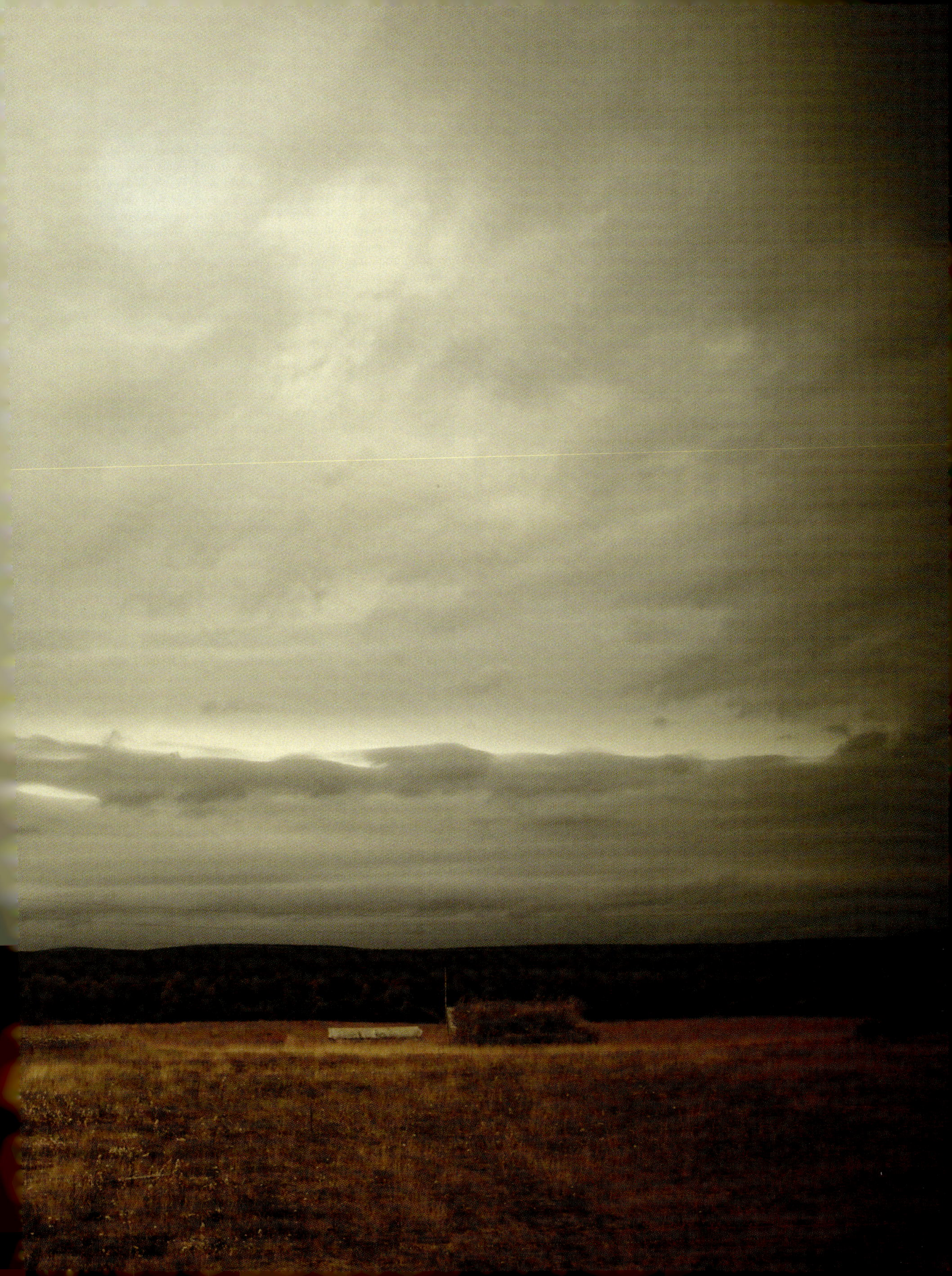

28

KAPITEL 2
EINSCHALTEN UND LOSLEGEN

Einschalten und loslegen

31	**Grundlegende Kamera-einstellungen**
32	Navigation im Kameramenü
33	Datum und Uhrzeit einstellen
33	Geo-Tagger aufgepasst!
34	Optimale Monitorhelligkeit für jedes Display
35	Bildvorschau ein- oder ausschalten?
36	Firmware für Kamerabody und Objektiv abfragen
36	**Was nicht im Handbuch steht**
37	Kameragurt mit Sorgfalt anbringen
37	So geht die Blitzschuhabdeckung nicht verloren
38	Auch im Aus-Zustand braucht die PEN Energie
38	Ausschnittansichten mehrerer Bilder hintereinander
38	Wichtige Info zum Einsatz des Serienbildmodus
39	**Motivprogramme für Schnelle**
40	Darauf müssen Sie beim Einsatz der Motivprogramme achten
41	**ART-Filter für spezielle Effekte**
42	Auswirkung der ART-Filter auf die Aufnahmen
46	**Intelligente Automatik iAUTO**
46	**Bildstabilisator in der Kamera**
46	Arbeitsweise der Modi I.S.1, I.S.2 und I.S.3
47	Bildstabilisator zuschalten oder nicht?
48	Wirksamkeit eines Bildstabilisators
49	Tipps für die richtige Kamerahaltung
50	**Autofokussystem und Arbeitsweisen**
50	Motive im Vordergrund und im Hintergrund
51	Gesichtserkennung mit Autofokus
52	AF-Feld-Bestätigung immer prüfen
52	AF-Feld per Touchpad oder Sucherlupe festlegen
52	Exakter Fokus mit der Sucherlupe
52	Kontinuierlicher Autofokus im praktischen Einsatz
54	Kontinuierlicher Autofokus mit Tracking
55	Autofokus und die Schärfentiefe
56	Autofokus bei Filmaufnahmen
56	Kontrastautofokus und FT
58	Autofokus und Verschwenken

Die Bedienelemente der PEN E-P3.

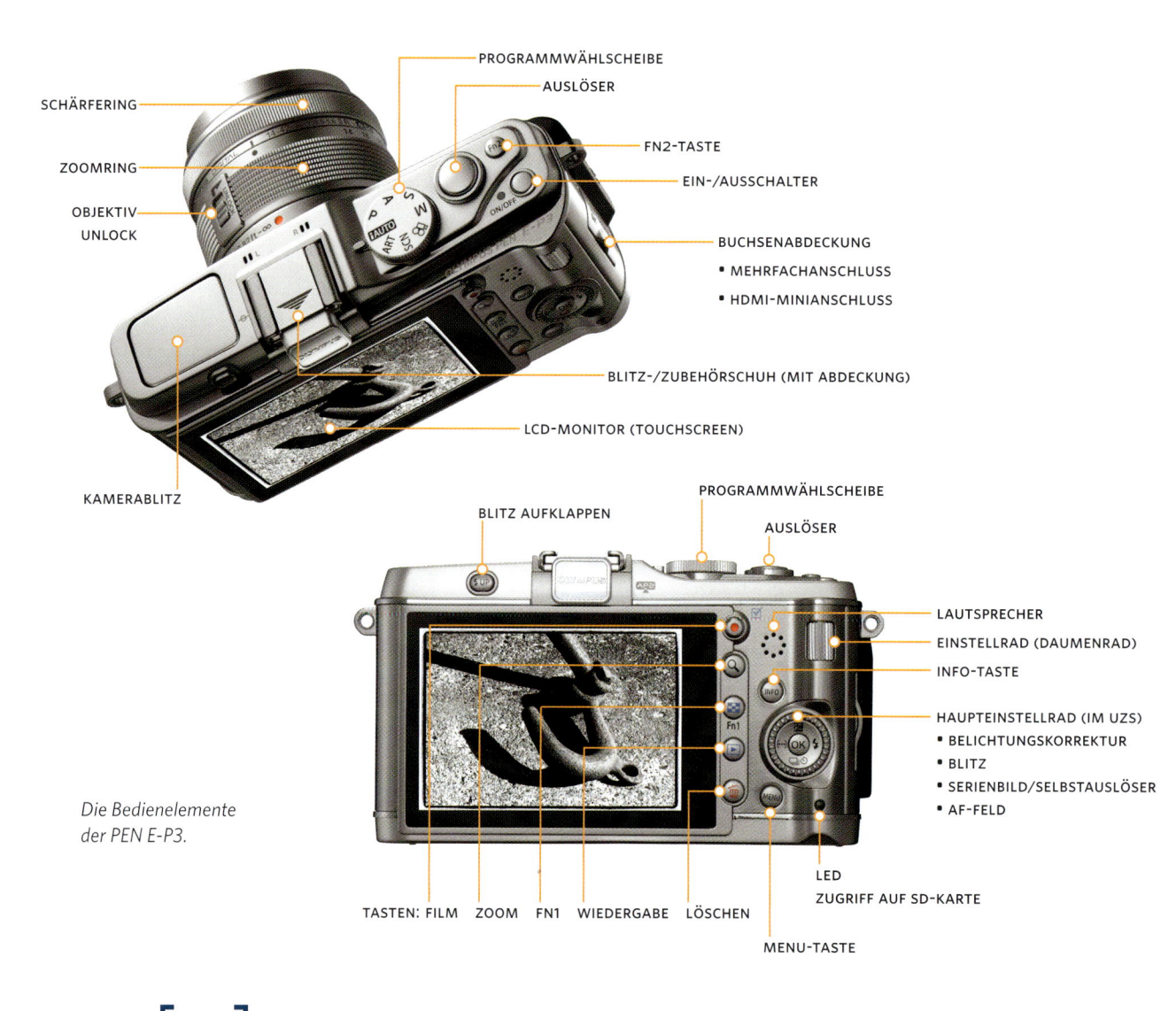

[2] Einschalten und loslegen

Die PEN besitzt je nach Modell, E-P1/E-P2/E-PL1/E-PL2/E-P3/E-PL3/E-PM1, zwischen 19 und 23 Motivprogramme. Diese reichen von Porträt bis Feuerwerk und beinhalten nicht nur Blende und Belichtungszeit, sondern auch Bildschärfe, Weißabgleich, ISO-Einstellung, Kontrast, Farbintensität etc. Ändern kann man daran fast nichts, die Kamera macht alles automatisch. Im Motivprogramm Porträt *kann man z. B. die Empfindlichkeit und die Gesichtserkennung an- und abschalten, die ISO steht aber unverrückbar auf* Auto.

KAPITEL 2
**EINSCHALTEN
UND LOSLEGEN**

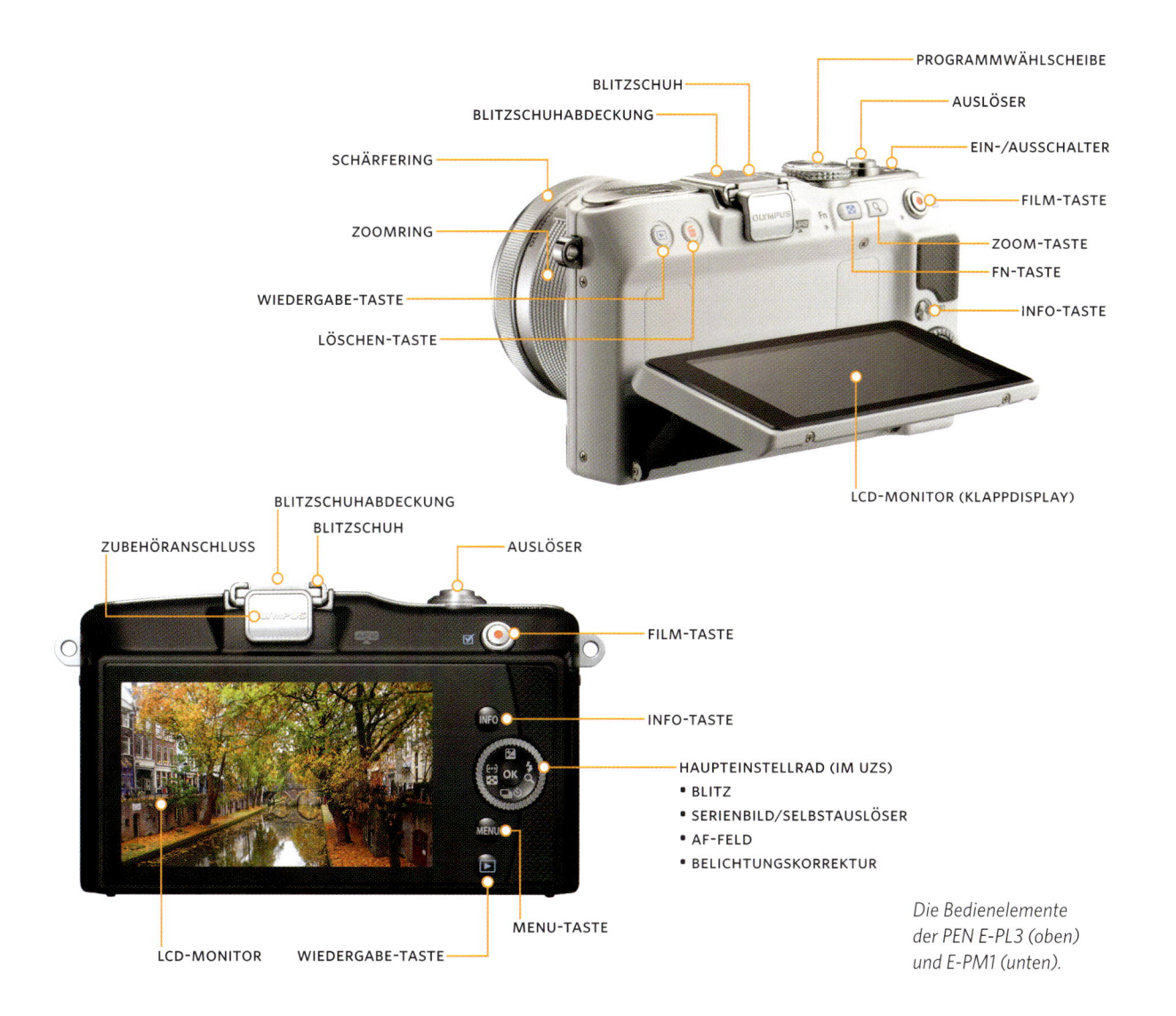

Die Bedienelemente der PEN E-PL3 (oben) und E-PM1 (unten).

■ Einige der in diesem Buch beschriebenen Einstellungen betreffen deshalb Parameter, die in den Motivprogrammen nicht wirksam sind. Welche das sind, ist von Programm zu Programm unterschiedlich. Das Buch geht davon aus, dass Sie das Handbuch Ihrer PEN zumindest grob überflogen haben und wissen, wie man das Kameramenü aufruft, wozu die Pfeiltasten gut sind und welchen Sinn die OK-Taste hat.

Grundlegende Kameraeinstellungen

Zu Beginn sei gesagt: Es gibt keine optimalen Einstellungen. Wenn es sie gäbe, würde Olympus die Kamera ab Werk so einstellen, und dieses Kapitel wäre völlig unnötig. Aus diesem Grund ist es notwendig, sich mit seinen Fotografiergewohnheiten zu beschäftigen und die Kamera dann für den eigenen

Bedarf zu konfigurieren. Um alle Einstellungen ändern zu können, müssen Sie die Kamera mit der Programmwählscheibe auf *A*, *S*, *M* oder *P* stellen – Blendenvorwahl, Zeitvorwahl, manueller Modus oder Programmautomatik. Die Szenen- und Motivprogramme haben alle eigene Voreinstellungen, die Sie nicht ändern können. Falls Sie beispielsweise auf das Motivprogramm *Landschaft* gehen, dort auf Selbstauslöser schalten, anschließend das Programm auf *Landschaft* und *Porträt* stellen und dann wieder zurück zu *Landschaft* wechseln, sind dort erneut die Werkparameter eingestellt.

Sollten Sie von einer E-DSLR kommen: Die PEN ist wesentlich knauseriger bei dem, was sie an Veränderungen in den Motivprogrammen zulässt.

Navigation im Kameramenü

Nach dem Druck auf die MENU-Taste sehen Sie zunächst eine Auswahl mit vier verschiedenen Symbolen: *Kamera 1*, *Kamera 2*, *Wiedergabe* und *Schraubenschlüssel*.

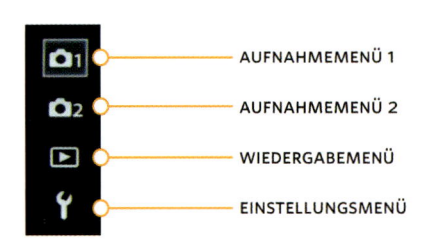

Anzeige der Kameramenüsymbole nach dem ersten Start.

Aber es gibt noch ein fünftes, zunächst nicht sichtbares Symbol, das Zahnrad, über das Sie in das noch versteckte *Anwendermenü* gelangen. Da genau dort aber die wichtigsten Parameter eingestellt werden, sollte Ihre erste Aktion sein, das *Anwendermenü* einzuschalten. Navigieren Sie zum Schraubenschlüsselsymbol und öffnen Sie das *Einstellungsmenü*.

Wählen Sie hier die Funktion *Menü Anzeige* und wählen Sie *Ein*.

Im Einstellungsmenü *markieren Sie den Eintrag* Menü Anzeige Ein, *wodurch das* Anwendermenü *jetzt im Kameramenü angezeigt wird.*

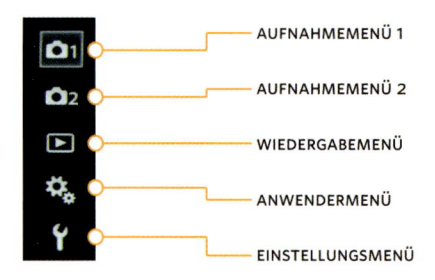

Das komplett aktivierte Kameramenü der PEN.

Bei den PENs ab E-PL2 gibt es noch ein sechstes Zusatzmenü, das für die Konfiguration des PENPAL, also des Bluetooth-Moduls, zuständig ist. Auch das muss bei Bedarf erst freigeschaltet werden. Bei der E-PM1, die kein Moduswahlrad mehr hat, muss der Modus über ein Menü eingestellt werden.

KAPITEL 2
EINSCHALTEN UND LOSLEGEN

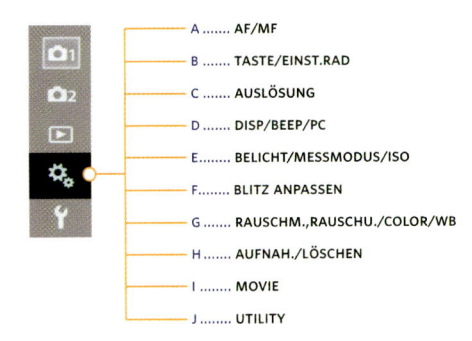

A .... AF/MF
B .... TASTE/EINST.RAD
C .... AUSLÖSUNG
D .... DISP/BEEP/PC
E .... BELICHT/MESSMODUS/ISO
F .... BLITZ ANPASSEN
G .... RAUSCHM.,RAUSCHU./COLOR/WB
H .... AUFNAH./LÖSCHEN
I .... MOVIE
J .... UTILITY

Das Anwendermenü *ist eine Menügruppe, die aus zehn Untermenüs mit den wichtigsten Parametern für Ihr individuelles PEN-Setup besteht.*

Datum und Uhrzeit einstellen

Datum und Uhrzeit müssen selbstverständlich Sie einstellen. Es gibt übrigens Fotografen, die hier auch im Sommer die Winterzeit eingestellt lassen, weil sie sich dadurch zum einen die Umstellung sparen und zum anderen die Sonne sich um die Sommerzeit auch nicht kümmert. Spätestens dann, wenn Sie Ihre Fotos aber mit Geo-Tags versehen wollen oder für eine Beweisaufnahme die Uhrzeit der Aufnahme wichtig wird, wäre es besser, die exakte Uhrzeit eingestellt zu haben. Wollen Sie also die Uhr von Sommer- auf Winterzeit umstellen, müssen Sie das von Hand erledigen.

Mit den Buttons T/M/J *und* Zeit *passen Sie die Darstellung des Datums und der Uhrzeit an. Anstelle der europäischen Schreibweise Tag/Monat/Jahr geht auch jede andere Kombination, zum Beispiel die im PC-Bereich praktische Anzeige Jahr/Monat/Tag.*

Geo-Tagger aufgepasst!

Wollen Sie Geo-Tagging machen, müssen Sie die Uhr des Loggers mit Ihrer Kamerauhr synchronisieren. Vertrauen Sie nicht darauf, dass die Uhr der Kamera eine hohe Ganggenauigkeit besitzt. Überprüfen Sie also besser beim Start der Fototour beide Uhren und stellen Sie im Zweifelsfall die Kamerauhr nach. Wenn Sie es genau brauchen, fotografieren Sie das Display des Loggers – dann können Sie auch im Nachhinein die Synchronisation vornehmen.

Es gibt Logger, die grundsätzlich auf UTC (*Coordinated Universal Time* – Weltzeit) loggen und erst bei der Auswertung den entsprechenden Zeitzonenoffset addieren. Falls Sie einen solchen haben, ist es eine Überlegung, Ihre Kamera ebenfalls auf UTC einzustellen, Sie ersparen sich dadurch Missverständnisse mit Orts- und Sommerzeit. Wenn Sie etwa von Kirkenes in Norwegen nach Russland fahren, überschreiten Sie an der Grenze zwei Zeitzonen. Am Dreiländereck Finnland, Norwegen und Russland hat jedes Land eine andere Zeit.

Das verlassene Haus steht im Grenzgebiet zwischen Norwegen und Finnland. Am Horizont ist es bereits eine Stunde später als am Haus. Bei dieser Landschaftsaufnahme wurde der ART-Filter *Lochkamera eingesetzt.*

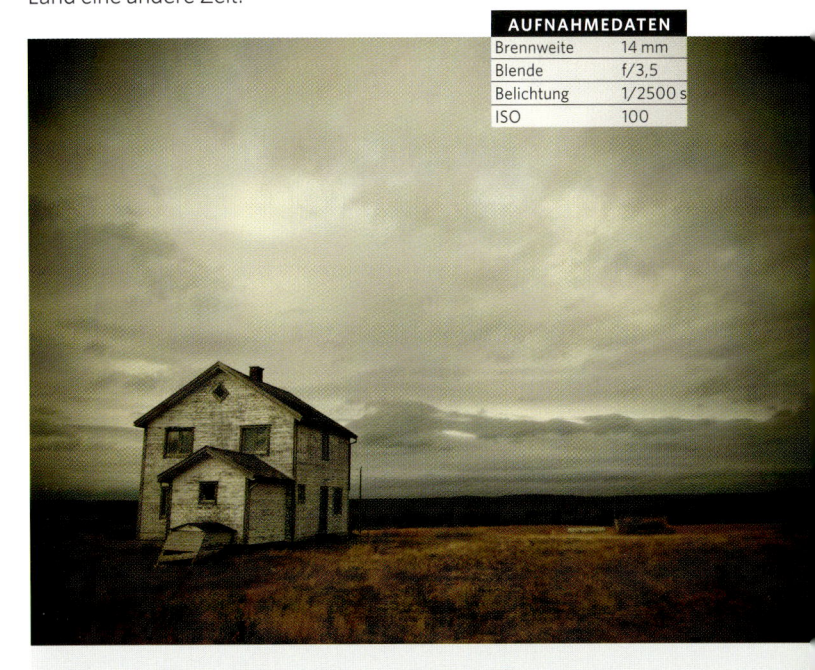

AUFNAHMEDATEN	
Brennweite	14 mm
Blende	f/3,5
Belichtung	1/2500 s
ISO	100

Wenn während Ihrer Reise auch noch Sommerzeitumstellung war, dürfte das anschließende korrekte Taggen der Bilder für abgekaute Bleistifte sorgen. Sind Sie also öfter mit Logger und Kamera unterwegs, ist die Einstellung von UTC eine Überlegung wert. Um wiederum Ihren PC auf die genaue Uhrzeit einzustellen, gibt es Tools, die den Computer mit einem NTP-Server (*Network Time Protocol*) synchronisieren, oder simpel die Website uhrzeit.org. Windows 7 gleicht den PC standardmäßig jede Woche mit dem NTP-Server von Microsoft ab. Mac OS X kann das auch, doch gibt es da bei manchen Konfigurationen Probleme. Abhilfe finden Sie im Internet in den entsprechenden Foren.

Optimale Monitorhelligkeit für jedes Display
In den PENs sind unterschiedliche Displays verbaut. Die erste Generation hatte Hyper-Crystal-Displays mit einer Auflösung von 320 x 240 Pixeln und einem Seitenverhältnis von 4:3. Das Besondere am Hyper-Crystal-Display III ist eine Reflexfolie, die das einfallende Umgebungslicht reflektiert und damit auch bei hellem Sonnenschein gut ablesbar ist. Das bringt aber auch den Nachteil, dass die Farbwiedergabe des Displays von der Farbtemperatur des Umgebungslichts abhängt und damit bei hellem Sonnenlicht deutlich zu blau wirkt.
Aufgrund der Lichtabhängigkeit des Displays ist die Änderung der Farbtemperatur, die an diesem Punkt möglich ist, mit Vorsicht anzuwenden. Die Einstellung der Farbtemperatur ist nur dann sinnvoll, wenn Sie fortdauernd im gleichbleibenden Kunstlicht fotografieren – und dann auch nur, wenn Sie die Farbwiedergabe am Monitor mit einem entsprechenden Target abgleichen. In allen anderen Fällen ist die Werkeinstellung –

SPRACHTALENT PEN

Die PEN bietet nicht weniger als 34 Menüsprachen. Wahrscheinlich ist Ihre Lieblingssprache darunter – egal ob Japanisch, Türkisch, Norwegisch oder Suomi.

HISTOGRAMM

Ein Histogramm ist die grafische Darstellung der Häufigkeit von Messwerten. Im Bereich der Fotografie wird damit die Verteilung der Helligkeitswerte eines Bildes angezeigt. Die PEN besitzt drei verschiedene Histogramme: das Histogramm über alle Helligkeitswerte, das Live-Histogramm, das alle vier Farbkanäle gleichzeitig in einem Histogramm darstellt, und die getrennten Histogramme im Wiedergabemodus, bei denen für jede Farbe ein eigenes kleines Histogramm angezeigt wird. In den meisten Fällen kommt man mit dem Helligkeitshistogramm prima aus. Sobald jedoch sehr hohe Anteile einer Farbe im Bild sind – besonders kritisch sind hier rote Scheinwerfer –, täuscht das Helligkeitshistogramm, da es hohe Helligkeiten anzeigt, die aber lediglich im roten Spektrum erreicht werden. Rotes Licht hat aber trotz hoher Intensität einen vergleichsweise geringen Helligkeitseindruck, das Bild wirkt unter Umständen unterbelichtet, obwohl das Helligkeitshistogramm in Ordnung ist. In solchen Fällen sollten Sie unbedingt das Mehrfarbhistogramm mit überprüfen.

KAPITEL 2
EINSCHALTEN UND LOSLEGEN

Tageslicht 5.300 Kelvin – die richtige. Die Helligkeit des Displays passt sich durch die Reflexfolie eigentlich sehr gut an das Umgebungslicht an, auch hier ist eine Anpassung also eher nicht notwendig.

Das Display ist extrem kontrast- und farbstark. Bei der Beurteilung des Bildergebnisses sollten Sie sich auf jeden Fall nicht auf den visuellen Eindruck verlassen. Vor allem dunkle Partien erscheinen auf dem Display schnell „abgesoffen", obwohl sie perfekt belichtet und durchgezeichnet sind. Kontrollieren Sie im Zweifelsfall immer das Histogramm.

Ähnliches gilt auch für die neueren Displays: Die E-PL3 und die E-PM1 haben 16:9-LCD-Monitore mit einer Auflösung von 292 × 520, die E-P3 besitzt ein 3:2-OLE-Display mit einer Auflösung von 368 × 552. Bei beiden Displays entsteht deshalb bei normalen 4:3-Fotos links und rechts ein mehr oder weniger breiter, dunkler Rand. Das Display der E-P3 hat noch ein Goodie, das die anderen nicht haben: Man kann im Helligkeits- und Farbtemperaturdialog die Farbcharakteristik mittels der INFO-Taste zwischen *Vivid* und *Neutral* umschalten. Ab Werk erscheint das Display stärker gesättigt mit *Vivid* – wenn man die Bilder sehr oft am Display herzeigt, ist das die richtige Einstellung, die Bilder wirken knackiger. Für die genaue Beurteilung ist natürlich *Neutral* besser.

Bildvorschau ein- oder ausschalten?

Nach der Aufnahme zeigt die Kamera im unteren Bild für 4 Sekunden das letzte Bild. Diese Zeit können Sie bis zu 20 Sekunden verlängern. Öffnen Sie dazu das *Einstellungsmenü* und gehen Sie dort auf den Eintrag *Aufn. Ansicht*. Das ist beispielsweise sinnvoll, wenn Sie häufig Partybilder machen, die Sie fast immer erst mal herumzeigen müssen.

AUFNAHMEDATEN	
Brennweite	108 mm
Blende	f/2,9
Belichtung	1/40 s
ISO	1600

Die Dauer der Bildvorschau stellen Sie mit der Funktion Aufn. Ansicht *ein.*

Oben: Konzertaufnahme der britischen Rocklegende Uriah Heep in rotem Bühnenlicht. Im Mehrfarbhistogramm der Kamera sieht man, dass der rote Kanal an einigen Stellen ausgefressen ist – sichtbar an den gelben Bereichen. Das Gesamthistogramm zeigt aber noch keine Überbelichtung an.

35

Umgekehrt kostet das natürlich Strom, und in kritischen Situationen gibt es deswegen auch gute Gründe, die Bildvorschau ganz abzuschalten. Durch einen kurzen Druck auf die Wiedergabetaste können Sie sich das letzte Bild ja jederzeit ansehen. Der AUTO-Modus verlängert übrigens nicht die Bildvorschau, sondern schaltet in den Wiedergabemodus um – ein kleiner, aber feiner Unterschied. Im Wiedergabemodus können Sie, anders als in der Bildvorschau, mit dem Drehrad zoomen – das ein Feature, das auf Partys von Vorteil sein kann.

Ein Nachteil des AUTO-Modus ist, dass man im Wiedergabemodus die Bilder löschen kann. Wenn Sie dann noch *Schnelllöschen* auf *Ein* geschaltet haben, kann es Ihnen passieren, dass Sie manche Bilder schon gelöscht haben, bevor Sie sie überhaupt gesehen haben – und leider sucht man meist nicht so schnell den Fehler beim Parameter *Aufn. Ansicht*.

Ein weiterer Nachteil ist, dass die Aufnahmeansicht im AUTO-Modus erst wieder ausgeschaltet werden muss. Eine schnelle Änderung der Kameraparameter für den nächsten Schuss erfordert immer erst einen kurzen Druck auf den Auslöser.

Bei Serienbildern sollte die Aufnahmeansicht ganz ausgeschaltet werden, da die Kamera sonst kein Live-Bild zwischen den Aufnahmen zeigt.

Firmware für Kamerabody und Objektiv abfragen

Ebenfalls im *Einstellungsmenü* unter dem Eintrag *Firmware* können Sie die Firmwareversion von Gehäuse und Objektiv abfragen. Leider zeigt dieser Bildschirm lediglich die erste Stelle hinter dem Komma an, die Olympus-Firmware hat jedoch das Format „1.x.y.z".

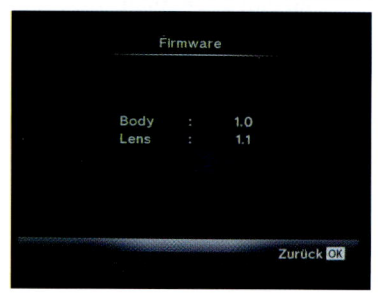

Abfrage der aktuell verwendeten Firmware.

Firmware ist die Menge der im Kontrollspeicher eines Rechners befindlichen Mikroprogramme. In Bezug auf die Kamera ist die Firmware die Software, die die Steuerung des internen Rechners erlaubt sowie die internen Abläufe – Autofokus, Belichtungssteuerung etc. – regelt. Die Firmware kann gegen eine neuere Version ausgewechselt werden, aber von einer neueren Version kann man nicht mehr zurückschalten.

Was nicht im Handbuch steht

Beschäftigen wir uns zunächst mit einigen wichtigen und grundsätzlichen Hinweisen zum Umgang mit der PEN, die nicht im Handbuch stehen, aber entweder sehr wichtig oder sehr nützlich sein können. Was im Handbuch deutlich zu kurz kommt, ist die Einstellung der Kamera auf die eigenen Bedürfnisse. Dies geschieht in den folgenden Abschnitten.

ⓘ PEN-FIRMWARE-UPDATE

Die PEN-Firmware kann ausschließlich mit der Olympus Viewer-Software upgedatet werden. Dazu müssen Sie Olympus Viewer installieren, auch wenn Sie Ihre RAW-Daten mit einer anderen Software oder gar nicht bearbeiten wollen. Olympus Viewer läuft unter Windows XP, Windows Vista, Windows 7 und Mac OS X. Bei der Installation des Viewer wird auch das Hilfsprogramm Olympus Kamera Updater installiert, das das Update tatsächlich durchführt.

KAPITEL 2
EINSCHALTEN UND LOSLEGEN

Kameragurt mit Sorgfalt anbringen

Eine ganz wichtige, im Allgemeinen völlig unterschätzte Schwierigkeit ist das Anbringen des Kameragurts. Machen Sie das exakt so, wie es im Handbuch abgebildet ist. Nur so hält er auch wirklich. Es ist mehrfach passiert, dass Kameragurte ohne Rückschlaufe durchrutschten und die Kamera beim folgenden Sturz beschädigt wurde. Berücksichtigen Sie, dass die Kamera zwar nicht viel größer ist als eine Kompaktkamera, die nie mit einem beidseitigen Kameragurt getragen wird, aber die daran montierten Objektive erhebliches Gewicht auf die Waage bringen können. Während man eine Kompaktkamera stundenlang in der Hand tragen kann, ist das bei der PEN mit anmontiertem Teleobjektiv ausgesprochen mühsam. Spätestens beim Objektivwechsel ist man zudem froh, wenn man die Kamera simpel um den Hals hängen kann und damit beide Hände frei hat.

So geht die Blitzschuhabdeckung nicht verloren

Richten Sie sich als Nächstes am besten ein Kästchen oder einen Beutel für kleine nützliche Dinge ein. Legen Sie die Abdeckung für den Blitzschuh und die Gehäusekappe hinein. Die Blitzschuhabdeckung macht sich sehr gern selbstständig, sie ist aber keineswegs überflüssig. Die Blitzkontakte korrodieren durch Fingerschweiß und Hautfett, der Effekt ist eine unzuverlässige Blitzsteuerung. Wenn Sie die Kamera also längere Zeit nicht verwenden, setzen Sie, nachdem Sie die Kontakte mit Alkohol gereinigt haben, die Blitzschuhabdeckung darauf.

Seit der E-P2 hat die Blitzschuhabdeckung auch noch die Funktion, den Accessory-Port zu schützen. Während man den Blitzschuh recht gut reinigen kann, ist das mit dem Accessory-Port schwieriger. Deswegen sollten diese Abdeckung sowie auch die Abdeckung der Kontakte des elektronischen Suchers immer montiert bleiben.

> **LEDERTRAGERIEMEN FÜRS HANDGELENK**
>
> Eine Alternative zum mitgelieferten Kameragurt ist der Ledertrageriemen CSS-S110 LS von Olympus, mit dem die Kamera bequem am Handgelenk getragen werden kann. Die billigen Handschlaufen haben oft nur einen wenig vertrauenerweckenden umwickelten Nylonfaden zum Befestigen an der Kamera.

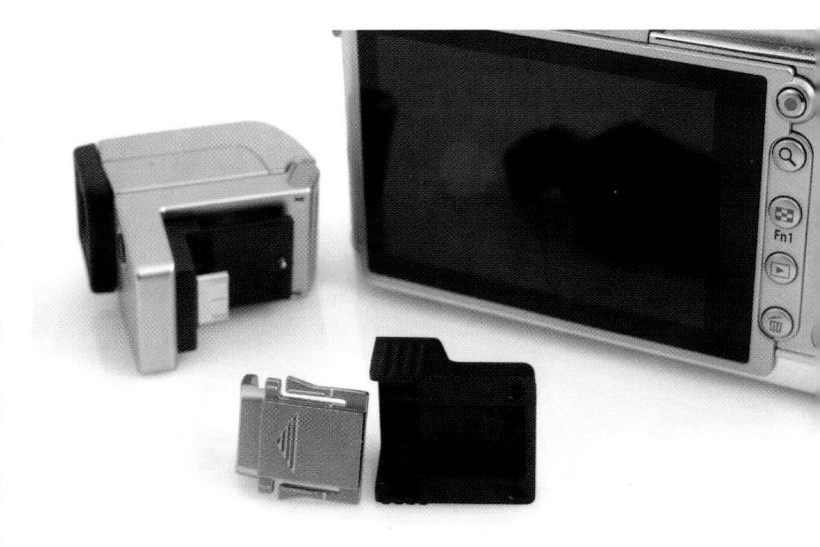

Der PEN VF-3-Sucher, die Abdeckung des Blitzschuhs und die Abdeckung für die Sucherkontakte. Beide Abdeckungen passen so ineinander, dass sie nicht verloren gehen.

WO IST DIE ACCESSORY-PORT-ABDECKUNG?

Gewöhnen Sie sich an, die beiden Accessory-Port-Abdeckungen an Kamera und Sucher, die vor dem Zusammenbau immer entfernt werden müssen, stets an eine bestimmte Stelle beispielsweise in der Foto- oder Jackentasche zu stecken. Die kleinen schwarzen Plastikteile sind schneller verschwunden, als man denkt. Man kann die Hülle für den elektronischen Sucher an den Kameragurt montieren und beim Aufschieben des Suchers die beiden Kontaktabdeckungen zusammenstecken und in der EVF-Hülle verstauen. Eine weitere Möglichkeit für die Blitzschuhabdeckung und auch den leicht zu verlierenden Objektivdeckel des 14-42 mm ist es, mit Sekundenkleber etwas Schnur an dem zu sichernden Teil zu befestigen und das andere Ende der Schnur am Kameragurt anzubinden.

Auch im Aus-Zustand braucht die PEN Energie

Der Ein-/Ausschalter der PEN schaltet nicht etwa den Batteriestrom ab, sondern gibt lediglich ein Signal an die Hauptplatine, sich nun auszuschalten. Auch in ausgeschaltetem Zustand verbraucht die Kamera also Akkuladung. Es gibt einige Zustände, in denen die Kamera nicht auf den Ausschalter reagiert, etwa weil die Software der Hauptplatine in dieser Situation den Ausschalter nicht abfragt. Wenn Sie also feststellen, dass sich die Kamera nicht ausschalten lässt, überprüfen Sie erst, ob das wirklich sinnvoll ist. Wenn Sie keinen Grund für dieses Verhalten feststellen können, nehmen Sie den Akku aus der Kamera.

Ausschnittansichten mehrerer Bilder hintereinander

Ein sehr nettes Feature in der Bilderansicht, das nicht im Handbuch steht, ist die Ausschnittansicht mehrerer Bilder hintereinander. Wenn Sie mehrere Bilder des gleichen Motivs geschossen haben und nur ein Detail vergleichen wollen, gehen Sie folgendermaßen vor:

Drücken Sie die blaue Wiedergabetaste und wechseln Sie mit den Pfeiltasten zum ersten Bild der Reihe. Nun wählen Sie mit dem Drehrad den Ausschnitt, den Sie vergleichen wollen, und verschieben ihn mit den Pfeiltasten. Drücken Sie dann die INFO-Taste, wird das ganze Bild mit dem markierten Ausschnitt angezeigt. Wenn Sie nochmals INFO drücken, können Sie bei gleichbleibendem Ausschnitt mit den Pfeiltasten zwischen den verschiedenen Bildern der Reihe hin- und herwechseln.

Bei der neuen Generation der PENs entfällt das erste Drücken der INFO-Taste. Dass Sie sich im Vergleichsmodus befinden, erkennen Sie direkt an der Bildnummer rechts unten, zusammen mit den kleinen Pfeilen links und rechts daneben. Bei der E-P3 mit Touchscreen geht das Vergrößern natürlich auch einfach durch Doppeltipp auf den Bildschirm, und nach dem Druck auf die INFO-Taste kann man natürlich auch direkt per Fingerwisch zwischen den Bildern hin- und herschalten.

Wichtige Info zum Einsatz des Serienbildmodus

Der Serienbildmodus der PEN mit drei Bildern pro Sekunde funktioniert bei manuellem Fokus *MF* und Single-Autofokus *S-AF* anders als beim Continuous-Autofokus *C-AF*. Bei *S-AF* und *MF* wird mit den einmal eingestellten Werten für Belichtung, Fokus und Weißabgleich durchgeknipst. Bei *C-AF* werden alle Parameter bei jedem Bild neu ermittelt. Die Serienbildgeschwindigkeit bricht dadurch natürlich ein.

KAPITEL 2
EINSCHALTEN UND LOSLEGEN

Motivprogramme für Schnelle

Die PEN besitzt eine ganze Reihe von Motivprogrammen, auf dem Drehrad mit *SCN* bezeichnet. Bei den Motivprogrammen wird versucht, allgemeine Regeln für die Umsetzung eines Motivs in den Kameraeinstellungen festzulegen. Das fängt damit an, dass bei den Programmen *Sport* und *Kinder* der Serienbildmodus und der *C-AF* eingeschaltet werden. Bei *Kerzenlicht* werden Schärfe und Kontrast reduziert, dafür aber 1/3 EV überbelichtet. Bei Landschaftsaufnahmen werden Schärfe und Kontrast angehoben, die Blende wird weit geschlossen, und natürlich wird auf Tageslichtweißabgleich gestellt.

Die Motivprogramme haben durchaus ihre Berechtigung: Wenn Sie gerade die Kamera aus der Tasche ziehen und nur wenige Sekunden Zeit für ein Bild haben, ist es praktisch, ein Motivprogramm einzustellen, das

- PORTRÄT
- E-PORTRÄT
- LANDSCHAFT
- LAND./PORTRÄT
- SPORT
- NACHTAUFNAHME
- NACHT+PERSON
- KINDER
- HIGH-KEY
- LOW-KEY
- DIS MOD.
- NAHAUFNAHME
- NATUR-NAHAUFNAHME
- KERZENLICHT
- SONNENUNTERGANG
- DOKUMENTE
- PANORAMA
- FEUERWERK
- SAND+SCHNEE
- FISHEYE EFFEKT
- WEITWINKEL
- MAKRO
- 3D FOTO

Die Motivprogramme hinter der Drehradeinstellung SCN *decken jede wichtige Motivsituation ab.*

Ein Sonnenuntergang: der Klassiker für Szeneprogramme.

AUFNAHMEDATEN	
Brennweite	300 mm
Blende	f/6,7
Belichtung	1/1000 s
ISO	200

der Situation grob entspricht. Es ist allemal besser, als mit einer auf *M* eingestellten Kamera das weiße Rentier fotografieren zu wollen, das gerade neben der Straße die Böschung hochklettert. Hier heißt es: Kamera einschalten, auf *Sport* drehen und los.

Auch wenn Sie in Situationen geraten, in denen Sie ein Motiv ablichten müssen, das Sie bisher noch nicht trainiert haben, ist ein Motivprogramm unter Umständen die Rettung, die Ergebnisse sind recht ansehnlich. Beschäftigen Sie sich also mit den Motivprogrammen und probieren Sie sie mal in einer stillen Stunde durch. Sie können durchaus als Notanker dienen, und die Auswahl ist riesig:

Darauf müssen Sie beim Einsatz der Motivprogramme achten

- Nur ein einziges Motivprogramm schaltet den Bildstabilisator automatisch zu: *Dis Mod*. Alle anderen übernehmen den Modus, der gerade gilt, egal ob sinnvoll oder nicht. Und alle Motivprogramme schalten den Farbraum auf sRGB.

- Die Parameter *Bildstabilisator* und *Seitenverhältnis* werden von der letzten Einstellung übernommen. Viele Parameter sind bei den Motivprogrammen fixiert und können nicht verändert werden. Bei *Porträt* ist zum Beispiel die Funktion *Serienbild* gesperrt.

3-D-Aufnahme mit dem entsprechenden Szeneprogramm der E-P3. Durch die Anaglyphendarstellung leiden natürlich die Farben, rot fällt bei Farbanaglyphen oft völlig aus. Die PEN speichert die 3-D-Bilder aber als ausgabeunabhängiges MPO-Stereoformat in Vollfarben.

AUFNAHMEDATEN	
Brennweite	17 mm
Blende	f/2,0
Belichtung	1/60 s
ISO	500

KAPITEL 2
EINSCHALTEN UND LOSLEGEN

- *e-Porträt* setzt voraus, dass die Gesichtserkennung ein Gesicht auch erkennt – dass das Gesicht also in die Kamera sieht und erkannt wird. Ansonsten gibt die Kamera einen „Gesichtserkennungsfehler" aus und verweigert die Erstellung des *e-Porträt*. Neben den Aufnahmeparametern hat *e-Porträt* eine weitere überraschende Eigenschaft. Es wird keineswegs ein JPEG in Vollauflösung geschrieben, sondern lediglich ein Bild mit knapp 5 Megapixeln. Auf dieses ist auch ein Weichzeichner angewendet worden, sodass die Haut glatter wirkt. Nach erfolgreicher *e-Porträt*-Erstellung zeigt die Kamera kurz einen Splitscreen mit Vorher-nachher-Darstellung an, da die Kamera immer ein Vollbild ohne Effekt und ein reduziertes Bild mit Effekt speichert. In welchem Format das Vollbild gespeichert wird, hängt von den gerade vorgenommenen Einstellungen ab. Bei *RAW + JPG* wird automatisch auf *RAW* umgeschaltet, *LN*, *LF* oder *LSF* wird beibehalten.

- *Feuerwerk*: Bei den älteren PENs schaltete das *Feuerwerk*-Programm auf ISO 100.

- *Fisheye Effekt + Weitwinkel* sind vor allem für die entsprechenden Konverter gedacht, die es für die Objektive mit Frontbajonett gibt. *Fisheye Effekt* verändert allerdings nichts an der Bildgeometrie, sondern stellt, wie alle Szeneprogramme, lediglich die Aufnahmeparameter ein.

- Auch *Makro* verändert nichts an der Bildgeometrie.

- Beim Programm *3D-Photo* wird die Bildauflösung auf *Middle Super Fine* und das Seitenverhältnis auf *16:9* umgestellt. Dabei wird nicht etwa das in den Voreinstellungen vorgesehene *Middle* genommen, sondern HDTV-Auflösung. – 1.980 x 1.020.

ART-Filter für spezielle Effekte

Die PEN hat ein eingebautes „Kreativstudio" mit bis zu zehn Effektfiltern, die in speziellen Situationen absolut sinnvoll sind, solange man ihre Beschränkungen im Kopf behält. Alle ART-Filter stellen die Kamera identisch ein, einige Parameter werden aus dem benutzerdefinierten Setup übernommen, wie zum Beispiel die Wahl des Fokuspunkts. Wenn Sie mit ART-Filtern und den älteren PENs arbeiten, beachten Sie, dass die Kamera bei einigen Filtern deutlich länger zur Entwicklung braucht. Erst wenn die Entwicklung abgeschlossen ist, reagiert die Kamera wieder. Sie lässt sich in dieser Zeit auch nicht ausschalten.

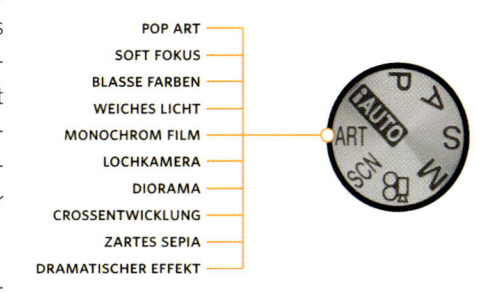

Hier alle zehn ART-Filter der E-P3, die E-P1 hat jedoch nur vier ART-Filter (Pop Art, Soft Fokus, Blasse Farben, Weiches Licht, Monochrom Film und Lochkamera).

Viele Effekte der ART-Filter wirken sich auf Mikrokontraste aus, Pop Art *etwa oder auch der* Monochrom Film-*Effekt. Je höher Sie die Empfindlichkeit der Kamera einstellen, desto körniger wird das Ergebnis, da das Rauschen digital verstärkt wird.*

AUFNAHMEDATEN	
Brennweite	35 mm
Blende	f/2,0
Belichtung	1/2000 s
ISO	100

Mit dem ART-Filter Pop Art *aufgenommener Wasserfall mit Regenbogen bei Selsverket in Südnorwegen.*

Der ART-Filter Weiches Licht *reduziert den Kontrast im Bild, hellt Schatten auf und senkt Lichter ab. Dabei bleiben aber Mikrokontraste erhalten, der Effekt ähnelt etwas einem HDR-Bild nach dem Tonemapping.*

AUFNAHMEDATEN	
Brennweite	12 mm
Blende	f/2,0
Belichtung	1/80 s
ISO	200

Auswirkung der ART-Filter auf die Aufnahmen

Probieren Sie die ART-Filter einmal aus und begutachten Sie die Ergebnisse am heimischen Monitor – das Kameradisplay ist dafür ungeeignet. Behalten Sie zwei Dinge im Kopf: Die ART-Filter wirken sich ausschließlich auf das JPEG aus, und die Effekte können Sie jederzeit auch nachträglich im Viewer auf das RAW anwenden. Leider stellt Olympus Viewer diese Funktion nur für Kameradateien zur Verfügung, bei denen die Kamera ART-Filter ebenfalls unterstützt. So können Sie den E-P2-Filter *Diorama* nicht auf ein E-500-RAW anwenden. Seit der Version 1.21 des Viewer ist aber die Anwendung von Filtern auf ältere PEN-RAWs problemlos möglich.

Bilder rechts:

Oben links: Beim ART-Filter Soft Fokus *wird eine Art Orton-Effekt angewendet. Dabei erhalten die scharfen Bildbereiche einen Schein. Idealer Filter für romantische und florale Motive.*

Oben rechts: People-Shooting mit ART-Filter Blasse Farben. *Der Filter reduziert die Kontraste und sorgt für einen blaugrünen Schimmer.*

Unten links: Der ART-Filter Monochrom Film *ist nicht identisch mit der* Monochrome-Einstellung *im* Bildmodus. *Er wirkt körniger und hat wesentlich härtere Kontraste.*

Unten rechts: Der ART-Filter Lochkamera *verstärkt die Sättigung und schattet die Ränder ab. Eigentlich ist die Bezeichnung falsch, da eine Lochkamera, die korrekt berechnet ist, eben keine Vignettierungen aufweist und auch die Sättigung nicht anhebt. Des Rätsels Lösung ist, dass sich der Filter ursprünglich „Toy-Kamera" nannte und den Look von Billigkameras wie der chinesischen Holga und ähnlichen Produkten nachahmt. Im Marketing fand die Bezeichnung „Toy-Kamera" aber wenig Gegenliebe, und so einigte man sich auf „Pin Hole" gleich* Lochkamera.

KAPITEL 2
EINSCHALTEN UND LOSLEGEN

AUFNAHMEDATEN	
ennweite	88 mm
ende	f/2,0
lichtung	1/200 s
O	100

AUFNAHMEDATEN	
Brennweite	41 mm
Blende	f/2,0
Belichtung	1/5000 s
ISO	100

AUFNAHMEDATEN	
ennweite	35 mm
ende	f/5,6
ichtung	1/60 s
	100

AUFNAHMEDATEN	
Brennweite	37 mm
Blende	f/2,0
Belichtung	1/80 s
ISO	200

43

Die ART-Filter können bei den neueren PENs auch noch angepasst werden, mit Rahmen oder Effekten können die ART-Filter sogar kombiniert werden. Die dadurch gegebenen Möglichkeiten sprengen jedoch den Umfang dieses Buchs.

Oben links: Der ART-Filter Diorama *sättigt sehr stark und erzeugt eine Dreiteilung des Bildes: oben und unten weichgezeichnet, in der Mitte überschärft. Damit soll der Effekt erzeugt werden, der beim Fotografieren einer Modelllandschaft auftritt, bei der aufgrund der geringen Schärfentiefe des Makroobjektivs Vorder- und Hintergrund verschwommen sind. Der Filter kümmert sich leider überhaupt nicht um tatsächlich vorhandene Schärfeebenen oder um die Bildlage. Im Hochformat laufen die Streifen von oben nach unten. Für einen natürlichen Eindruck muss die Szene tatsächlich von oben fotografiert werden – hier die Rolltreppe an der Zeche Zollverein in Essen.*

Oben rechts: Der ART-Filter Crossentwicklung *verstärkt den Kontrast und verfälscht die Farben, als hätte man einen Analogfilm mit dem falschen Entwickler behandelt. Durch den starken Grünstich sollte man darauf achten, im Wesentlichen Dinge zu fotografieren, die nicht grün sind. Wald und Wiese wirken mit diesem Filter eher langweilig.*

Unten links: Der ART-Filter Zartes Sepia *wandelt in ein etwas kontraststärkeres Sepia um.*

Unten rechts: Der ART-Filter Dramatischer Effekt *hellt Schatten sehr stark auf und dunkelt Highlights ab. Die daraus resultierende Kontrastumkehr sorgt vor allem bei eigentlich langweilig bewölktem Himmel für dramatische Wolken. Sieht der Himmel aber tatsächlich so aus, ist der Filter kontraproduktiv – die Dramatisierung von Dramatik schlägt fehl. Sehr gut brauchbar ist der Filter bei schwierigen Gegenlichtsituationen, da kann man einen ganz extrem natürlichen Effekt erzielen. Um die Fokusebene zu betonen, zeichnet der Filter Unschärfen stärker und gleicht diese dann aus. Unscharfe Bereiche und Bereiche mit starkem Rauschanteil werden also sehr stark aquarelliert. Bei diesem Bild wurde die Bewegung durch einen Funkblitz eingefroren.*

AUFNAHMEDATEN	
Brennweite	42 mm
Blende	f/7,1
Belichtung	1/160 s
ISO	200

AUFNAHMEDATEN	
Brennweite	45 mm
Blende	f/1,8
Belichtung	1/640 s
ISO	200

AUFNAHMEDATEN	
Brennweite	42 mm
Blende	f/9,0
Belichtung	1/250 s
ISO	200

KAPITEL 2
EINSCHALTEN UND LOSLEGEN

AUFNAHMEDATEN	
Brennweite	7 mm
Blende	f/8,0
Belichtung	1/250 s
ISO	100

Intelligente Automatik iAUTO

Die PEN hat anstelle des bekannten *AUTO* auf den Spiegelreflexkameras ein *iAUTO* stehen. Während der *iAUTO*-Modus in den ersten PENs vor allem bei Innenraumfotos eher zweifelhafte Ergebnisse brachte, ist die Funktion mittlerweile ziemlich ausgereift und produziert in den meisten Fällen ansehnliche Ergebnisse. Wichtig ist, zusätzlich zum *iAUTO* auch den Bildstabilisator *I.S.* einzuschalten und die *Auto-ISO* von Hand korrekt zu setzen, da *iAUTO* sich an die Vorgaben von *Auto-ISO* hält.

Im iAUTO-*Modus vorzugsweise mit Bildstabilisator. Im* Aufnahmemenü 2 *schalten Sie den Bildstabilisator ein.*

Bildstabilisator in der Kamera

Die PEN besitzt einen eingebauten Bildstabilisator. Der Stabilisator erkennt, in welche Richtung das Gehäuse geschwenkt wird, und versucht, das durch ein Kippen des Sensors auszugleichen. Der Verstellweg des Sensors ist naturgemäß begrenzt und kann lediglich seitliche Wackelbewegungen ausgleichen. Schwankungen in Richtung des Motivs – der Objekt- oder Schärfeebene – sind nicht ausgleichbar, da Objektiv und Sensor einen festen Abstand halten müssen. Würde der Sensor aus der Bildebene herausbewegt, um ein Vorwärtsschwanken auszugleichen, würde das Bild nicht schärfer, sondern unschärfer.

Einstellen der Bildstabilisatormodi I.S.1, I.S.2 *oder* I.S.3.

Arbeitsweise der Modi I.S.1, I.S.2 und I.S.3

Der *I.S.1* gleicht Schwankungen in zwei Richtungen aus: vertikal und horizontal. Er verwendet dazu einen Ultraschallmotor, dem Sie trotz Ultraschall bei der Arbeit auch zuhören können – falls Sie mal etwas länger belichten. Dadurch, dass der Sensor nur einen begrenzten Verstellweg hat, sollten Sie die Kamera auch tatsächlich beim Fotografieren ruhig halten. Wenn Sie, etwa bei Fußballspielen, dem Spieler mit der Kamera folgen, kann es zu unschönen Effekten kommen:
Der Bildstabilisator stabilisiert das Bild in mehreren Ansätzen, das Bild sieht daher verruckelt aus, oder es ist völlig unscharf. Dabei reicht schon das Mitziehen eines Fußgängers, um unscharfe Bilder zu erhalten. Wenn Sie also Mitzieher machen, schalten Sie auf *I.S.2* um, damit wird nur die vertikale Bewegung stabilisiert. Und wenn Sie im Hochformat mitziehen, schalten Sie auf *I.S. 3*. Das gilt für Mitzieher von links nach rechts und umgekehrt. Für Mitzieher von oben nach unten brauchen Sie im Querformat *I.S.3* und im Hochformat *I.S.2*. Um die Verwirrung nicht komplett zu machen: Im *I.S.2* müssen Sie entlang der langen Seite des Bildes/des Sensors mitziehen, bei *I.S.3* entlang der kurzen Seite.
Der Stabilisator benötigt zur Berechnung, wie weit der Sensor bewegt werden muss, um die Bewegung des Bildes innerhalb des

AUFNAHMEDATEN	
Brennweite	7 mm
Blende	f/5,0
Belichtung	1/1250 s
ISO	100

KAPITEL 2
EINSCHALTEN UND LOSLEGEN

Zerstreuungskreises zu halten – denn nur so lange ist das Bild scharf –, die aktuelle Brennweite des Objektivs. Bei den FT- und MFT-Objektiven ist das kein Problem, diese übertragen die aktuelle Brennweite an die Kamera. Schwieriger ist es bei adaptierten Fremdobjektiven. Da kann die Kamera nicht beurteilen, ob es sich um ein Weitwinkel- oder ein Teleobjektiv handelt, und deshalb ist der Stabilisator erst mal außer Funktion – es sei denn, Sie teilen ihm mit, welche Brennweite das Objektiv besitzt. Das geschieht über das Display. Allerdings unterstützt der Bildstabilisator nicht jede adaptierte Brennweite. Die Schritte sind:

8, 10, 12, 16, 18, 21, 24, 28, 30, 35, 40, 48, 50, 55, 65, 70, 75, 80, 85, 90, 100, 105, 120, 135, 150, 180, 200, 210, 250, 300, 350, 400, 500, 600, 800, 1000

Damit sind übrigens die echten MFT-Brennweiten gemeint und nicht etwa ein Kleinbildäquivalent.

Bildstabilisator zuschalten oder nicht?

Vom Dreibeinstativ kann der Bildstabilisator bei windempfindlichen, leichten Stativen und langen Brennweiten ebenfalls zur Verbesserung des Bildes beitragen. Es ist empfehlenswert, die eigenen Stative daraufhin zu testen, ob sie einen eingeschalteten Stabilisator brauchen oder ob sie, im Gegenteil, mit Stabilisator unschärfere Bilder produzieren – auch das gibt es.

Der Bildstabilisator braucht etwas Strom, das schadet aber meistens nicht. Auch vom Einbeinstativ ist er absolut sinnvoll. Bei der PEN schaltet sich der Bildstabilisator bei Belichtungszeiten über 2 Sekunden automatisch ab.

Eine einfache Regel hilft Ihnen, zu entscheiden, ob Sie den Bildstabilisator an Bord einschalten sollten oder nicht. Füllen Sie ein Glas Wasser bis zum Rand und versuchen Sie, daraus zu trinken, ohne etwas zu verschütten. Gelingt das ohne Probleme, können Sie den Bildstabilisator einschalten. Wenn Sie schon beim Einschenken Probleme haben, das Glas zu treffen, lassen Sie ihn lieber aus. Befestigen Sie die Kamera an sich und versuchen Sie, möglichst kurze Belichtungszeiten zu bekommen.

Einen Sonderfall bilden Fotos von Schiffen herunter, aus fahrenden Fahrzeugen oder aus Flugzeugen. Solange sich diese Untersätze gleichförmig bewegen und der Fotograf die Kamera nicht dem vorbeiziehenden Motiv nachführt, ist ein Bildstabilisator sinnvoll. Sobald sich das Schiff aber bewegt, man vom Auto aus eine Kirche oder vom Flugzeug aus eine Stadt fotografieren will, schadet der Bildstabilisator mehr, als er nutzt. Der Bildstabilisator kann eine Schiffsbewegung nicht ausgleichen, versucht es aber, und damit wird das Bild unschärfer, als es ohne gewesen wäre. Man selbst versucht ja das Schwanken des Boots auszugleichen, indem man dem Motiv mit der Kamera folgt – was nichts anderes ist als ein Mitziehen. Trotzdem sollte der Bildstabilisator, wenn er nicht gebraucht wird, abgeschaltet werden. Bei der E-P1 kommt es vor, dass Bilder mit Bildstabilisator unschärfer werden als ohne. Das passiert bei Belichtungszeiten von 1/100 und 1/200, also bei Belichtungszeiten, die man normalerweise ohne Bildstabilisator einwandfrei halten kann. Deshalb die klare Empfehlung: Schalten Sie den Stabilisator dann ein, wenn Sie ihn brauchen – und dann auch genau den richtigen.

Wirksamkeit eines Bildstabilisators
Die Werbung gaukelt dem Digitalfotografen vor, dass er mittels Bildstabilisator fünf Blenden mehr halten könne als ohne. Tests in Fachzeitschriften stellen im Allgemeinen fest, dass diese Aussage stark übertrieben sei, tatsächlich würde der Stabi nicht mehr als zwei oder drei Lichtwerte bewirken. Was ist nun richtig?
Diese Frage ist nicht so einfach zu beantworten, nötig ist erst mal ein wenig technisches Hintergrundwissen: Damit ein Bild als scharf empfunden wird, darf die Verwacklung des

PANASONIC-OBJEKTIVE MIT STABILISATOR

Ein besonderes Problem tritt auf, wenn Sie Panasonic-Objektive mit integriertem Stabilisator verwenden. Der O.I.S. (*Optical Image Stabilizer*) **arbeitet dem I.S. entgegen, die beiden Stabilisatoren produzieren also gemeinsam unscharfe Bilder. Der O.I.S. ist im Allgemeinen effektiver als der I.S. der PEN, man sollte also den O.I.S. der Panasonic-Optiken nutzen.**
Doch keine Regel ohne Ausnahme: Wenn Sie versuchen, mit einem O.I.S.-Tele manuell scharf zu stellen, und dabei den MF-Assistenten einschalten – also in der Vergrößerung arbeiten –, gibt es den unschönen Effekt, dass der Sucherausschnitt ständig springt. Der O.I.S. versucht, das Sucherbild zu stabilisieren, kann das aber nur begrenzt tun. Wenn die Verstellung am Rand des Verstellwegs angekommen ist – wovon man am Sucher nichts mitbekommt, da ja das Sucherbild stabilisiert ist –, springt das ganze Sucherbild. In der Vergrößerung macht dieser Sprung etwa eine Hälfte des Displays aus. Manuell scharf zu stellen, ist unter diesen Bedingungen ein Glücksspiel. Da ist es sinnvoll, den O.I.S. auszuschalten, auf das stabilisierte Sucherbild zu verzichten und ihn dann zum Auslösen erst wieder einzuschalten – oder eben gleich auf den I.S. umzusteigen.
Eine Anwendung für manuelles Scharfstellen am Tele ist z. B. der Vollmond. Obwohl er hell genug ist, dass man ihn aus der Hand fotografieren kann (f/8, 1/250 Sekunde, ISO 200), gelang das mit den älteren PENs nur mit viel Glück: Der Autofokus kann mit dem hellen Fleck am Himmel nichts anfangen. Mit der E-P3 und ihren Nachfolgern ist das kein Problem mehr.

Bildes nicht größer sein als zwei Pixeldiagonalen. Ragt ein Schärfepunkt durch die Verwacklung weiter als eine halbe Diagonale in das Nachbarpixel hinein, wird das Bild unscharf. Es ist also das Bestreben jedes Stabilisators, die Verwacklung unter dieser kritischen Grenze zu halten.

Zu Kleinbildzeiten gab es die Regel: Den Kehrwert der Brennweite in Sekunden kann man sicher halten. Nur lösten die damaligen Kleinbildobjektive und Kleinbildfilme wesentlich schlechter auf als heutige digitale Objektive und Sensoren. Eine typische Systemauflösung einer Kleinbildkamera mit Wechselobjektiv lag bei etwa 2 Megapixeln. Das ergab eine durchschnittliche zulässige Verwacklung von 0,043 mm. Dafür reichte die Faustformel. Eine PEN hat aber eine maximal zulässige Verwacklung von 0,009 mm – aufgrund der wesentlich höheren Auflösung und der hochauflösenden Objektive.

Um nun ebenfalls verwacklungsfreie Bilder zu erhalten, muss man entsprechend kürzer belichten – und zwar um mindestens den Faktor 4 kürzer –, damit die unvermeidliche Verwacklung eben einen kürzeren Weg zurücklegt. Dies bedeutet für MFT den Kehrwert der vierfachen Kleinbildbrennweite. Und da die Äquivalenzbrennweite zu MFT bzw. FT mit dem Faktor 2 berechnet wird, sind wir im Endeffekt bei der achtfachen FourThirds-Brennweite für verwacklungsfreie Fotos.

Um 500 mm aus der Hand verwacklungsfrei zu fotografieren, bräuchten Sie also eine Belichtungszeit von 1/4000 Sekunde. Mit einem Bildstabilisator, wie er in den PENs eingebaut ist und der eine Wirksamkeit zwischen 3 und 4 Blenden erreicht, kommen Sie auf eine Belichtungszeit von 1/500 Sekunde, mit Glück auf 1/250 Sekunde.

Die Faustformel für die PEN muss also lauten: Die Belichtungszeit ist der Kehrwert der Brennweite – wenn der Bildstabilisator eingeschaltet ist. Ist er es nicht, muss die Brennweite vorher mit acht multipliziert werden.

Tipps für die richtige Kamerahaltung

Es gibt noch einen Bildstabilisator – den haben Sie eingebaut. Und erst die Kombination aus beiden, dem in der Kamera und Ihrem eigenen, ermöglicht auch bei langen Brennweiten scharfe Bilder aus der Hand. Ihr eigener Bildstabilisator funktioniert so:

- Suchen Sie sich einen Platz, an dem Sie Ellbogenfreiheit haben, oder lehnen Sie sich an eine Wand oder Säule an.

- Suchen Sie sich einen festen Stand, stellen Sie sich breitbeinig hin – die Füße auf Schulterbreite – und machen Sie sich bewusst, dass Sie jetzt sicher stehen. Stellen Sie sich selbst als fest verwurzelt vor.

- Atmen Sie ruhig, nehmen Sie sich Zeit.

- Bleiben Sie locker, wenn Sie merken, dass Sie verkrampfen: Kamera absetzen, durchatmen, lockern.

- Je schwerer Kamera und Objektiv sind, desto besser. Wenn Sie irgendwelche Anbauteile haben (Blitz, Blitzschiene, Batteriegriff), bauen Sie sie dran. Je schwerer, desto ruhiger.

- Ermitteln Sie, wo der Schwerpunkt der Konstruktion ist. Der Schwerpunkt sollte zwischen Ihren beiden Händen liegen. Wenn Sie die Kamera nicht direkt im Schwerpunkt unterstützen, reicht bereits ein kleines Zucken der zweiten Hand, und die Kamera ist verrissen.

- Halten Sie die Kamera so nah am Körper wie möglich. Mindestens einer der beiden Arme sollte sich mit dem Ellbogen am Körper abstützen, noch besser ist es, wenn Sie sich mit beiden Oberarmen abstützen. Das ist schwierig, wenn Sie nur über das Display scharf stellen können, etwa weil Sie keinen Aufstecksucher haben. Haben Sie einen guten Punkt für den AF gefunden, können Sie auch versuchen, die Kamera näher an den Körper heranzuziehen, indem Sie darauf verzichten, das Bild auf dem Display noch scharf zu sehen, und sich auf den AF verlassen.

- Wenn Sie es können, öffnen Sie vor dem Schuss beide Augen, dadurch entspannen Sie Ihr Gesicht und damit auch sich selbst.

- Stellen Sie die Kamera auf Serienbild und schießen Sie mindestens Dreierserien.

- Vor dem Auslösen ausatmen. Drücken Sie den Auslöser langsam und in einer gleichmäßigen Bewegung durch. Erst wenn die Serie fertig ist, langsam die Kamera senken. Idealerweise sollten Sie noch eine halbe Sekunde nach dem Auslösen das Motiv anvisieren. Sie vermeiden dadurch, dass sich Ihre Muskeln bereits auf das Absetzen der Kamera vorbereiten.

- Wenn Sie tiefer gehen müssen, knien Sie sich hin. Die Hocke dagegen ist ebenso wie eine nach vorn übergebeugte Haltung instabil. Entweder Sie haben bereits Räuberklamotten an, die dreckig werden dürfen, oder Sie haben eine Plastiktüte in der Fotografentasche – die übrigens auch sehr nützlich ist, wenn Sie mal ein Model im langen weißen Kleid in eine Wiese setzen wollen.

- Ein Fotograf kann sich auch mal in der Horizontalen befinden – übrigens eine exzellente Schussposition –, ohne sich etwas zu vergeben.

- Es versteht sich von selbst, dass Koffein, Nikotin, Alkohol und andere Drogen Ihren eingebauten Stabilisator außer Gefecht setzen können.

Autofokussystem und Arbeitsweisen

Das Autofokussystem der PEN beruht auf einem Kontrastautofokussystem. Das bedeutet, der Autofokus analysiert das Sensorbild und sucht dort nach einer Kontrastkante, auf die dann das Fokussystem scharfstellt, bis der Kontrast maximal ist. Dabei wird aber lediglich das zweidimensionale Sensorbild ausgewertet. Das hat verschiedene Besonderheiten zur Folge, die man berücksichtigen sollte:

Motive im Vordergrund und im Hintergrund

Wenn im Vordergrund drei Kinder spielen und im Hintergrund der Wohnzimmerschrank perfekte, unbewegte Kontrastkanten abgibt, wird die Kamera hartnäckig auf den Schrank scharf stellen, wenn man ihr die Wahl überlässt. Für die Kamera ist alles in einer Ebene, nur dass die Kontrastkanten des Schranks schärfer werden, wenn der Fokus am Objektiv verstellt wird – die Kanten der sich bewegenden Kinder aber meistens nicht.

Gesichtserkennung mit Autofokus

Aus diesem Grund ist die Gesichtserkennung bei reinem Kontrast-AF eine segensreiche Einrichtung. Sie hat Vorrang vor der allgemeinen Kontrasterkennung, sodass man mit aktivierter Gesichtserkennung meistens zu einer korrekten Fokussierung kommt.

Problematisch wird es, wenn Motive fotografiert werden, die in Vorder- und Hintergrund Gesichter enthalten – Tante Klara vor einem großformatigen Werbeplakat beispielsweise. Die PEN kann nicht unterscheiden, wer vorne steht, also wird die Dame scharf gestellt, bei der bessere Kontrastkanten zur Verfügung stehen. Prinzipiell benötigt die PEN, um ein Gesicht zu erkennen, nicht einmal ein echtes Gesicht. Die relativ grobe Zeichnung eines Gesichts reicht bereits, teilweise wird sogar das Muster „Punkt – Punkt – Komma – Strich" als Gesicht erkannt. Glücklicherweise zeigt die PEN am Display mit einem weißen Rahmen an, welches Element gerade als Gesicht erkannt wird.

Die PEN versucht übrigens nicht, bei einem Gruppenbild die Personen in der mittleren Reihe scharf zu stellen, sodass aufgrund der Schärfentiefe auch die Personen vorne und hinten scharf werden. Sie sucht sich das Gesicht mit den besten Kontrastkanten. Auf dieses wird scharfgestellt.

Oben: Schwierige Bedingungen für den Autofokus. Der Nebel wabert, Gegenlicht, das Gesicht ist nur im Profil zu sehen, was die Gesichtserkennung nicht mag. In so einem Fall muss man den Autofokuspunkt per Hand festlegen, sonst stellt der AF auf den Sessel oder den Baum scharf.

Unten: Gesichtserkennung mit Autofokus auf dem rechten Auge. Aber Vorsicht – hier ist die Sicht des Fotografen gemeint, nicht etwa die anatomisch korrekte Sichtweise vom Model aus. Mit dem 45er-Porträtobjektiv kann die E-P3 so schnell fokussieren, dass man fast blind abdrücken kann.

AUFNAHMEDATEN	
Brennweite	12 mm
Blende	f/2,2
Belichtung	1/1250 s
ISO	200

AUFNAHMEDATEN	
Brennweite	45 mm
Blende	f/1,8
Belichtung	1/800 s
ISO	200

Die Gesichtserkennung ergibt bisweilen erstaunliche Ergebnisse. Manchmal werden Babys oder Personen im Halbprofil nicht erkannt, dann wieder erkennt die Kamera in der Anordnung des Schimmels in einem Blauschimmelkäse ein Gesicht. Sie sollten also immer überprüfen, wo der Rahmen im Sucher aufleuchtet. Hin und wieder sind die Ergebnisse etwas überraschend. Dieses Problem haben Gesichtserkennungen allgemein – nicht nur die der PEN.

AF-Feld-Bestätigung immer prüfen

Vorsicht ist geboten, wenn das Autofokusfeld das Motiv nur teilweise bedeckt. Was beim Phasendifferenzautofokus von ausgewachsenen Spiegelreflexsystemen ideal ist, ist beim Kontrastautofokus genau falsch. Das Autofokussystem sucht nämlich das gesamte Feld nach einer brauchbaren Kontrastkante ab. Und der Kontrast, den das System zuerst findet, wird genommen. Meistens ist es der Hintergrund. Wenn also das AF-Feld bestätigend blinkt, sollten Sie genau überprüfen, ob in diesem Feld nicht auch vielleicht der Kran im Hintergrund enthalten ist – eine perfekte Kontrastkante.

Im Gegensatz dazu sei angenommen, Sie wollten einen Sänger hinter seinem Mikrofonständer abbilden. Der Mikrofonständer steht, der Sänger bewegt sich. Also ist die Wahrscheinlichkeit hoch, dass sich der Autofokus den Ständer als leichtes Ziel heraussucht. Mit der Automatik werden Sie keinen Blumentopf gewinnen, mit der Gesichtserkennung nicht immer. Die Methode der Wahl ist ein Autofokusfeld, das über den Mikrofonständer hinwegzielt oder daran vorbei.

AF-Feld per Touchpad oder Sucherlupe festlegen

Bei den neuen PENs haben Sie die Möglichkeit, ohne Umweg über die Sucherlupe das AF-Feld zu verkleinern. Damit klappt dann auch ein exakter Fokus bei schwiergen Motiven. Bei der E-P3 verkleinern Sie das Fokusfeld am einfachsten über das Touchpad: Legen Sie im Live-View im Touchpad-Modus das AF-Feld durch Fingertipp auf den Bildschirm fest und stellen Sie rechts mithilfe des auftauchenden Schiebereglers dann einfach das AF-Feld in der Größe ein. Bei den PENs ohne Touchscreen verwenden Sie die Sucherlupe.

Exakter Fokus mit der Sucherlupe

Sie drücken, während Sie Ihr Motiv anpeilen, die Lupentaste, bis das kleine grüne Rechteck auf dem Schirm auftaucht. Das steuern Sie mit den Pfeiltasten an den richtigen Punkt, drücken nochmals die Lupentaste und versuchen nun, die Kamera im Ziel zu halten. Der Autofokus berücksichtigt jetzt ausschließlich das, was Sie in der Vergrößerung sehen. Das größte Problem dabei ist, die Kamera so ruhig zu halten, dass sich der Bildinhalt der Vergrößerung nicht die ganze Zeit ändert. Bei den älteren Kameras ohne Lupentaste müssen Sie mit der INFO-Taste das kleine grüne Rechteck aufrufen, dieses an den richtigen Punkt bewegen und mit OK vergrößern.

Kontinuierlicher Autofokus im praktischen Einsatz

Die PEN bietet für den manuellen Fokus zweierlei Unterstützung an: für alte, manuelle Objektive die oben beschriebene Sucher-

KAPITEL 2
**EINSCHALTEN
UND LOSLEGEN**

lupe und für FT- und MFT-Objektive den MF-Assistenten, der nichts anderes macht, als selbsttätig die Sucherlupe einzuschalten, sobald man am Fokusring des Objektivs dreht. Als Ausschnitt wird der augenblicklich angewählte Fokuspunkt vergrößert.

Der *C-AF* der PEN arbeitet nach einem anderen Prinzip als der *C-AF* bei digitalen Spiegelreflexkameras. Während die großen Schwestern eine Ahnung von Bewegung im Raum haben und versuchen, zu erraten, in welche Richtung sich das Motiv bewegt, arbeitet der Kontrast-*C-AF* nach dem Prinzip Versuch und Irrtum. Während des gesamten Fokusvorgangs springt das Objektiv ständig hin und her, und parallel dazu wird das Bild auf dem Sensor analysiert. Bewegt sich das hinter dem Fokusfeld liegende Motiv, stellt der Prozessor fest, dass eine der beiden Bewegungsrichtungen ein besseres, schärferes Ergebnis gebracht hat als die andere, also wird das Objektiv in diese Richtung bewegt.

Naturgemäß hinkt dadurch der *C-AF* der Wirklichkeit immer etwas hinterher, und die maximale Geschwindigkeit des Motivs, dem der *C-AF* noch folgen kann, ist beschränkt. Je schneller sich das Motiv bewegt, desto größer werden die Sprünge, damit der Autofokus dem Motiv folgen kann. Das kann so weit führen, dass ein Auto, das mit 50 km/h auf den Fotografen zufährt, in der gesamten zur Verfügung stehenden Zeit nur zweimal kurz im Fokus ist, den Rest der Zeit ist es grob unscharf. Entsprechend ist eine korrekte Platzierung der AF-Punkte für die Funktion des *C-AF* ausschlaggebend. Wenn Sie mit allen Fokuspunkten ein frontal auf Sie zu galoppierendes Pferd fotografieren wollen, wird das schiefgehen, selbst wenn Sie dem Pferd ausweichen können. Der *C-AF* interessiert sich nämlich nicht sonderlich für das Pferd, sondern bevorzugt unbewegliche Fokuspunkte in der Umgegend.

Bei dieser Aufnahme wurde der C-AF *mit allen Feldern eingesetzt. Basstölpel vor Sto, Lofoten.*

AUFNAHMEDATEN	
Brennweite	200 mm
Blende	f/3,5
Belichtung	1/2000 s
ISO	200

C-AF mit allen Fokuspunkten ist ausschließlich bei fliegenden Vögeln vor einem konturlosen Himmel mit langen Telebrennweiten zu empfehlen. Dabei darf der Vogel auch nicht zu klein sein. In allen anderen Fällen sollte man sich für einen AF-Punkt entscheiden und diesen dann auch im Ziel halten.

Kontinuierlicher Autofokus mit Tracking
Beim *C-AF* mit Tracking handelt es sich um einen komplizierten Versuch, die prinzipiellen Limitierungen des zweidimensionalen Kontrast-AF zu überwinden. Dabei wird das angepeilte Motiv, zum Beispiel eine Person, als Objekt definiert und dessen Bewegung im Bild verfolgt. Wenn etwa ein Kind rechts im Bild angepeilt wird, das sich dann nach links bewegt, verfolgt der *C-AF* das Muster des Gesichts als relevant und versucht, die Schärfe nachzuführen, sodass die in diesem Pixelmuster erkannten Kontrastkanten stets scharf bleiben.

Das kann natürlich an simplen Dingen scheitern: Das Kind wendet beispielsweise das Gesicht ab, oder jemand läuft zwischen Kamera und Kind vorbei. Denn nach wie vor weiß der Sensor nichts von der dritten Dimension. Wenn sich ein Kind um sich selbst dreht, bedeutet das für den Bildprozessor nicht, dass in kurzer Zeit das Gesicht wieder zu sehen sein wird, sondern dass das Gesichtsmuster urplötzlich durch eine Struktur feiner, schnell bewegter und andersfarbiger Linien (die Haare) ersetzt wurde, auf die der Prozessor nicht scharf stellen kann.

Auch dem Tracker muss man erst mit einer genauen Auswahl des AF-Punkts auf die Sprünge helfen, der große Vorteil des Trackers ist aber, dass die Bildkomposition gleich bleiben kann, während man beim *C-AF* den AF-Punkt exakt nachführen muss.

Bei DSLRs ist *C-AF* die Domäne des Serienbildes: *C-AF* einstellen, Fokus aufs Motiv und dann rattern lassen. Der Spiegel ist schnell genug, sodass Sie über das Sucherbild eigentlich immer eine gute Kontrolle über das Motiv haben. Bei einer spiegellosen Kamera ist das etwas anders. Der Spiegel, der bei der DSLR sofort das Bild zeigt, wird durch einen elektronischen Sucher oder auch ein Display ersetzt. Dieses Display hat eine prinzipbedingte Verzögerung: Der Sensor braucht zwischen 1/50 und 1/120 Sekunde, um ausgelesen zu werden, dann müssen die Daten aufbereitet und für die Displayauflösung umgerechnet werden. Das benötigt derzeit etwa 11/100 Sekunden. Der Bildschirm der PEN hinkt also grundsätzlich der Wirklichkeit ca. 1/10 Sekunde hinterher. Im Normalfall fällt das nicht sehr auf, beim Serienbild haben Sie aber das Problem, dass die Erstellung des Bildes schon 1/10 Sekunde benötigt, die Aufbereitung des nach dem Öffnen des Verschlusses neu eingelesenen Live-Bildes aber noch mal genauso lang, und zu diesem Zeitpunkt soll dann bereits das nächste Bild geschossen werden.

Sie erhalten ein Bild, das zeitverzögert immer nur kurze Zeit sichtbar ist. Mit einem solchen Flackerbild einen Fokuspunkt auf einem sich bewegenden Motiv zu halten, ist nicht ganz einfach. Was Sie für brauchbare Ergebnisse benötigen, ist viel Licht, damit das Motiv harte Kontrastkanten hat, und eine halbwegs gleichförmige Bewegung, idealerweise entweder parallel zur Bildebene oder im Winkel dazu. Motive, die sich direkt auf die Kamera zu bewegen, sind sehr schwer zu halten. Oft hat man mit einem schnellen *S-AF* eine höhere Ausbeute – allerdings führt der *S-AF* bei Serienbild nicht nach.

KAPITEL 2
EINSCHALTEN UND LOSLEGEN

Wichtig ist: Schalten Sie die Bildschirmansicht aus – das spart Rechenleistung. Vermeiden Sie außerdem höhere Empfindlichkeiten als ISO 1600 und schalten Sie den Bildstabilisator aus.

Autofokus und die Schärfentiefe

Der Vorteil des Kontrastautofokus, nämlich dass tatsächlich das Bild auf dem Sensor scharf gestellt wird – egal wie das Objektiv justiert ist, es gibt keinen Back- oder Frontfokus mehr –, ist gleichzeitig auch ein Nachteil. Es wird nämlich so lange scharf gestellt, bis es nicht mehr schärfer geht. Bei kurzen Brennweiten kann dieser Bereich der optimalen Schärfe aber sehr groß sein. Während der Fokus bei einem Phasendifferenzautofokus relativ zuverlässig immer am gleichen Punkt liegt, geht es beim Kontrast-AF nur darum, dass die von der Kamera ausgewählte Kontrastkante bei einer Fokusverstellung nicht unschärfer, also breiter wird. Das ist aber im gesamten Bereich der Schärfentiefe der Fall. Wo genau der Fokus am Ende liegt, ist reiner Zufall. Je lichtschwächer das Objektiv ist, desto stärker wird dieser Effekt.

Ein Panasonic 20 mm f/1,7 zeigte bei einer tatsächlichen Fokusdistanz von 1,15 Metern eine Abweichung von +/-5 %, ein Panasonic 14-45 mm dagegen ebenso wie ein M.Zuiko 14-45 mm bei gleicher Brennweite und Blende f/3,8 eine Abweichung von bis +/-25 %. Der angepeilte Punkt war in allen Fällen scharf, aber die Schärfentiefe erstreckte sich auf völlig andere Bereiche des Bildes. Für diesen Effekt ist die maximale Öffnung des Objektivs maßgeblich, da der Kontrast-AF bei Offenblende arbeitet. Auf welche Blende dann bei der Aufnahme abgeblendet wird, ist zwar für das Bildergebnis wichtig, nicht aber für den Autofokus.

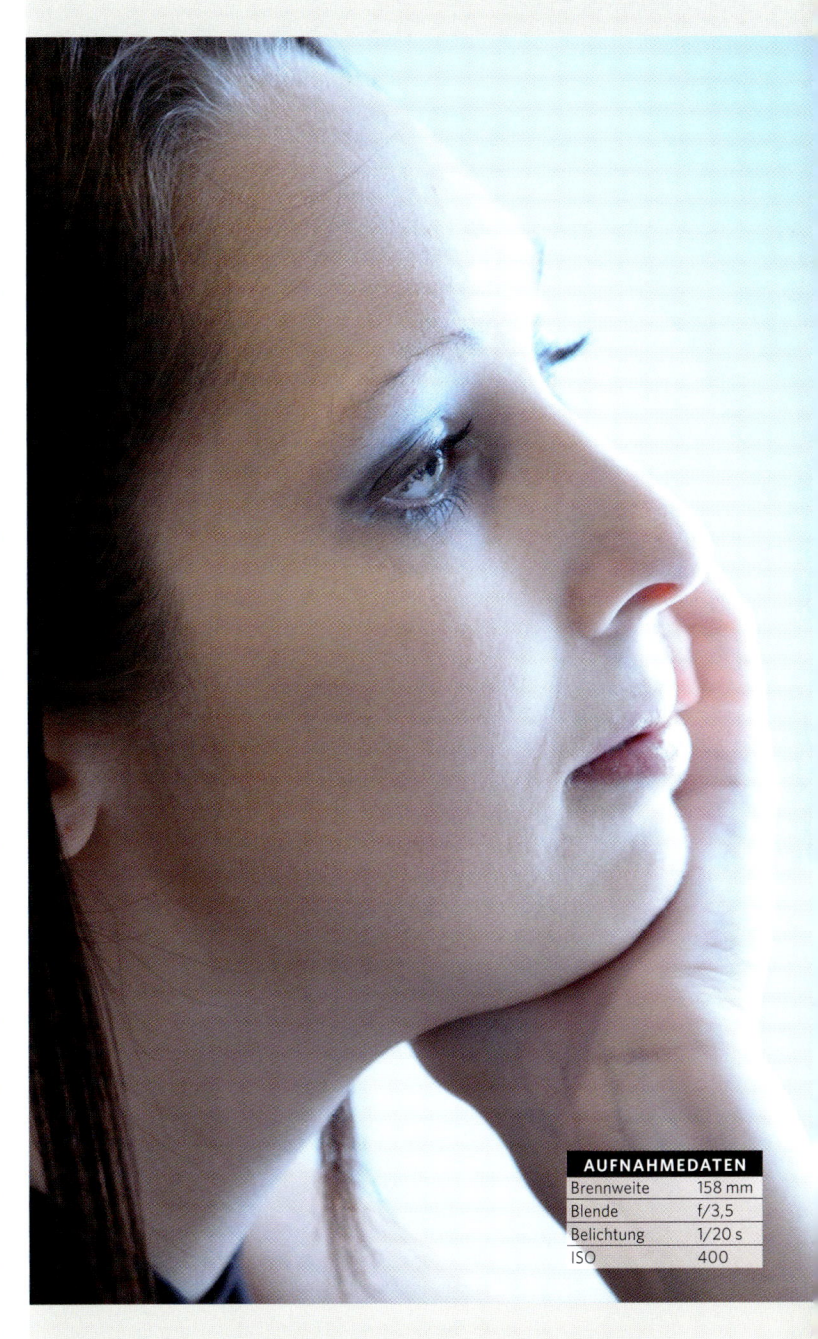

AUFNAHMEDATEN	
Brennweite	158 mm
Blende	f/3,5
Belichtung	1/20 s
ISO	400

Manueller Weißabgleich auf das im Raum herrschende Halogenlicht. Dieses Bild beherrscht das Licht aus dem Fenster. Die Schärfentiefe ist bei dieser Blende sehr gering. Das Auge ist scharf, Mund und Nase bereits nicht mehr. Würde weiter abgeblendet, bliebe trotzdem das Auge die Mitte des Schärfebereichs.

Autofokus bei Filmaufnahmen

Mit *S-AF* bei Video wird vor dem Start der Aufnahme scharf gestellt, dann wird der Fokus nicht mehr verändert. Wenn die Schärfentiefe ausreicht und Sie sie auf einen festen Punkt eingestellt haben, ist das die ideale Einstellungsmöglichkeit. Mit *S-AF+M* können Sie dann nach Bedarf während des Filmens die Schärfeebene verlegen. Die Sucherlupe springt dabei allerdings nicht an. Mit *C-AF* führt die Kamera während des Filmens selbstständig den Fokus nach. Das ist mit dem typischen Pumpen, wie auch von Videokameras bekannt, verbunden, vor allem wenn das angepeilte Motiv während des Clips die Richtung ändert. Wichtig ist dabei natürlich, den AF-Punkt immer im Ziel zu halten. Ab der E-P2 gibt es den *C-AF+TR*, der entschieden die beste Möglichkeit darstellt. Das angepeilte Motiv kann sich quer übers Bild bewegen, aber die Kamera führt sauber und ohne große Pumpbewegungen nach.

Kontrastautofokus und FT

Bis auf wenige neuere Objektive sind Four-Thirds-Objektive nicht kontrastautofokusfähig. Das liegt, technisch gesehen, daran, dass der Phasen-AF ermittelt, auf welche Entfernung das Objektiv einstellen muss. Danach übermittelt er diesen Befehl an das Objektiv, das ermittelt die eingestellte Brennweite und stellt fest, wie viele Umdrehungen der Fokusmotor machen muss, schickt den Befehl an den Fokusmotor, der „Ziel erreicht" zurückmeldet, und das wiederum sendet das Objektiv an die Kamera. Die Kamera prüft dies nicht mehr nach und meldet an den Fotografen: „Fokus erreicht!" Das Objektiv muss also lediglich gespeichert haben, wie viele Motorumdrehungen bei einer bestimmten Brennweite für das Erreichen einer bestimmten Fokusentfernung notwendig sind.

Beim Kontrast-AF ist es dagegen notwendig, dass das Objektiv für jede Brennweite unterschiedliche Mikroschritte ausführen kann, um abgleichen zu können, ob der Fokus bereits erreicht ist. Diese Datenbank, die den Befehl der Kamera bei jeder Brennweite und jeder Fokusstellung in den korrekten Mikroschritt umsetzt, ist in den alten Objektiven nicht enthalten – und es ist auch in den allermeisten Fällen kein Platz dafür im internen Speicher des Objektivs.

Normalerweise wäre aus diesem Grund eine Verwendung von Alt-FT-Objektiven unmöglich – die Objektive können mit der Anweisung „Mach einen Mikroschritt 3!" nichts anfangen, weil ein Mikroschritt für sie nichts bedeutet. Um dieses Problem zu lösen, hat Olympus intern eine Datenbank hinterlegt, die für Altobjektive diese Mikroschritte definiert und in Phasen-AF-Befehle umsetzt. Mit denen können die Objektive etwas anfangen. Natürlich dauert die Übersetzung etwas, und die Fokusmotoren müssen ungewohnte Arbeit verrichten, aber es funktioniert. Nur der *C-AF* überfordert durch das ständige Hin und Her die Altobjektive. Aus diesem Grund ist er bei adaptierten Optiken grundsätzlich deaktiviert.

Eine weitere Folge dieser Umsetzung ist, dass der beim Kontrast-AF notwendige „Rückschritt" unterbleibt. Sobald der Kontrast-AF eine Verringerung der Schärfe feststellt, geht er davon aus, dass er bereits über den Schärfepunkt hinaus ist, und stellt einen Schritt zurück. Bei der Umsetzung des Kontrast-AF in den Phasen-AF kommt es bei dieser Scharfstellung aber zu Ungenauigkeiten. Vor allem bei sehr langen Brennweiten, weit entfernten Motiven und offener Blende kann es sein, dass der Fokus nicht hundertprozentig passt. Die Sucherlupe schafft Abhilfe. Aus Performancegründen arbeitet der Autofokus nur mit begrenzter Auflösung. Bei Kontrast-AF-

**KAPITEL 2
EINSCHALTEN
UND LOSLEGEN**

fähigen Objektiven reicht das, bei Altobjektiven in seltenen Fällen nicht. In diesem Fall hilft die Sucherlupe weiter. In der Sucherlupe rechnet der Autofokus dann mit hoher Auflösung, und das Bild wird knackscharf. Dieser Effekt tritt nur dann auf, wenn Sie zum Beispiel mit einem sehr lichtstarken Teleobjektiv mit einer Brennweite von über 150 mm über eine Entfernung von mehreren Hundert Metern ein flächiges, senkrechtes Motiv aufs Korn nehmen. Sie fotografieren beispielsweise über einen Platz hinweg Details einer Häuserfassade. Überprüfen Sie in solchen Fällen das gemachte Bild in höchster Vergrößerung und wiederholen Sie das Bild im Zweifelsfall mit der Sucherlupe oder einem kleineren AF-Punkt.

Fische mit Fisheye – ein Aquariumbild mit dem Zuiko 8 mm Fisheye. Bei den kurzen Brennweiten ist man darauf angewiesen, dass die Fische sehr nah an die Scheibe kommen und man selbst sehr nah an der Scheibe ist. Mit einem SWD-Objektiv wird das schwieriger.

AUFNAHMEDATEN	
Brennweite	8 mm
Blende	f/3,5
Belichtung	1/60 s
ISO	800

SWD-OBJEKTIVE EINSETZEN

SWD ist die Abkürzung für „Supersonic Wave Drive". Einige neue Objektive von Olympus haben einen Ultraschallmotor für die Fokusverstellung an Bord. Dieser Motor verstellt schneller und leiser als der herkömmliche Elektromotor. Nachteil der SWD-Objektive ist, dass sie Ultraschallsender sind. Fische und Insekten reagieren auf die Frequenzen empfindlich und sind deutlich schwieriger zu fotografieren. SWD-Objektive (12-60 und 50-200) sind auch bei reinem *S-AF* manuell verstellbar. Das ist praktisch, da Sie damit nicht auf *S-AF+MF* umstellen müssen, aber Sie haben durch einen unbedachten Griff ans Objektiv auch sehr schnell die Schärfe verstellt. Das war nach Markteinführung der SWD-Objektive einer der häufigsten Gründe für die unzureichende Schärfe von Objektiven. Beachten Sie, dass SWD-Objektive extrem schnell verstellen, also große Glasmassen stark beschleunigen und wieder abbremsen. Beim Kontrast-AF geschieht das in sehr rascher Abfolge – das bedeutet, dass man diesen wiederholten Beschleunigungs- und Abbremsvorgang deutlich hört.

Autofokus und Verschwenken

Die Anzahl der Fokusfelder ist naturgemäß begrenzt. Sie müssen also, wenn Sie das Motiv nicht auf einem der äußeren AF-Sensoren scharf stellen können, nach dem „Fokus-Confirm" durch Piep oder Blink die Kamera verschwenken. Dabei wird dummerweise auch die Schärfeebene – oder auch Objektebene – mitgeschwenkt. Da die Objektebene aber eine Fläche ist, die senkrecht auf der optischen Achse steht, liegt das Motiv, das gerade scharf gestellt wurde, bei der Änderung der optischen Achse nach dem Verschwenken zwangsläufig nicht mehr auf der Objektebene, es sei denn, man verschiebt die Kamera entlang der optischen Achse.

Der Irrtum resultiert daraus, dass der Mensch gewohnt ist, die Schärfeebene als Kugel um sich herum wahrzunehmen. Wenn das Auge einen Punkt fokussiert hat, kann der Mensch alle Punkte in einer kugelförmigen Schärfesphäre um sich herum scharf sehen. Die Kamera besitzt aber keinen gewölbten Augenhintergrund, sondern einen planen Sensor. Aus diesem Grund ist auch die Objektebene flach.

Der durch das Verschwenken resultierende Fokusfehler f liegt bei

$$f = a - a * \cos\alpha$$

wobei a die Entfernung von der Kamera zum Fokuspunkt und α der Verschwenkwinkel ist.

Eine kleine Tabelle macht das Ganze etwas greifbarer: Dabei werden die beiden Objektive Zuiko 14-54mm und Zuiko 50mm Makro verwendet, die vergleichsweise lichtstark sind und oft für Porträts verwendet werden. Als Zerstreuungskreisdurchmesser wird der doppelte Pixelabstand der PEN von 0,007 mm und als maximaler Winkel ein Drittel des

KAPITEL 2
EINSCHALTEN UND LOSLEGEN

Bildwinkels des Objektivs angenommen. Der Bildwinkel wird diagonal gemessen, verschwenkt wird aber normalerweise nur horizontal – und da auch nicht bis an den Rand. Die Tabelle erklärt, warum man vor allem bei Porträts möglichst wenig verschwenken sollte. Die typische Porträtbrennweite liegt für FT bei 50 mm, der Abstand bei etwa 1,5 Metern, und da rutscht die Schärfeebene sehr schnell aus den Augen. Versuchen Sie also, grundsätzlich möglichst wenig zu verschwenken und auch die äußeren Fokuspunkte zu nutzen. Bei Porträts rentiert es sich auch, die Gesichtserkennung zu nutzen. Speziell beim neuen M.Zuiko 45 mm f/1,8 ist die Schärfentiefe so gering, dass jedes Verschwenken den Fokus aus den Augen schiebt.

BRENNWEITE	MAX	MOTIVABSTAND	BLENDE	SCHÄRFENTIEFE	FOKUSFEHLER
14	25°	1 m	2,8	0,20 m	0,09 m
54	7,6°	1 m	3,5	0,016 m	0,009 m
50	8°	1 m	2	0,01 m	0,01 m

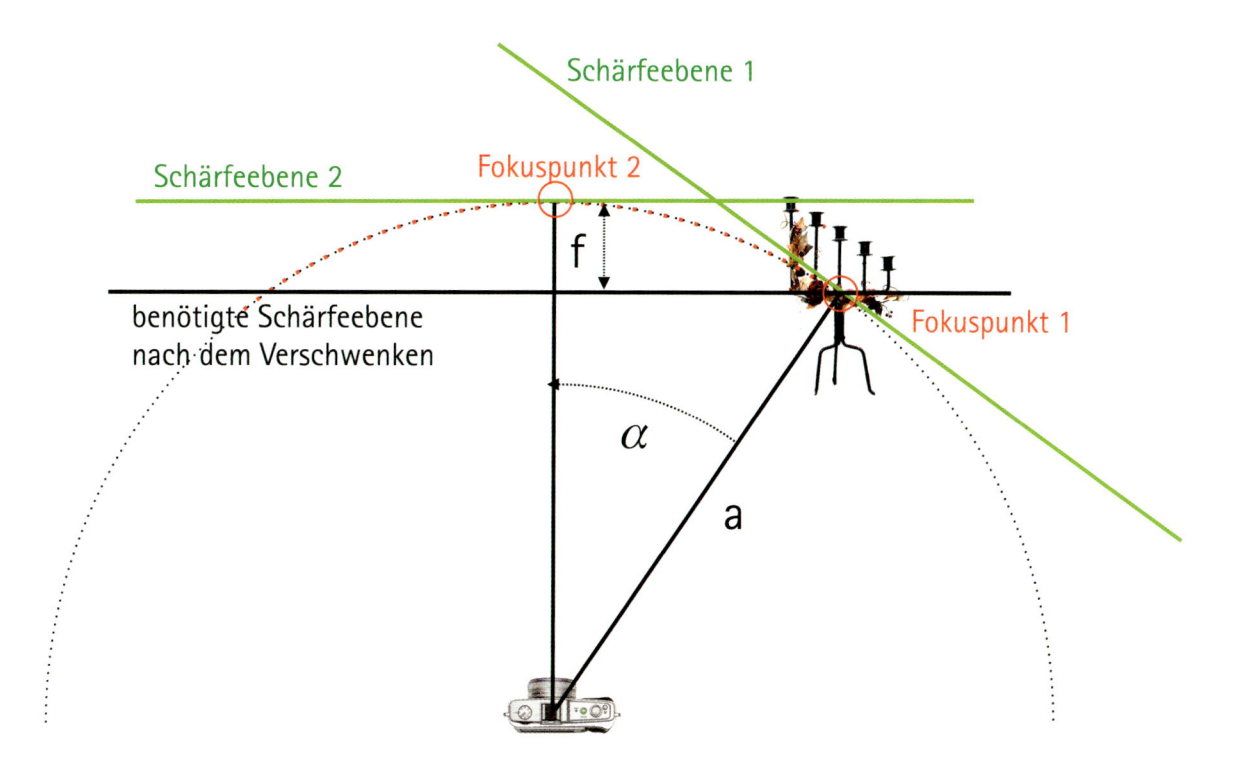

Folgende Situation: 10 mm Brennweite, ca. 75 Grad horizontaler Bildwinkel, Verschwenken um 35 Grad. Nach dem Verschwenken liegt die Schärfeebene auf der grünen Linie, um das Motiv scharf zu halten, müsste sie aber auf der schwarzen Linie liegen.

[3]

FOTOTECHNIK
KLAR
GEMACHT

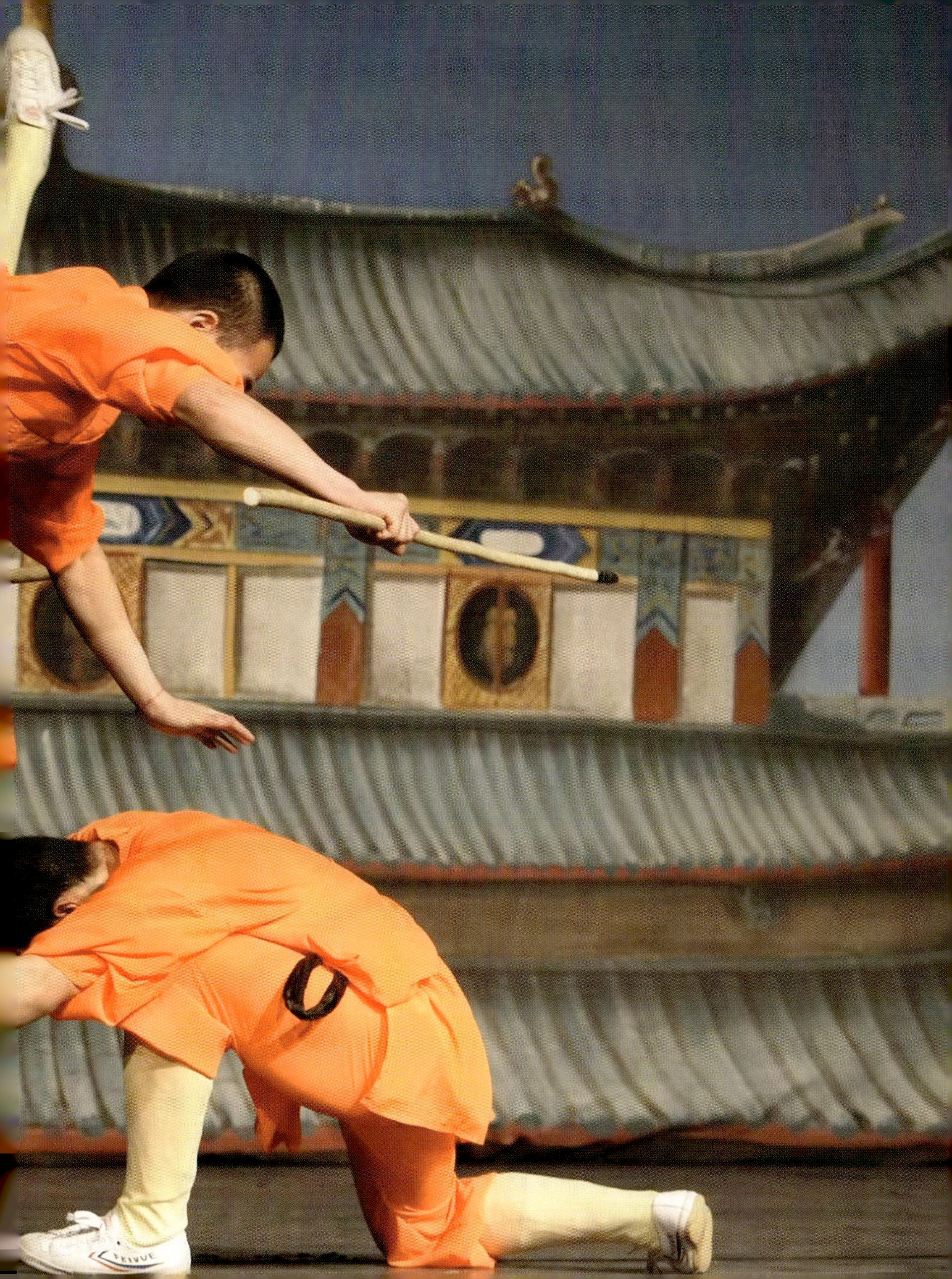

62

Fototechnik klar gemacht

65	**FourThirds- und Micro-FourThirds-Standard**
65	**Reale Brennweite oder Äquivalenzbrennweite**
66	Normalbrennweite im Micro-FourThirds-Segment
66	Digitale Brennweite und Kleinbildbrennweite
67	**Entscheidungshilfe in Sachen Bildformat**
67	Das passiert bei der JPEG-Kompression
68	Vorteile bei Einsatz des RAW-Formats
69	**Belichtungszeit S und Blendenvorwahl A**
71	Lichtwert mit der Wertetabelle berechnen
71	Dynamikumfang aller PEN-Kameras
72	**Lichtfarbe und Weißabgleich in der PEN**
73	Automatischer und manueller Sofortweißabgleich
76	Perfekter Weißabgleich auf einer Graukarte
76	Bei Blauviolett versagt die Digitalkamera
78	Spektrum der Lichtquelle bei Kunstlicht
79	**Die Frage nach dem richtigen Farbraum**
80	Kriterien für die Wahl des geeigneten Farbraums
80	**Faktoren für die Festlegung der Schärfentiefe**
84	Das unterscheidet Schärfentiefe von Tiefenschärfe
84	Effekt perspektivischer Tiefe und Stauchung

AUFNAHMEDATEN	
Brennweite	94 mm
Blende	f/5,1
Belichtung	1/250 s
ISO	400

Nur wenige Minuten lang stellt die tiefstehende Sonne das Spinnennetz im Morgenlicht vor dem Dunkel des Waldes frei. Im Zweifelsfall muss man mit der Kamera um das Netz herumgehen, um den richtigen Blickwinkel zu finden.

3. Fototechnik klar gemacht

Die Kameras von Olympus sind traditionell sehr detailliert einstellbar, und die Anzahl der Optionen ist mit jeder Kamerageneration gewachsen. In diesem Kapitel erhalten Sie den technischen Hintergrund zu dem, was die verschiedenen Einstellungen und Funktionen in Ihrer Kamera bewirken und wie sich das Ganze in der Praxis auf Ihre Bilder auswirkt – bevor Sie dann mit dem Feintuning Ihrer PEN beginnen.

FourThirds- und Micro-FourThirds-Standard

■ FourThirds (FT) ist in Deutschland ein Markenname von Olympus. FourThirds ist aber auch ein Konsortium aus mehreren Herstellern, die Anwendungen für den FourThirds-Standard entwickeln: Olympus, Leica, Panasonic, Sigma, Fuji, Sanyo und Eastman Kodak. Der Standard selbst schreibt eine Sensordiagonale von 21,63 mm vor. FourThirds = 4/3 bedeutet also nicht, dass FT-Sensoren ein 4:3-Seitenverhältnis haben müssen, prinzipiell ist auch jedes andere Verhältnis möglich.

Trotzdem sind natürlich die Bereiche, in denen der Sensor empfindlich sein muss, standardisiert. Zudem schreibt der FT-Standard auch das Bajonett, den Abstand der Bajonettoberfläche zur Schärfeebene (Auflagemaß 38,85 mm), die Kommunikation zwischen Kamera und Objektiv sowie die Ansteuerung des Fokusmotors vor.

Die Olympus-PEN-Modelle sind Vertreter eines neuen Abkömmlings dieses Standards: des Micro-FourThird-Standards (MFT). Dieser wurde am 5. August 2008 von Panasonic und Olympus vorgestellt. Die Erweiterung des alten FT-Standards betrifft vor allem das Bajonett, dessen Außendurchmesser von 60 mm (FT) auf 54 mm und dessen Auflagemaß um 19,6 mm geschrumpft ist. Zudem wurden zwei zusätzliche Kontakte spezifiziert, die für zukünftige Videoanwendungen gedacht sind. Durch das verkleinerte Auflagemaß können nun über Adapter nahezu alle alten analogen Objektive angeschlossen werden, soweit sie über eine mechanische Möglichkeit verfügen, Fokus und Blende zu bedienen. Für alle Objektive des FT-Standards gibt es drei Adapter, MMF-1 und MMF-2 von Olympus und den mit dem MMF-1 baugleichen DMW-MA1 von Panasonic. Mit diesem Adapter funktionieren alle FT-Optiken auch mit Autofokus an den Olympus-PEN-Kameras und den neueren Panasonic-Kameras.

Reale Brennweite oder Äquivalenzbrennweite

Die Brennweite eines Objektivs ist der Abstand des Brennpunkts zur Hauptebene des Objektivs. Die Hauptebene ist bei einem viellinsigen Objektiv aber so einfach nicht mit dem Lineal zu bestimmen, deshalb muss man sich im Allgemeinen bei der Brennweitenangabe auf die halbwegs genauen Angaben der Hersteller verlassen.

DAS EVIL-KONZEPT

Micro FourThirds ist ein sogenanntes EVIL-Konzept (Electronic Viewfinder, Interchangeable Lens – elektronischer Sucher, austauschbares Objektiv). Dadurch kann auf den bisher nötigen Spiegel samt Spiegelkasten verzichtet und die Kameras können wesentlich kompakter gebaut werden. Durch das verringerte Auflagemaß ist es ebenfalls möglich, Weitwinkelobjektive kleiner zu konstruieren – obwohl die Sensordiagonale identisch ist. Je länger die Brennweite ist, desto weniger Vorteile hat der verringerte Abstand zum Sensor. Das Panasonic 45-200 für MFT ist genauso groß wie das Sigma 55-200 mit gleicher Lichtstärke, das sogar für den Bildkreis der APS-C-Sensoren gerechnet ist. Produkte für Micro FourThirds werden derzeit von folgenden Firmen entwickelt: Panasonic, Olympus, Zeiss, Schneider Kreuznach, Horseman, Kowa, Cosina-Voigtländer, Samyang, Sigma, Novoflex.

Normalbrennweite im Micro-FourThirds-Segment

Eine Normalbrennweite, die vom Bildeindruck dem natürlichen Sehen entspricht, hat allgemein eine Brennweite, die der Diagonale des Aufnahmemediums entspricht: bei der PEN mithin 21,7 mm. Nachdem man traditionell beim Kleinbildformat 24 x 36 auch nur 43,3 mm hatte, sich aber die Normalbrennweite 50 mm eingebürgert hat, gilt bei FourThirds und Micro FourThirds 25 mm als Normalbrennweite. Alle kürzeren Brennweiten sind Weitwinkel, alle längeren Brennweiten Tele.

Digitale Brennweite und Kleinbildbrennweite

Da der Bildwinkel eines Objektivs mit Aufnahmeformat und Brennweite zusammenhängt und das Kleinbildformat lange Jahre buchstäblich das Maß der Dinge war, rechnet man heutzutage Brennweiten digitaler Objektive in entsprechend vergleichbare Kleinbildobjektive um.

Ein M.Zuiko 14-42 mm liefert also den Bildwinkel eines 28-84-mm-Kleinbildobjektivs. Dieser Faktor 2 wird oft als Crop-Faktor bezeichnet, was im Fall eines FT- und MFT-Objektivs falsch ist, da der Bildkreis eines FT-Objektivs nicht beschnitten (gecropt) wird. Dennoch gibt es auch bei FT einen Crop- oder Brennweitenverlängerungsfaktor, etwa wenn ein für KB gerechnetes Zuiko-OM-Objektiv angeschraubt wird. Dann hat z.B. das 50-mm-Objektiv an FourThirds einen Bildwinkel wie ein KB-100-mm-Objektiv an einer KB-Kamera, da lediglich der mittlere Bereich des Bildkreises über dem Sensor liegt, der Rest des Bildes beleuchtet den Raum um den Bildsensor herum.

Um der Konfusion mit unterschiedlichen Brennweiten und Äquivalenzbrennweiten zu entgehen, versuchen viele, statt der Brennweite den Bildwinkel des Objektivs in den Vordergrund zu stellen – was nicht viel hilft, da auch der Bildwinkel an unterschiedlichen Sensoren unterschiedlich ausfällt und den Nachteil hat, selten auf dem Objektiv aufgedruckt zu sein.

Olympus labelt ihre teuren SWD-Objektive (Supersonic Wave Drive) mittlerweile mit der Äquivalenzbrennweite, um den Fotografen Diskussionen über die Abmessungen ihres Arbeitsgeräts zu ersparen. In diesem Buch wird grundsätzlich mit den realen Brennweiten der Objektive gerechnet, und die Äquivalenzbrennweiten werden so weit wie möglich außen vor gelassen. Nach einer gewissen Zeit im MFT-System ist die Umrechnerei nur lästig und bringt keinerlei Vorteil mehr.

Zudem ist auch der Bezug „gleiche Objektivbrennweite an gleicher Kamera ist gleiches Bild" nicht unbedingt richtig. Vor allem bei Objektiven, deren Baulänge kürzer als die angegebene Brennweite ist, oder auch bei Makroobjektiven wie dem Zuiko ED 50 mm Makro trifft die angezeigte und in den EXIF-Daten gespeicherte Brennweite ausschließlich bei der Einstellung auf unendlich zu. Im Nahbereich kann dagegen der Bildwinkel differieren.

EXIF

EXIF steht für „Exchangeable Image File Format" und bietet eine standardisierte Möglichkeit, Bilddaten in Bilddateien, insbesondere JPEG-Dateien, zu speichern. In EXIF-Daten können Brennweite, Belichtungszeit, Sensortemperatur oder auch GPS-Daten abgelegt sein. Ein Programm, das EXIF-Daten sehr übersichtlich anzeigt, ist z.B. PhotoME.

Entscheidungshilfe in Sachen Bildformat

Einige Fotografen sind in Zeiten von TByte-Festplatten völlig auf RAW umgestiegen. Wenn Computer und Software schnell genug sind, ist das verständlich. Beachten Sie aber, dass Sie nur dann Vorteile von RAW haben, wenn Sie die Bilder auch tatsächlich von Hand entwickeln. Automatisch entwickelte RAWs sind selten viel besser als die JPEGs aus der Kamera, oft genug sogar schlechter. Ein JPEG wie aus der Kamera erhalten Sie ausschließlich mit dem Olympus Viewer. Alle anderen RAW-Konverter haben eigene Algorithmen.

Das passiert bei der JPEG-Kompression

JPEG beschreibt ein Kompressionsverfahren von Bilddateien. Bei Olympus werden die JPEG-Kompressionen 1:2,7 (*SF*), 1:4 (*F*), 1:8 (*N*) und 1:12 (*Basic*) verwendet. JPG ist die „Drei-Buchstaben-Dateinamenserweiterungsabkürzung" von JPEG, was wiederum die Abkürzung von „Joint Photographic Experts Group" ist. Festgelegt ist das, was allgemein als JPEG bezeichnet wird, in der Norm ISO/IEC 10918-1, die viele verschiedene Kompressionsmethoden beschreibt – nicht nur verlustbehaftete. Verbreitet ist jedoch lediglich das 8-Bit-Huffmann-codierte JPEG. JPEG ist kein RGB-Farbmodell, sondern ein YCbCr-Farbmodell, das nicht auf den Rot-Grün-Blau-Komponenten eines Pixels basiert, sondern auf Grundhelligkeit, Abweichung von Grau in Richtung Blau oder Gelb und Abweichung in Richtung Rot oder Türkis.

Nach der Umrechnung von RGB in YCbCr werden die beiden Kanäle Cb und Cr in einem ersten verlustbehafteten Schritt komprimiert. Dies geschieht durch Downsampling, was nichts anderes bedeutet, als dass nur noch jede Farbänderung gespeichert wird. Bis hierhin wird die Helligkeit des einzelnen Pixels nicht angetastet. Die Helligkeit des Pixels entspricht also noch dem Ursprungsbild, die Farbe des Pixels in einem Farbverlauf stimmt jedoch nur noch bei jedem zweiten Pixel. Bei einer 4.4.2.-Codierung geschieht das lediglich in waagerechter Richtung, bei 4.2.2. waagerecht und senkrecht.

Anschließend wird das JPEG-Bild in Blocks mit 8 x 8 Pixeln geteilt, und diese Blocks werden nun quantisiert – was vereinfacht gesagt bedeutet: Bei maximaler Komprimierung legt das Pixel links oben die Farbe und Helligkeit des gesamten Blocks fest. JPEG verwendet jetzt eine festgelegte Matrix je nach Kompressionsgrad. Dabei wird innerhalb dieses Blocks die Farbe jedes zweiten, jedes dritten oder jedes achten Pixels maßgeblich für den jeweiligen Rest der Pixel verwendet – entsprechend der Matrix. Da diese Matrix innerhalb der 8 x 8 Pixel starr ist, kommt es bei größeren Kompressionen zu den typischen JPEG-Artefakten mit scharfen Kanten an den Blockgrenzen.

JPEG wurde für natürliche Bilder entwickelt. Für Bilder im technischen Bereich, einen Siemensstern oder irgendwelche Fokustestcharts ist JPEG ungeeignet, da speziell im kritischen Bereich auf Pixelebene die scharfen Schwarz-Weiß-Kontraste ausgeglichen werden. Für Bilder in freier Natur dagegen eignet sich JPEG sehr gut. Hier ist der Verlust durch die Kompression bis zu einer Rate von 1:10 nicht zu sehen.

JPEG hat drei Verarbeitungsschritte, die grundsätzlich verlustbehaftet sind: Die Umrechnung von RGB in YCbCr erzeugt Rundungsfehler, das Downsampling gleicht scharfe Kontraste aus, und die Quantisierung ersetzt die tatsächlich vorhandene Pixelstruktur durch eine Matrix. Selbst bei

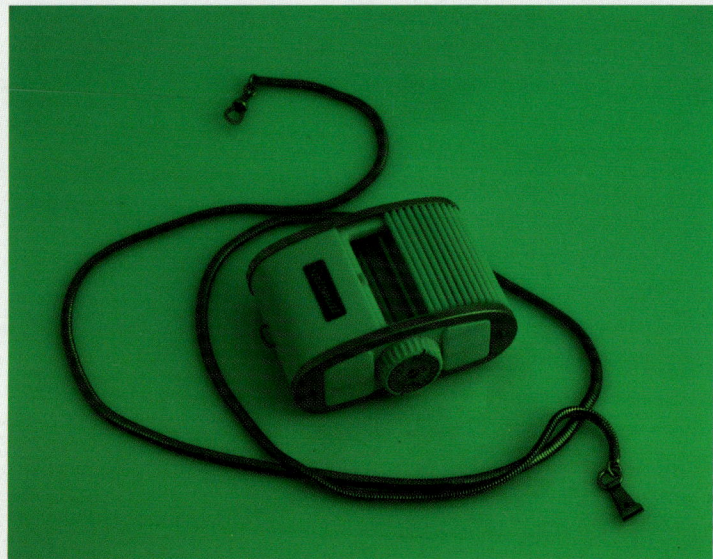

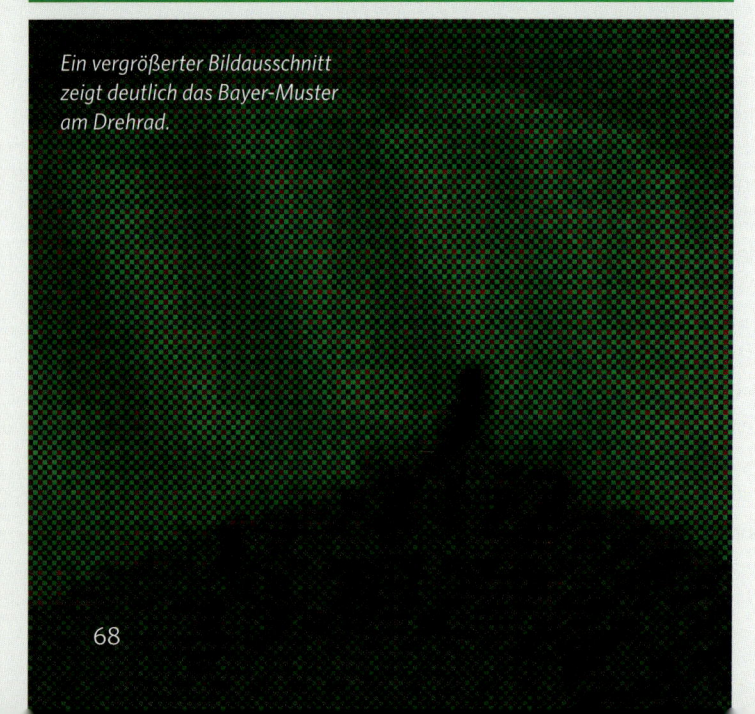

Ein Gossen Sixtomat, oben als fertiges Bild, unten als RAW, bevor die Farbinformationen interpoliert wurden.

Ein vergrößerter Bildausschnitt zeigt deutlich das Bayer-Muster am Drehrad.

höchster Qualitätseinstellung bedeutet also die mehrfache Speicherung eines JPEG grundsätzlich einen Qualitätsverlust. JPEGs aus der Kamera sollten daher grundsätzlich unbearbeitet bleiben, und Bilder, die weiterverarbeitet werden, sollten grundsätzlich in einem verlustfreien Bildformat gespeichert werden.

Vorteile bei Einsatz des RAW-Formats

ORF ist das Olympus-eigene Rohdatenformat – auch RAW genannt. Es enthält die Daten, bevor der Bildprozessor diese in JPEGs weiterverarbeitet. Allerdings enthält es auch Informationen darüber, wie das Bild hätte bearbeitet werden sollen, wenn es denn be-

RAW-DATEN GLEICH ROHDATEN?

RAW-Daten sind vor allem keine unbearbeiteten Sensordaten. Das ist ein Gerücht, das gern und oft verbreitet und von manchen Kameraherstellern auch unterstützt wird. Vom Sensor kommen analoge Spannungslevel. Diese werden digitalisiert und anschließend begrenzt. Das beinhaltet die Überprüfung auf Verwendbarkeit der Daten, Fehlerkorrektur etc., anschließend werden die Daten erzeugt. Dabei wird der Dynamikumfang festgelegt, und die Daten werden komprimiert. Nebenbei werden bei dieser Codierung auch manche Objektivkorrekturen durchgeführt. Dann liegt das RAW vor. Bei der PEN können Sie sogar RAW-Dateien nachträglich bearbeiten, etwa durch Überlagerungen von RAWs oder durch Mehrfachbelichtungen.

arbeitet worden wäre. Das ist vor allem dann sinnvoll, wenn man später die RAW-Daten in einer RAW-Konverter-Software am Computer entwickelt. Der Vorteil von RAW-Dateien ist, dass sie pro Farbe 12 Bit und damit 4.096 Abstufungen kennen, das JPEG-Format jedoch nur 8 Bit (256 Abstufungen). Dadurch kann bei der Entwicklung der RAW-Dateien die Belichtung in Grenzen korrigiert werden – ganz ähnlich einem Negativ, das bei der Entwicklung in Grenzen ebenfalls gepusht werden kann. Da RAW-Dateien noch nicht durch den Bildprozessor gelaufen sind, können Parameter wie Schärfe, Farbsättigung und Weißabgleich dann nachträglich am Computer geändert werden.

RAW ist jedoch kein Allheilmittel gegen falsche Belichtung. Die höhere Anzahl von Farbstufen bedeutet nicht, dass ein höherer Dynamikbereich gegenüber JPEG abgebildet würde – der Dynamikbereich wird lediglich feiner unterteilt.

Das RAW enthält aber nach wie vor keine Farbpixel, sondern 12-Bit-Helligkeitsinformationen darüber, von welchem Pixel diese Helligkeit stammt – ob also das Pixel ein grünes, ein blaues oder ein rotes Pixel war. Da ein RAW aber nicht direkt zu betrachten ist – es würde je nach Betrachtungsabstand entweder einem Schottenkaro oder einem grünstichigen Graustufenbild ähneln –, wird es nun nach einem Bayer-Algorithmus entwickelt, sodass ein 3-x-8-Bit-Farbbild herauskommt. Diese Entwicklung erledigt in der Kamera der Bildprozessor, auf dem Computer die entsprechende Software. Weil aber die Rechenvorschrift für diese Umwandlung bei jedem Hersteller anders ist, sehen die Bilder, die aus identischen RAWs entwickelt werden, bei unterschiedlichen RAW-Konvertern auch unterschiedlich aus. Welchen RAW-Konverter man bevorzugt, ist aus diesem Grund vor allem eine Geschmacksfrage.

Bei manchen RAW-Konvertern werden Sie feststellen, dass das RAW-Bild größer ist als das entsprechende JPEG, nämlich 4.080 x 3.040 statt 4.032 x 3.024 Pixel (E-P1 bis E-PL2: 4.100 x 3.084). Im RAW haben Sie also 12,4 Megapixel, im JPEG aus der Kamera nur 12,19. Die Kamera schneidet intern den Rand ab, da der Bildprozessor am Rand Reserven braucht, um Objektivkorrekturen durchführen zu können. Bei einem schlechten Weitwinkel mit starker Tonnenverzerrung werden die Daten aus dem „Beschnitt" genommen, um die Tonne herauszurechnen. Gäbe es diesen überflüssigen Rand nicht, käme es nach der Korrektur am Rand des Bildes zu weißen Stellen.

Belichtungszeit S und Blendenvorwahl A

Mit Belichtungszeit wird die Zeit bezeichnet, in der der Sensor ganz oder teilweise belichtet wird. An der Kamera wird mit dem Wahlrad auf S (für *Shutterpriority* – Verschlusszeitvorwahl) die Zeitvorwahl – oder auch Blendenautomatik – aktiviert, bei der die Belichtungszeit vorgegeben und die Blende automatisch gesteuert wird. Die Belichtungszeit wird in Sekunden bzw. in Bruchteilen von Sekunden angegeben. Die Standardreihe lautet:

Jeder dieser Werte halbiert den Lichteinfall auf den Sensor gegenüber dem nächstgrößeren. Früher gab es noch die „deutsche" Zeitreihe 1/25 1/50 1/100 1/250 etc., diese ist auf vielen alten Kameras weiterhin präsent.

Für die Blendenvorwahl ist auf der Kamera am Wahlrad ein A aufgedruckt, wobei die Blende (*Aperture*) festgelegt und dann die Belichtungszeit automatisch gesteuert wird. Die Blende wird angegeben durch die dimensionslose Blendenzahl, die durch folgende Formel berechnet wird:

Brennweite/Öffnungsweite der Optik

STANDARD-BELICHTUNGS-REIHE
1/2
1/4
1/8
1/15
1/30
1/60
1/125
1/250
1/500
1/1000
1/2000
1/4000

BLENDENREIHE MIT GANZEN BLENDEN
0,5
0,7
1
1,4
2
2,8
4
5,6
8
11
16
22

Natürlich handelt es sich hierbei um die aktuelle Öffnungsweite der Blende selbst. Die Blendenreihe mit jeweils ganzen Blenden lautet:

Von oben nach unten gelesen, lässt jede folgende Blende halb so viel Licht durch wie die vorherige Blende. Um die gleiche Lichtmenge auf dem Sensor zu erreichen, muss also doppelt so lange belichtet werden. Normalerweise wird zur Angabe der Lichtstärke eines Objektivs aber nicht die minimale Blendenzahl angegeben, sondern das Öffnungsverhältnis, das als Kehrwert der Blendenzahl definiert ist.

Wie man sieht, bedeutet eine hohe Blendenzahl eine kleine Blendenöffnung und umgekehrt. Wenn in diesem Buch von großer Blende die Rede ist, ist immer eine große Blendenöffnung gemeint. Die größte Blendenöffnung, die es für das FT-System gibt, ist f/1,4, für das MFT-System ist es derzeit das Voigtländer 25 mm mit f/0,95. Das lichtstärkste jemals produktiv eingesetzte Objektiv war das Zeiss Planar 50 mm mit einer maximalen Blende von f/0,7.

SCHREIBWEISE FÜR DIE ANGABE DER BLENDE

Für die Angabe des Öffnungsverhältnisses gibt es unterschiedliche Schreibweisen: F4,5; F4.5; f/4,5; f/4.5; F=1:4,5; F 1:4.5. In diesem Buch wird die Schreibweise kleines f, Schrägstrich, Blendenzahl mit Komma verwendet, also f/4,5. Das kleine f ist das Formelzeichen für die Brennweite, der Schrägstrich symbolisiert den Bruchstrich, und die Kommaschreibweise ist im deutschen Sprachraum üblich.

Anhand der Formel wird auch klar, warum es im FourThirds-Standard einfacher ist, lichtstarke Telebrennweiten zu konstruieren. Ein 150-mm-Objektiv mit Lichtstärke 2,0 muss bei FT einen Blendendurchmesser von 7,5 Zentimetern haben. Ein vergleichbares Objektiv für Kleinbild mit 300 mm Brennweite bräuchte einen Blendendurchmesser von 15 Zentimetern und damit die vierfache Glasfläche. MFT unterscheidet sich von FT aus optischer Sicht lediglich durch das kleinere Auflagemaß und das Fehlen des Spiegels. Das erleichtert die Konstruktion von Weitwinkelobjektiven, die kleiner und leichter werden können. Bei hochlichtstarken Telebrennweiten ist der Gewinn dagegen gleich null. Entsprechende MFT-Optiken hätten die gleichen Ausmaße wie die entsprechenden Zuiko-Pro- und -Top-Pro-Objektive. Dass es trotzdem mittlerweile vergleichsweise kompakte Telebrennweiten für FT gibt, liegt an neuen Linsen, die Olympus für die Medizintechnik entwickelt hat und die nun auch in die MFT-Optiken eingebaut werden.

Das neue M.Zuiko Digital 45 mm f/1,8 mit maximal geöffneter Blende.

Lichtwert mit der Wertetabelle berechnen

Häufig sieht man die Abkürzung EV, so zum Beispiel auch im Kameramenü zur Belichtungskorrektur. EV ist die Abkürzung für „Exposure Value" und bezeichnet den Lichtwert. 1 EV mehr entspricht der jeweils doppelten Lichtmenge oder eben einer Blendenstufe. Die genaue Definition lautet:

$$EV = ld\,\frac{Blendenzahl^2}{Belichtungszeit}$$

EV = Zweierlogarithmus vom Quotienten aus dem Quadrat der Blendenzahl dividiert durch die Belichtungszeit.

Ein Lichtwert von 0 steht für eine Blendenzahl von 1 bei 1 Sekunde Belichtungszeit. Blende f/8 bei einer Belichtungszeit von 1/125 Sekunde hat einen EV von 13. Diese Werte sind grundsätzlich für eine Empfindlichkeit von ISO 100 ausgelegt. Für Werte mit größeren Blendenzahlen und anderen Belichtungszeiten können Sie die EV-Wertetabelle selbst weiterführen.

Der Autofokus der E-P1 funktioniert zwischen etwa 2 und 19 EV, abhängig von Objektiv und Motiv. Wird es dunkler, müssen Sie von Hand fokussieren, bei den neueren PENs springt Ihnen auch das AF-Hilfslicht bei – das zwar im Nahbereich nicht alle Fokuspunkte abdeckt, aber doch sehr hilfreich ist.

Dynamikumfang aller PEN-Kameras

Als Dynamik bezeichnet man in der Fotografie den Abstand vom höchsten zum niedrigsten abbildbaren Lichtwert. Die PEN-Familie hat eine Dynamik von etwa zehn Blenden, je nach Messmethode und verwendetem Objektiv. Diese Dynamik weisen auch nahezu alle anderen hochwertigen Digitalkameras, die derzeit auf dem Markt sind, auf. Ein Sensor, der eine höhere Dynamik abbildet, ist zwar technisch längst machbar, im täglichen Betrieb aber nicht sinnvoll, da die derzeit verfügbaren Ausgabemedien einen höheren Kontrast gar nicht abbilden können. Die meisten Monitore scheitern schon an einem Kontrastumfang von neun Blenden – 512:1 –, und Bilder aus dem Fotolabor haben bestenfalls eine Dynamik von sechs Blenden.

Wird nun eine höhere Dynamik in den relativ geringen Kontrastumfang der vorhandenen Ausgabemedien gepresst, kommen nicht etwa brillantere, knackigere Bilder

EV-WERTETABELLE	2	1	1/2	1/4	1/18	1/15	1/30	1/60	1/125	1/250	1/500
f/16	7	8	9	10	11	12	13	14	15	16	17
f/11	6	7	8	9	10	11	12	13	14	15	16
f/8	5	6	7	8	9	10	11	12	13	14	15
f/5,6	4	5	6	7	8	9	10	11	12	13	14
f/4	3	4	5	6	7	8	9	10	11	12	13
f/2,8	2	3	4	5	6	7	8	9	10	11	12
f/2,0	1	2	3	4	5	6	7	8	9	10	11
f/1,4	0	1	2	3	4	5	6	7	8	9	10

AUFNAHMEDATEN	
Brennweite	67 mm
Blende	f/3,5
Belichtung	1/500 s
ISO	100

Diese Aufnahme eines abtauchenden Pottwals im Nordatlantik hat von der hellsten bis zur dunkelsten Stelle einen Dynamikumfang von lediglich 7 EV. Um das Bild knackiger zu machen, wird in der Bildbearbeitung der Kontrast verstärkt, indem dunkle Partien noch weiter abgedunkelt werden.

zustande, die Ergebnisse werden stattdessen flau. Will man das Bild retten, muss ein spezielles Verfahren angewandt werden, um den Kontrast scheinbar abzubilden. Dieses Verfahren nennt sich Tonemapping.

Lichtfarbe und Weißabgleich in der PEN

Sichtbares Licht ist elektromagnetische Strahlung. Es enthält Strahlung mit Wellenlängen von 380 bis 780 nm (Nanometern). Dabei sind 380 nm die Grenze ins Ultraviolett und 780 nm die Grenze ins Infrarot. Licht hat auch eine Farbe, die dadurch bestimmt wird, dass Teile der elektromagnetischen Wellen einen höheren Anteil am sichtbaren Licht haben als andere. Bei einem kontinuierlichen Spektrum, also einem Licht, das eigentlich alle Wellenlängen enthält, wird die Farbe des Lichts durch die Farbtemperatur beschrieben. Diese wird in Kelvin (K) gemessen und leitet sich davon her, dass ein idealer Körper, der sämtliche absorbierte Energie in Strahlungsenergie umwandelt, bei einer Temperatur dieser Höhe dieses Spektrum abstrahlt.

Daraus folgt, dass ein solcher idealer Körper bei 37 Grad Celsius (°C) = 309 Kelvin Licht einer Farbtemperatur von 309 Kelvin ausstrahlt. Diesen Effekt machen sich Infrarotkameras und Nachtsichtgeräte zunutze. Das menschliche Auge kann so langwelliges Licht aber nicht wahrnehmen. Die Sonne etwa hat eine Oberflächentemperatur von 5.800 Kelvin. Trotzdem wird auf der Erde der Tageslichtweißabgleich auf 5.300 Kelvin eingestellt. Warum?

**KAPITEL 3
FOTOTECHNIK
KLAR GEMACHT**

Bei der Wanderung durch die Atmosphäre verliert die Strahlung der Sonne an Blauanteil und wird damit röter. Dafür ist der Himmel blau. Je niedriger die Farbtemperatur, desto mehr wandert sie ins Rot, je höher die Farbtemperatur, desto mehr Blauanteile gibt es. Da die Sonne je nach Tageszeit und Wetter unterschiedlich dicke Luftschichten durchdringen muss, ändert sich die Farbtemperatur des Tageslichts von 4.500 Kelvin am Morgen über 5.300 Kelvin am Mittag und 7.000 Kelvin im Schatten – bläulich, da ein Großteil des Lichts vom blauen Himmel kommt – bis 10.000 Kelvin nach Sonnenuntergang. Im Wald kann das Licht durch das Blätterdach einen Grünstich haben, und eine Kerze hat gerade mal 1.500 Kelvin. Damit man nun nicht durch eine recht bunte Welt geht, gewöhnt sich das Auge extrem schnell an wechselnde Lichtspektren und führt eine Art internen Weißabgleich durch.

Automatischer und manueller Sofortweißabgleich

In der Kamera muss dieser Weißabgleich ebenfalls durchgeführt werden. Die PEN bietet dafür zwei Möglichkeiten: den internen automatischen Weißabgleich, der auf die Daten des Sensors zugreift und aus der

Aufnahmen mit automatischem Weißabgleich vor Sonnenaufgang.

AUFNAHMEDATEN	
Brennweite	12 mm
Blende	f/2,0
Belichtung	1/60 s
ISO	200

dortigen Farbverteilung auf das vermutlich vorhandene Licht schließt, einen der internen Presets – Sonne, bewölkt, Schatten etc. – oder den manuellen Sofortweißabgleich. Der automatische Weißabgleich der PEN hat eine völlig andere Charakteristik als der Weißabgleich in Kompaktkameras. Diese stellen auf Gedeih und Verderb ein mittleres 18-%-Grau her – was nur dann funktioniert, wenn alle Farben annähernd gleich im Bild vertreten sind. Die neueren PENs haben dagegen einen Algorithmus, der von der Lichtintensität abhängt: Sinkt die Lichtstärke unter einen bestimmten Wert (ca. 3 EV), geht die PEN davon aus, dass es sich bei dem Licht um Kunstlicht handelt, es aber so dunkel ist, dass offensichtlich die warme Anmutung des Glühlampenlichts Absicht ist. Die Folge sind Bilder mit einem orangeroten Stich. Diese wärmere Anmutung trifft aber den natürlichen Eindruck bisweilen besser als ein korrekter Weißabgleich, der die originale Lichtstimmung nicht wiedergibt, sondern meist zu blau erscheint. Bei grobem Mischlicht ist sie sehr gut. Dort bietet sie einen sehr ausgewogenen Weißabgleich. E-P1 und E-P2 hatten diesen Algorithmus noch nicht, sie erzeugten bei Kunstlicht generell eine zu warme Anmutung.

Das gleiche Motiv. Hier wurde der Weißabgleich manuell auf 14.000 Kelvin eingestellt.

KAPITEL 3
FOTOTECHNIK KLAR GEMACHT

Der automatische Weißabgleich der PEN scheitert bei zwei Arten von Motiven: bei Motiven, bei denen das Licht einen Farbstich hat – etwa im Schatten vor einer roten Ziegel- oder Sandsteinmauer –, oder bei Aufnahmen nach Sonnenuntergang, wenn die Farbtemperatur jenseits der 10.000 Kelvin liegt. In solchen Fällen hilft bisweilen eines der Presets weiter. Wenn auch damit kein korrekter Weißabgleich möglich ist, nützt nur noch ein manueller Sofortweißabgleich mittels weißer Fläche oder, besser, einer guten Graukarte. Manchmal scheitert jedoch auch das, wenn die Farbtemperatur jenseits der 9.000 Kelvin liegt oder es sich um besonders stark gefärbtes Licht handelt. Die letzte Möglichkeit ist, die Farbtemperatur dann per Hand einzustellen. Glücklicherweise erlaubt die PEN eine Einstellung bis 14.000 Kelvin – keineswegs eine Selbstverständlichkeit, selbst im DSLR-Lager.

Aber selbst dieses ultimative Mittel kann fehlschlagen, wenn die Lichtquelle kein kontinuierliches Spektrum hat, sprich, die Herkunft der Lichtquelle nicht thermischer Natur ist, sondern nur bestimmte Wellenlängen ausgestrahlt werden. Das kann nicht nur bei bestimmten Lampen der Fall sein, etwa Quecksilberdampflampen, die zur Straßenbeleuchtung eingesetzt werden und nur wenige Spektren emittieren, sondern das kann auch im Schatten passieren, wenn das Licht nicht für eine Belichtung des Sensors ausreicht. In einem solchen Fall hilft nur noch, auf RAW umzustellen, die Graukarte zu fotografieren und den Weißabgleich nachträglich am Computer einzustellen.

Die von Olympus genannten Weißabgleichsfestwerte sind in einigen Situationen mit Vorsicht zu genießen. Die drei Leuchtstoffröhrensymbole für 4.000, 4.500 und 6.600 Kelvin treffen nur in den seltensten Fällen die korrekte Farbtemperatur der gerade vorhandenen Leuchtstoffröhre, da der Festwert berücksichtigt, dass Leuchtstoffröhren kein gleichmäßiges Spektrum haben. Leider hat jede Leuchtstoffröhre ein anderes Spektrum, die Wahrscheinlichkeit, dass die Korrektur von Olympus mit der gerade aktuellen Leuchtstoffröhre zusammenpasst, ist also relativ gering.

Auch der Wert 5.500 Kelvin für Blitzaufnahmen ist in einigen Fällen nicht korrekt. Der FL-50-Systemblitz hat zwar nominell eine Farbtemperatur von 5.500 Kelvin, die Temperatur kann aber schwanken. Die Metz-Blitze haben generell eine Farbtemperatur von ca. 5.600 Kelvin – Ausnahme ist der 36 AF-4O mit 5.500 Kelvin –, andere Blitze emittieren 5.400 Kelvin, und im Studiobereich sind zwei Farbtemperaturen Standard: Warmton mit 5.500 Kelvin und Klarton mit 5.900 Kelvin. Ältere Blitzanlagen sind aber noch auf 5.300 Kelvin eingestellt, um mit den früher üblichen Tageslichtfilmen zurechtzukommen. Wenn es auf Farbgenauigkeit ankommt, sollten Sie sich stets in der Betriebsanleitung des Blitzgeräts bzw. – bei Studiogeräten – dem Beileger der Blitzbirne darüber informieren, welche Farbtemperatur richtig ist.

Es kann sich rentieren, sollten Sie solche Blitzgeräte verwenden, einen der zwei Speicherplätze für einen eigenen Weißabgleich dafür zu verwenden, die die neue Generation PEN bietet. Einmal per Graukarte richtig eingestellt, und Sie brauchen sich in Zukunft keine Sorgen mehr um den Weißabgleich zu machen.

Berücksichtigen Sie dabei aber, dass Sie, solange Sie nicht im Freien blitzen, Reflexionen aus dem Raum erhalten, die die Farbe Ihres Lichts erheblich verändern können. Auch hier gilt: Im Verzweiflungsfall hilft eine Graukarte.

Perfekter Weißabgleich auf einer Graukarte

Eine Graukarte ist ein Karton oder eine graue Kunststoffkarte in einem 18%igen Grau. Diese Graukarte wird auch für Belichtungsmessungen verwendet, da die Belichtungsmesser in Kameras die Lichtmessung genau auf diesen Wert ausrichten – deshalb erscheint das Foto einer weißen Wand immer unterbelichtet. Beim Weißabgleich auf die Graukarte wird die Kamera folgendermaßen angewiesen: „Stell deinen Weißabgleich so ein, dass diese Karte keinen Farbstich hat, Rot, Grün und Blau also zu gleichen Anteilen vorkommen." Aus diesem Grund sind einfache weiße Papiere für einen korrekten Weißabgleich unbrauchbar. Sie enthalten bläuliche optische Aufheller.

Wenn Sie sich keine Graukarte im Scheckkartenformat für die Fototasche leisten wollen oder gerade keine zur Hand haben, ist ein simples weißes Blatt billiges Kopierpapier noch die beste Notlösung. Papiertaschentücher, Kaffeefilter, Klopapier, Plastiktüten oder gar weiße Bettlaken sind absolut ungeeignet. Alle diese Notbehelfe sind zu blau. Für eine gute Graukarte gibt es keine Alternative, für einen genaueren Farbabgleich, etwa im Studio, ist ein Scannertarget praktisch.

Falls Sie mehr Geld ausgeben wollen, können Sie sich auch einen speziellen Weißabgleichsfilter kaufen, der vor das Objektiv gehalten wird und dann einen fixen Grauwert produziert. Die Funktion ist exakt die gleiche wie bei der Graukarte, der Weißabgleichsfilter sieht aber deutlich professioneller aus. Achten Sie darauf, dass die Graukarte, die Sie verwenden, auch zertifiziert ist. Im Offset gedruckte Graukarten sind oft auf leicht bläulichem Papier gedruckt und deshalb für einen exakten Weißabgleich unbrauchbar. Es ist dabei gar nicht so wesentlich, dass die Graukarte auch tatsächlich ein 18%iges Grau besitzt, für den Weißabgleich ist das sogar völlig uninteressant. Es geht vor allem darum, dass die Karte absolut neutralgrau ist.

Ebenso wichtig ist es, dass die Graukarte zur Messung im Motiv platziert wird. Nur dort herrschen die zu messenden Lichtverhältnisse. Wenn Sie im Schatten stehen und die Graukarte vors Objektiv halten, Ihr Motiv sich aber im Licht befindet, hilft Ihnen die Graukarte gar nichts.

AUFNAHMEDATEN	
Brennweite	42 mm
Blende	f/3,3
Belichtung	1/1000 s
ISO	100

Bei Porträtaufnahmen lassen Sie am besten Ihr Model die Graukarte halten – hier eine Graukarte im Scheckkartenformat, deutlich als Grau erkennbar und auch in ausreichender Größe.

Bei Blauviolett versagt die Digitalkamera

Bei der Farbe Blauviolett versagen Digitalkameras. Dieser Farbfehler entsteht, weil einige Blauvioletttöne, die am kurzwelligen Ende des sichtbaren Lichts zwischen 430 und 390 nm liegen, vom Sensor nicht

KAPITEL 3
FOTOTECHNIK KLAR GEMACHT

erkannt werden können. Der Bayer-Sensor hat keinen Farbfilter für UV, sodass kurzwelliges Licht lediglich den blauen Filter passiert und damit auch nur den Blauanteil anhebt und nicht den für Lila notwendigen Rotanteil. Weiße Kleidung im UV-Licht sieht also nicht wie im Original weißblauviolett, sondern knallblau aus. Auch einige Pflanzen emittieren blauviolettes Licht, weil Bienen, die für die Bestäubung notwendig sind, ultraviolettes Licht sehen können. Und einige Stoffe werden heutzutage aus modischen Gründen ebenfalls mit UV-Farben behandelt, die dem Auge ein tiefes Blauviolett zeigen – beim Fotografieren aber lediglich in Blau erscheinen.

Bei den älteren Hyper-Crystal-Displays der PENs war der Effekt noch wesentlich stärker, da das Kameradisplay die Violetttöne nicht darstellen kann. Am kalibrierten Monitor sind dann oft noch Violettschattierungen vorhanden, die vor Ort nicht zu erkennen waren. Das OLED-Display der E-P3 ist in dieser Hinsicht schon ein gewaltiger Fortschritt, wie überhaupt die neue Generation der PENs mit Violett deutlich besser zurechtkommt als die älteren Kameras.

Wie gesehen, ist dieser Farbfehler kein Problem des Weißabgleichs, da er gerade bei korrektem Weißabgleich auftritt. Eine Korrektur ist nur über die Bildbearbeitung möglich. Die falsche Farbe muss entsprechend korrigiert und dann aus dem korrigierten Bild in das Originalbild eingefügt werden. Bei dieser Korrektur wird nicht etwa die richtige Farbe eingesetzt, sondern eine falsche Mischfarbe aus Rot und Blau, die nur ähnlich aussieht. Dass das die Kamera nicht von sich aus macht, liegt daran, dass Violett in den Bayer-Tabellen schlicht nicht enthalten ist – eben auch weil eine falsche Farbe eingesetzt werden müsste. Ein herkömmlicher RGB-Monitor kann ebenfalls kein korrektes Violett darstellen. Dies ist auch durch die Wahl eines anderen Farbraums nicht zu ändern.

Fotografiert man UV-Lampen direkt, erhält man dagegen im Bild einen lilafarbenen Schimmer, der dadurch zustande kommt, dass die verwendeten UV-Neonröhren einen geringen langwelligeren Rotanteil emittieren, der zusammen mit Blau einen entsprechenden Farbton erzeugt. Glücklicherweise betrifft der Effekt nicht das gesamte Violett, sondern nur ganz bestimmte Farbtöne, bei denen der Rotanteil gegen null geht. Gerüchten zufolge soll das prominenteste Opfer des Effekts die lila Kuh gewesen sein, die den

Schwarzes Theater, Beleuchtung mit Schwarzlichtröhre, Weißabgleich automatisch. Der in der Realität sichtbare blauviolette Schimmer wird nicht wiedergegeben. Man sieht lediglich die blaue Fluoreszenz der weißen Stoffe.

AUFNAHMEDATEN	
Brennweite	27 mm
Blende	f/2,0
Belichtung	1/10 s
ISO	1000

Fotografen schier zur Verzweiflung brachte, da sie beharrlich in Blau auf dem Monitor auftauchte.

Sollen Schwarzlichtlampen direkt fotografiert werden, empfiehlt sich bei den neuen PENs ein manueller Weißabgleich von 4.400 Kelvin, weil bei diesem Wert Blauviolett und Blau in korrektem Verhältnis abgebildet werden.

Spektrum der Lichtquelle bei Kunstlicht

Sobald Sie nicht bei Tageslicht fotografieren, sondern bei Kunstlicht, sollten Sie sich auch mit dem Spektrum Ihrer Lichtquelle beschäftigen. Licht hat ja nicht nur eine Temperatur, sondern auch ein Spektrum. Tageslicht ist aus Wellenlängen des gesamten sichtbaren Spektrums zusammengesetzt. Gleiches gilt für Licht, das ebenfalls von glühenden Lichtquellen ausgestrahlt wird, also etwa Glühbirnen oder Halogenlampen. Bei Leuchtstoffröhren oder anderen Gasentladungslampen leuchtet jedoch kein Metall- oder Kohlewendel, sondern ein Leuchtstoff, bei einer Natriumdampflampe eben Natriumdampf. Diese Lampen emittieren das bekannte gelbe Licht, das gern für die Beleuchtung von Fußgängerüberwegen eingesetzt wird. Andere Leuchtstoffe emittieren andere Spektren.

Um nun möglichst weißes Licht liefern zu können, werden diese Röhren mit zusätzlichen Leuchtstoffen versehen, die durch die ultraviolette Strahlung der Röhren selbst zum Leuchten angeregt werden. Je nach Aufwand, der bei diesen Leuchtstoffen getrieben wird, kann ein recht ordentliches Spektrum erreicht werden.

Abgelesen werden kann die Güte des Spektrums anhand des CRI (Color Rendering Index), der auf den besseren Energiesparlampen und fast allen Leuchtstoffröhren aufgedruckt ist. Der CRI wird meist mit einer dreistelligen Ziffer angegeben, von der die erste die Qualität des Spektrums angibt, die anderen beiden die Farbtemperatur. Speziallampen können bis zu 97 % des Spektrums erreichen. Allerdings haben Sie vor Ort selten die Möglichkeit, die Lichtqualität an den Lampenfassungen zu studieren. In diesen Fällen führen Sie einen Spektrumstest mithilfe einer beliebigen CD durch. Anhand der Reflexionen auf der CD-Unterseite kann das Spektrum einer Lichtquelle überprüft werden.

Reflexionen einer Osram-Dulux-Energiesparlampe mit CRI 827. Es fehlen die Übergänge, die einzelnen Farben sind scharf begrenzt.

Die Frage des zur Verfügung stehenden Spektrums ist nicht nur von akademischem Interesse. Liefert ein Beleuchtungskörper kein kontinuierliches Spektrum, werden Gegenstände, die Licht genau in einer der fehlenden Wellenlängen reflektieren, nicht als farbig wahrgenommen – und zwar weder vom Menschen noch vom Sensor der Kamera. Andere Gegenstände werden vielleicht farbig wahrgenommen, aber unter Umständen in einer falschen Farbe, da die für die richtige Farbe notwendige Wellenlänge nicht vorhanden ist.

Eine mittlerweile ebenfalls recht verbreitete Lichttechnologie ist LED. LEDs emittieren normalerweise einfarbiges Licht. Um eine weiße LED zu bauen, gibt es zwei Wege:

einerseits eine rote, grüne und blaue LED zu kombinieren – was entsprechend deutlich im Spektrum zu sehen ist – oder andererseits, wie es bei hochwertigen Unterwasserlampen gemacht wird, eine blaue LED ähnlich wie eine Energiesparlampe mit einem Leuchtstoff – Phosphor – zu beschichten, der für den Rest des Spektrums zuständig ist. Damit sind CRIs über 90 % möglich. Im Unterwasserbereich sind moderne LEDs die momentan beste Lösung, an Land sind sie selbst simplen Blitzröhren unterlegen. Es gibt zwar bereits LED-Flächenstrahler mit sehr gutem Spektrum, jedoch erreichen sie bei Weitem nicht die Lichtleistung einer Blitzröhre und benötigen deshalb längere Belichtungszeiten.

Im Gegensatz zu LEDs emittieren Xenon-Blitzröhren auch ultraviolettes und infrarotes Licht. Prinzipbedingt ist das Spektrum allerdings nicht so gleichmäßig wie bei einer Glühbirne oder bei Tageslicht, sondern weist deutliche Peaks bei den Spektrallinien des Xenon auf. Im täglichen Betrieb ist aber das Spektrum von guten Aufsteckblitzen und Studioblitzanlagen farbtreu genug.

Die früher üblichen Nitratfotolampen, z. B. die Nitraphot von Osram, haben eine Farbtemperatur von 3.400 Kelvin und ein perfektes Spektrum. Leider werden sie mit Überspannung betrieben, um die höhere Farbtemperatur zu erreichen, und haben deshalb eine sternschnuppenhafte Lebensdauer von maximal 100 Stunden. Dazu sind für eine vernünftige Beleuchtung schnell 2 kW installierte Leistung notwendig – was für Saunatemperaturen vor der Lampe sorgt.

Eine zurzeit viel genutzte Alternative sind 30-Watt-Energiesparlampen, die speziell für den Fotobereich entwickelt wurden. Diese gibt es mit einem CRI von 90, was für den Heimgebrauch ausreichend ist. Solange es nur um die Fotografie von sogenannten Stills – Stillleben – geht, sind diese Lampen eine gute Wahl. Allerdings sollte man bei der Anschaffung auch darauf achten, dass der CRI angegeben wird. Identisch aussehende Lampen gibt es aus China, deren Eigenschaften jedoch blanker Zufall sind.

Die Frage nach dem richtigen Farbraum

Eine der am häufigsten gestellten Fragen bei hochwertigen Digitalkameras ist die nach dem Farbraum. Die PEN bietet die beiden Farbräume sRGB und Adobe RGB an. sRGB hat gegenüber Adobe RGB einen kleineren Farbumfang, Adobe RGB hat vor allem im grünen und blauen Bereich ein größeres Gamut. „Gamut" bedeutet nichts anderes als die Menge der darstellbaren Farben. Das Problem ist, dass jedes Farbverfahren ein anderes Gamut besitzt. So kann ein RGB-Wiedergabegerät wie ein Monitor einen leuchtenden Grünton darstellen, der im CMYK-Offset gar nicht druckbar ist. (CMYK ist die Abkürzung für Cyan, Magenta, Yellow, BlacK.)

Umgekehrt kann im Offset in Gold gedruckt werden, was kein Monitor der Welt darstellen kann. Fine-Art-Printer können durch ihre hohe Anzahl von Farbtinten noch einmal ein anderes Gamut zu Papier bringen. Damit nun zwischen diesen verschiedenen Geräten die Farben möglichst gleich bleiben, besitzt jedes Gerät Übersetzungstabellen, um die Farbvorgabe des anderen Geräts halbwegs passend umzusetzen. Diese Tabellen nennt man Farbprofile. Kommt nur eine dieser Tabellen mit der Tabelle des vorhergehenden Geräts nicht zurecht, entstehen Übersetzungsfehler – die Farbkette ist eben nur so stark wie ihr schwächstes Glied.

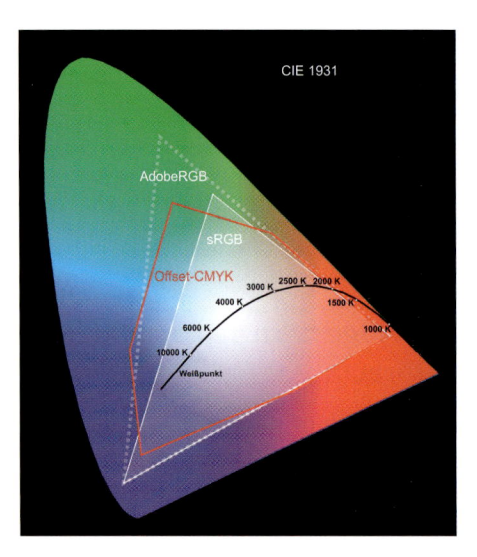

Dieses Farbdiagramm ist natürlich nur eine schematische Darstellung. Der Farbraum, der im Offsetdruck darstellbar ist, beträgt etwa die Hälfte der Fläche des sRGB-Farbraums. Der tatsächliche CIE-Farbraum ist um Größenordnungen ausgedehnter als das, was in einem Buch darstellbar ist. Dies trifft aber auch auf den im Druck darstellbaren Kontrastumfang im Vergleich zum Kontrastumfang natürlicher Szenen zu.

Kriterien für die Wahl des geeigneten Farbraums

- Da die meisten Monitore kein Adobe RGB darstellen können, ist der Farbraum sRGB sicherer – mit diesem Farbraum und den dazugehörigen Farbprofilen können alle Farbgeräte auf dem Markt arbeiten.

- Erst wenn Sie sicher sind, dass wirklich alle Geräte, die mit Ihren Farbdaten arbeiten sollen, lückenlos entsprechende Farbprofile besitzen, ist eine Umstellung des Workflows auf Adobe RGB sinnvoll.

- Geben Sie jedoch Bilder digital an Personen weiter, die keine Adobe RGB-fähigen Bildschirme haben, ist sRGB die bessere Wahl.

- Mit dem Monitortest unter *www.color-management.org/de/monitortest.html* können Sie feststellen, ob Ihre Hardware das höhere Gamut von Adobe RGB überhaupt darstellen kann.

- sRGB ist ebenfalls besser geeignet, wenn Sie mit JPEG-Dateien direkt aus der Kamera arbeiten. Die PEN erzeugt, wie alle anderen Digitalkameras, intern 8-Bit-JPEGs. Diese haben maximal 2^{24} verschiedene Farben. Ob nun in Adobe RGB oder sRGB, die Anzahl der darstellbaren Farben ist identisch.

- Was Adobe RGB im Grünbereich mehr darstellen kann, verliert es im Blaubereich. Adobe RGB ist also erst dann eine Überlegung wert, wenn 16-Bit-Farbdateien verarbeitet werden. Diese erzeugt aber die Kamera nicht. Sie müssen also die RAW-Dateien extern in einem 16-Bit-fähigen RAW-Konverter erst in entsprechende Dateien umwandeln, um überhaupt einen Nutzen aus Adobe RGB zu ziehen. Viele Bildbearbeitungsprogramme können überhaupt nur 8-Bit-Dateien verarbeiten. Olympus Master kann zwar 16-Bit-TIFF schreiben, aber nur das unkomprimierte Format. Ein entsprechendes Bild hat dann über 60 MByte.

Die beste Antwort auf die Frage „sRGB oder Adobe RGB?" ist also nach wie vor „sRGB".

Faktoren für die Festlegung der Schärfentiefe

Die Schärfentiefe wird bestimmt durch folgende Faktoren: Blende, Abstand zum Motiv, Brennweite des Objektivs und Zerstreuungskreisdurchmesser. Während die ersten drei Parameter kein größeres Problem darstellen, ist der Zerstreuungskreisdurchmesser eine ausgesprochen diffizile Angelegenheit. Rein physikalisch betrachtet, gibt es keine Schärfentiefe. Entweder ein Bild ist scharf, da genau fokussiert, oder der Brennpunkt liegt vor oder hinter dem Sensor. Ein bisschen unscharf stört aber nicht, da unser Auge, genau wie der Sensor, nur eine begrenzte Auflösung hat. Und wenn nun der Bildpunkt eben kein Punkt, sondern ein größerer Fleck ist, weil er unscharf ist, macht das gar nichts, solange der Fleck nicht in das Pixel oder in die Sehzelle daneben störend hineinragt.

Aufgrund der Eigenschaften des Auges – Bildwinkel 50 Grad, Auflösung 1 Winkelminute – wird der maximal zulässige Zerstreuungskreis bei 1/1500 Sekunde der Bilddiagonale gesehen, bei einem FourThirds-Sensor also bei 0,0147 mm. So weit ganz einfach. Das funktioniert auch wunderbar, solange man sich das Bild immer im Ganzen anschaut – mit einem Betrachtungsabstand, der mindestens der Bilddiagonale entspricht.

Problematisch wird es, wenn, wie bei der PEN – Sensorgröße 17,3 x 13 mm, 4.032 x 3.024 Pixel –, der vom Auge hergeleitete Zerstreuungskreis bereits 16 Pixel erwischt. Jedes Pixel hat nur 0,0035mm Breite. In diesem Fall muss, wenn man auch noch in der 100-%-Ansicht so etwas wie Schärfentiefe haben will, die übliche Formel zur Berechnung der Schärfentiefe angepasst werden. Allgemein gilt:

g = Entfernung zum Motiv ab Sensor; Gegenstandsweite

f = Brennweite

k = Blendenzahl

z = Zerstreuungskreisdurchmesser

Nahpunktformel:

$$g_{nah} = (f^2 * g) / (f^2 + k * z * (g - f))$$

Fernpunktformel:

$$g_{fern} = (f^2 * g) / (f^2 - k * z * (g - f))$$

Was dazwischenliegt, ist scharf.

Zu beachten dabei ist: Für eine Schärfentiefe bei Gesamtbetrachtung des Bildes ist z 0,015 mm, bei 100-%-Ansicht ist z 0,0071 mm. Ab diesem Durchmesser bedeckt der Zerstreuungskreis 2 Pixel, ist also als Unschärfe wahrnehmbar. Wichtig in diesem Zusammenhang ist noch die Hyperfokaldistanz. Wenn auf diesen Punkt scharf gestellt wird, ist alles von der Hälfte der Distanz bis unendlich scharf. Die Formel dafür lautet:

$$g_{Hyper} = f^2 / k * z$$

Alle diese Berechnungen gelten nur, wenn die Brennweite gegenüber dem Abstand zum Motiv klein ist. Bei extremen Makros kann die Gegenstandsweite durchaus in die Nähe der Brennweite rücken. Dann wird aber normalerweise sowieso millimeterweise von Hand scharf gestellt.

Wie man sieht, liegt bei 7 mm Weitwinkel die Hyperfokaldistanz so nah, dass eigentlich alles ab 1 Meter scharf ist. Erst wenn auf ein Motiv scharf gestellt wird, das näher liegt als 80 Zentimeter, gibt es im Hintergrund Unschärfe. Für diese Berechnung wurde die Lichtstärke des realen Zuiko 7-14 mm eingesetzt.

Wirklich haarig wird es, wenn man mit einer Porträtlinse wie dem M.Zuiko 45 mm f/1,8 fotografiert. Der Abstand für Porträts beträgt hier etwa einen Meter. Die Schärfentiefe bei Blende 1,8 liegt dann nur noch bei 16 mm. Der Schärfepunkt liegt regelmäßig auf den Augen, und nach vorne sind dann noch 8 mm scharf. Das reicht manchmal nicht mal bis zum Ende der Augenbrauen. Will man nicht so genau hinschauen und nimmt den normalen Zerstreuungskreis

AUFNAHMEDATEN	
Brennweite	45 mm
Blende	f/1,8
Belichtung	1/500 s
ISO	200

KAPITEL 3
FOTOTECHNIK KLAR GEMACHT

BEISPIELTABELLE FÜR Z = 0,0147

Gegenstandsweite	Brennweite	Blende	Nah	Fern	Schärfentiefe	HyFo
3 m	50	2	2,9 m	3,11 m	0,21 m	85 m
3 m	14	2	2,07 m	5,43 m	3,36 m	6,67 m
3 m	7	2	1,1 m	-	-	1,67 m
0,8 m	7	4	0,4 m	16,5 m	16,1 m	0,83 m

BEISPIELTABELLE FÜR Z = 0,0071

Gegenstandsweite	Brennweite	Blende	Nah	Fern	Schärfentiefe	HyFo
3 m	50	2	2,95 m	3,05 m	0,1 m	176 m
3 m	14	2	2,47 m	3,83 m	1,36 m	13,8 m
3 m	7	2	1,6 m	22,6 m	21 m	3,45 m
0,8 m	7	4	0,55 m	1,48 m	0,93 m	1,72 m

von 0,0147 mm, ergibt sich eine Schärfentiefe von 2,5 Zentimetern, und auch das ist schon grenzwertig.

Die Zunahme der Unschärfe als die Art, wie die Unschärfe nach dem Schärfebereich stärker wird, hängt übrigens von der Brennweite ab: je größer die Brennweite, desto softer die Zunahme der Unschärfe. Aus diesem Grund ist die Unschärfezunahme besonders schön bei Mittelformat, da hier die Brennweiten deutlich größer sind. Eine Mittelformatnormalbrennweite liegt bei 85 mm.

Porträtaufnahmen mit der E-P3 und dem M.Zuiko 45 f/1,8. Wirklich scharf ist lediglich die Ebene, in der das rechte Auge und der Mund liegen.

DAS ROT-PROBLEM

Das Rot-Problem – und auch in geringerem Umfang das Blau-Problem – besteht darin, dass knallig rote Farben einer bestimmten Wellenlänge unscharf sind, obwohl grüne Teile in der gleichen Schärfeebene scharf erscheinen. Dieses Problem hat mehrere Ursachen. Zuerst einmal ist die Farbauflösung des Bayer-Sensors für Blau und Rot geringer als für Grün – durch die notwendige Interpolation bei rein roten Flächen, hervorgerufen durch rote Beleuchtung oder beispielsweise bei roten Rosen, wird das Bild unscharf. Zudem haben Objektive, die für chromatische Aberrationen (CAs) anfällig sind, die Eigenschaft, rein rote Punkte in der Schärfeebene hinter den Sensor zu legen. Die unterschiedlichen Frequenzen werden im Glas unterschiedlich gebrochen. Auch das fördert Unschärfe. Da das mit Blau in Grenzen ebenfalls passiert, kommen die typischen lila Kanten zustande.

Das unterscheidet Schärfentiefe von Tiefenschärfe

Die Schärfentiefe ist übrigens etwas anderes als die Tiefenschärfe. Während die Schärfentiefe exakt mess- und berechenbar ist, ist die Tiefenschärfe eine Bezeichnung für die Qualität des Bereichs vor und hinter dem Schärfebereich. Eine hohe Tiefenschärfe bedeutet, dass der Hintergrund des Motivs vergleichsweise scharf ist – wobei er eben nicht wirklich scharf, sondern nur nicht völlig unscharf ist. Eine geringe Tiefenschärfe zeigt sich darin, dass der Hintergrund sehr stark verschwimmt. Die Tiefenschärfe ist aus diesem Grund nicht exakt messbar, sondern ein recht schwammiger Begriff, ähnlich der Bewegungsunschärfe. Die Schärfentiefe zu reduzieren, ist nur eine Möglichkeit, um eine geringere Tiefenschärfe zu bekommen. Ein anderer Weg ist beispielsweise, den Hintergrund weiter vom Motiv entfernt zu wählen. Dies reduziert nicht die Schärfentiefe, wohl aber die Tiefenschärfe.

Effekt perspektivischer Tiefe und Stauchung

Ein Bild ist ein flächiges Abbild der Wirklichkeit und als solches natürlich nicht tief. Trotzdem gibt es Bilder, die Tiefe zu haben scheinen, und andere, die eher flächig wir-

Ein Schnappschuss, aufgenommen mit einer Brennweite von 11 mm.

AUFNAHMEDATEN	
Brennweite	11 mm
Blende	f/3,2
Belichtung	1/200 s
ISO	100

ENTFERNUNGEN IM MOTIV ERMITTELN

Für eine Ermittlung der Entfernungen im Motiv ist die Daumensprungregel von Nutzen. Strecken Sie Ihren rechten Arm nach vorne aus und peilen Sie mit einem Auge über den Daumen einen Gegenstand im Motiv an, dessen Entfernung Sie schätzen möchten. Nun schließen Sie das eine Auge und peilen mit dem anderen, ohne Ihren Daumen zu bewegen. Der angepeilte Gegenstand ist anscheinend zur Seite gesprungen. Schätzen Sie nun die scheinbare Sprungweite, also den Abstand zwischen Daumen 1 und Daumen 2. Multiplizieren Sie diesen Abstand mit 10, und Sie erhalten die ungefähre Entfernung zum Motiv.

KAPITEL 3
**FOTOTECHNIK
KLAR GEMACHT**

ken. Der Effekt der perspektivischen Tiefe wird durch unsere Sehgewohnheiten verursacht. Menschen sind von Natur aus mit einem Normalobjektiv ausgestattet und gehen davon aus, die Abstände in der Wirklichkeit durch die Größenverhältnisse von Gegenständen schätzen zu können. Dabei korrigiert unser Gehirn die vom Auge gelieferten perspektivischen Verzerrungen. Es hat dabei den großen Vorteil, dass es durch das zweite Auge eine Kontrollinstanz hat, die recht einfach feststellen kann, ob ein Objekt weit entfernt ist.

Bei der Fotografie handelt es sich um ein flächiges Bild ohne zweite Meinung. Der Betrachter bekommt also verzerrte Perspektiven ungefiltert auf den Tisch und muss nun aus dem Bildeindruck etwas machen. Wenn wir sehen, dass zwei gleich große Personen hintereinander abgebildet sind, gehen wir davon aus, dass sie unmittelbar hintereinanderstehen, sonst wäre ja die hintere Person perspektivisch kleiner. Wenn das Bild nun aber nicht mit dem Normalobjektiv aufgenommen wurde, sondern mit einem extremen Tele mit sehr kleinem Bildwinkel, können diese Personen sehr weit auseinanderstehen, ohne dass wir das dem Bild ansehen können – vorausgesetzt, die Schärfentiefe reicht aus. Das ist eine perspektivische Stauchung – sehr schön bei Autorennen zu beobachten, die mit extremen Telebrennweiten übertragen werden.

Das Gegenteil davon ist die perspektivische Tiefe, die entsteht, wenn mit einem extremen Weitwinkel eine Person bildfüllend abgebildet wird und die direkt dahinterstehende Person zum unbedeutenden Zwerg verkommt. Um diesen Effekt der perspektivischen Tiefe im Bild zu nutzen, wird vor allem bei Weitwinkel- und Panoramaaufnahmen gern ein Blickfang im Vordergrund platziert. Dadurch wirkt der Hintergrund noch weiter weg.

Die unterschiedliche perspektivische Tiefe wird nicht dadurch erzeugt, dass ein Bild mit verschiedenen Brennweiten vom gleichen Standpunkt aus aufgenommen wird, sondern dadurch, dass der gleiche Bildausschnitt von unterschiedlichen Standpunkten aus aufgenommen wird. Ein Superzoom von 14-150 mm ersetzt also nicht den eigenen Standortwechsel.

Hier das gleiche Motiv, aber mit 67 mm Brennweite aufgenommen. Durch die lange Brennweite und den entsprechend größeren Abstand zum Hauptmotiv ändert sich die Perspektive stark.

AUFNAHMEDATEN	
Brennweite	67 mm
Blende	f/3,2
Belichtung	1/160 s
ISO	100

FEINTUNING IM KAMERA-MENÜ

[4]

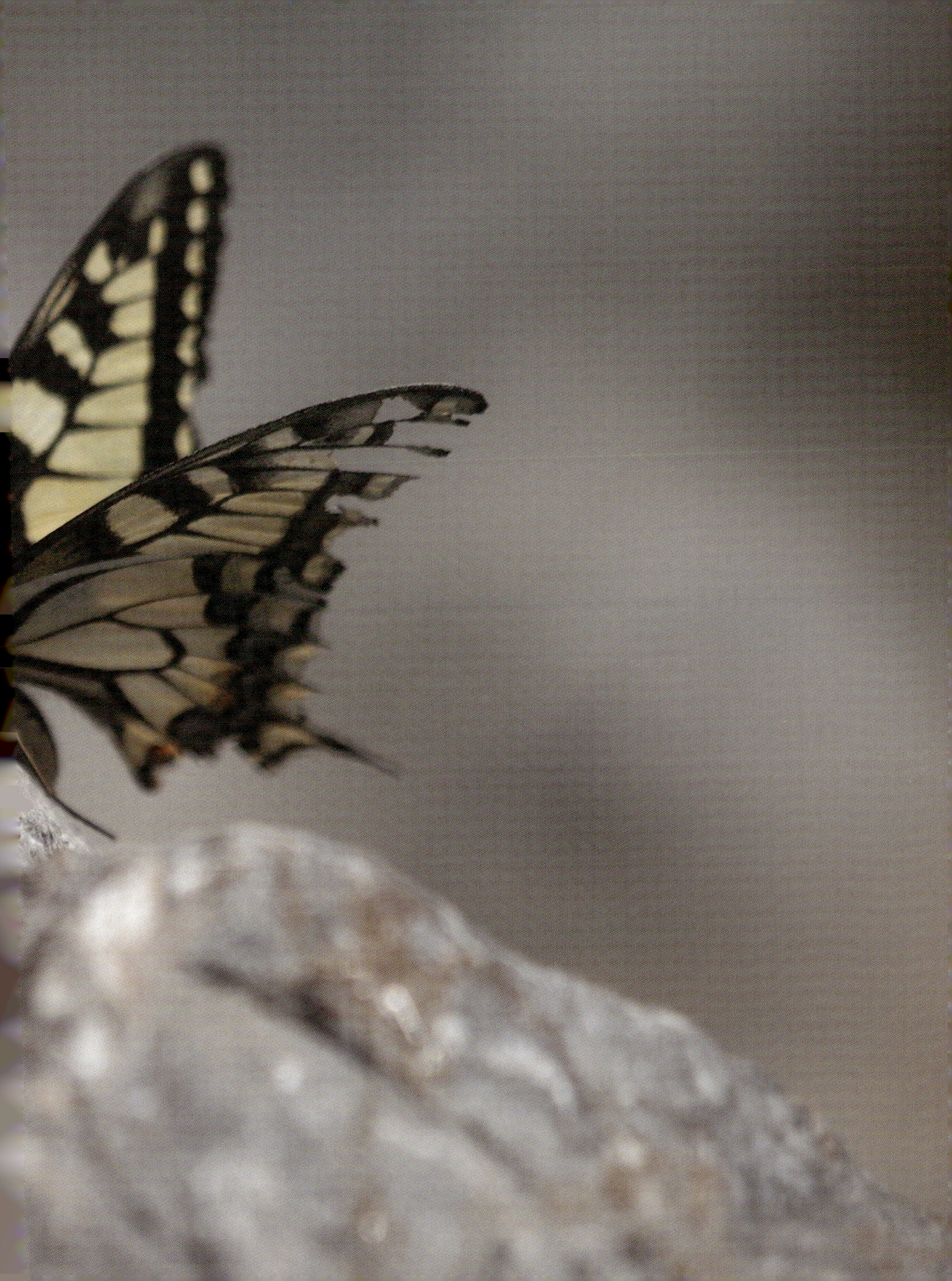

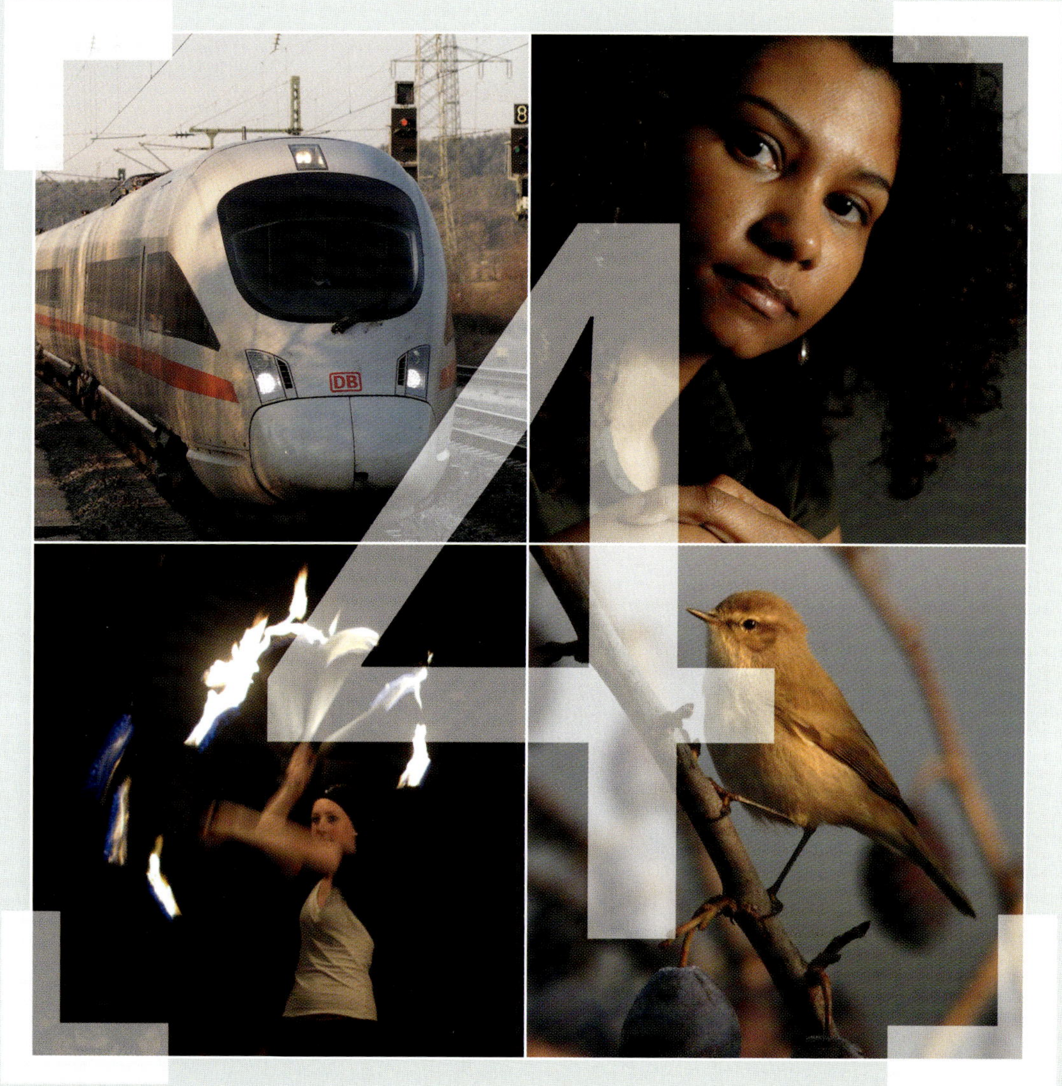

KAPITEL 4
FEINTUNING IM KAMERAMENÜ

Feintuning im Kameramenü

91	**Aufnahmemenü 1**	111	**Anwendermenü**
91	Karte einr.	111	Anwenderspezifisch A: AF/MF
92	Rücksetzen/Myset	116	Anwenderspezifisch B: Taste/Einst.Rad
93	Bildmodus		
94	Gradation	129	Anwenderspezifisch C: Auslösung
96	Standbild	130	Anwenderspezifisch D: Disp/Signalton/PC
97	Auflösung Movie		
99	Bildformat	138	Anwenderspezifisch E: Belicht/Messmodus/ISO
100	**Aufnahmemenü 2**	144	Anwenderspezifisch F: Blitz anpassen
100	Serienbild und Selbstauslöser	148	Anwenderspezifisch G: Rauschmind., Rauschunt./Color/WB
101	Bildstabi.		
102	Belichtungsreihe	153	Anwenderspezifisch H: Aufnah./Löschen
103	Mehrfachbelichtung		
105	Blitzbelichtungskorrektur	157	Anwenderspezifisch I: Movie
105	RC Mode	160	Anwenderspezifisch J: Utility
106	Dig. Tele-Konverter.	163	Konfiguration Accessory-Port
106	**Wiedergabemenü**	164	**Das versteckte Servicemenü**
106	Starten	164	Servicemenü: Bildschirm 1
106	BGM	165	Servicemenü: Bildschirm 2
108	Bearb.	165	Servicemenü: Bildschirm 3
110	Druckvorausw. Erst.	165	Servicemenü: Bildschirm 4
110	Schutz Aufh.		

AUFNAHMEDATEN	
Brennweite	50 mm
Blende	f/1,4
Belichtung	1/60 s
ISO	200

Die tausend unterschiedlichen, farbigen Metallfäden eines Drahtwebstuhls werden durch den Pop-Art-Filter erst richtig zum Leuchten gebracht.

[4] Feintuning im Kameramenü

Mit der PEN besitzen Sie eine Systemkamera, die gewaltig am Image der semiprofessionellen DSLR-Kameras kratzt. Fotografieren mit der PEN ist wieder authentisch, unbeschwert und unauffällig. Nachdem Sie bereits mit den Motivprogrammen erste Erfahrungen sammeln konnten und unverzichtbare Grundlagen der Fototechnik kennengelernt haben, dreht sich jetzt alles um das Feintuning Ihrer PEN.

KAPITEL 4
FEINTUNING IM KAMERAMENÜ

■ Alle Möglichkeiten, die Sie haben, um sich durch die Kameramenüs zu bewegen und grundlegende Kameraeinstellungen im *Einstellungsmenü* vorzunehmen, haben Sie bereits zu Beginn des Kapitels „Hochfahren und loslegen" kennengelernt. Obwohl schon normale Schnappschüsse und Bilder mit den Motivprogrammen die Betrachter staunen lassen, ist das Qualitätslevel Ihrer PEN noch lange nicht ausgereizt. Lernen Sie jetzt all die Schrauben und Schräubchen kennen, um sich sämtliche Optionen für perfekte Fotos offenzuhalten. Verlieren wir also keine Zeit und beginnen wir mit dem Marsch durch die Kameramenüs.

Aufnahmemenü 1

Das *Aufnahmemenü 1* stellt die Funktionen zur Verfügung, die neben den durch die Direkttasten erreichbaren Basics ISO, Weißabgleich, Autofokus und Belichtungsmessung am häufigsten gebraucht werden.

Karte einr.

Hier können Sie die Speicherkarte löschen oder formatieren. Der Unterschied: Beim Löschen bleiben schreibgeschützte Bilder erhalten, beim Formatieren nicht. Zudem kann man mit entsprechenden Tools gelöschte Dateien leichter wieder retten als Daten von einer formatierten Speicherkarte. Beim Löschen von Dateien wird nicht etwa das Bild von der Karte gelöscht, sondern lediglich der entsprechende Eintrag im Inhaltsverzeichnis der Karte. Damit ist der Speicherplatz wieder zum Überschreiben freigegeben. Das nächste Bild landet dann möglicherweise auf dem gerade frei gewordenen Bereich – erst dann wird das alte Bild überschrieben.

Da die Bilder unterschiedlich groß sind, kann das neue Bild den Platz von einundhalb gelöschten Bildern einnehmen. Wenn vorher einzelne Bilder zwischen den noch vorhandenen Bildern gelöscht wurden, wird

Vier verschiedene Speicherkarten von Class 4 bis Class 10. Zu empfehlen sind Karten ab Class 6 aufwärts, Ausnahme ist die abgebildete Class 4 Kingston, die ebenfalls gut mit den PENs zusammenarbeitet.

das Bild fragmentiert, das heißt, der erste Teil des neuen Bildes landet am einen Ende der Speicherkarte, der zweite Teil am anderen. Je stärker die Bilder durch häufige Löschaktionen zerstückelt werden, desto anfälliger wird das Inhaltsverzeichnis für Störungen – und desto mehr Probleme bekommt ein Rettungstool, das nach einem Schaden des Inhaltsverzeichnisses die Bilder wiederherstellen soll.

Vorsorge gegen einen solchen Daten-GAU bietet das gelegentliche Formatieren der Karte in der Kamera. Dabei wird das Inhaltsverzeichnis gelöscht und neu geschrieben. Die alten Daten sind zwar noch auf der Karte, neue Daten werden aber nicht mehr in die Lücken zwischen die alten Daten geschrieben, sondern ohne Rücksicht einfach darüber. Je mehr Bilder über die alte Struktur gespeichert werden, desto weniger ist noch zu retten. Die Formatierung sollte grundsätzlich in der Kamera geschehen. Es kommt vor, dass die Kamera Karten nicht mehr erkennt, die auf dem PC formatiert wurden.

Bisweilen passiert es, dass die Kamera nach dem Löschen von Dateien am PC nicht mehr den korrekten Speicherplatz auf der Karte berechnen kann. Auch hier hilft meist eine Neuformatierung der Karte in der Kamera. Sollten Sie trotz aller Vorsicht mal eine Speicherkarte zu früh gelöscht oder formatiert haben: Ein sehr gutes freies Tool ist Recuva, das man unter *piriform.com* herunterladen kann. Selbst wenn Sie noch nie eine Datei verloren haben, sollten Sie sich mit diesem Tool mal eine Speicherkarte anschauen – Sie werden verblüfft sein, was auf einer scheinbar leeren Karte noch alles zu finden ist.

Rücksetzen/Myset

Hiermit können Sie eine völlig verstellte Kamera wieder auf die Werkeinstellungen zurücksetzen – oder auch auf eines von zwei (bei den neueren Kameras vier) speicherbaren Benutzerpresets.

Das Konzept der Presets wurde zwischen der zweiten und dritten Generation der PENs geändert. Bei den älteren Kameras gab es lediglich zwei Benutzerpresets, bei den neueren gibt es deren vier. Zusätzlich kann nun das Benutzerpreset durch eine Funktionstaste direkt beim Auslösen angewählt werden, und im Benutzerpreset kann auch der Modus gespeichert werden – so wird trotz einer am Moduswahlrad gewählten Blendenvorwahl *A* beim Auslösen mit einem Benutzerpreset z.B. im Modus *M* fotografiert.

Das hilft Ihnen dann ein wenig, wenn Sie die Kamera eingestellt und das Ergebnis Ihrer Mühen auch abgespeichert haben. Die Speicherung Ihres Kamera-Setups in einem Benutzerpreset ist absolut empfehlenswert. Oft genug hat man am Abend die Kamera gründlich auf das Event in dem kleinen Klub eingestellt und muss nun am nächsten Morgen alles wieder rückgängig machen. Mit einem Benutzerpreset ist das deutlich einfacher. Dadurch dass es nun vier Presets gibt, kann man zum Beispiel auch die Einstellungen für ein HDR (Serienbild, ISO 200, I.S.1, A, BKT) in einem Preset abspeichern

Um das augenblickliche Kamera-Setup zu speichern, gehen Sie in dieses Menü, wählen den Speicherplatz (*Einst. 1/Myset 1* oder *Einst. 2/Myset 2* oder *Myset 3* oder *Myset 4*), drücken *OK* und im nächsten Bildschirm nochmals *OK*. Merken Sie sich, welches Preset welche Einstellungen enthält.

Bildmodus

Mit der Funktion *Bildmodus* stellen Sie die Farbcharakteristik der Kamera ein. Das wirkt sich ausschließlich auf JPEG-Bilder aus, die RAW-Dateien sind von den Einstellungen nicht betroffen.

Wenn Sie Wert auf sehr lebhafte Farben legen, ist *Vivid* die richtige Einstellung, für alle anderen Geschmäcker ist *Natural* die erste Wahl. *Porträt* setzt die Schärfe gegenüber *Vivid* etwas zurück, und *Muted* reduziert den Kontrast. Mit dem neuen Bildprozessor Truepic IV wurden die Farben generell etwas anders abgeglichen, und während früher der Bildprozessor für die verschiedenen Farbmodi lediglich Korrekturwerte verwendete, die man dann in den EXIF-Daten des Bildes nachlesen konnte, sind die verschiedenen Modi jetzt auch bezüglich der Farbentwicklung anders angelegt.

Seit der E-P2 gibt es den neuen Bildmodus *i-Enhance*. Dieser wurde entwickelt, um abhängig vom ausgewählten Szenemodus die Farben nochmals zu verbessern. Tatsächlich wirkt sich der Modus in allen Modi aus – auch in den manuellen Modi. Dabei wird nicht etwa wie bei *Vivid* einfach an der Sättigung geschraubt, sondern es werden ganz subtile Veränderungen vorgenommen. Hellgrauer Schnee wird etwas aufgehellt, Gesichter erhalten geringfügig bessere Farben, der Kontrast wird ein wenig angehoben.

Die Ergebnisse der Parameter *Weniger*, *Standard* und *Stark* können sich je nach Bild deutlich unterscheiden – oder eben gar nicht. Im Gegensatz zu *Vivid*, das oft genug übersättigte Farben liefert, ist *i-Enhance* deutlich natürlicher. Wenn Sie eine neuere PEN besitzen und JPEG direkt aus der Kamera verwenden wollen, ist *i-Enhance* in der Einstellung *Standard* eine hervorragende Einstellung. Die Farbänderungen bei den Modi sind so gering, dass eine Darstellung der verschiedenen Modi in Beispielen hier im Druck nicht sinnvoll möglich ist. Im Modus *iAUTO* wird der *i-Enhance*-Modus automatisch ausgewählt. Wirklich deutlich zeigt sich *i-Enhance* vor allem bei blauem Himmel – der wird sehr satt. Neben den verschiedenen farbigen Spielarten gibt es auch den *Monochrome*-Modus samt den entsprechenden digital simulierten Farbfiltern Gelb, Rot, Orange und Grün. Sogar eine Bildtönung kann man hier einstellen, sodass man auch violett getönte Bilder aus der Kamera bekommt. Da es sich dabei aber ausschließlich um digitale Filter handelt, kann das mit gleichem Ergebnis auch am Computer geschehen. Wenn Sie von vornherein ein monochromes Bild beabsichtigen, ist es sinnvoll, im RAW-Modus zu fotografieren. Die *Monochrome*-Bilder werden dann deutlich knackiger, als wenn ein 8-Bit-Farb-JPEG am Computer in ein monochromes umgewandelt wird.

Sie können hier für jeden einzelnen Bildmodus *Kontrast*, *Schärfe* und *Sättigung* anpassen, im *Monochrome*-Modus natürlich anstelle der Sättigung die Farbfilter und die Bildtönung.

Seit der E-P3 kann man zusätzlich neben diesen Modi auch ART-Filter als Bildmodus auswählen. Der Unterschied zur Anwahl der ART-Filter per Moduswahlrad ist erheblich: Während beim ART-Filtermodus auch gleich noch ein ganzer Schwung an Bildparametern festgelegt wird – ähnlich einem Motivprogramm (Szeneprogramm) –, ist man beim Bildmodus frei in seiner Entscheidung, egal ob es Schärfentiefe oder Belichtungssteuerung, absichtliche Unterbelichtung oder gar eine Belichtungsreihe betrifft. Was jedoch nicht geht, sind Mehrfachbelichtungen und ISO-Belichtungsreihen.

Eine Änderung der einzelnen Parameter in diesem Menü ist Geschmackssache. Viele reduzieren Kontrast und Schärfe, um ein Ausfressen von Lichtern zu reduzieren und einen Kick mehr subjektive Dynamik zu bekommen. Berücksichtigen Sie, dass übertriebene Schärfe bedeutet, dass Bilddaten verloren gehen. Nachschärfen kann man immer noch am Computer, Schärfe rückgängig machen geht nur mit nochmaligem Datenverlust.

Es ist ebenfalls möglich, sich eine eigene Einstellung als Preset zuzulegen, bei der Sie auch die Möglichkeit haben, die Gradation vorzubelegen. Das ist vor allem dann nützlich, wenn Sie einen speziellen Look in Ihre Bilder bringen oder wenn Sie die Charakteristik von speziellem Filmmaterial simulieren wollen.

Wenn Sie bei der E-P3 oder E-PL3 hier Änderungen an den ART-Filtern vornehmen – etwa Rahmen oder Vignetten –, werden diese auch dann angewendet, wenn Sie den Bildmodus im Live-Menü umstellen. Sie können jedoch diese Änderungen im Live-Modus nicht rückgängig machen, dazu müssen Sie ins Menü zurück.

Gradation

Die *Gradation* gibt an, wie die Belichtungskurven aussehen, also ob bestimmte Tonwerte verstärkt oder abgeschwächt werden. Dieser Wert sollte immer auf *Normal* stehen. *Auto* sorgt dafür, dass SAT eingeschaltet wird (siehe Info weiter unten). Das kann dann interessant sein, wenn „Out-of-Cam"-Bilder benötigt werden, bei denen in ansonsten abgesoffenen Schatten noch Struktur zu erkennen sein muss.

Diese Einstellung steht bei der E-PL1 und allen folgenden Kameras nicht mehr zur Verfügung, die Gradation kann nun bei den einzelnen Bildmodi eingestellt werden.

Wenn man aber Zeit hat, die Bilder nachzubearbeiten, sollte man besser in RAW fotografieren und den SAT-Effekt durch den Olympus Viewer nachträglich einbauen lassen. Die Stärke des SAT-Effekts ist nicht regulierbar und die Wirkung am Kameradisplay nicht zu beurteilen. An der Gradation sollte man also nur dann herumstellen, wenn man direkt aus der Kamera Bilder braucht. Auch High-Key und Low-Key machen nichts anderes, als die Gradationskurve zu verändern. Schatten werden aufgehellt bzw. Highlights abgedunkelt. Beides hat nur bei JPEGs einen Effekt, und dieser Effekt ist dann auch im Bild drin – man kriegt ihn nicht mehr heraus.

SAT

SAT ist die Abkürzung für „*Shadow Adjustment Technology*". Diese bewirkt eine Erhöhung von Motivkontrasten und eine dezente Aufhellung in dunklen Bildbereichen bei der Umwandlung von RAW in JPEG. Je nach Belichtungsparametern kann es dabei zu einer deutlichen Anhebung des sichtbaren Rauschens in diesen Bereichen kommen. Der Effekt ist durch eine externe Bildbearbeitung nicht so ohne Weiteres nachzubilden.

KAPITEL 4
**FEINTUNING
IM KAMERAMENÜ**

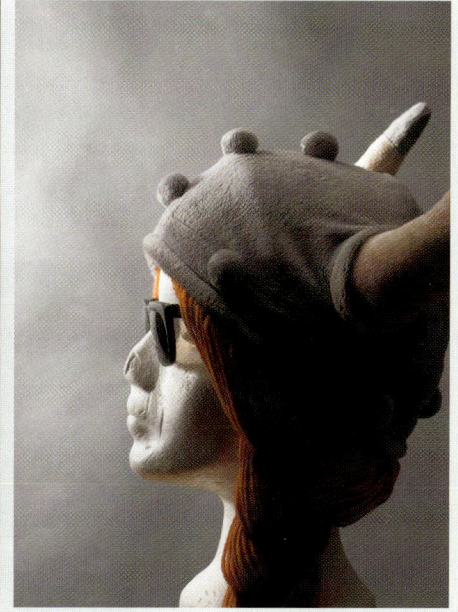

AUFNAHMEDATEN	
Brennweite	42 mm
Blende	f/6,3
Belichtung	1/160 s
ISO	200

Tone Control Normal (0). *Tone Control –7.* *Tone Control +7.*

Seit der E-PL2 haben die Kameras bereits die Möglichkeit, die Tonkurve im Live-View zu manipulieren. Drücken Sie dazu am großen Drehrad die Taste +/– und anschließend sofort die INFO-Taste. Rechts unten am Display erscheint nun eine kleines Kästchen mit einer stilisierten Gradationskurve. Mit dem Drehrad können Sie die Tonkurve von –7 bis +7 beeinflussen und das Ergebnis direkt am Bildschirm bewundern. Negative Werte verstärken die Kontraste im Bild, positive Werte mildern sie ab.

Im Vergleich zu diesen deutlichen Unterschieden sind die Unterschiede zwischen den Gradationseinstellungen *Auto*, *Normal*, *High Key* und *Low Key* gering und im Druck kaum sauber darzustellen. Die Tone Control ist im Gegensatz zu den meisten anderen Features nicht durch den Olympus Viewer nachzubilden und muss direkt in der Kamera aktiviert werden. Der Parameter wirkt sich, wie auch die Gradation, nicht auf das RAW aus. Seien Sie bei High-ISO-Bildern vorsichtig. Der Dynamikumfang bei extremen ISO-Werten ist so gering, dass die Tone Control beim Aufhellen oder Abdunkeln brutale Flecken produziert.

AUFNAHMEDATEN	
Brennweite	34 mm
Blende	f/11,0
Belichtung	1/1000 s
ISO	12800

Aufnahme mit maximaler ISO-Einstellung 12800, Tone Control –7 und ART-Filter Pop Art. Im Gesicht sind deutliche Flecken zu sehen, wo der zur Verfügung stehende Dynamikumfang für eine Abdunklung nicht ausreicht.

Standbild

Sie können bei der PEN verschiedenste Auflösungen und Qualitätsstufen einstellen. Die wesentlichen Stufen sind *RAW*, *LSF*, *LF*, *LN* und dann noch die kleineren konfigurierbaren Formate *MN* und *SN*.

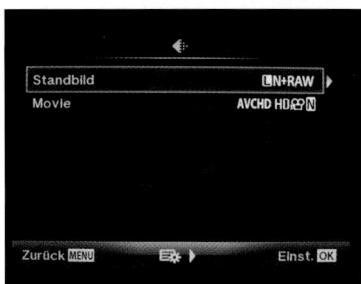

RAW ist das Rohdatenformat in Vollauflösung. Außerdem bietet die Kamera ein gering komprimiertes „Large Super Fine" (*LSF*, Komprimierung 1:2,7), ein „Large Fine" (*LF*, Komprimierung 1:4) und ein stärker komprimiertes „Large Normal" (*LN*, Komprimierung 1:8) an.

Seitdem die PENs einen dünneren Anti-Aliasing-Filter eingebaut haben (E-PL1), ist die Wahl der JPEG-Komprimierung für die resultierende Bildqualität wesentlich geworden. Wenn Sie also JPEG direkt aus der Kamera für große Abzüge (größer als 20 x 30) oder für Ausschnitte verwenden möchten, sollten Sie die Auflösung auf jeden Fall auf Large Fine (*LF*) einstellen. Super Fine bringt demgegenüber keine Vorteile mehr, wenn höchste Ansprüche gestellt werden, ist eine RAW-Entwicklung von Hand das Mittel der Wahl.

Für den „Normalbetrieb" ist *LN* aber nach wie vor brauchbar. Als guter Kompromiss zwischen Qualität, Speichergeschwindigkeit und benötigtem Speicherplatz hat sich die Methode *LN+RAW* herausgestellt. Dadurch hat man immer das RAW im Hintergrund, kann auch im Nachhinein ART-Filter oder Weißabgleich ändern, und bei der Durchsicht der Daten kann man bei einfachen Erinnerungsfotos das RAW löschen, sodass sich der Speicherbedarf auf Festplatte und Backup-Medium in Grenzen hält. Stellen Sie also die Kamera auf *LN+RAW*. Die Parameter *LN+RAW* und *LF+RAW* erreichen Sie, wenn Sie im ersten Auswahlbildschirm nach unten scrollen. Wenn Sie größere Mengen an Serienbildern hintereinander schießen möchten, müssen Sie allerdings das RAW ausschalten, weil sonst der Puffer zu schnell voll ist.

Achtung: Die Komprimierung *LSF* bekommen Sie ab Werk nicht angezeigt, Sie müssen sie unter einem anderen Menüpunkt erst aktivieren (*Menü Anzeige G/Auflösung einstellen*).

In den allermeisten Fällen ist das von der Kamera erzeugte JPEG bereits so gut, dass sich der Aufwand für die RAW-Entwicklung nicht lohnt. Falls Sie jedoch beliebige Mengen an Speicher zur Verfügung haben, die Sie auch rationell sichern können, und dazu die Zeit, jedes Bild einzeln zu entwickeln, ist RAW natürlich das Format der Wahl. Unabhängig davon sollte grundsätzlich auch das *LN* mitgespeichert werden – aus einem ganz einfachen Grund: weil ein JPEG vermutlich auch noch in 20 Jahren von dann aktueller Software gelesen werden kann. Bei dem Olympus-RAW-Format muss das nicht der Fall sein.

Bei den ART-Filtern schaltet die Kamera übrigens automatisch von *RAW* auf *LN+RAW* um – logisch, da die ART-Filter sich ausschließlich auf das JPEG auswirken. Dies passiert auch, wenn man den ART-Filter nicht über das Wahlrad auswählt, sondern über den Bildmodus.

Auflösung Movie

Die PENs können je nach Modell verschiedene Videoformate aufzeichnen. Welches der verschiedenen Formate Sie nutzen, hängt vom beabsichtigten Verwendungszweck und vom verwendeten Schnittprogramm ab. Das SD-Format wird heute nur noch genommen, wenn unbedingt ein 4:3-Format benötigt wird. Verwendet man noch ältere Schnittprogramme, die mit dem vergleichsweise neuen AVCHD 2.0 nicht zurechtkommen, ist das Motion-JPEG eine qualitativ gute Wahl, auch wenn es sehr große Dateien produziert. Der große Vorteil ist, dass beim Schnitt nicht jedes Zwischenbild erst berechnet werden muss. Beim AVCHD-Codec dagegen müssen beim Schnitt Zwischenbilder berechnet werden, um einen framegenauen Schnitt zu realisieren. Dies erfordert teils erhebliche Rechenleistung und viel Hauptspeicher.

Den idealen Codec gibt es natürlich nicht. Für hochaufgelöstes Full-HD ist der Modus Full-HD mit 1.980 x 1.080 AVCHD Fine ideal. Allerdings wird dieser nur mit 59,94 Halbbildern pro Sekunde (i = interlace scan) aufgenommen, was bei schnellen Bewegungen zu den gefürchteten Kammstrukturen führen kann. Für schnell bewegte Motive oder auch für eventuelle Zeitlupen ist der HD-Modus mit 59,94 Vollbildern (p = progressive scan) ideal. Wenn man ein Video mit 25 Vollbildern pro Sekunde – PAL – abspielt, kann man eine mehr als zweifache Zeitlupe realisieren, ohne Ruckler zu bekommen. Hat man sich für eine Auflösung und einen Codec entschieden, ist die Wahl zwischen Fine und Normal recht leicht: Fine ist die richtige Wahl, solange man nicht wirklich die wenigen Minuten mehr Spieldauer benötigt.

AUF-LÖSUNG	CODEC	FRAMES/SEKUNDE	MAXIMALE LÄNGE	SEITEN-VERHÄLTNIS	GBYTE	KAMERAS
640 x 480	Motion-JPEG SD	29,97p	12:40	4:3	6,6	E-P1, E-P2, E-Pl1, E-PL2, E-P3, E-PL3, E-PM1
1.280 x 720	Motion-JPEG HD	29,97p	7:20	16:9	3,5	E-P1, E-P2, E-PL1, E-PL2, E-P3, E-PL3, E-PM1
1.280 x 720	AVCHD-N	59,94p	29	16:9	8	E-P3, E-PL3, E-PM1
1.280 x 720	AVCFD-F	59,94p	27:57	16:9	7	E-P3, E-PL3, E-PM1
1.980 x 1.080	AVCHD-N	59,94i	27:57	16:9	7	E-P3, E-PL3, E-PM1
1.980 x 1.080	AVCHD-F	59,94i	22:30	16:9	5,6	E-P3, E-PL3, E-PM1

Für die Belichtungszeit ist es übrigens uninteressant, ob man 30 fps oder 60 fps wählt – in beiden Fällen ist die maximal erreichbare Belichtungszeit 1/30 Sekunde.

Während die Motion-JPEG-Formate mit der Endung *AVI* direkt zu den Fotos ins Verzeichnis */DCIM/xxxOLYMP* geschrieben werden, gibt es seit der E-P3 ein neues Verzeichnis, das sich */PRIVATE/AVCHD/BDMV/STREAM* nennt und in dem die Videos als MTS-Dateien abgelegt werden. Die Verzeichnisse *CLIPINF* und *PLAYLIST* enthalten jeweils Infos zum Video sowie eine Playlist, die für den Schnitt uninteressant ist, aber beim direkten Abspielen auf einem Fernseher interessant sein könnte.

Die genannten Bildwiederholfrequenzen treffen allerdings nur dann zu, wenn Sie im Normalmodus filmen. Wird ein ART-Filter angewandt, brechen die Bildwiederholfrequenzen, vor allem beim AVCHD-Code, teils erheblich ein.

Nur die Filter mit voller Geschwindigkeit sind uneingeschränkt für Videos verwendbar. Alle anderen ART-Filter sorgen dafür, dass die Bildwiederholrate des Videos teils extrem einbricht. Dabei wird der Ton korrekt aufgezeichnet, und auch die 30 fps oder 60 f/s werden in den Videostream geschrieben, jedoch dann die entsprechenden Frames doppelt. Ein besonderer Fall ist der ART-Filter *Diorama*, bei dem zwar nur 2 f/s erzeugt werden, diese aber mit einer Rate von 4 f/s geschrieben werden. Dadurch entsteht ein ruckelnder Zeitraffereffekt mit einer Geschwindigkeitssteigerung um den Faktor 7,5.

Zusätzliche Effekte für Video müssen im Menü aktiviert werden, senken aber die Bildwiederholrate unter Umständen nochmals. Eine dunkle Vignette oder ein Rahmen bei *Crossentwicklung* drückt die Bildwiederholrate von 15 f/s auf 10 f/s. Aufgrund der schieren Menge an möglichen Kombinationen ist eine umfassende Tabelle hier nicht möglich, es empfiehlt sich, eigene Versuche anzustellen.

Zu beachten ist, dass natürlich auch der *Diorama*-Effekt mit 30 f/s geschrieben wird, bei einem europäischen Programm der Effekt aber auf 25 f/s skaliert wird. Soll der *Diorama*-Effekt also in PAL verwendet werden, muss er unter Umständen feinjustiert werden, weil die Interpolation auf 25 f/s nicht sauber funktioniert. Achten Sie beim

ART-FILTER	MOTION-JPEG HD	AVCHD
Pop Art	volle Geschwindigkeit	2 fps
Soft Fokus	6 fps	2 fps
Blasse Farben	volle Geschwindigkeit	2 fps
Weiches Licht	volle Geschwindigkeit	2 fps
Monochrom Film	6 fps	2 fps
Lochkamera	2 fps	2 fps
Diorama	2 fps	2 fps
Crossentwicklung	15 fps	2 fps
Zartes Sepia	15 fps	2 fps
Dramatischer Effekt	10 fps	2 fps

Diorama-Effekt darauf, dass er seine Wirkung nur dann entfalten kann, wenn von schräg oben genutzt wird, also etwa von einem Hochhaus herunter.

Die ART-Filter *Soft Fokus* und *Weiches Licht* sind nur begrenzt von Nutzen. Videos bei YouTube etwa werden so stark komprimiert und in so geringer Auflösung betrachtet, dass der Effekt der beiden ART-Filter zu gering ist. Solange man sich bei den ART-Filter-Videos mit 15 f/s auf langsame Bewegungen beschränkt, sind sie aber duchaus einsetzbar. Eine Szene mit einem galoppierenden Pferd hat dagegen eher eine Slapstick-Anmutung. Beachten Sie, dass die Videoeinstellungen und Fotoeinstellungen getrennt sind. Wenn Sie im Fotomodus auf den REC-Button drücken, werden nicht etwa die Einstellungen des Fotos übernommen, sondern die Einstellungen in den Videopresets.

Bildformat

Bei der PEN können Sie das Seitenverhältnis des Bildes bestimmen. Der Sensor bietet eine JPEG-Auflösung von 4.032 x 3.024 Pixeln und eine RAW-Auflösung von 4.080 x 3.040 Pixeln (bei den älteren PENs 4.100 x 3.084). Dies entspricht einem Bildformat von 4:3. Wenn Sie nun andere Seitenverhältnisse verwenden wollen, wie etwa 3:2 (KB-Format) oder 16:9 (Breitbild), können Sie das entweder in Ihrer Software entsprechend ausschneiden oder bereits in der Kamera einstellen. Unabhängig von der Einstellung des Aspektverhältnisses wird das RAW komplett geschrieben und lediglich mit einer Markierung versehen – die auch nur Olympus Master berücksichtigt. RAW-Entwickler von Fremdherstellern interessieren sich dafür nicht. Im Allgemeinen wird es sinnvoller sein, die JPEG-Bilder – und nur die sind betroffen – in Vollauflösung zu machen und erst am Computer zu beschneiden. Eine Ausnahme bilden Aufnahmen, die mit einem Video zusammengeschnitten werden sollen. Da ist es durchaus sinnvoll, diese Bilder bereits bei der Aufnahme in 16:9 zu machen, um den Bildaufbau gleich richtig zu gestalten. Der nachträgliche Beschnitt kann je nach verwendeter Software mühsam sein.

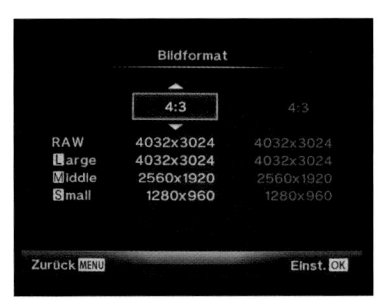

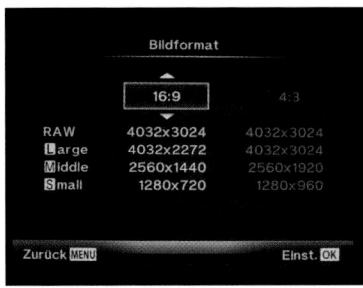

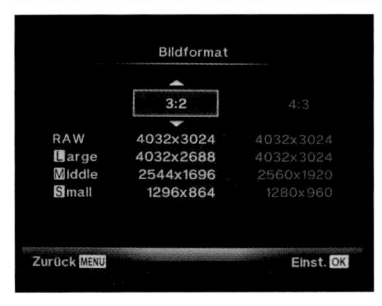

Im Unterschied zu einigen Kompaktkameras mit „Multi-Aspekt-Sensor" entstehen andere Seitenverhältnisse immer durch einen Beschnitt des 4:3-Formats. Das ist gegenüber einem Multi-Aspekt-Sensor kein Nachteil, da auch diese Sensoren eigentlich ein 4:3-Format haben, nur dass das Originalformat nie ausgenutzt wird, sondern immer nur Teile davon. Bei der PEN wird beim 4:3-Format jedoch der gesamte Bereich des Sensors ausgenutzt.

Sowohl die Multi-Aspekt-Funktion als auch die ART-Filter sind von Olympus erklärtermaßen für Fotografen implementiert worden, die ihre Bilder nicht am Computer bearbeiten wollen oder können – sozusagen das „mobile Studio". Spätestens wenn Sie für ein CD-Cover fotografieren, ist das 6-x-6-Format am Live-View ganz praktisch, um den Bildausschnitt zu wählen – auch wenn man meistens wohl mit 4:3 und Vollauflösung arbeiten wird.

Möchte man direkt in Full-HD fotografieren, ist eine kleine Anpassung notwendig: Im Menü *Anwenderspezifisch G*, *Bildgröße*, muss unter *Middle* der Wert *1920 x 1440* eingestellt werden. Ist das geschehen, wird die Full-HD-Auflösung 1.920 x 1.080 als Wert *M* beim Aspektverhältnis 16:9 angezeigt. Man verliert zwar damit die mittlere Auflösung mit fünf Megapixeln, aber je nachdem, wie oft man mit dieser Auflösung fotografiert, ist der Verlust vermutlich zu verschmerzen.

Aufnahmemenü 2

Das *Aufnahmemenü 2* stellt bei den älteren PENs Einstellungsmöglichkeiten für Video, Selbstauslöser, den Bildstabilisator und Mehrfachbelichtungen zur Verfügung. Bei der neueren Generation ist hier nun der Bildstabilisator, die Belichtungsreihen, der RC-Modus, die Belichtungsanpassung und der digitale Telekonverter zusätzlich zu finden.

Serienbild und Selbstauslöser

Die PENs unterstützen Einzelbilder, Serienbilder mit drei Bildern pro Sekunde (bei E-PL3 und E-PM1 zusätzlich noch Raten bis 5,5 f/s) und Selbstauslöser mit zwei und zwölf Sekunden Verzögerung.

Die tatsächlich erreichbare Geschwindigkeit im Serienbildmodus ist aber von mehreren Faktoren abhängig:

- **AF-Modus:** Bei *S-AF* wird nur beim ersten Bild die Schärfe ermittelt, alle anderen Bilder werden einfach durchfotografiert, das geht schneller als beim *C-AF*, der zwischendrin nachregelt. Jedoch wird der *C-AF* bei High-Speed-Serien-

Die Serienbildaufnahme eines abtauchenden Pottwals mit 3 fps.

AUFNAHMEDATEN	
Brennweite	200 mm
Blende	f/3,5
Belichtung	1/1600 s
ISO	200

bild (5 f/s) außer Funktion gesetzt, auch hier wird nur bei Beginn der Serie fokussiert und dann nicht mehr nachgeregelt.

- **Bildstabilisator:** Wenn der Bildstabilisator eingeschaltet ist, ist die hohe Geschwindigkeit von 5,5 f/s nicht möglich, das Maximum sind 4,5 f/s. Zusätzlich bricht die Geschwindigkeit, sobald der Puffer voll ist, auf 3 f/s ein. Ist lediglich 3 f/s eingestellt, geht die Frequenz nach etwa zehn Bildern auf 2 f/s zurück.
- **ISO:** Sobald die ISO-Einstellung höher als 1600 ist, geht die maximale Frequenz, sobald der Puffer voll ist, auf 1,2 f/s zurück, egal ob die Kamera auf 5 f/s oder 3 f/s eingestellt ist.
- **Rauschunterdrückung:** Auch ein Einschalten der Rauschunterdrückung kostet geringfügig Geschwindigkeit.
- **Speicherkarte:** Die Geschwindigkeit der Speicherkarte hat vor allem dann einen Einfluss, wenn Sie in RAW fotografieren. In *LN* sind Class-10-Speicherkarten schnell genug, um auch längere Zeit 3 f/s wegzuspeichern. In RAW benötigen Sie für 3 f/s Class 50 und für 5 f/s Class 100. (Ob die Kamera diese theoretischen Transferraten auch bewältigt, konnte ich leider nicht testen.)
- **Belichtungszeit:** Beachten Sie, dass natürlich auch die Belichtungszeit selbst einen Einfluss hat. Wenn Sie jeweils 1/20 Belichtungszeit pro Bild haben, sinkt die Bildrate.
- **Puffer:** Die Kamera puffert intern die Daten, bevor sie auf die Speicherkarte geschrieben werden. Dieser Puffer kann etwa zehn Bilder aufnehmen, die dann später verarbeitet und auf die Karte geschrieben werden. Bei High-ISO-Bildern sind es weniger, bei Low-ISO-Bildern mehr. Ist der Puffer voll, bricht die Bildwiederholfrequenz schlagartig ein. Kontinuierlich sind lediglich 3 f/s in Low-ISO mit *S-AF* oder *MF* mit ausgeschaltetem Stabilisator möglich.

Wesentlich ist auf jeden Fall der Punkt, dass bei der Erstellung von Serienaufnahmen nur beim ersten Bild Belichtung und Schärfe ermittelt werden, danach wird durchfotografiert. Ausnahme bildet der *C-AF* bei 3 f/s, hier wird die Schärfe nachgeführt.

Bildstabi.

Hier wird der Bildstabilisator eingestellt. Näheres zum Thema Bildstabilisator finden Sie weiter oben im Buch. *I.S.1* stabilisiert horizontal und vertikal, *I.S.2* lediglich vertikal – eignet sich also für horizontale Schwenks –, *I.S. 3*

dagegen eignet sich für vertikale Schwenks. In den Presets sollte man den Bildstabilisator ausschalten: *OFF*, es sei denn, Sie sind ständig bei schlechtem Licht unterwegs.

Belichtungsreihe

Dieser Menüpunkt befand sich bei den älteren PENs im Menü *Anwenderspezifisch E* und wurde sinnvollerweise ins Aufnahmemenü verfrachtet. Erster Punkt im Menü ist die Funktion *AE BKT* (*Aperture Exposure Bracketing* – Blendenvorwahl Belichtungsreihe). Sie können damit eine Belichtungsreihe mit bis zu sieben Bildern mit jeweils geringfügig anderer Belichtungszeit bei gleicher Blende erstellen. Sinnvoll ist das zusammen mit dem Serienbildmodus. Der Parameter sollte standardmäßig natürlich auf *Aus* stehen. Wenn Sie im Serienbildmodus eine AE-Reihe schießen, stoppt die Kamera praktischerweise nach dem letzten Bild. Die Abstände der Belichtungsänderung können Sie von *0,3 EV* bis *1 EV* einstellen. Diese Funktion ist nur begrenzt nützlich, z. B. wenn Sie sich über die Belichtung einer Szene nicht ganz schlüssig sind und auch weil die Funktion ein Bild über- und eines unterbelichtet. Wirklich sinnvoll ist die Funktion jedoch bei Belichtungsreihen für HDR-Bilder. Vier Blenden Unterschied zwischen dem hellsten und dem dunkelsten Bild reichen zusammen mit der guten Dynamik des Sensors für die meisten Motive aus. Diese Funktion ist übrigens auch im Aufnahmemenü Zeitvorwahl *S* verfügbar. Dabei werden dann entsprechend viele Bilder mit unterschiedlichen Blendeneinstellungen und gleicher Belichtungszeit gemacht. Sie erhalten also eine Belichtungsreihe mit unterschiedlichen Schärfentiefen. Im manuellen Aufnahmemodus *M* wird dagegen wieder die Belichtungszeit variiert.

Die nächste Funktion ist *WB BKT* (White Balance Bracketing). Eine absolut überflüssige Funktion, da hier nicht etwa mehrere Bilder gemacht werden, sondern nur ein Bild mit unterschiedlichen Parametern für den Weißabgleich entwickelt wird. Das kann man am Computer bei der RAW-Entwicklung einfacher haben. Wirklich absurd wird es, wenn man RAW als Bildformat eingestellt hat und eine WB-Belichtungsreihe mit je drei Stufen A-B und G-M macht. Dann drückt man einmal aufs Knöpfchen, und die Kamera erzeugt neun RAW-Bilder mit jeweils geringfügig geändertem Weißabgleich. RAW-Bilder selbst beinhalten aber keinen Weißabgleich, sondern nur den Vorgabewert. Und der wird von vielen RAW-Konvertern auch noch ignoriert. Ein weiteres Problem bei Weißabgleichsreihen ist natürlich immer das Display. Eine farbverbindliche Beurteilung des Bildes ist auf den kleinen Bildschirmen bei unterschiedlichstem Umgebungslicht schlicht unmöglich. Eine Graukarte und ein Sofortweißabgleich sind in solchen Fällen immer die bessere Lösung.

FL BKT bedeutet „Flash Bracketing", hier können Sie Belichtungsreihen mit dem Blitz einstellen. Das ist dann sinnvoll, wenn Sie in sehr komplizierten Situationen Hintergrund und Vordergrund gegeneinander abstimmen müssen. Meist ist aber eine manuelle Korrektur die Methode der Wahl. Es kann allerdings in manchen Situationen sein, dass zwei schnelle Belichtungsreihen trotz des Blitzlichtgewitters besser sind als mehrere diskrete Versuche. Als Voreinstellung ist diese Funktion natürlich ungeeignet.

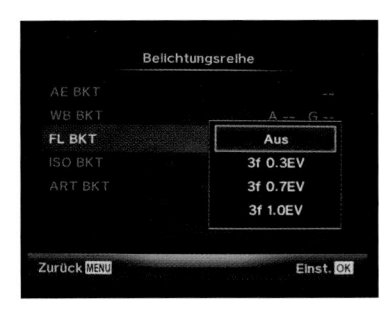

Bei der Funktion *ISO BKT* sollten Sie sinnvollerweise den ISO-Wert auf 400 setzen, da die Funktion bei ISO 200 sonst zwei Bilder mit ISO 200 macht und nur eines mit ISO 400. Ist Platz nach oben und unten, erstellt die Kamera bei einem Auslösen zuerst ein korrekt belichtetes Bild mit ISO 400 und dann je ein Bild mit ISO 200 und ISO 800. Dabei wird aber nur „einmal" ausgelöst (bei den älteren PENs, die noch ISO 100 haben, gilt Entsprechendes auch für ISO 200).

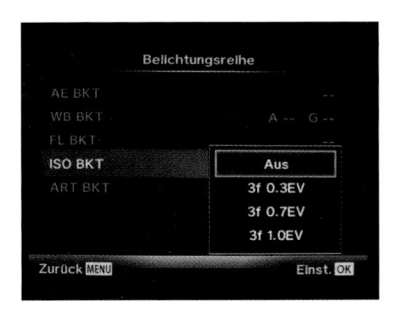

Die Kamera berechnet aus dem beim Auslösen erstellten RAW drei JPEGs mit unterschiedlichen Einstellungen. Ist die Auflösung auf *RAW* eingestellt, werden drei RAWs abgespeichert, die auf den ersten Blick auch unterschiedlich aussehen, da sie unterschiedliche Vorschaubilder haben und mit verschiedenen ISO-Werten etikettiert sind. Sie sind jedoch bis auf Vorschaubild und ISO-Wert auf Bit-Ebene identisch. Bei der Entwicklung der JPEGs werden lediglich unterschiedliche Gradationskurven angelegt. Oft wird das ISO-Bracketing angewendet, um HDR-Bilder von bewegten Szenen zu machen. Das ist dann ein sogenanntes Pseudo-HDR, da durch die drei unterschiedlich entwickelten Bilder kein echter Dynamikzugewinn erreicht wird. Ein HDR aus dem zugrunde liegenden RAW mit Steigerung der Mikrokontraste hat je nach verwendetem Programm einen ähnlichen Effekt.

In Grenzen sinnvoll ist das ISO-Bracketing nur dann, wenn man gleich völlig auf RAW verzichtet und mit den erzeugten drei JPEGs ein HDR-Programm füttert. Die so erzeugten HDRs haben tatsächlich oft einen größeren Dynamikumfang als ein HDR aus dem zugrunde liegenden RAW. Die Ursache liegt darin, dass der Bildprozessor in der Kamera aus dem RAW mehr Informationen herausholen kann als der RAW-Konverter, der im HDR-Programm integriert ist.

Mehrfachbelichtung

Die PEN ermöglicht Mehrfachbelichtungen auf verschiedene Arten: einerseits nachträglich in der Kamera, wie eben auch am PC, durch „Überlagern", aber vor allem ist es möglich, nachdem Sie die Funktion *Bild* auf *2f* (2 Frames) gestellt haben, über den Live-View zwei Bilder wirklich genau zu kombinieren, da das erste Bild durchscheinend mit dem zweiten zusammen dargestellt wird. Dabei können Sie über *Auto Ev* angeben, ob die beiden Bilder jeweils vor der Kombination in der Helligkeit reduziert werden oder die Originalhelligkeit bestehen bleibt.

AUFNAHMEDATEN	
Brennweite	300 mm
Blende	f/6,7
Belichtung	1/640 s
ISO	200

Beispiel einer Mehrfachbelichtung: Die drei unteren Pferde stehen vor einem dunklen Wald im Gegenlicht. Die oberen Pferde wurden so fotografiert, dass sie genau vor diesem dunklen Wald stehen.

AUFNAHMEDATEN	
Brennweite	187 mm
Blende	f/6,0
Belichtung	1/800 s
ISO	200

Bei dieser Mehrfachbelichtung wurde zwischen dem Pferdeporträt, das bei Blende 6,0 geschossen wurde, und dem zweiten Bild die Blende auf 22 geschlossen. Beim zweiten Bild wurde ein Baum im Gegenlicht fotografiert, sodass die Sonne nur zwischen den Blättern durchblickt. Durch die weit geschlossene Blende entstanden Sterne. Zudem wurde die durch Blende 22 verlängerte Belichtungszeit genutzt, um das zweite Bild leicht zu verwackeln, es ergibt sich dadurch eine zusätzliche, mystische Anmutung des Bildes. 75-300 und E-P3, die Auto-EV wurde ausgeschaltet und die Belichtung per Hand gesteuert.

Die *Mehrfachbelichtung* bleibt so lange aktiviert, wie Sie tatsächlich Mehrfachbelichtungen machen und im Aufnahmemodus bleiben. Sobald Sie in den Wiedergabemodus wechseln oder die Kamera ausschalten, wird dieser Parameter zurückgesetzt.

Sie können selbstverständlich zwischen den beiden Bildern die meisten Aufnahmeparameter ändern. Von der Brennweite über die Blende bis zu Belichtungszeit und Weißabgleich ist alles möglich, selbst ein Objektivwechsel, nicht aber der Bildmodus. Auch Mehrfachbelichtungen mit ART-Filter sind nicht möglich. Nach der Mehrfachbelichtung kommen Sie allerdings nicht mehr an die einzelnen Bilder heran. Auch im eventuell mitgeschriebenen RAW sind die beiden Bilder bereits übereinandergerechnet. So weit zur Geschichte, RAW-Daten wären unbearbeitete Sensordaten.

Mit der Funktion *Überlagern* können Sie nicht nur zwei Bilder kombinieren, sondern ein RAW mit mehreren später aufgenommenen Bildern überlagern. Auch wenn Sie fünf Bilder über das RAW legen, entsteht am Ende daraus nur ein resultierendes Bild – zusätzlich zu dem bereits vorhandenen RAW. Weder Überlagerung noch Mehrfachbelichtung können Sie in Olympus Viewer simulieren. Diese Funktionen stehen ausschließlich in der Kamera zur Verfügung. Wenn Sie zwei Bilder überlagern, erhält das neue Bild das Datum des ältesten Bildes und eine neue Nummer.

KAPITEL 4
FEINTUNING IM KAMERAMENÜ

Blitzbelichtungskorrektur

Diese Funktion befand sich früher im Menü *Anwenderspezifisch F*. Mit der Blitzbelichtungskorrektur können Sie Systemblitze bis zu 3 EV stärker oder schwächer stellen. Natürlich können Sie damit den Blitz nicht stärker machen, als er ist, und als Preset ist dieser Parameter am besten auf null, es sei denn, Ihr Blitz belichtet generell zu hoch oder zu niedrig.

Außerordentlich nützlich ist dagegen die Blitzbelichtungskorrektur, wenn Sie Hintergrund- und Vordergrundhelligkeit koordinieren müssen – also beim klassischen Aufhellblitz oder beim Slow-Blitz. Da ist es häufig sinnvoll, den Blitz bis zu 0,7 EV herunterzuregeln, um ein Überblitzen des Vordergrunds zu verhindern. Dabei bedeutet ein Überblitzen gar nicht das Überbelichten des Hauptmotivs, sondern lediglich die zu starke Belichtung im Verhältnis zum Rest des Bildes. Speziell beim Aufhellblitzen passiert es oft, dass das Motiv zwar einwandfrei belichtet ist, aber aussieht, als wäre es nachträglich in die Szene eingeklebt worden. Eine Reduktion der Blitzleistung wirkt hier Wunder.

RC Mode

Seit der E-PL1 besitzen die PENs die drahtlose Blitzsteuerung der „großen" E-Kameras. Damit können externe Blitzgeräte – Olympus FL-36R und FL-50R sowie die neuen Metz-Systemblitze – ferngesteuert werden. Damit ist gemeint, dass diese Blitzgeräte nicht etwa auf die Kamera montiert werden, sondern irgendwo im Raum in Sichtweite der Kamera aufgestellt und dann vom eingebauten Blitz gesteuert werden. Schalten Sie diesen Menüpunkt aus, wenn Sie keine externen Blitze nutzen – der interne Blitz taugt dann nämlich nicht mehr zum Blitzen, sondern nur noch zum Fernsteuern.

Weitere Aufnahmeparameter: Blitzbelichtungskorrektur –0,3, Belichtungskorrektur –2,3 und Slow-Blitz auf den ersten Vorhang. Der Blitz wurde mit einem Dome gesoftet. Obwohl frontal geblitzt, die Decke war zu niedrig zum indirekten Blitzen, wirken die beiden Sänger der Band King Schlayer nicht überblitzt, die Lichtstimmung ist erhalten geblieben.

AUFNAHMEDATEN

Brennweite	300 mm
Blende	f/6,7
Belichtung	1/1000 s
ISO	200

Zusätzlich zur realen Brennweite von 300 mm wurde ein digitaler Telekonverter eingesetzt. Was hier im Druck bestechend gut aussieht, ist nichts anderes als eine Ausschnittvergrößerung – für Filmanwendungen aber ausgesprochen nützlich.

Dig. Tele-Konverter.
Was bei Kompaktkameras und Handys seit Jahren Standard ist, hat nun auch die PEN bekommen: einen Digitalzoom. Dieser Zoom macht nichts anders, als in der Mitte einer RAW-Aufnahme ein Bild mit drei Megapixeln Fläche auszuschneiden und so zu vergrößern, dass es wieder zwölf Megapixel hat. Fotografiert man mit RAW und JPEG, erhält man das Original-RAW und das ausschnittvergrößerte JPEG.

Vorsicht! Diese Funktion schaltet sich nicht wie etwa die Mehrfachbelichtung bei Moduswechsel selbstständig zurück, sondern bleibt auch nach dem Ausschalten erhalten. Man sollte also daran denken, den Zoom nach Verwendung direkt wieder zurückzustellen.

Für wen diese Funktion Sinn ergibt, außer für manche Marketingstrategen, ist schwierig zu beantworten. Die Qualität der interpolierten Bilder ist erwartungsgemäß nicht überragend, und die Fläche der AF-Punkte wird beim Digitalzoom vervierfacht. Im Endeffekt ist die Funktion lediglich dann von Interesse, wenn, etwa im Urlaub, dringend eine längere Brennweite benötigt wird, um dann direkt ein 10-x-15-Bild auszubelichten, ohne dass die Möglichkeit besteht, am PC eine Ausschnittvergrößerung durchzuführen. Der Telekonverter wirkt sich übrigens ausschließlich auf das JPEG aus, das RAW bleibt unangetastet.

Wirklich interessant ist die Funktion allerdings für die filmende Fraktion. Wenn das Licht knapp ist, freut man sich über die Möglichkeit, mit doppelter Brennweite und gleicher Lichtstärke filmen zu können. Aus dem M.Zuiko 12 mm f/2,0 wird über den Digitalzoom ein f/2,0-Normalobjektiv, mit dem sich sehr schön filmen lässt, aus dem 25 mm Nokton ein 50 mm f/0,95 in bestechender Qualität mit unglaublichen Freistellungsmöglichkeiten.

Wiedergabemenü

Das *Wiedergabemenü* ist vor allem, der Name sagt es, bei der Wiedergabe von Bildern auf dem LCD-Monitor der PEN von Bedeutung.

Starten
Der erste Menüpunkt startet eine Diashow auf dem LCD-Monitor.

BGM
Über *BGM* stellen Sie Hintergrundmusik ein, die während der Diashow abläuft. Richtig nett wird das, wenn Sie die Diashow direkt über den HDMI-Ausgang auf einem Fernsehgerät ausgeben. In diesem Fall können Sie auch die Art des Bilderwechsels festlegen. Während es auf der Kamera nur ein simples Überblenden gibt, können Sie per HDMI die Show auch als Bilderstapel oder als Leine genießen.

KAPITEL 4
FEINTUNING IM KAMERAMENÜ

Die Art der Diashow stellen Sie unter *Dia* ein: *Alles*, *Standbild* oder *Movie*. Bei *Alles* wird einfach die gesamte Karte abgespielt, bei *Standbild* nur die Einzelbilder, bei *Movie* nur die Filme. Mit dem unteren Einstellrad können Sie dabei die Balance zwischen Hintergrundmusik und dem Videoton einstellen.

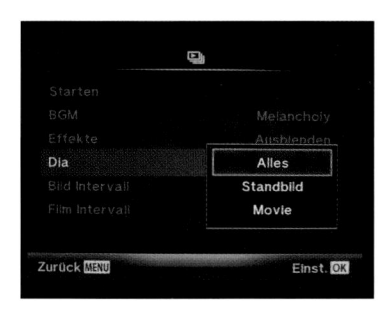

Seit der E-P2 findet sich hier auch eine Einstellungsmöglichkeit, die bei der E-P1 noch im Menü *Anzeige D* untergebracht war: die Einstellung der Bildwechselzeiten in der Diashow und auch die Angabe, ob Sie sich einen Film ganz ansehen wollen oder nur einen Ausschnitt (*Kurz*) daraus. Die Standardeinstellung von *3 Sek.* ist etwas kurz, *4 Sek.* sind besser. Länger sollten die Wechselzeiten nur sein, wenn man sich die Bilder sehr genau ansehen will und das Publikum auch die Geduld dazu aufbringt.

Wichtig für die Voreinstellung ist die automatische Drehung der Bilder, die man hier einstellen kann. Die PEN hat einen Lagesensor, der im Bild speichert, in welcher Orientierung das Bild aufgenommen wurde. Da der LCD-Monitor der PEN im Querformat ist, werden Hochformatbilder bei der Darstellung entsprechend verkleinert. Ob Sie nun die Kamera beim Bilderschauen hin- und herschwenken oder lieber die Hochformatbilder kleiner haben wollen, ist Geschmackssache.

Hinweis: Den Lagesensor besitzen lediglich die Kameras der P-Reihe, E-PLs und Minis besitzen ihn nicht. Demzufolge gibt es bei diesen Kameras auch den Menüpunkt nicht. Wenn Sie die automatische Drehung wählen, schalten Sie den Parameter auf *Ein*. Achten Sie darauf, dass die PEN nicht nur bei der Aufnahme die Lage der Kamera prüft, sondern auch bei der Wiedergabe. Wenn Sie die Kamera hochkant halten, werden die Bilder noch mal gekippt, sodass Sie nun Hochformatbilder in voller Größe haben und das Querformat gestaucht wird. Der Lagesensor kann allerdings bei steil nach oben oder nach unten gehaltener Kamera die Lage weder bei der Aufnahme noch

LAGESENSOR-AUSLESEZEITPUNKT

Der Lagesensor wird beim Abspeichern ausgelesen, also unmittelbar nach Schließen des Verschlusses. Wenn Sie also die Kamera während der Belichtung drehen, wird nicht etwa die Anfangslage aufgezeichnet, sondern die Endlage. Was bei normalen Aufnahmen eher ohne Bedeutung ist, kann bei Langzeitaufnahmen mit Dark Frame lästig werden. Wenn Sie 20 Minuten belichtet haben und danach die Kamera vom Stativ nehmen, um sie bereits woanders aufzubauen, solange der Dark Frame noch läuft, speichert die Kamera die Lage erst am Ende des Dark Frame – eben nach dem Schließen des Verschlusses. Überprüfen Sie deshalb bei einer solchen Aufnahme die Lage des Bildes und drehen Sie das Bild gegebenenfalls am besten noch in der Kamera mit der Taste +/-.

bei der Wiedergabe erkennen, es kann also passieren, dass die Orientierung des Bildes falsch ist – im Extremfall kann das Bild sogar auf dem Kopf stehen. Wenn Sie hauptsächlich senkrecht nach oben oder senkrecht nach unten fotografieren – Luftbilder etwa –, sollten Sie diesen Parameter ausschalten, in allen anderen Fällen: *Ein*.

Es gibt noch einen weiteren Grund für eine falsche Orientierung der Bilder: Wenn Sie beim Betrachten der Bilder die Taste +/– drücken, was gern mal vorkommt, wird damit die Orientierung der Bilder bereits in der Kamera geändert.

Bearb.

Die PEN hat eine Art eingebauten Werkzeugkasten, um Bilder zu bearbeiten. Einerseits können Sie natürlich RAWs in der Kamera entwickeln – stellen Sie dazu die gewünschten Entwicklungsparameter an der Kamera selbst ein –, und andererseits können Sie JPEG-Bilder umfangreich nachbearbeiten und sogar mehrere Bilder überlagern.

Die Bearbeitung ändert nicht die Originaldaten, sie wird in einem neuen Bild gespeichert. Wenn Sie Bildbearbeitungen in der Kamera vornehmen, behalten Sie im Hinterkopf, dass das Display nicht für eine Beurteilung der Qualität des erzielten Ergebnisses geeignet ist. Hinter der Funktion *Bildwahl* verbergen sich die Punkte *RAW Data Edit* und *JPEG bearb.* sowie das Mikrofonsymbol.

Während die JPEG-Bearbeitung menügeführt und relativ selbsterklärend ist, ist die RAW-Bearbeitung nicht ganz so einfach, da sie nicht nach der Methode „Bild auswählen, verändern, abspeichern" funktioniert. Der Workflow ist hier ein etwas anderer:

- Stellen Sie Ihre Kamera im Aufnahmemodus so ein, wie das Bild entwickelt werden soll, das fängt beim Weißabgleich an und endet erst bei Schärfe-, Kontrast- und Sättigungseinstellungen oder auch bei den ART-Filtern. Anschließend wählen Sie das Menü aus und suchen sich im Wiedergabemenü unter *Bearb.* das Bild heraus, das Sie verändern wollen. Drücken Sie auf *OK*, und es erscheint eine Auswahlbox *RAW Data Edit*. Drücken Sie nochmals auf *OK*, es erscheint *Ja* oder *Nein*, und durch ein weiteres *OK* können Sie das Bild mit den neuen Parametern neu entwickeln. Die RAW-Daten selbst werden durch diese Bearbeitung nicht geändert, es wird nur ein neues JPEG erzeugt.

- Mit der Funktion *JPEG bearb.* können Sie die möglichen Schritte auch mehrfach hintereinander durchführen. Einzige Ausnahme: die Formatänderung. Diese lässt sich nur auf 4:3-Bilder anwenden.

- Das Mikrofonsymbol steht für Bildnotizen. Sie können zu bereits aufgenommenen Bildern jeweils Sprachnotizen von bis zu 30 Sekunden hinterlegen. Sprechen Sie dabei ganz normal – die Mikrofone sind zwar auf der Vorderseite der Kamera, Sie können aber ohne Probleme von hinten sprechen, die Aufnahmequalität ist trotzdem hervorragend. Während der Sprachaufzeichnung läuft im Display eine Uhr mit. Wenn Sie vor den 30 Sekunden fertig sind, können Sie die Aufzeichnung mit *OK* abbrechen. Achten Sie darauf, dass Sie sich an einem windgeschützten Ort aufhalten, sonst haben Sie eventuell starke Windgeräusche in der Notiz.

Mit der Funktion *Überlagerung* können Sie bis zu drei Bilder übereinandersetzen, ähnlich einer Mehrfachbelichtung. Während Sie aber bei der Mehrfachbelichtung nur die Wahl zwischen *Auto AE* und Handbelichtung haben, können Sie bei der Überlagerung den Anteil der einzelnen Bilder am Gesamtergebnis detaillierter steuern. Sie können damit jedes Bild heller oder dunkler stellen und sehen das Resultat bereits in der Vorschau.

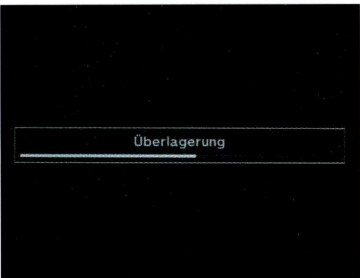

Achten Sie sowohl bei der Mehrfachbelichtung als auch bei der Überlagerung darauf, dass helle Bildteile nicht übereinanderliegen, sie verlieren dann jede Zeichnung. Ideal sind sehr helle Bildteile des einen Bildes, die mit sehr dunklen Bildteilen des anderen Bildes kombiniert werden.

AUFNAHMEDATEN	
Brennweite	12 mm
Blende	f/2,0
Belichtung	1/640 s
ISO	200

Das Beispiel zeigt die Überlagerung zweier Bilder in der Kamera, einmal eine Dame im Liegestuhl sowie das Bild einer Rose.

Druckvorausw. Erst.

Hier markieren Sie einfach die zu druckenden Bilder und geben an, wie viele Exemplare Sie gedruckt haben wollen. Beachten Sie dabei, dass die Anweisungen nicht nur die Stückzahl beinhalten, sondern auch unter Umständen den Ausdruck von Datum und Zeit auf dem Bild. Die Angaben werden in der Datei gespeichert und können von Fotolabors mit DPOF-Unterstützung (Digital Print Order Format) ausgewertet und umgesetzt werden.

Sie können also des Abends im Hotel gemütlich Ihre Bilder auswählen, die Anzahl der Abzüge festlegen und jeweils für jedes Bild angeben, ob Datum und Zeit eingedruckt werden sollen. Am nächsten Tag geben Sie dann die Speicherkarte beim nächsten Fotoladen mit DPOF-Unterstützung ab und müssen sich nicht vor Ort noch durch die Bilder klicken. Einziges Manko: der kleine Kameramonitor.

Schutz Aufh.

Sie können die Bilder auf der Karte einzeln oder in größeren Mengen vor dem Löschen schützen – Einzelbilder einfach dadurch, dass Sie die Bilder, sobald sie am Display angezeigt werden, durch Druck auf die

AEL/AFL-Taste sichern. Den Schutz heben Sie durch nochmaligen Druck auf die Schlüsseltaste wieder auf. Wenn Sie mehrere Bilder schützen wollen, können Sie sich die Arbeit etwas erleichtern, indem Sie in die Indexansicht gehen, jedes Bild mit den Cursortasten anwählen, auf OK drücken und es damit markieren. Sind alle markiert, drücken Sie auf die Schlüsseltaste, und sämtliche markierten Bilder sind geschützt. Solange Sie ein Bild markiert haben, können Sie kein unmarkiertes Bild schützen oder den Schutz wieder aufheben. Damit Sie nun zum Aufheben des Schutzes nicht jedes Bild einzeln anfahren müssen, um es per AEL/AFL-Taste zu entsperren (was bei 1.000 Bildern auf einer SD-Karte der Suche im Heuhaufen ähneln kann), gibt es die Möglichkeit, generell über *Schutz Aufh.* alle Bilder auf der Karte zu entsperren.

Anwendermenü

Jetzt zum wichtigsten Kameramenü der PEN, dem Menü *Anwenderspezifisch*, das im werkseitig voreingestellten Menü nicht zu sehen ist, damit wichtige eigene Einstellungen nicht aus Versehen verstellt werden können. Dennoch, lassen Sie das Menü *Anwenderspezifisch* dauerhaft eingeschaltet. Wie das geht, erfahren Sie im Kapitel „Grundlegende Kameraeinstellungen" unter „Navigation im Kameramenü".

Anwenderspezifisch A: AF/MF
Dieser Menüpunkt enthält grundlegende Einstellungen zur Funktion des Autofokussystems.

AF-Modus
Der Autofokusmodus kann über diesen Parameter eingestellt werden. Sowohl für die Fotografie als auch für den Videomodus gibt es insgesamt vier AF-Modi: *S-AF* (Einzel-Autofokus), *C-AF* (kontinuierlicher Autofokus), *MF* (manueller Autofokus) und *S-AF+MF* (Einzel-Autofokus mit manueller Korrekturmöglichkeit); bei den neueren Modellen gibt es dazu noch *C-AF+TR*.

Dauer Auto Fokus.
Seit der E-P3 haben die PENs die Möglichkeit, bereits zu fokussieren, ohne dass der Auslöser gedrückt ist. Das ist für die Streetfotografie eine praktische Erfindung, da die Kamera bereits auf die zu erwartende Aufnahmeentfernung voreingestellt hat und die Auslösung daraufhin ohne wahrnehmbare Verzögerung passieren kann. Das Feature benötigt natürlich Strom und sollte deshalb nicht den ganzen Tag in Betrieb sein – es sei denn, man hat ausreichend Ersatzakkus einstecken. Sinnvoll ist es natürlich nur mit MSC-Objektiven – mit anderen kann das dauernde Rappeln im Objektiv ausgesprochen lästig werden.

AF Feld

Die PEN hat 35 Autofokusfelder, die älteren 11. Man kann in der AF-Auswahl der Kamera die Auswahl überlassen, aber auch jeden einzelnen Punkt angeben oder Gruppen bilden. Zusätzlich kann der Fokuspunkt bei der E-P3 auch noch über den Touchscreen in der Größe verändert und frei gewählt werden, bei E-PL3 und E-PM1 geschieht das über den Vergrößerungsfaktor der Lupentaste. *14x* ist die kleinste Fokuspunktgröße, *5x* die größte.

In diesem Menüpunkt können Sie zwischen *Alle*, einem einzelnen Fokuspunkt und einer Gruppe wählen. Die Einstellung *Alle* bedeutet übrigens nicht, dass Sie keinen Zugriff mehr auf die Einzelpunkte haben. Das geht mit den Pfeiltasten nach wie vor. Als Standardeinstellung ist der mittlere Fokuspunkt eine gute Empfehlung, die aber jederzeit wieder geändert werden kann. Die 9er-AF-Feld-Gruppen haben einen kleinen Sonderstatus, sie können nämlich nicht über die Pfeiltasten erreicht werden, sondern müssen im AF-Wahlmodus über die INFO-Taste eingestellt werden. Erst nach dem Druck auf diese Taste hat man im AF-Wahlmodus eine Auswahl

Bei dieser Aufnahme eines Fischerboots im Porsangerfjord in Nordnorwegen wurde ein einzelner Autofokuspunkt im unteren Bilddrittel rechts gewählt. Da die Vögel eine bessere Kontrastkante boten als das Wasser dahinter, konnte die Kamera auf die Vögel scharf stellen. Ein Fokuspunkt in der Bildmitte oder im oberen Bilddrittel hätte den Hintergrund scharf gestellt.

AUFNAHMEDATEN	
Brennweite	200 mm
Blende	f/8,0
Belichtung	1/1600 s
ISO	500

KAPITEL 4
FEINTUNING IM KAMERAMENÜ

zwischen *Alle*, *Einzel* und *Gruppe*, wie auch im Setup-Menü. Hat man einmal auf *Gruppe* geschaltet und will wieder auf *Einzel* zurück, muss man ebenfalls den Umweg über die INFO-Taste gehen. Auf *Alle* kann man einfach dadurch umschalten, dass man so lange die Gruppe nach rechts schiebt, bis eben wieder alle AF-Punkte aktiviert sind. Welcher Modus ideal für Sie ist, erfahren Sie im Kapitel „Autofokussystem und Arbeitsweisen".

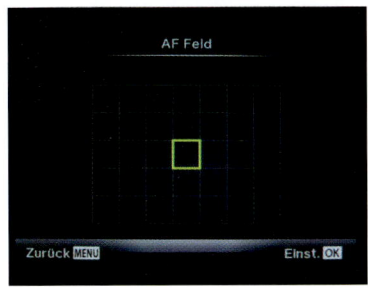

eine schnelle Methode war, den Autofokuspunkt zu wechseln, ist bei den neueren PENs der *Kreis* ebenfalls eine gute Option. Man kann den AF-Punkt auf einer Linie schnell verschieben, ohne aus Versehen in eine andere Zeile zu springen.

Obj. Rücks.
Wenn Sie die Kamera ausschalten, wird das Objektiv automatisch in die Unendlich-Stellung gefahren. Damit ist nicht gemeint, dass sich etwa das M.Zuiko 14-42 mm wie die Zooms von Kompaktkameras selbsttätig einfährt und verriegelt, sondern dass lediglich der Fokus auf unendlich gestellt wird. Der Nachteil ist, dass eine eventuell vorher gefundene manuelle Einstellung verloren ist, der Vorteil dagegen ist, dass das Objektiv bereits an einem Punkt ist, von dem es aller Voraussicht nach nicht mehr weit zum nächsten Fokuspunkt fahren muss.

Das Zuiko 50 mm mit ausgefahrenem Tubus. Ohne Strom kann der Tubus nicht wieder eingefahren werden. Zum Größenvergleich das M.Zuiko 14-42 mm.

[...] Setup
Diese Einstellung steht nur bei E-P1, 2 und 3 zur Verfügung. Die Standardeinstellung bei allen Kameras (auch bei E-PL3 und PEN-mini) ist *Spirale*. Damit werden die einzelnen AF-Punkte in einer Zeile nacheinander ausgewählt, am Ende springt die Kamera auf *Alle Felder*, dann fährt sie in der nächsten Reihe fort. Bei *Kreis* bleibt die Kamera mit den AF-Punkten immer in einer Zeile, eine andere Zeile muss per Cursortasten ausgewählt werden. Und bei *Aus* bleibt die Kamera immer auf *Alle* stehen. Während bei den PENs mit elf Punkten die Spirale

113

Nahaufnahmen direkt nach dem Einschalten sind eher selten. Das kann vor allem bei einem langen Tele interessant sein, das unter Umständen erst den ganzen Brennweitenbereich durchfahren muss, bis es dann kurz vor unendlich zu guter Letzt den Vogel am Himmel findet – wenn dieser noch dort ist. Wirklich wichtig ist aber, dass Sie bei Objektiven wie dem Zuiko 50 mm f/2,0 keine Möglichkeit haben, das Objektiv auf eine andere Art in einen transportfähigen Zustand zu versetzen. Wenn das Objektiv an der Nahgrenze steht, ist die Frontlinse sehr weit ausgefahren. Sobald der Strom weg ist, kann das Objektiv nicht von Hand zurückgedreht werden, da es lediglich „Focus-by-wire" hat, also der Fokusring keine direkte Verbindung mit der Fokusmechanik besitzt. Ein Transport des Objektivs in diesem Zustand sollte unbedingt vermieden werden. Diese Option einzuschalten, kostet etwas Strom, kann aber vielleicht ein paar Fotos und ein Objektiv retten.

Bulb Fokus

Damit kann man bei Bulb-Langzeitbelichtungen den Fokus ändern – natürlich ist auch dieses Feature nur bei Focus-by-wire-Objektiven von Bedeutung. Wenn Sie nie vorhaben, bei Langzeitbelichtungen während der Aufnahme den Fokus zu ändern, schalten Sie dieses Feature auf *Aus*. Sie verhindern damit, dass Sie es aus Versehen tun. Berücksichtigen Sie bei Ihrer Entscheidung, dass der Live-View während der Belichtung außer Funktion ist, Sie also den Effekt der Fokusänderung nicht kontrollieren können. Eine Verwendung ist bei Effektbildern denkbar, bei denen nach einer gewissen Zeit der Langzeitbelichtung der Fokus grob verstellt wird und Lichter auf einmal einen Unschärfeschleier erhalten.

MF Richtung

Hiermit können Sie die Drehrichtung umkehren, in der Sie manuell fokussieren. Da die meisten Zuiko- und M.Zuiko-Objektive, mit Ausnahme der neuen FT-Supersonic-Wave-Drive-Typen, Focus-by-wire haben, kann man durch diesen Parameter auswählen, ob man rechts- oder linksherum fokussieren will – reine Geschmackssache. Eine Ausnahme bildet hier das M.Zuiko 12 mm f/2,0, das neben Focus-by-wire einen rein mechanischen Schärfering besitzt. Man kann hier zwar den elektrischen Schärfering ebenfalls in der Drehrichtung umkehren, besitzt dann allerdings ein Objektiv, bei der die Unendlich-Stellung jeweils in unterschiedlichen Richtungen ist. Am sinnvollsten ist sicher, diese Option im Auslieferungszustand zu belassen.

MF Assistent

In einigen Beschreibungen wird der Eindruck erweckt, als könne man beim Einstellen zwischen *Aus*, *S-AF+MF* und *MF* wählen. So praktisch das wäre – es geht nicht. Der MF-Assistent kennt nur *Ein* und *Aus*. Trotz der kleineren Hakeleien bei dieser Funktion sollte der MF-Assistent *Ein* sein. In manchen Situationen ist er die schnelle Hilfe, um ein scharfes Bild zu bekommen. Solange Sie nur mit Autofokus arbeiten, stört Sie das Feature nicht weiter. Achtung! Die Sucherlupe springt nicht an, solange das kleine grüne Rechteck der Sucherlupe am Bildschirm angezeigt wird!

[...] Grundeinstellung

Diese Einstellungsmöglichkeit besitzen die älteren PENs nicht. Sie können hier festlegen, auf welche AF-Punkte die Kamera automatisch zurückstellt, wenn Sie über eine entsprechend programmierte Taste genau diese Grundeinstellung wieder abrufen. Sie können dabei nicht nur *Alle* anwählen, sondern jeden beliebigen einzelnen Fokuspunkt oder auch jede Gruppe. Solange Sie keine Taste für den Abruf der Grundeinstellung programmieren, hat die Einstellung keine Auswirkungen. Welche Einstellung hier am sinnvollsten ist, hängt von Ihren Fotografiergewohnheiten ab.

AF-Hilfslicht

Mit der E-P3 besitzen die PENs endlich ein Fokushilfslicht: eine orangerote LED, die bis in eine Entfernung von gut drei Metern die nötige Helligkeit herstellt, damit der Kontrast-AF arbeiten kann. Das AF-Hilfslicht tritt in Aktion, wenn es gebraucht wird, und ansonsten stört es nicht weiter. Falls man natürlich in halbdunklen Locations unauffällig fotografieren will, sollte man es ausschalten, man kann ja mit der PEN und Sucherlupe auch sehr gut manuell fokussieren. Das AF-Hilfslicht bleibt zwar bei reinem *MF* dunkel, bei *S-AF+MF* leuchtet es jedoch.

Das eingeschaltete AF-Hilfslicht bei der E-P3. Es schaltet sich automatisch zu, wenn es zu dunkel wird.

Wenn Sie das AF-Hilfslicht Ihres Systemblitzes gewohnt sind, das ein rotes Gitter projiziert, was für Kameras mit Phasen-AF sehr hilfreich ist – dieses Hilfslicht bleibt an der PEN dunkel. Mit Absicht, denn der Kontrast-AF kann mit dem roten Gitter nichts anfangen.

Gesichtserkennung

Die *Gesichtserkennung* ist eine Funktion, die bei den neueren PENs von beeindruckender Effektivität ist.

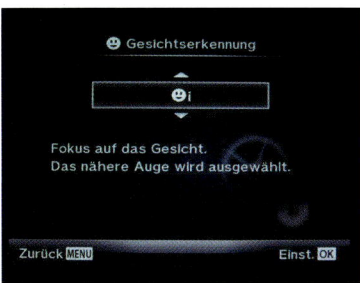

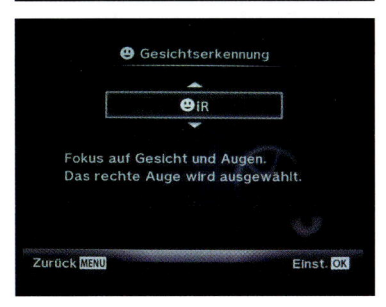

Man kann hier mehrere Modi auswählen: Das nähere Auge wird scharf gestellt, das linke, das rechte oder allgemein das Gesicht. So seltsam es klingt: Die Gesichtserkennung funktioniert in allen Modi hervorragend.

Wenn Sie häufiger Personen fotografieren, stellen Sie die Gesichtserkennung auf *Ein*, wenn Sie mehr Porträts machen auf *i* – eben auf die Fokussierung des näheren Auges. Haben Sie dabei keine Skrupel, die Kamera macht das im Zweifelsfall genauso gut wie Sie – nur schneller. Verlassen Sie sich allerdings nicht darauf, dass die Kamera als „näheres Auge" auch das auswählt, was für die Kamera näher liegt – bisweilen nimmt sie auch einfach das scheinbar größere Auge.

Anwenderspezifisch B: Taste/Einst.Rad

AEL/AFL

Mit der AEL/AFL-Taste können Sie den Autofokus auslösen oder die Belichtung speichern. Was Sie mit der Taste machen wollen, sollten Sie sich vorher genau überlegen und dann hier einstellen. Wenn Sie nämlich nicht wissen, was das Knöpfchen für Sie tun kann, verpassen Sie einiges. Falls Sie übrigens als Umsteiger von der E-P2 an einer der neueren PENs die AEL/AFL-Taste suchen und nicht finden – das ist okay, Sie müssen dafür nämlich erst eine Fn-Taste zuweisen. AEL steht für „Auto Exposure Lock", also frei übersetzt für Belichtungsspeicher, AFL für „Auto Focus Lock", also für Schärfespeicher.

Aufgrund der schieren Vielfalt der Möglichkeiten werden die nächsten Abschnitte etwas komplizierter. Die gute Nachricht zuerst: Die Werkvorgaben sind schon mal ganz brauchbar, Sie müssen also nicht viel ändern. Die schlechte Nachricht: Sie sollten den Absatz trotzdem lesen, damit Sie wissen, was es mit der Taste auf sich hat. Sie löst nämlich je nach eingestelltem Fokusmodus unterschiedliche Aktionen aus. Im Untermenü stellen Sie zuerst den Modus für *S-AF* ein. Beachten Sie, dass Sie mit dem Verhalten der AEL/AFL-Taste unter Umständen auch das Verhalten des Auslösers ändern.

S-AF: Modus 1

In Modus *1* funktioniert der Auslöser folgendermaßen: Sie drücken den Auslöser halb, die Kamera fokussiert und speichert die Belichtung. Sie können dann die Kamera verschwenken, Fokus und Belichtung bleiben. Wenn Sie nun statt des Auslösers zuerst die AEL/AFL-Taste drücken und festhalten, wird die Belichtung an diesem Punkt gespeichert. Jetzt können Sie die Kamera verschwenken und den Fokus mit dem Auslöser an einem anderen Punkt bestimmen. Sobald das Motiv passt, lösen Sie aus; dabei halten Sie immer noch die Taste AEL/AFL gedrückt.

Das ist außerordentlich nützlich, wenn Sie mit der Spotmessung einen Sänger anpeilen, dann aber verschwenken, das Gesicht auf einen äußeren Fokuspunkt setzen und warten, bis er ein besonders spektakuläres Gesicht macht. Wenn Sie dann abdrücken, haben Sie die Belichtung korrekt aufs Gesicht gesetzt, obwohl im Zeitpunkt des Fokus der Belichtungsmesspunkt auf den dunklen Anzug des Sängers zeigte. Ein stabiler rechter Daumen ist dafür natürlich Voraussetzung.

S-AF: Modus 2

In Modus 2 wird bei halb gedrücktem Auslöser die Belichtung nicht mehr gespeichert, sondern nur noch der Fokus. Für die Belichtungsspeicherung ist die AEL/AFL-Taste zuständig. Natürlich wird beim Durchdrücken des Auslösers trotzdem korrekt belichtet.

Das ist dann sinnvoll, wenn man zwar den Fokus beim Verschwenken mitnehmen will, nicht aber die Belichtung. Zum Beispiel will man bei einer Weitwinkelaufnahme den dunklen Felsen im Vordergrund richtig fokussieren, aber auf den Sonnenuntergang im Hintergrund belichten. Allerdings ist dann die AEL/AFL-Taste die einzige Möglichkeit, die Belichtung zu speichern.

S-AF: Modus 3

In Modus 3 steuert der Auslöser keinen Autofokus mehr an, sondern speichert nur die Belichtung. Für den Fokus ist die AEL/AFL-Taste zuständig. Wenn man nun ohne Betätigung der AEL/AFL-Taste abdrückt, kann man ziemlich sicher sein, ein unscharfes

Jongleure im Zirkus, eine Herausforderung für exakte Belichtung und Fokussierung.

AUFNAHMEDATEN	
Brennweite	12 mm
Blende	f/2,0
Belichtung	1/10 s
ISO	800

Bild zu bekommen. Tricky ist dieser Modus für Fotografen, die ihren AF-Modus auf *S-AF+MF* gestellt haben, nun durch den Druck auf die AEL/AFL-Taste einen Vorabfokus bekommen und anschließend manuell scharf stellen – oder generell nur manuell scharf stellen wollen.

Tipp: Lassen Sie den Modus auf *1*, es ist definitiv die sicherste Einstellung. Zudem können Sie später unter *AEL Messung* den Belichtungsmodus für die Taste noch extra einstellen und haben damit wahlweise zwei Belichtungsmessungen zur Verfügung.

C-AF: Modus 1

Im *C-AF*-Modus gibt es gleich vier verschiedene Modi, die man einstellen kann. Modus *1* ist identisch mit *S-AF*, nur mit dem Unterschied, dass eben nicht der gefundene Fokus festgehalten wird, sondern der *C-AF* gestartet wird – man „lockt" also nicht auf den Fokus, sondern auf das sich bewegende Motiv. Die AEL/AFL-Taste ist lediglich für die Speicherung der Belichtung zuständig.

C-AF: Modus 2

Wie Modus *1*, mit einem entscheidenden Unterschied: Die Belichtung wird erst mit dem Durchdrücken des Auslösers festgelegt – solange man also die AEL/AFL-Taste nicht benutzt, führt man die Kamera mit dem bewegten Motiv mit, und im Augenblick der Auslösung wird die Belichtung gemessen. Dies ist die Standardeinstellung. Das ist insofern sinnvoll, als ja beispielsweise ein auf den Fotografen zulaufender Sportler unterwegs durch Schatten laufen kann und sich dadurch die Belichtung ändert. Und solange man den Sportler über den mittleren Autofokuspunkt gelockt hat, ist das auch sinnvoll, es sei denn, er hat ein tiefschwarzes Trikot an, und man hat die Spotmessung aktiviert. In diesen Fällen wird man die Vorteile der getrennten AEL/AFL-Taste zu schätzen wissen.

C-AF: Modus 3

Hier starten Sie den *C-AF* ausschließlich mit der AEL/AFL-Taste, die halb gedrückte Auslösetaste speichert nur die Belichtung. Das ist sinnvoll, wenn Sie eine gleichmäßige Beleuchtung des Motivs haben, etwa eine Eissporthalle bei Flutlicht, aber den *C-AF* immer wieder neu starten müssen – eventuell weil Sie auf jemanden in der Schlittschuh laufenden Menge scharf stellen wollen, aber aufgrund der homogenen Beleuchtung nicht dauernd die Belichtung anpassen müssen.

C-AF: Modus 4

Hier bewirkt der halb gedrückte Auslöser gar nichts. Der *C-AF* wird gestartet mittels AEL/AFL-Taste, und wenn man den Auslöser drückt, wird belichtet und ausgelöst. Hat man vorher nicht mittels AEL/AFL-Taste oder manuell fokussiert, ist das Bild unscharf.

Modus *3* und Modus *4* sind eindeutig etwas für Spezialisten. Die Frage nach Modus *1* oder *2* muss jeder anhand seiner persönlichen Gewohnheiten bei der Sportfotografie entscheiden – man macht auf jeden Fall nichts falsch, wenn man den Standard, Modus *2*, beibehält.

MF: Modus 1

Im *MF*-Modus gibt es wieder nur drei Modi, interessant ist vor allem Modus *3*, doch alles der Reihe nach:

Der halb gedrückte Auslöser speichert die Belichtung, ebenso wie die gedrückte AEL/AFL-Taste. Eigentlich doppelt gemoppelt, schließlich braucht man keine zwei Knöpfe für die exakt gleiche Funktion.

KAPITEL 4
FEINTUNING IM KAMERAMENÜ

MF: Modus 2
Hier hat der halb gedrückte Auslöser gar keine Funktion mehr, die Belichtung wird über die AEL/AFL-Taste gespeichert.

MF: Modus 3
Damit bekommt die AEL/AFL-Taste einen *S-AF* als Funktion, der halb gedrückte Auslöser speichert die Belichtung. Ein ziemlich ausgefuchstes Arrangement, da man so per Knopfdruck auch im *MF* einen *S-AF* zur Unterstützung zuschalten kann. Und solange man nicht drückt, kann man wie gewohnt manuell scharf stellen.

Wenn Sie eine E-P1 mit einer älteren Firmware besitzen, können Sie durch ein kurzes Drücken der AEL-Taste aus der Sucherlupe herausspringen, ohne dass ein *S-AF* ausgelöst wird. Erst durch einen zweiten Druck auf die AEL-Taste springt dann der Fokus an. Bei der E-P2 hat letztere Möglichkeit an Bedeutung verloren, weil der MF-Assistent sehr schnell von allein zurückspringt.

Da die AEL/AFL-Taste ja nicht nur einen bereits gefundenen Fokus speichert, sondern den AF überhaupt erst startet, kann man damit erst mal grob den Fokus feststellen, dann die Taste loslassen und per Hand feinjustieren, bevor man sich überhaupt mit dem Auslöser beschäftigt.

Klare Empfehlung: Modus 3 und nicht die Standardeinstellung Modus 1.

AEL/AFL Memo
Damit kann man das Verhalten der AEL/AFL-Taste dahin gehend einstellen, ob man, wie oben beschrieben, das Knöpfchen drücken und festhalten will oder ob man, wie bei einem Ein-/Ausschalter, mit einmaligem Drücken den Speicher einschaltet und beim zweiten Drücken wieder aus.

Sinnvoll ist eine Wechselschaltung dann, wenn man öfter größere Mengen an Bildern mit identischem Fokus oder identischer Belichtung schießt, ohne dafür in den manuellen Modus schalten zu wollen. Doch alles hat zwei Seiten: Vergisst man, den Schärfe- oder Belichtungsspeicher zurückzusetzen, kann man ohne Probleme jede Menge Bilder ruinieren.

Standardeinstellung dieses Parameters ist *AUS* – und wenn Sie auch häufiger mal vergessen, das Licht auszumachen, ist das sicher die richtige Einstellung für Sie.

Tasten Funktion
Solange es nur eine Fn-Taste gab, hieß dieser Menüpunkt *FN-Funktion*. Nun hat jede Kamera eine unterschiedliche Anzahl frei belegbarer Tasten.

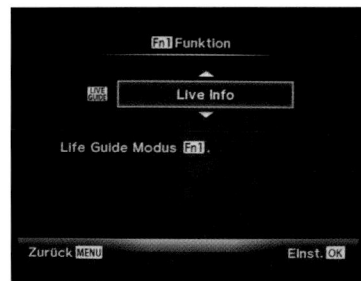

119

Diese Tasten können bei jeder Kamera auch unterschiedliche Funktionen ausfüllen.

Kamera	Taste	Funktionen
E-P1	FN	Gesichtserkennung, Vorschau (Abblendtaste), Sofortweißabgleich, AF-Ausgangsposition, MF, RAW, Testbild, Mein Modus, Hintergrundbeleuchtung aus.
	<	AF-Modus, Messung, Blitzmodus, Hintergrundbeleuchtung, Bildstabilisator.
E-P2	FN	Gesichtserkennung, Vorschau (Abblendtaste), Sofortweißabgleich, AF-Ausgangsposition, MF, RAW, Testbild, Mein Modus, Hintergrundbeleuchtung aus.
	<	AF-Modus, Messung, Blitzmodus, Hintergrundbeleuchtung, Bildstabilisator.
E-P3	FN1	Belichtungskorrektur, AEL/AFL, Video Start, Vorschau (Abblendtaste), Sofortweißabgleich, AF-Ausgangsposition, MF, RAW, Testbild, Myset, Hintergrundbeleuchtung, Bildstabilisator, Foto-Assistent, Digitaler Telekonverter aus.
	FN2	Belichtungskorrektur, AEL/AFL, Video Start, Vorschau (Abblendtaste), Sofortweißabgleich, AF-Ausgangsposition, MF, RAW, Testbild, Myset, Hintergrundbeleuchtung, Bildstabilisator, Foto-Assistent, Digitaler Telekonverter aus.
	Video	Belichtungskorrektur, AEL/AFL, Video Start, Vorschau (Abblendtaste), Sofortweißabgleich, AF-Ausgangsposition, MF, RAW, Testbild, Myset, Hintergrundbeleuchtung, Bildstabilisator, Foto-Assistent, Digitaler Telekonverter aus.
	>	Belichtungskorrektur, Blitzmodus, Auslösemodus, ISO, Weißabgleich, Drehrad sperren.
	v	Belichtungskorrektur, Blitzmodus, Auslösemodus, ISO, Weißabgleich, Drehrad sperren.
E-PL1	FN	Gesichtserkennung, Vorschau (Abblendtaste), Sofortweißabgleich, AF-Ausgangsposition, MF, RAW, Testbild, Mein Modus, UW-Szeneprogramm, AEL/AFL, Video Start, Hintergrundbeleuchtung aus.
	Video	Gesichtserkennung, Vorschau (Abblendtaste), Sofortweißabgleich, AF-Ausgangsposition, MF, RAW, Testbild, Mein Modus, UW-Szeneprogramm, AEL/AFL, Video Start, Hintergrundbeleuchtung aus.
E-PL2	FN	Gesichtserkennung, Vorschau (Abblendtaste), Sofortweißabgleich, AF Home, MF, RAW, Testbild, Myset, UW-Motivprogramm, AEL/AFL, Video Start, Hintergrundbeleuchtung aus.
	Video	Gesichtserkennung, Vorschau, Sofortweißabgleich, AF Home, MF, RAW, Testbild, Myset, UW-Motivprogramm, AEL/AFL, Video Start, Hintergrundbeleuchtung aus.
	>	Belichtungskorrektur, Blitzmodus, Auslösemodus, ISO, Weißabgleich.
	v	Belichtungskorrektur, Blitzmodus, Auslösemodus, ISO, Weißabgleich.
E-PL3	FN	AEL/AFL, Video Start, Vorschau (Abblendtaste), Sofortweißabgleich, AF-Ausgangsposition, MF, RAW, Testbild, Myset 1–4, UW-Szeneprogramm, Hintergrundbeleuchtung, Foto-Assistent, Digitaler Telekonverter aus.
	Video	AEL/AFL, Video Start, Vorschau (Abblendtaste), Sofortweißabgleich, AF-Ausgangsposition, MF, RAW, Testbild, Myset 1–4, UW-Szeneprogramm, Hintergrundbeleuchtung, Foto-Assistent, Digitaler Telekonverter aus.
	>	Belichtungskorrektur, Blitzmodus, Auslösemodus, ISO, Weißabgleich, Drehrad sperren.
	v	Belichtungskorrektur, Blitzmodus, Auslösemodus, ISO, Weißabgleich, Drehrad sperren.

KAPITEL 4
**FEINTUNING
IM KAMERAMENÜ**

E-PM1	Video	AEL/AFL, Video Start, Vorschau (Abblendtaste), Sofortweißabgleich, AF-Ausgangsposition, MF, RAW, Testbild, Myset 1-4, UW-Szeneprogramm, Hintergrundbeleuchtung, Foto-Assistent, Digitaler Telekonverter, Monitorlupe aus.
	>	Belichtungskorrektur, Blitzmodus, Auslösemodus, ISO, Weißabgleich, Drehrad sperren, UW-Szeneprogramm.
	v	Belichtungskorrektur, Blitzmodus, Auslösemodus, ISO, Weißabgleich, Drehrad sperren, UW-Szeneprogramm.

	FN(1)	FN2	VIDEO	>	V	<
E-P1	x	-	-	-	-	x
E-P2	x	-	-	-	-	x
E-P3	x	x	x	x	x	
E-PL1	x	-	x	-		
E-PL2	x	-	x	x	x	
E-PL3	x	-	x	x	x	
E-PM1	-	-	x	x	x	

Die Funktionen dieser Tasten sind ausgesprochen vielfältig, und das größte Problem ist wohl, sich die passende herauszusuchen.

Gesicht Erk.
Wenn Sie die Taste so konfiguriert haben, schalten Sie durch Druck darauf die Gesichtserkennung ein und durch nochmaligen Druck aus.
Bei der Gesichtserkennung wurde bei den ersten PENs automatisch die Gradation auf *AUTO* gestellt, die Belichtungsmessung auf *ESP*, der AF-Modus auf *S-AF*, und es wurden alle AF-Punkte aktiviert. Bei den neueren PENs passiert das nicht mehr. Es werden jetzt immer die aktuellen Einstellungen beibehalten – inklusive des Fokuspunkts. Erkennt die Gesichtserkennung ein Gesicht, wird darauf mit Priorität vor dem ausgewählten Fokuspunkt scharf gestellt.

AUFNAHMEDATEN	
Brennweite	14 mm
Blende	f/8,0
Belichtung	1/160 s
ISO	100

Weitere Aufnahmeparameter bei diesem Stil einer Zwetschge: 14-45 mm mit Retroring an einer E-P2, Schärfeeinstellung mit Makroschlitten.

Vorschau und Abblendtaste

Sie blenden durch Druck auf die ausgewählte Taste auf die eingestellte Blende ab. Damit haben Sie einen genaueren Eindruck von der tatsächlich erreichbaren Schärfentiefe. Beachten Sie aber, dass die Auflösung des Displays begrenzt ist und die des elektronischen Suchers nur 800 x 600 Pixel beträgt. Sie können also nur Unschärfen erkennen, die größer sind als 10 Pixel. Wenn Sie mehr erkennen wollen, müssen Sie in das Bild hineinzoomen. Das Bild wirkt also in der Vorschau immer wesentlich schärfer als das Endprodukt.

Da das FourThirds-System durch die vergleichsweise geringe Sensordiagonale schon sehr viel Schärfentiefe mitbringt und die allermeisten FT- und MFT-Objektive offenblendentauglich sind, kommt man auch ohne Abblendtaste sehr weit.

Unverzichtbar dagegen ist die Abblendtaste aber beim Betrieb eines Objektivs in Retrostellung. Wenn Sie mit FT-Objektiven in Retrostellung arbeiten möchten, müssen Sie eine Funktionstaste als Abblendtaste konfigurieren.

Weißabgleichsymbol

Der Sofortweißabgleich: Sie drücken die Funktionstaste und fotografieren ein weißes Blatt Papier oder etwas anderes, von dem Sie glauben, es sei weiß – idealerweise aber die Graukarte, die Sie in der Fototasche haben. Die Kamera macht daraus einen Korrekturwert, den Sie abspeichern können und mit dem Sie auch die wildesten Lichtsituationen in den Griff bekommen. Das Bild selbst wird übrigens nicht gespeichert, und beim Abdrücken wird zwar der AF aktiviert und stellt scharf, ausgelöst wird jedoch auch ohne dass ein Fokus gefunden wurde.

Sie können auch sehr ausgefallene Effekte produzieren, indem Sie nicht etwa ein weißes Blatt Papier, sondern ein grünes, rotes oder blaues Blatt für den Weißabgleich verwenden. Das klappt nicht immer, vor allem wenn die Farbe zu satt ist, aber in gewissen Grenzen sind damit lustige Effekte möglich. Diese Effekte wirken sich jedoch natürlich nur auf das JPEG aus und sind mit RAW am Computer einfacher zu produzieren.

Wenn Sie in RAW fotografieren, ist der Sofortweißabgleich für Sie uninteressant. Sie können, wenn schwirige Motive zu fotografieren sind, einfach eine Graukarte mitfotografieren und den Weißabgleich anschließend am Computer korrigieren.

[***] Home oder auch AF Ausgangsposition

Damit springen Sie durch Druck auf die Funktionstaste auf das in den Vorgaben angegebene Fokusfeld. Je nachdem, wie Sie Ihre Kamera konfiguriert haben, kann das sehr nützlich sein. Das Aufrufen des AF-Punkts über das Einstellrad dauert deutlich länger.

MF

Damit können Sie per Taste auf *MF* umschalten und durch erneuten Druck wieder zurück. Das sieht auf den ersten Blick bestechend aus, aber auch hier wieder: Wissen Sie immer genau, wie oft Sie gedrückt haben? Oder haben Sie vielleicht aus Versehen gedrückt und erwarten einen AF beim nächsten Bild? Das Risiko für unscharfe Bilder steigt, ohne dass die Chancen für gute Bilder größer werden. Zudem ist für die gleiche Funktionalität die unkritischere AF-Tastenbelegung der AEL/AFL-Taste im *MF*-Modus da.

RAW

Damit können Sie, wenn der Speicherplatz knapp ist und Sie trotzdem für bestimmte Motive nicht auf RAW verzichten können, kurzfristig auf *RAW+JPEG* umstellen, ohne ins Menü zu müssen. Ein nützliches Feature, wenn es mal hektisch wird, die Motive schwierige Kontraste aufweisen und keine SD-Karte mehr in der Fototasche steckt. Im Normalfall sind zwei zusätzliche Speicherkarten entschieden die bessere Wahl.

Testbild

Testbild erlaubt Ihnen, ein Bild zwar am Monitor anzuschauen, es aber nicht zu speichern. Sie müssen dazu während des Auslösens die Funktionstaste drücken. Dumm gelaufen ist es, wenn Sie bei der Kontrolle auf dem Bildschirm feststellen, dass genau dieses Bild wunderbar gelungen ist. Es gibt keine Möglichkeit, ein Testbild zu speichern.

Mein Modus/Myset

Mit dieser Option können Sie, wenn Sie beim Auslösen die Funktionstaste drücken, die Einstellungen von *Mein Modus/Myset* verwenden. Das kann ausgesprochen interessant sein, wenn Sie häufig wiederkehrende ähnliche Aufnahmesituationen haben.

Hintergrundbel.

Ohne Hintergrundbeleuchtung bleibt das Display der PEN ziemlich dunkel. Wenn Sie die Funktionstaste als Lichtschalter definieren, können Sie das Display damit aus- und einschalten. Das ist praktisch, wenn Sie den optischen Aufstecksucher verwenden, der beim 17 mm Pancake mitgeliefert wird. Sie werden dann nicht vom leuchtenden Display abgelenkt. Zudem haben Sie die Möglichkeit, in dunkler Umgebung – etwa auf Konzerten – zu fotografieren, ohne dass jeder hinter Ihnen nachvollziehen kann, was Sie gerade ablichten.

Bei der E-P2 funktioniert diese Option nur, solange der elektronische Sucher nicht aufgesteckt ist. Mit EVF (Electronic View Finder) wird das Display abgeschaltet, sobald der EVF mit dem kleinen Knopf eingeschaltet wird.

Bei der E-P1 gibt es mit dem Firmware-Update 1.2 eine Änderung. Vorher war mit dem Abschalten der Hintergrundbeleuchtung das Display tot. Nach einem Update kann man nun trotz abgeschalteter Beleuchtung in den Wiedergabemodus schalten.

Der Parameter *LCD-Beleuchtung* ist übrigens nicht identisch mit der Hintergrundbeleuchtung.

Belichtungskorrektur

Die älteren PENs hatten noch eine extra mit +/– beschriftete Taste für die Belichtungskorrektur. Diese ist nun ebenfalls auf eine der Fn-Tasten zu verteilen. Da man die Belichtungskorrektur doch recht häufig braucht, ist das praktisch, man kommt aber auch über andere Tastenkombinationen an diese Funktion.

Die Belichtungskorrektur ist vor allem dann gefragt, wenn die ESP-Belichtungsmessung an ihre Grenzen gerät: wenn beispielsweise schwarze Pferde vor hellem Hintergrund fotografiert werden sollen oder eine Person an einem Fenster steht. ESP versucht, eine ausgewogene Belichtung über das gesamte Bild zu erzielen, was bedeutet, dass die Person vor dem erleuchteten Hintergrund regelmäßig unterbelichtet ist. Umgekehrt werden dunkel gekleidete Personen – etwa Personen in schwarzen Mänteln vor normalem Hintergrund, regelmäßig zu hell belichtet. In solchen Fällen wird man entweder zur Spot- oder mittenbetonten Messung greifen oder einfach eine entsprechende Belichtungskorrektur vornehmen. In den geschilderten Fällen sind Belichtungskorrekturen von bis zu 2 EV normal, im Allgemeinen reichen aber 0,3 EV bis maximal 0,7 EV aus. Wenn Sie feststellen, dass Sie generell Ihre Bilder lieber unter- oder überbelichtet haben möchten, können Sie die Kamera unter *Belichtungsjustage* entsprechend einstellen.

AUFNAHMEDATEN	
Brennweite	100 mm
Blende	f/2,0
Belichtung	1/320 s
ISO	100

Die ESP-Belichtungsmessung hätte bei dieser Porträtaufnahme im starken Gegenlicht volle 4,3 EV unterbelichtet, und damit wäre das Gesicht völlig abgesoffen.

Bildstabilisator
Da die Steuerung des Stabilisators im Live-Control-Menü untergebracht ist, braucht man normalerweise keine eigene Taste dafür – aber bisweilen ist sie doch recht nützlich.

Video Start
Seit der E-PL1 kann man bei den PENs auch Videos drehen, ohne extra in den Videomodus zu schalten – Knopf drücken genügt. Da das aber nicht immer erwünscht ist – man kommt doch öfter mal aus Versehen an den Videoschalter, und schon füllt sich die Speicherkarte, und der Akku leert sich –, kann man den Knopf auch mit anderen Dingen belegen. Und das kann man ohne Sorgen tun, da die Videostartfunktion im Videomodus davon nicht betroffen ist. Selbst wenn man sie im Fotomodus einfach nur ausschaltet, im Videomodus funktioniert sie weiterhin als Starttaste.

Digitaler Telekonverter
Der Digizoom wurde schon besprochen – außer zum Filmen eher selten von Nutzen.

Unterwasserprogramm umschalten
Die kleineren PENs können, wenn sie im Unterwassergehäuse stecken, zwischen den beiden Szeneprogrammen *Unterwassermakro* und *Unterwasserweitwinkel* umgeschaltet werden. Beide legen den Weißabgleich auf 5.300 Kelvin fest und heben Sättigung und Schärfe an. Außerdem wird die Belichtungsmessung auf mittenbetonte Integralmessung umgeschaltet. Der wesentliche Unterschied zwischen den beiden Programmen ist, dass *Unterwassermakro* eine Belichtungskorrektur von –0,7 EV und eine Blitzbelichtungskorrektur von –0,3 EV hat. *Unterwasserweitwinkel* belichtet 1 EV zu dunkel, lässt aber den Blitz unbeeinflusst. Die Gesichtserkennung ist natürlich *AUS*. Der AF ist beim Makro auf den zentralen Fokuspunkt beschränkt, beim Weitwinkel werden alle Fokuspunkte angesteuert.
Achtung! Wenn Sie das UW-Programm nutzen wollen, müssen Sie die Funktionstaste entsprechend belegen – es gibt keine andere Möglichkeit, an das Programm heranzukommen.

Foto-Assistent oder auch Live-Guide
Der Foto-Assistent ist ein Helferlein, das die wichtigsten Parameter – Sättigung, Farbtemperatur, Belichtungskorrektur, Blende und Belichtungszeit – grafisch benutzbar macht. Im *iAUTO*-Modus wird er automa-

tisch zugeschaltet, ist über die entsprechende Konfiguration einer Funktionstaste aber auch in den anderen Modi erreichbar. Für Benutzer, die sich in die Eigenschaften von Systemkameras erst einarbeiten wollen oder eben die Vorteile nutzen, aber sich nicht mit den optischen Grundlagen beschäftigen möchten, ist das eine sehr nützliche Möglichkeit. Für fortgeschrittene User ist eine andere Tastenbelegung sicher sinnvoller.

Monitorlupe
Wollen Sie bei der E-PM1 mit Sucherlupe und manuellen Objektiven fokussieren, müssen Sie den REC-Button als Lupentaste definieren. Die andere Möglichkeit: im Menü *Anwenderspezifisch D/Info Einst/LV-Info* den Zoom für die INFO-Taste freischalten, was aber nur möglich ist, wenn der REC-Button nicht als Lupe definiert ist.

Aus
Aus ist aus. Sie haben damit eine frei zu betätigende Taste, einen sogenannten Ablenkknopf.

Pfeiltasten Funktion
Je nach PEN kann man auch eine oder mehrere Pfeiltasten umkonfigurieren. Unabhängig davon können Sie die Taste natürlich trotzdem noch als Pfeiltaste verwenden, etwa wenn Sie im Super-Control-Panel navigieren wollen oder den Fokus verschieben.

Belichtungskorrektur
Wie schon bei den Funktionstasten erklärt: Die Belichtungskorrektur ist eine der wichtigeren Funktionen, die man im schnellen Zugriff haben sollte. Da die PENs die Belichtungskorrektur auf der „Nach-oben-Taste" liegen haben, gibt es eigentlich kaum einen Grund, diese Funktion zusätzlich noch auf eine der anderen Pfeiltasten zu legen.

AF-Modus
Die Anwahl des AF-Modus per linker Pfeiltaste ist leider nur bei der E-P1 und der E-P2 möglich, seit der E-Pl1 wurde das Cursortastenkreuz neu belegt:

- E-P1, E-P2: ISO, WB, Auslösemodus, AF-Modus.
- Ab E-PL1: Belichtungskorrektur, Blitzmodus, Auslösemodus, AF-Feldauswahl.

Welche Belegung besser ist, kommt auf die persönlichen Gewohnheiten an, meistens wird man aber die AF-Felder häufiger wechseln als den AF-Modus.

Messung
Auch dieser Parameter wurde mit dem Erscheinen der E-PL1 aus der Konfiguration herausgenommen. Damit konnte man die Art der Belichtungsmessung umstellen.

Blitzmodus
Bis zur E-P2 hatte die PEN keine eigene Taste für die Blitzsteuerung. Wenn Sie sehr häufig kreativ und auch mit aufgesteckten Systemblitzen blitzen, kann es sich lohnen, die Pfeiltaste mit der Blitzsteuerung zu belegen. Über das Super-Control-Menü oder das Live-Menü kommen Sie aber auch sehr gut und schnell an die entsprechende Funktionalität heran. Seit der E-PL1 ist die rechte Pfeiltaste mit der Blitzsteuerung belegt. Eine weitere Taste damit zu verschwenden, ist eigentlich unsinnig.

Hintergrundbel.
Diesen Parameter konnte man nur bis zur E-P2 auf die Pfeiltaste legen. Wenn Sie die Displayabschaltung brauchen, müssen Sie eine Funktionstaste opfern – denn über das Super-Control-Menü kommen Sie an diese Funktion nicht heran.

Bildstabi.
Der Stabilisator kann nur bei den älteren PENs über eine Pfeiltaste konfiguriert werden.

Auslösemodus
Sie können bei den PENs im Auslösemodus zwischen folgenden Optionen wählen: *Einzelbild*, *Serienbild* (E-PL3 und E-PM1: *Serienbild L* und *Serienbild H*), *Selbstauslöser mit 2 Sekunden Verzögerung* und *Selbstauslöser mit 12 Sekunden Verzögerung*. Wenn Sie noch *Anti-Schock* eingestellt haben, können Sie zusätzlich aus den gleichen Optionen mit einstellbarer Auslöseverzögerung wählen. Alle PENs haben die Pfeiltaste nach unten mit dieser Funktion vorbelegt, und dort sollte sie praktischerweise auch bleiben, es sei denn, es gibt gute Gründe dafür, von der Aufschrift abzuweichen – etwa weil man so gut wie nie im Serienbildmodus fotografiert.

ISO
Die älteren PENs hatten noch Direkttasten für den Zugriff auf die ISO-Einstellungen, bei den neueren muss man eine Funktionstaste opfern. Wenn man sehr oft an der Empfindlichkeit herumstellen muss, ist das sicher von Vorteil, aber durch das mittlerweile sehr gute Rauschverhalten kommt man mit einer Auto-ISO von 200 bis 800 sehr weit, und muss man doch mal auf ISO 200 einstellen, ist man über Live-Menü oder Super Control-Menü („Monitoransicht") auch ganz flott.

WB
Gleiches gilt für den Weißabgleich. Der Zugriff über eines der Menüs (etwa über den Foto-Assistenten) ist schnell, einen extra Menüknopf braucht man eher selten.

Einstellrad sperren
Man kann das Einstellrad entweder im Menü generell für die Verwendung während der Aufnahme sperren oder auf Knopfdruck. Auch wenn es eigentlich widersinnig klingt, eine sehr komfortable Bedienungsmöglichkeit zu sperren, kann es sinnvoll sein, beispielsweise wenn man bereits alle Einstellungen getroffen hat und nun mit der Kamera in der Hand auf das Bild wartet. Auch im Studio ergibt sich eine ähnliche Situation: Die wichtigen Parameter sind fix, es muss

AUFNAHMEDATEN	
Brennweite	35 mm
Blende	f/10,0
Belichtung	1/160 s
ISO	200

Aufnahme einer PEN mit Funkauslöser auf dem Blitzschuh. Der Blitzmodus sollte dabei auf Aufhellblitz *stehen.*

nur noch auf die passende Gelegenheit fürs Foto gewartet werden. Damit in dieser Zeit nicht aus Versehen Bildparameter verstellt werden, kann man das Einstellrad deaktivieren. Es ist natürlich nicht völlig deaktiviert – durch einen kurzen Druck auf die Belichtungskorrektur (oberes Viertel des Rads) wird das Rad wieder aktiviert, und am Display wird angezeigt, was man damit verändert.

Einstellfunktion

Hier können Sie die Funktionen der beiden Drehräder – genauer des großen Drehrads und der Drehwalze (soweit vorhanden) – in den Modi P, A, S und M verstellen. Vorbelegt ist bei P die Einstellung Ps, das Programm-Shift bedeutet. Damit können Sie die Blende-Zeit-Kombination, die die Programmautomatik wählt, zu kürzeren oder längeren Zeiten verstellen. Diese Belegung gilt für beide Räder. Alternativ können Sie auch die Steuerung für die Belichtungskorrektur und die Blitzleistungssteuerung auf eines der Räder legen. Da Sie ohne Probleme mal kurz mit dem Daumen am Rad hängen bleiben können und dann unbewusst die Belichtungskorrektur verstellen, ist es keine gute Idee, diesen Parameter zu ändern, auch wenn es sich auf den ersten Blick sehr komfortabel anhört. Die Einstellung der zwei Drehräder erlaubt ein sehr detailliertes „Customizing" der Kamera – Sie müssen nur den Überblick behalten.

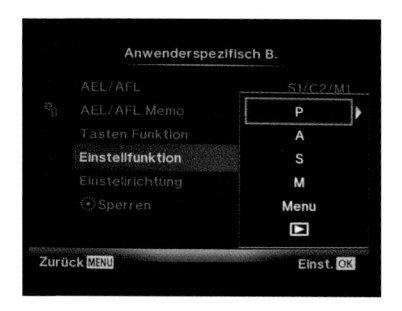

Dass beide Räder bei A die Blende wählen und bei S die Zeit, ist sinnvoll und sollte so bleiben – solange Sie nicht stets die Kontrolle über alle Parameter der Kamera haben. Geschmackssache ist die Verteilung bei M. Ob nun die Walze die Blende oder die Verschlusszeit verstellt, ist egal, es kommt darauf an, welches Rad einem besser liegt. Da man im manuellen Modus meistens eher die Verschlusszeit als die Blende verändert – die gewünschte Schärfentiefe wird festgelegt, die Belichtungszeit an die Lichtsituation angepasst –, sollte man die Belichtungszeit auf das bevorzugte Rädchen legen.

Bei der E-PM1 wurde das Einstellrad doppelt belegt, durch einen Druck auf die Taste +/– (oberes Viertel des Rads) wird die Funktion umgeschaltet, also im Aufnahmemodus P von Belichtungskorrektur auf Programm-Shift. Um an diese doppelte Belegung zu kommen, muss man aber erst im Setup-Menü die Sperre des Drehrads beseitigen. Ein Zurückschalten mittels der gleichen Taste ist nicht vorgesehen. Um den vorherigen Zustand wiederherzustellen, ist ein kurzer Druck auf den Auslöser oder die OK-Taste notwendig.

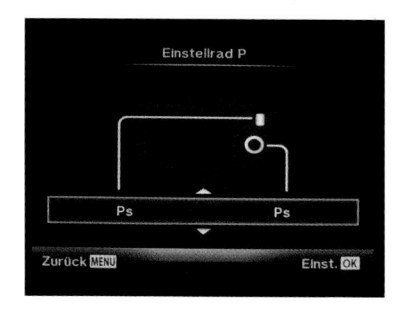

Einstellrichtung

Damit kann man die Richtung, in der die Einstellräder wirken, umkehren. Wenn man nicht gerade andere Fotografen damit ärgern will, gibt es eigentlich kaum einen Grund, diesen Parameter zu ändern. Lassen Sie sich nicht dadurch irritieren, dass in diesem Menü von *Einstellrad1* und *Einstellrad2* die Rede ist. Es sind nicht etwa Einstellungen für das obere oder untere Einstellrad, sondern lediglich die beiden Einstellrichtungen gemeint. Wenn Sie den Parameter umstellen, stellen Sie die Richtung beider Räder um. Ab der E-P2 gibt es hier den Parameter *Menu*. So kann zusätzlich die Drehrichtung des Haupteinstellrads bei der Navigation in Menüs umgestellt werden. Dabei kann man mit dem Rad lediglich in vertikaler Richtung navigieren, nicht in horizontaler.

Drehrad sperren

Wirklich gesperrt wird durch diesen Parameter das Drehrad, wie bereits beschrieben, nicht. Es muss lediglich vorher die +/--Taste gedrückt werden, um das Drehrad freizugeben. Die folgenden Funktionen gab es nur bis zur E-P2. Danach wurden sie entweder überflüssig oder durch andere Funktionen ersetzt.

AEL/AFL <-> Fn

Damit tauschen Sie die Funktionen der beiden Tasten. Zwar stimmt dann die Beschriftung nicht mehr, aber was tut man nicht alles, um die Freunde im Fotoklub zu verwirren. Natürlich kann das Sinn ergeben, wenn man einfach den *S-AF* bei *MF* öfter braucht als den Sofortweißabgleich. Manche haben auch ein Problem damit, dass die Fn-Taste direkt unter dem Daumen liegt und man ab und an versehentlich draufkommt – was nicht immer erfreuliche Auswirkungen hat.

Pfeiltasten Funktion

Hier können Sie festlegen, ob und wie die Pfeiltasten reagieren sollen. Sie können damit die Verwendung der Pfeiltasten als Direkttasten zu ISO, WB, AF und Bildfolge sperren. Dennoch sind sie nach wie vor als Cursortasten aktiv. Zusätzlich können Sie noch einstellen, ob Sie den Fokuspunkt mit den Pfeiltasten auswählen wollen. Das Abschalten der Cursortasten ist nur dann sinnvoll, wenn an der Kamerarückseite sehr viel unkontrolliert herumgedrückt wird, während sie eingeschaltet ist, beispielsweise in einer Tasche oder wenn kleine Kinder die Rückseite mit den vielen Knöpfen interessant finden. Um die Fokuskontrolle zu aktivieren, müssen Sie nicht nur den Parameter einschalten, sondern auch die AF-Steuerung durch einen kurzen Tipp auf den Auslöser aktivieren. Dann können Sie aber sehr komfortabel den Fokuspunkt mit den Pfeiltasten steuern und auf den richtigen Punkt im Motiv setzen. Wenn Sie die AF-Steuerfunktion aktivieren, schalten Sie damit nicht die Direkttastenfunktion aus. Es ist lediglich eine zusätzliche Funktionalität.

Anwenderspezifisch C: Auslösung

Ausl. Prio. S
Wieder ein etwas missverständlich formulierter Menüpunkt: *Aus* bedeutet, dass die Kamera sich nicht auslösen lässt, solange der *S-AF* keinen Fokus gefunden hat. Es ist sinnvoll, das so zu belassen.

Ausl. Prio. C
Hier scheiden sich die Geister. Die Auslösepriorität für *C-AF* steht standardmäßig auf *Ein*. Die Kamera löst also auch aus, wenn sie keinen Fokus hat. Haben Sie noch keine Übung mit dem *C-AF*, wird es Ihnen deshalb passieren, dass Sie mit *C-AF* nur unscharfe Fotos bekommen. Daher ist es, zumindest zu Beginn, besser, diese Option auf *Aus* zu stellen. Schalten Sie, wenn Sie mit *C-AF* üben, die Auslösegeschwindigkeit auf Serienbild, versuchen Sie, mit dem Fokus Ihrem Motiv zu folgen, und lassen Sie den Auslöser gedrückt. Irgendwann bekommen Sie ein Gefühl dafür, wann die Kamera den Fokus zuverlässig gefunden hat und ihn halten kann. Dann können Sie die Option wieder auf *Ein* schalten. Für den *C-AF+TR* gibt es keinen eigenen Parameter.

Bilder fps
E-PL3 und E-PM1 haben aufgrund des schnelleren Verschlusses hier noch die Möglichkeit, die Serienbildgeschwindigkeit zu verstellen:

AUFNAHMEDATEN	
Brennweite	50 mm
Blende	f/2,0
Belichtung	1/3200 s
ISO	200

Ein durchfahrender ICE mit dem adaptierten 50-mm-Makroobjektiv. C-AF wird bei FT-Optiken nicht unterstützt, und S-AF ist mit dem 50 mm zu langsam. Also wird auf die Schienen scharf gestellt, und man bleibt auf dem Auslöser, bis der Zug an der richtigen Stelle ist. Fährt der ICE sehr schnell, sollte man auf zwei Dinge achten: Der Sucher bzw. das Display verzögert, also sollte man den Auslösezeitpunkt nicht nach dem Sucherbild wählen, sondern nach dem, was man mit dem freien Auge sieht. Das andere, auf das man achten sollte: ausreichend Abstand zu den Gleisen halten. Ein ICE in voller Fahrt kann allein durch den Luftdruck einen Menschen umwerfen.

H fps

Hier können Sie zwischen vier und fünf Bildern pro Sekunde wählen. Auch wenn die höchste Geschwindigkeit von 5,5 fps (frames per second) nur im Idealfall erreicht wird, lohnt es sich, die Geschwindigkeit einzustellen, da ein „Herunterschalten" auf 4 fps auch nicht die 4 fps garantiert, sondern einfach nur die maximal erreichbare Geschwindigkeit auf diese Frequenz beschränkt,

L fps

Diese können Sie auf 1, 2 oder 3 fps beschränken. Dies kann vor allem dann interessant sein, wenn Sie längere Serien mit gleichbleibender Frequenz fotografieren wollen. Bei einer ISO höher als 1600 bricht die Serienbildfrequenz nach dem „Burst" sowieso so stark ein, dass Sie kaum mehr als ein Bild pro Sekunde bekommen – da können Sie die Geschwindigkeit gleich von Anfang an auf 1 fps schalten und erhalten wenigstens eine gleichmäßige Wiederholrate.

Anzeigezeit

Diesen Parameter gab es nur bis zur E-P2. Er bestimmt, wie lang die Option zum Auswählen angezeigt wird, wenn Sie eine der Direkttasten drücken (z. B. WB, ISO). Zu Beginn empfehlen sich acht Sekunden, wenn Sie schneller werden, können es auch drei Sekunden sein. Mit *Hold* wird die jeweilige Taste zum Umschalter – das kann sinnvoll sein, wenn die Kamera am Stativ montiert ist und man daran verschiedene Einstellungen ausprobiert. Normalerweise sind fünf Sekunden aber ein guter Kompromiss. Durch einen kurzen Druck auf den Auslöser (halb durchdrücken) verschwindet die Verstelloption auf jeden Fall wieder. Beachten Sie, dass Sie, solange eine der Direkttasten aktiv ist, das Drehrad zu nichts anderem verwenden können. Sie können also z. B. im Modus *A* die Blende nicht mehr verstellen. Wenn Sie schneller wieder aus der Direkttastenauswahl herauswollen, hilft nur ein kurzer Druck auf die OK-Taste.

Anwenderspezifisch D: Disp/Signalton/PC

HDMI

Man kann die PEN mittels eines leider nicht mitgelieferten Mini-HDMI-Kabels an einen HDMI-fähigen (High Definition Multimedia Interface) Fernseher anschließen.

An diesem Gerät werden folgende Auflösungen unterstützt:

UNTERSTÜTZTE AUFLÖSUNGEN			
1080i	HDTV (High Definition Television)	Interlaced	1.440 x 1.080, 1.920 x 1.080
720p	HDTV (High Definition Television)	Vollbild	960 x 720, 1.280 x 720
576p	PAL (Phase Alternating Line)	Vollbild	720 x 576
480p	NTSC (National Television Systems Committee)	Vollbild	640 x 480

Videos gibt die Kamera lediglich in 720p aus, die Interpolation auf 1.080 übernimmt dann das TV-Gerät. Ein Anschluss an ein normales, nicht HDTV-taugliches Gerät ist nicht möglich. Es könnte die 576 Zeilen Vollbild auch gar nicht darstellen. Die höhere Auflösung wird vor allem für die Darstellung von Diashows direkt von der Kamera genutzt.

Achtung! Die PENs brauchen unterschiedliche HDMI-Anschlusskabel! Bis zur E-P3 benötigen alle PENs den breiteren Stecker HDMI-Mini Typ C, E-PL3 und E-PM1 benötigen den kleineren Stecker HDMI-Micro Typ D.

Mit HDMI ist lediglich die Wiedergabe möglich, kein Live-Bild. Sehr nett ist allerdings die Möglichkeit, hochauflösende Bilder auszugeben und als Bild im Bild rechts unten Vierfarbhistogramme und Aufnahmedaten einzublenden. Dadurch kann eine Bildbearbeitung in der Kamera deutlich komfortabler vorgenommen werden als am Display der Kamera.

Videosignal

Wenn Sie eine PEN an einen herkömmlichen Fernseher anschließen wollen, benötigen Sie in Europa und China ein Gerät mit PAL-Anschluss. Die Kamera ist bereits darauf eingestellt. Wollen Sie nach Amerika, Japan, Taiwan oder Korea fliegen und dort Ihre Bilder am Hotelfernseher ansehen, brauchen Sie – mit Ausnahme von Brasilien und Argentinien – NTSC. Es reicht aber, wenn Sie vor Ort umstellen. Ein Problem haben Sie allerdings in Frankreich und anderen Staaten, die mit SECAM arbeiten. Da bleibt der Bildschirm schwarz-weiß. Glücklicherweise besitzen fast alle SECAM-TV-Geräte auch einen PAL-Decoder. Berücksichtigen Sie dabei, dass PAL eine Auflösung von 720 x 576 Pixeln hat. NTSC hat sogar nur 640 x 480 Pixel. Der Kunstgenuss am Analogfernseher ist also nur eingeschränkt möglich.

Info Einst.

Dies ist eine ziemlich unterschätzte Funktion, die Ihnen aber das Leben ausgesprochen erleichtern kann. Sie legen damit fest, welche Einblendungen Sie im Wiedergabe- und Live-View-Modus haben. Das klingt zuerst einmal wenig spektakulär – aber Sie haben damit die Möglichkeit, nicht benötigte Anzeigen auszublenden, sodass Sie beispielsweise zwischen der Vollbildanzeige und dem Histogramm hin- und herschalten können, ohne die ganzen Infos dazwischen immer wieder wegklicken zu müssen. Wenn Sie häufig am Display das Histogramm kontrollieren, werden Sie diesen Komfort schnell zu schätzen wissen.

Auch im Live-View-Modus können Sie zum Beispiel das Fadenkreuz ausblenden, wenn Ihnen das Raster oder der Goldene Schnitt einfach mehr hilft. In dieses Menü ist bei der E-P3 auch die Nivellieranzeige, also die elektronische Wasserwaage, gewandert. Diese ist, wenn sie eingebaut ist, ausgesprochen nützlich.

Im Wiedergabemodus ist natürlich *Bild* ein Muss – nur in diesem Modus können Sie das Bild ohne störende Schrift ansehen – und auch vorzeigen. Die vereinfachte Anzeige ist nicht abschaltbar, die vollständige

Anzeige schon, sie ist aber die einzige Anzeige, die das Vierfarbhistogramm sowie Blende und Belichtungszeit anzeigt. Die Informationen der vereinfachten Anzeige mit Datum, Auflösung und Kompressionsrate sind eher für die Druckauswahl interessant und nicht für den Fotografen vor Ort.

Das große Histogramm ist sehr schnell erfassbar, aber die vollständige Anzeige mit den Vierfarbhistogrammen ist aussagekräftiger. Die Bildansicht ist durch das überlagerte Histogramm nicht viel besser nutzbar als das Minibild in der vollständigen Anzeige. Sehr praktisch ist die Ansicht mit Highlight und Schattenwarnung. Sie können den Schwellenwert, ab dem geblinkt wird, auch einstellen. Berücksichtigen Sie, dass sich das Blinken auf die Werte des JPEG bezieht. Im RAW ist oft auch dann noch Zeichnung vorhanden, wenn im JPEG schon nichts mehr zu retten ist. Die Highlight-Warnung blinkt dann, wenn alle drei Farbkanäle auf 255 stehen. Es kann aber, etwa an der Bühne, sein, dass Blau und Grün noch weit im niedrigen Bereich sind, der Rotkanal aber bereits auf Anschlag steht. In diesem Fall bekommen Sie keine blinkende Warnung, obwohl das Bild durch starkes rotes Licht bereits deutlich ausfrisst. Wenn es kritisch wird, ist also das Vierfarbhistogramm immer zuverlässiger.

Man sollte zu Beginn alle Möglichkeiten einschalten und im laufenden Betrieb sehen, welche Ansichten man nutzt und welche nicht. Im Endeffekt kommt man mit der vereinfachten und vollständigen Ansicht gut durch den Alltag. Wenn Sie die E-PM1 besitzen, ist es auf jeden Fall gut, im LV-Modus die Zoomfunktion einzuschalten – Sie müssen sonst den REC-Button dafür opfern, oder Sie haben bei manuellen Objektiven keine Sucherlupe.

Kontroll Einst.

Seit der E-PL1 kann man sich die Menüs, mit denen man arbeiten will, selbst konfigurieren. Mittlerweile gibt es ein halbes Dutzend unterschiedlicher Menüs, die in unterschiedlichen Modi einzustellen sind.

Je nach ausgewähltem Modus sind auch recht unterschiedliche Optionen im Zugriff. So bietet der Live-Guide in *iAUTO* menügeführt Zugriff auf Weißabgleich und Blende, schaltet man um auf die Monitoranzeige, die eigentlich alle Optionen übersichtlich und komplett auf den Bildschirm bringt, kann man beide Parameter nicht mehr beeinflussen.

Ob man die Monitoranzeige oder die Live-Kontrolle bevorzugt, ist Geschmackssache. Die Monitoranzeige, die bei den älteren Olympus-DSLRs noch „Super-Control-Menü" hieß, bietet alles auf einen Blick, inklusive Gradation, Schärfe und Kontrasteinstellungen, verstellt aber etwas den Blick auf das dahinterliegende Bild. Die Live-Kontrolle hat weniger Optionen, und man muss dennoch scrollen, dafür bleibt das Live-Bild immer gut sichtbar. Bei *iAUTO* ist der Live-Guide sowieso alternativlos, weil man nur hier relevante Parameter einstellen kann.

Szeneprogramm- und ART-Filter-Menü kann man dagegen, wenn man die verschiedenen Programme verinnerlicht hat, getrost gegen Live-Kontrolle oder Super-Control-Menü eintauschen.

Das Super-Control-Menü. Hintergrund ist in diesem Fall eine weiße Wand.

KAPITEL 4
FEINTUNING IM KAMERAMENÜ

	IAUTO	P/A/S/M	ART-FILTER	SCENE.MODI
Live-Guide	x	-		
Live-Kontrolle	x	x	x	x
Monitoranzeige	x	x	x	x
ART-Filter Menü	-	-	x	-
Aufn. Progr. Menü	-	-	-	x

Bild Modus Einstellung

Eine Funktion, mit der man seit der E-Pl1 die Fülle der Bildmodi auf das täglich benötigte Maß zurechtstutzen kann. Wenn Sie zum Beispiel nur in *Natural* und mit *Daramatischer Effekt* fotografieren, können Sie im Menü alle anderen Modi ausblenden. Die Auswahl im Super-Control-Menü und in der Live-Kontrolle geht dann wesentlich schneller.

Histogramm

Die Über-/Unterbelichtungswarnung in der Anzeige wurde schon erwähnt. Hier kann man den Bereich angeben, ab dem diese Warnung aktiv wird.

Voreingestellt ist ein Wert von *0* in den Schatten und ein Wert von *255* in den Lichtern. Beides sind die Extremwerte. Dabei spielt es keine Rolle, ob bereits einer der drei Farbkanäle Rot/Grün/Blau übersättigt ist. Erst wenn alle drei Farbkanäle „am An- schlag" sind, springt die Überbelichtungswarnung an. Es kann also sein, dass Sie eine helle, rote Fläche fotografieren, bei der der Rotkanal längst in der Sättigung ist und die Fläche nur noch ein schmutziges Gelb zeigt, aber Grün und Blau eben noch unterhalb der Schwelle liegen – sie deshalb auch keine Überbelichtungswarnung bekommen.

Hier ist im Hintergrund der Rotkanal am Anschlag. Aus dem Rot des Lichts wird auf einmal ein schmutziges Gelb. Es gibt allerdings keine Überbelichtungswarnung.

Modus geändert

Diese Option ist ab Werk aktiviert (erst ab E-PL1) und zeigt an, wenn das Moduswahlrad gedreht wurde und wie die neue Einstellung ist. Wenn's schnell gehen muss, kann das ziemlich nervig sein, für den Anfang ist es aber ganz brauchbar – der aktuelle Modus wird zwar links unten im Display angezeigt, aber man muss sich erst mal daran gewöhnen, dort zu kontrollieren. Auf längere Sicht wird man diesen Parameter sicher ausschalten.

LV-Erweit.

Die PENs haben – im Gegensatz zu den DSLRs aus gleichem Hause – eine interessante Eigenschaft: Sobald es zu dunkel wird, belichten sie bei Blendenvorwahl nicht mehr korrekt. Bei maximal vier Sekunden Belichtungszeit ist das Ende erreicht. Nicht dass hier etwa der Belichtungsmesser am Ende ist – wenn man auf *M* umschaltet, kann man bis zu 30 Sekunden korrekt belichten.

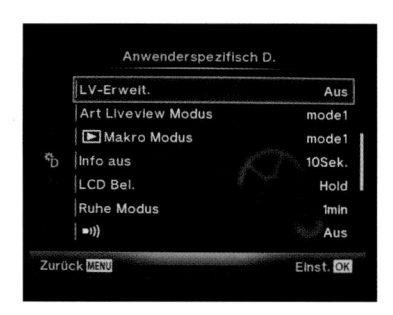

Bereits im Grenzbereich zwischen einer Sekunde und vier Sekunden belichten die Kameras leicht unter, sogar im Live-View macht sich das bemerkbar: Wenn es zu dunkel ist, ist auf dem Display schlicht nichts mehr zu sehen. Lästig wird das, wenn man bei Dunkelheit manuell scharf stellen oder mit einem starken Graufilter fotografieren will. Für diese Fälle gibt es die *LV-Erweit.*, ein Art Restlichtverstärker, die auch dann noch ein Bild auf den Bildschirm zaubert, wenn eigentlich nichts mehr zu sehen ist. Dass dieses Bild unter Umständen sehr rauscht und nur eine ungenügende Detailauflösung aufweist, liegt in der Natur der Sache: Das Live-Bild kommt direkt vom Sensor, der 30 Mal in der Sekunde ausgelesen wird, also eine Belichtungszeit von 1/30 Sekunde hat. Wenn Sie nun so wenig Licht haben, dass Sie 30 Sekunden belichten müssten, kommt auf dem Sensor nur 1/1000 Sekunde des Lichts an, das Sie für das spätere Bild benötigen. Oder, technischer ausgedrückt, 10 EV weniger. Damit wird der Sensor natürlich an der Grenze dessen betrieben, was er leisten kann. Einer der Vorteile des Live-View ist, dass Sie Änderungen in den Belichtungsparametern sofort am Bild sehen können – dieser Vorteil fällt natürlich mit der Live-View-Erweiterung weg. Schalten Sie diese Option also nur dann ein, wenn Sie sie explizit brauchen.

Art Liveview Modus

Einige ART-Filter sind sehr rechenintensiv und werden deshalb im Live-View nur mit Verzögerung angezeigt. Manchmal ist diese Verzögerung so stark, dass der richtige Bildausschnitt und Zeitpunkt zum Glücksspiel wird – so etwa bei *Diorama* von einer Seilbahngondel aus. In diesem Fall kann man hier die ART-Filter-Vorschau ausschalten.

Makro Modus

Dieser Modus hat mit dem fotografischen Makro nichts zu tun – hier kann man sich aussuchen, ob die Lupe zunächst in der Bildmitte vergrößert und man dann den vergrößerten Ausschnitt verschiebt oder ob man erst mal den Lupenrahmen verschiebt und dann vergrößert. Letztere Methode ist immer interessant, wenn man

KAPITEL 4
FEINTUNING IM KAMERAMENÜ

sehr starke Vergrößerungen der Bildränder und -ecken benötigt und keine Lust hat, im Blindflug durch das Bild zu scrollen (wobei man ja über den Navigator rechts unten über die aktuelle Position auf dem Laufenden gehalten wird).

Info aus
Diesen Parameter kennt nur die E-P3: Wenn man beim Live-View keine Taste betätigt, schalten sich mit der Zeit nacheinander alle Informationen am Bildschirm ab: zuerst das Live-Menü selbst, dann die Anzeige der Einstellungen links und rechts und schließlich auch noch Modusanzeige, Blende, Belichtungszeit, Datum, freie Bilder und die Anzeige des I.S. Dann ist eine Zeit lang nur noch das Live-Bild zu sehen, bis die Kamera die Hintergrundbeleuchtung abschaltet. Das Abschalten von Modusanzeige, Blende und Belichtungszeit kann man dadurch unterbinden, dass man diesen Parameter auf *Hold* stellt. Das hat nicht nur Auswirkungen auf die Anzeige, sondern auch auf die interne Elektronik – weil natürlich, solange die Belichtungszeit angezeigt wird, auch die Belichtungsmessung aktiv ist. Diesen Parameter auf zehn Sekunden zu lassen, ist dann sinnvoll, wenn der Live-View länger durchläuft, etwa am Stativ, und die Zahlen nicht die ganze Zeit im Bild bleiben sollen. Ist der Ruhemodus sowieso auf eine kurze Zeit eingestellt, kann man während dieser die Informationen auch angezeigt lassen.

Die Almhütte am Jenner wurde von der Seilbahn aus mit dem ART-Filter Diorama (E-P2) aufgenommen.

AUFNAHMEDATEN	
Brennweite	42 mm
Blende	f/11,0
Belichtung	1/400 s
ISO	400

LCD Bel.

Im Gegensatz zur vollständigen Abschaltung, die man über eine Funktionstaste aktivieren kann, wird bei diesem Parameter die Hintergrundbeleuchtung nach einer bestimmten Zeit der Inaktivität nur gedimmt, um Strom zu sparen. Je nach Länge des Zeitraums des aktivierten Ruhemodus kann das auch kontraproduktiv sein, da das Display immer gerade dann dunkler wird, wenn man ein Bild herzeigt.

Ruhe Modus

Hier können Sie die Zeit, nach der die Kamera in den Stromsparmodus schaltet, einstellen. Im Stromsparmodus schaltet nicht nur das Display ab, sondern die ganze Kamera. Sie können sie aber mit dem Betätigen irgendeiner Taste wieder aufwecken. So schön das Batteriesparen ist: Eine Minute ist ziemlich schnell vorbei. Es kommt schon mal vor, dass man eine Minute darauf wartet, dass das Motiv endlich den richtigen Gesichtsausdruck annimmt, dass das Gruppenbild richtig steht oder der Passant sich endlich aus dem Bild bewegt hat. Drei Minuten ist ein guter Kompromiss. Mit *Aus* wird natürlich nicht die Kamera ausgeschaltet, sondern die Abschaltung selbst – die Kamera ist dann immer an. Der *Ruhe Modus* spart dabei aber nicht nur Strom, sondern verhindert auch ein Aufheizen des Sensors. Dazu später mehr.

Signalton

Der „Piep", also die akustische Autofokusbestätigung, ist außerordentlich nützlich, um ein Gefühl für den AF zu bekommen. Er vermittelt allerdings die trügerische Sicherheit: „AF ist da, du kannst abdrücken." Das muss jedoch nicht immer stimmen. Die Kamera mag einen Fokus gefunden haben, aber das muss nicht der sein, den der Fotograf im Auge hatte. Man sollte also trotzdem auf dem Display kontrollieren, wo das grüne Kästchen blinkt, und darf nicht nach Gehör fotografieren – was man sich mit dem Piep aber sehr leicht angewöhnt. Wenn Sie das Piepen ausreichend genossen haben, stellen Sie es ab. Es fällt auch schon mal unangenehm auf, weil es einem Motiv deutlich verrät: „Du bist jetzt im Fokus, also mach dich auf was gefasst."

Was schon bei Schnappschüssen recht lästig sein kann, ist in ruhiger Umgebung vollends unmöglich. Wenn Sie etwa in der Kirche eine Taufe fotografieren und mit dem Tele die Gäste aufnehmen, werden Sie jeden Einzelnen häufiger in den Fokus nehmen müssen, bis sich auch ein Schuss lohnt. Sie piepen also heftig in der Gegend herum, ohne dass irgendwann ein Bild entsteht. Alles schaut, wo es piept, und Sie bekommen nur noch genervte Gesichter vor die Linse. Stellen Sie das Piepen also ab und überprüfen Sie lieber mit der grünen Fokuskontrolle rechts oben, ob der Fokus wirklich passt. Mit dem neuen Fast-AF hat der Piepton nochmals an Bedeutung verloren. Unter normalen Bedingungen vergeht schlicht keine Zeit mehr zwischen dem Drücken des Auslösers und der Fokusbestätigung, Sie können ja mit der E-P3 sogar direkt durch Tippen aufs Display nahezu verzögerungslos auslösen. Das Verschlussklackern wird also gleich noch mit einem Piep garniert.

Lautstärke

Die PEN besitzt ein ausgesprochen hochwertiges Stereoaufnahmesystem – Ausnahme: E-PL1 und E-PL2. Was sie nicht hat, ist ein ebensolches Abspielsystem. Der Geräuscherzeuger kennt aber trotzdem verschiedene Stufen zwischen ganz leise und zu laut.

**KAPITEL 4
FEINTUNING
IM KAMERAMENÜ**

USB Modus

Die Kamera kann per USB-Kabel an einen Computer oder einen Drucker angeschlossen werden. Hier können Sie die Schnittstelle dafür konfigurieren. Bei der Einstellung *Auto* fragt die Kamera jedes Mal nach, wie man es denn nun gern hätte. Die sinnvollste Einstellung ist sicher *Speicher*. Damit können Sie von jedem Computer aus auf die Karte in der Kamera zugreifen und die Bilder herunterladen – nützlich, wenn Sie zwar das Olympus-USB-Kabel dabeihaben, aber kein Kartenlesegerät. *MTP* (Media Transfer Protocol) ist ein neues Protokoll für die Übertragung von Mediadaten. Der Vorteil ist, dass durch das geänderte Protokoll die Wahrscheinlichkeit einer Beschädigung des Filesystems der SD-Karte sinkt. Das kann vor allem dann passieren, wenn mitten im Vorgang die Verbindung abreißt, z.B. weil die Kamera ausgeschaltet wird. Ein kleiner Nachteil besteht darin, dass *MTP* tatsächlich nur Mediadaten kopiert. Wählen Sie *Drucken*, wenn Sie die PEN mit einem Fotodrucker verbinden möchten.

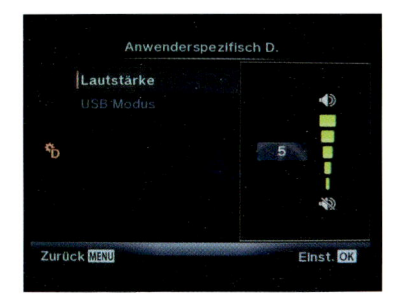

Der Nutzen des Lautsprechers beschränkt sich auf die Wiedergabe von Hintergrundmusik und Videoton. Leider nimmt das interne Mikrofon nicht nur den Umgebungston auf, sondern auch AF-Geräusche, das Rascheln des Kameragurts und – ganz extrem – Windgeräusche. Entsprechend ist der Ton. Und auch wenn Sie Ton und Video, etwa bei einem Rockkonzert, wirklich in guter Qualität aufnehmen können, einen echten Kunstgenuss bietet der eingebaute Lautsprecher nicht.

Wenn man in dieser Position filmt, bekommt man zwar spektakuläre Bilder, aber nur einen miserablen Ton. Da hilft auch kein Aufsatzmikrofon mehr.

AUFNAHMEDATEN

Brennweite	14 mm
Blende	f/3,2
Belichtung	1/8 s
ISO	400

Anwenderspezifisch E: Belicht/Messmodus/ISO

EV-Stufen

Damit können Sie einstellen, wie exakt Sie die Belichtungskorrektur justieren können. Die Voreinstellung *1/3EV* ist okay, mehr als *1 EV* muss man sehr selten korrigieren. Meist korrigiert man 0,3 EV oder 0,7 EV. Wer öfter größere Korrekturen hat und nicht so viel am Rad drehen will, kann hier auch auf *1/2EV* stellen, der Unterschied ist minimal.

Messung

Hier können Sie die Belichtungsmessung einstellen. Die Voreinstellung steht auf *ESP*. Das bedeutet, dass die Belichtung des Bildes in 324 Feldern gemessen wird. Wenn aber nun das Motiv von einem Spot angestrahlt wird, ist der Kontrast zum Hintergrund zu groß, in diesem Fall ist eine mittenbetonte Integralmessung oder die Spotmessung sinnvoller. Letztere arbeitet sehr genau auf den Punkt und lässt die Umgebung unter den Tisch fallen. Diese Spotmessung gibt es noch als *SH* und *HI*. Erstere ist für dunklere Hintergründe, die zweite für hellere.

Sowohl die mittenbetonte Integralmessung als auch die Spotmessung arbeiten nur in der Mitte des Bildes. Prinzipiell sollte man Folgendes wissen: Die Belichtungsmessung ist bestrebt, das Bild so zu belichten, dass der Durchschnitt aller gemessenen Punkte dem Helligkeitswert eines 18%igen Grautons entspricht. Das funktioniert ziemlich gut, solange das Bild keine starken Kontraste enthält. Naturgemäß wird die Belichtungsmessung umso genauer, je mehr Daten des Bildes verarbeitet werden. Die ESP-Messung erzielt deshalb bei normalen Motiven die besten Ergebnisse.

Die mittenbetonte Integralmessung berücksichtigt vor allem den mittleren Bereich des Bildes und gewichtet das genaue Zentrum am stärksten. Wenn am rechten Bildrand eine helle Straßenlaterne steht, wird das von der Integralmessung nicht berücksichtigt, stattdessen wird das schwarze Auto in der Bildmitte auf 18%iges Grau belichtet.

Bei der Spotmessung kann ein Durchfahrtverboten-Schild mit der weißen Fläche die Belichtung für das gesamte Bild bestimmen – und für eine deutliche Unterbelichtung verantwortlich sein.

> **i**
>
> **SPOTMESSUNG ALS BELICHTUNGSMESSER**
>
> Die Spotmessung kann auch ganz gezielt als Belichtungsmesser verwendet werden, z. B. um einen Raum auszumessen: einfach die Kamera mit aktiviertem Spot auf die verschiedenen kritischen Punkte halten, die Belichtung notieren und dann per Hand eine passende Belichtung wählen.

KAPITEL 4
FEINTUNING IM KAMERAMENÜ

AUFNAHMEDATEN	
Brennweite	54 mm
Blende	f/8,0
Belichtung	1/200 s
ISO	100

AUFNAHMEDATEN	
Brennweite	11 mm
Blende	f/2,8
Belichtung	1/2500 s
ISO	100

Bei einer ESP-Belichtung wären die Wände stark unterbelichtet, hier ein Durchgang in Tittmoning. Durch die Spotmessung auf den Stützbogen werden sowohl dieser als auch die Wände korrekt belichtet, der Bereich der Sonne frisst dann natürlich aus.

Die Aussage zur *HI*-Spotmessung im Kamerahandbuch, die Kamera wechsele zur Überbelichtung, ist ein wenig missverständlich. High-Key-Spotmessung belichtet den angemessenen Punkt so, dass bis zur Überbelichtung dieses Punkts, also bis die Details ausbrennen, noch 0,7 EV Luft sind. Die normale Spotmessung belichtet so, dass bis zum Ausreißen der Lichter noch 2,5 EV Raum sind.
Die Low-Key-Spotmessung arbeitet dagegen völlig anders: Misst man den dunkelsten Punkt des Bildes an, wird dieser so belichtet, dass bis zum völligen, ununterscheidbaren Schwarz noch 2 EV Raum sind. Low-Key hat nach unten also viel mehr Luft als High-Key nach oben, so scheint es jedenfalls. In Wahrheit nehmen die zur Verfügung stehenden Tonwerte nach unten rapide ab. Während in

Ein typisches High-Key-Porträt. Wesentlich dabei ist der weitgehende Verzicht auf dunkle Accessoires.

AUFNAHMEDATEN	
Brennweite	54 mm
Blende	f/5,6
Belichtung	1/200 s
ISO	100

den 0,7 EV am oberen Ende gut 300 Helligkeitsstufen zur Verfügung stehen, sind es am unteren Ende in den 2 EV gerade mal zwölf. Zudem verlieren Ausbelichter und Fotodrucker vor allem in den unteren Bereichen sehr gern die Strukturen aufgrund von Punktzuwachs und Überfüllungen. Die „Luft" am unteren Ende hat also ihre Berechtigung.

Die Spotmessung High-Key oder Low-Key muss daher nicht zwangsläufig unter- oder überbelichtete Bilder produzieren. Solange auf die hellsten bzw. dunkelsten Stellen des Bildes belichtet wird, kommen meistens sogar korrekt belichtete Bilder heraus – das kommt natürlich auf die Verteilung der Kontraste im Bild an. Die typischen High-Key-Bilder mit überstrahltem Hintergrund erreicht man im Gegenteil dadurch, dass man eben nicht auf die hellste Stelle des Bildes belichtet, sondern auf die Stelle im Bild, die gerade noch Struktur zeigen soll.

AEL Messung

Dieser Parameter gehört eigentlich zur AEL/AFL-Taste. Sie können damit nämlich die Belichtungsmessmethode umstellen, die beim Drücken der AEL/AFL-Taste verwendet wird. *Auto* bedeutet hier nichts anderes, als dass die Belichtungsmessmethode des Auslösers übernommen wird. Sie können aber auf die Taste auch jede andere Belichtungsmessung legen. Am sinnvollsten ist wohl die Spotmessung. Dann können Sie eigentlich immer im ESP fotografieren und bei kritischen Situationen auf Knopfdruck in den Spotmodus wechseln.

Ein typisches Low-Key-Porträt – idealerweise mit einem dunklen Hintergrund.

ISO

Mit diesem Wert stellen Sie die Verstärkung des Sensorsignals ein. Der niedrigste Rauschpegel liegt bei ISO 100, die maximale Dynamik bei ISO 200. Seit der E-PL2 gibt es bei der PEN allerdings kein ISO 100 mehr, die beste Einstellung ist also immer 200 – wenn möglich.

ISO-Auto Einst.

Bei der PEN können Sie einstellen, in welchem Bereich Sie die ISO automatisch wählen lassen wollen. Der niedrigste ISO-Wert für *ISO-Auto Einst.* ist *200*, der höchste *6400*, bei der neuen Generation *12800*. Auch wenn man den niedrigsten Wert, den Standardwert, höher setzen kann als 200, ist das wenig sinnvoll. Für die Wahl des maximal erreichbaren Werts sollten Sie sich überlegen, wann Sie *ISO-Auto Einst.* einsetzen wollen. Die *ISO-Auto*-Funktion arbeitet im *A*- und *P*-Modus als Verwacklungsschutz nach dem System „die Belichtungszeit muss dem Kehrwert der doppelten

ISO-Stufen

An der PEN können Sie die Einstellung der ISO-Verstärkung feintunen. Außer 100, 200, 400, 800 etc. sind auch die Zwischenstufen in 1/3 EV verfügbar: 100, 125, 160, 200, 250 etc. Mit der Funktion *ISO-Stufen* können Sie einstellen, ob Ihnen im Menü nur die ganzen Stufen oder auch die *1/3EV*-Zwischenstufen angezeigt werden sollen. Der Nutzen der Einstellungsmöglichkeit auf *1/3EV* ist etwas umstritten. Die Unterschiede im Rauschverhalten sind minimal, dafür braucht es einfach länger, bis man die dann längere Liste durchgescrollt hat.

ISO

ISO steht für „International Organization for Standardization" und ist das internationale Normierungsgremium. In der Fotografie bezeichnet man mit ISO meistens die Empfindlichkeit des Films. Die deutsche Gradeinteilung DIN 21° = 100 ASA wurde durch die ISO zum korrekten Wert ISO 100/21° verschmolzen, die Empfindlichkeiten von Sensoren werden der Einfachheit halber nur noch mit der Bezeichnung ISO und dem entsprechenden Wert bezeichnet.

Brennweite in Sekunden entsprechen". Dabei kümmert sich die Kamera weder um einen eingeschalteten Bildstabilisator noch um einen eingeschalteten Blitz. Sie haben also immer eine etwa 3 EV zu hohe ISO. Leider wirkt sich auch das Blitzzeitlimit auf die *ISO-Auto Einst.* aus. Die Automatik fährt den ISO-Wert nämlich nicht nur bis zum Verwacklungsschutz hoch, sondern auch bis zum Blitzzeitlimit. Wenn Sie mit 20 mm fotografieren und das Limit auf *1/180* gestellt haben, wird die Automatik die ISO gnadenlos so weit hochdrehen, bis Sie mit 1/200 fotografieren können, auch wenn Sie eigentlich per Bildstabilisator das Bild locker mit 1/10 halten könnten. Das gilt natürlich wieder nicht, wenn ein Blitz montiert und eingeschaltet ist.

Der Standardwert kann immer auf *200* stehen bleiben. Selbst wenn Sie auf ISO 400 oder höher einstellen, schaltet die Kamera auf den Minimalwert zurück, sobald es hell genug ist.

Zudem wird *ISO-Auto Einst.* bei sehr vielen Motivprogrammen und auch bei den ART-Filtern automatisch aktiviert. Wenn Sie also solche Automatiken nutzen wollen, sollten Sie die *ISO-Auto Einst.* auf 200 bis maximal 800 beschränken. Sind Sie gegenüber Rauschen etwas toleranter, sind auch ISO 1600 möglich. Diese Grenze wird von der Kamera dann als absolut akzeptiert. Sobald es wirklich dunkler wird, sollten Sie die weitere Erhöhung der ISO selbst kontrollieren.

Sehr gut arbeitet die Funktion, sobald Sie bei schlechtem Licht auf Modus S gehen. Dann passt die Kamera zuerst die Blende entsprechend an, und ab Offenblende wird die ISO sukzessive erhöht – und auch automatisch wieder gesenkt. Sie müssen also keine höheren ISO „vorhalten", nur um festzustellen, dass die Kamera dafür die Blende weiter schließt, als eigentlich notwendig wäre.

Wenn Sie Blende und Belichtungszeit vorgeben wollen, wählen Sie dafür Modus *M* und überlassen die Belichtungssteuerung der ISO-Automatik. Bei einer Einstellung von ISO 200 bis ISO 3200 haben Sie damit immerhin vier Blenden Spielraum. Dieses Vorgehen empfiehlt sich vor allem dann, wenn Sie bewegte Motive aufnehmen müssen, aber das Licht so schlecht ist, dass Sie mit der ISO-Einstellung sowieso hochgehen müssen, beispielsweise im Hallensport oder in der Bühnenfotografie. Voraussetzung: Sie haben den Parameter *ISO-Auto Einst.* auf *Alle* gesetzt.

Wenn Sie die ISO-Einstellung dazu verwenden, kurze Belichtungszeiten zu erreichen – eben an der Bühne oder am Spielfeldrand –, können Sie auch ISO 6400 ausprobieren. Kommen Sie bei Blende f/2,8 und ISO 200 mit 1/15 nicht hin, haben Sie 6 EV. Wenn Sie dann auf ISO 6400 gehen, erreichen Sie 1/500 – das reicht aus, auch sehr schnelle Bewegungen im Zirkus einzufrieren, und ist mit ISO 6400 immer noch anzusehen. Kritisch wird es mit den hohen ISO-Werten erst, wenn definitiv sehr wenig Licht vorhanden ist.

ISO-Auto

Damit können Sie entscheiden, ob die automatische ISO-Einstellung nur in *P*, *A* und *S* wirksam wird oder auch in *M*. Das klingt auf den ersten Blick unsinnig, ist es aber nicht. Wenn Sie in *M* eine Blende einstellen, um eine bestimmte Schärfentiefe zu erreichen, aber auch die Verschlusszeit festlegen, weil Sie z. B. bei Sportaufnahmen Bewegungsunschärfe ausschließen wollen, können Sie über *ISO-Auto* in gewissen Grenzen doch noch die Belichtung an wechselnde Bedingungen anpassen. Möchten Sie also trotz des manuellen Modus bei Bedarf noch eine automatische Belichtungssteuerung haben, stellen Sie diesen Parameter auf *Alle*. Damit wird nichts anderes bewirkt, als dass im manuellen Modus der Parameter *Auto* anwählbar ist. Es schadet also nicht, den Parameter auf *Alle* zu stellen.

Bulb Timer

Bulb kommt aus dem Englischen und steht für Blasebalg. Ein Überbleibsel aus frühen Fotografentagen, als man den Verschluss mit Druckluft öffnete. Bulb bedeutet, dass Sie den Verschluss mit einem Druck auf den Auslöser öffnen und er sich erst schließt, wenn Sie den Auslöser wieder loslassen. Hier stellen Sie ein, wie lange der Verschluss maximal offen bleibt. Das Problem ist, dass das Offenhalten des Verschlusses Energie erfordert, nicht nur die Ihres Zeigefingers, sondern auch die Ihrer Batterie. Natürlich nimmt das Rauschen mit längerer Belichtungszeit zu, und den Dark Frame zur Rauschreduzierung sollte man auch nicht vergessen, der ja anschließend folgen muss.

Trotzdem ist es sinnvoll, hier den maximalen Wert von 30 Minuten einzustellen, es sei denn, Sie wollen eine definierte Zeit festlegen. Wenn Sie z. B. vier Minuten einstellen, brauchen Sie einfach nur auf den Auslöser zu drücken, und nach vier Minuten macht der Verschluss zu. Sie sparen sich dann die Stoppuhr. Damit Sie keinen Krampf im Finger bekommen und die Kamera nicht einbetonieren müssen, um sie nicht zu verwackeln, empfiehlt sich bei Bulb-Aufnahmen unbedingt die Verwendung eines Kabelfernauslösers mit arretierbarem Bulb-Knopf oder einem Timer.

Anti-Schock

Seit Jahren heißt die Spiegelvorauslösung bei Olympus im Kameramenü *Anti-Schock*. Bei der PEN trifft der Name nun erstmals zu – denn diese Funktion dient dazu, Verwacklungen beim Auslösen auf dem Stativ zu verhindern. Während bei DSLRs mit *Anti-Schock* der Spiegel hochgeklappt wurde, wird bei den PENs der Verschluss geschlossen. Dadurch muss der Verschluss nicht doppelt laufen wie beim Selbstauslöser. Bei den PENs ist ja der Verschluss im Normalbetrieb immer offen. Beim Auslösen wird er erst geschlossen, der Sensor gelöscht, dann wird wieder geöffnet, belichtet, geschlossen, Sensor ausgelesen und dann wieder geöffnet.

Die PEN ist vergleichsweise klein und leicht und hat keine überstehenden Teile, die nachschwingen. Wenn Sie ein stabiles Stativ und ein kleines Objektiv mit einer Brennweite unter 50 mm verwenden, können Sie *Anti-Schock* abschalten. Verwenden Sie aber längere Telebrennweiten oder adaptieren gar FT-Optiken, sollten Sie *Anti-Schock* unbedingt einschalten und auf mindestens zwei Sekunden stellen. Das reicht meistens, bis sich das System Kamera/Stativ von der

Erschütterung des Drucks auf den Auslöser wieder erholt hat. Bei Brennweiten jenseits der 200 mm dürfen es gern vier Sekunden sein, wenn beim Stativ die Mittelsäule ausgefahren ist, auch fünf Sekunden oder mehr. Immer vorausgesetzt, Sie besitzen ein Stativ, das diesen Namen auch verdient.

Es gibt eigentlich keinen Grund, *Anti-Schock* nicht einzustellen, er wird durch die Einstellung der Zeit nicht automatisch aktiviert. Aber neben Einzelbild-, Fern- und Serienauslösung kann man auch den Modus mit der kleinen Raute neben dem Symbol auswählen – die Auslöseverzögerung. Um wieder ohne zu fotografieren, muss man nicht den *Anti-Schock* abschalten, sondern einfach nur einen anderen Auslösemodus auswählen.

Anwenderspezifisch F: Blitz anpassen

Bis zur E-P2 gab es in diesem Menü noch den Blitzmodus, dieser ist in späteren Kameras folgerichtig aus dem Menü herausgenommen worden, weil er im Super-Control-Menü besser aufgehoben ist. Trotzdem hier nochmals die Übersicht über die Blitzmodi:

Blitzmodus

Es folgt ein kurzer Überblick über die zur Verfügung stehenden Blitzmodi – weitere Erklärungen finden Sie im Kapitel 6 „*Blitzen für Anspruchsvolle*". Mit *Auto* überlässt man der Kamera, wann sie blitzt. Sie richtet sich dabei nach den Vorgaben im Wert *Blitz Zeit Limit*, siehe weiter unten. Das ist für die meisten Aufgaben recht passend und zu Recht die Standardeinstellung der Kamera. Die Einstellung *Rote Augen* ist identisch mit der Automatik, nur dass sie vor dem eigentlichen Blitz mehrere Vorblitze aussendet, damit sich die Pupillen der anvisierten Person schließen und daher die roten Augen so weit wie möglich vermieden werden.

Rote Augen mit Blitz können Sie nur dann wählen, wenn Sie *M* oder *S* als Modus eingestellt haben. Beim Moduswechsel verschwindet der Blitz wieder. Der Unterschied liegt darin, dass in den Modi *M* und *S* der Blitz immer ausgelöst wird – unabhängig von der Umgebungshelligkeit. Der Einfachheit halber zeigt die Tabelle einen kurzen Überblick über die verschiedenen Blitzmodi:

BLITZMODI	A	S	M	P	Motivprogramme
Automatik	x	-	-	x	x
Rote Augen	x	-	-	x	-
Rote Augen mit Blitz	-	x	x	-	-
Aufhellblitz	x	x	x	x	-
Ausgeschaltet	x	x	x	x	x
Rote Augen Slow	x	-	-	x	-
Blitz Slow	x	-	-	x	x
Blitz Slow 2	x	-	-	x	-
2nd Curtain		x	x	-	-

KAPITEL 4
**FEINTUNING
IM KAMERAMENÜ**

Der *Aufhellblitz* blitzt immer, unabhängig von der Umgebungshelligkeit, vorausgesetzt, die Synchronzeit wird nicht unterschritten (siehe *X-Synchron* weiter unten). Als Preset ist dieser Blitz die richtige Wahl – wenn Sie den Blitz nicht brauchen, können Sie einfach den Aufsteckblitz ausschalten, ohne in irgendwelchen Menüoptionen zu suchen.

Die Einstellung *Rote Augen Slow* ist für Nachtporträts auf der Straße brauchbar. Die Person im Vordergrund wird angeblitzt, die roten Augen werden reduziert, und die Belichtungszeit bleibt lange genug, damit der Hintergrund nicht absäuft. Wenn Sie allerdings einen größeren Aufsteckblitz haben und nicht den kleinen FL-14, brauchen Sie die Rote-Augen-Reduktion nicht, da der Blitz weit genug außerhalb der optischen Achse liegt.

Blitz Slow blitzt auf den ersten Verschlussvorhang. Je nach der Helligkeit des Hintergrunds kann der Verschluss nach dem Blitz noch längere Zeit offen bleiben – was zu Verwischungen führen kann. *Blitz Slow 2* blitzt auf den zweiten Verschlussvorhang – analog zu oben, nur dass nach Ende der Belichtung geblitzt wird. Bereits vor der Belichtung erfolgt aber der Messblitz, sodass es bei *Slow 2* aussieht, als würde man zweimal blitzen. Bei sämtlichen Szeneprogrammen sind die Blitzeinstellungen nicht von Hand veränderbar.

Fahrradspielereien direkt am Polarkreis. Funkblitz von links und zweiter Funkblitz von rechts.

AUFNAHMEDATEN	
Brennweite	19 mm
Blende	f/5,6
Belichtung	1/160 s
ISO	100

Blitz Full – Blitz 1/64: Bei den PENs mit eingebautem Blitz können Sie die Leistung des Blitzes steuern, der abgegeben wird. Die einzelnen Stufen *Full*, *1/2*, *1/4* etc. bedeuten jeweils eine Blende Unterschied. Auch wenn man meistens den Automatikblitz bevorzugen wird, kann es bisweilen sinnvoll sein, den Blitz manuell zu steuern, etwa weil man eine spiegelnde Oberfläche fotografieren will. Mit TTL würde der Blitz so stark abgeregelt, dass das Bild unterbelichtet wird. Mit einer manuellen Blitzsteuerung ist der Reflex zwar sehr stark, aber man kann im Modus M den Rest des Bildes sauber belichten. Auch wenn man mit dem internen Blitz Slave-Blitze steuern will, die nicht das RC-Protokoll der PEN verstehen, ist diese Funktion interessant. Der manuelle Blitz funktioniert nämlich ohne Vorblitz, sodass Slave-Trigger an Studioanlagen nicht irritiert werden.

X-Synchron

Die kürzeste Blitzsynchronzeit der PEN beträgt 1/180 Sekunde (E-PL3, E-PM1: 1/160). Das bedeutet, die kürzeste Belichtungszeit, mit der Sie blitzen können, beträgt 1/180 Sekunde. Ist ein Systemblitz angeschlossen, können Sie auch keine kürzere Zeit einstellen – es sei denn, der Blitz ist auf FP-Modus eingestellt. Mit einem Blitz über Mittenkontakt können Sie jedoch durchaus auch mit kürzeren Belichtungszeiten belichten. Der Effekt ist dann ein typischer schwarzer Balken am unteren Bildrand, der mit kürzerer Belichtungszeit immer dicker wird und nach oben wächst. Warum von unten nach oben, der Verschluss geht doch von oben nach unten? Richtig. Aber das Bild auf dem Sensor wird auf dem Kopf stehend abgebildet und nur freundlicherweise durch die Kamera wieder auf die Füße gestellt.

Was passiert also genau? Die Kamera löst den externen Blitz in dem Augenblick aus, in dem der erste Verschlussvorhang unten angekommen ist. Wenn nun der zweite Vorhang zu diesem Zeitpunkt bereits losgelaufen ist – weil die Synchronzeit unterschritten ist –, gibt es einen Schatten. Irgendwann erreicht das Blitzlicht den Sensor gar nicht mehr, das Bild bleibt schwarz. Doch – müsste nicht ein kleiner Schlitz eigentlich immer belichtet werden? Ja, nur leider braucht auch der externe Blitz etwas Zeit zum Auslösen – und daher kann es so weit kommen, dass der Blitz erst kommt, wenn der zweite Verschluss bereits dicht gemacht hat.

ⓘ SYNCHRONZEIT

Die Synchronzeit ist die kleinste Zeit, in der der Verschluss völlig offen ist. Bei einem Verschluss wie dem der PEN öffnet sich zuerst der erste Verschlussvorhang und gibt den Sensor frei, dann folgt der zweite Verschlussvorhang. Wird die Belichtungszeit kürzer als die Synchronzeit, ist der Sensor zu keiner Zeit mehr ganz frei, sondern die beiden Verschlussvorhänge bewegen sich gleichzeitig in einem mehr oder weniger geringen Abstand.

KAPITEL 4
FEINTUNING IM KAMERAMENÜ

Die X-Synchronisation heißt so, weil die Blitzröhren, die damit angesteuert werden, Xenon beinhalten. Im Unterschied dazu gab es früher noch die M-Synchronisation (Medium Time), die auslöst, noch bevor der Verschluss ganz offen ist – um langsamen Blitzgeräten wie beispielsweise chemischen Blitzbirnen Zeit zu geben. Und dann gibt es noch die FP-Synchronisation, die kurzerhand einen längeren Einzelblitz abgibt, sodass nicht nur 1/10.000 belichtet wird, sondern während der gesamten Dauer des Verschlussablaufs Licht abgegeben wird.

Die Bezeichnung FP (Focal Plane Shutter – Schlitzverschluss) kommt daher, weil dieser Modus nur bei Schlitzverschlüssen notwendig ist – bei einem Zentralverschluss ist die Synchronzeit immer gleich der Verschlusszeit. Das wirkt sich natürlich heftig auf die Blitzleistung aus und kann im Extremfall einen „Rolling-Shutter-Effekt" verursachen. Olympus-Blitze geben im FP-Modus tatsächlich einen kontinuierlichen Blitz ab, andere Hersteller arbeiten im FP-Modus mit Stroboskopblitzen.

WAS PASSIERT, WENN MAN DIE SYNCHRONZEIT VON 1/180 AUF 1/60 VERLÄNGERT?

Vor allem eines: Sie können bei Verwendung eines Systemblitzes nicht mehr kürzer als 1/60 belichten. Warum also die Blitzsynchronzeit verlängern? Es gibt Blitze, die auf eine Leuchtdauer von 1/60 berechnet sind, Blitzbirnen zum Beispiel. Wenn Sie die mit einer Synchronzeit von 1/180 verwenden, bekommen Sie nur 1/3 des Lichts aufs Bild. Solange Sie aber mit modernen Blitzröhren arbeiten – egal ob Studiogeräte oder Systemblitze –, sind Sie mit 1/180 gut beraten.

Auslösen einer Studioblitzanlage über Funkauslöser. Zu erkennen eine deutliche Abschattung durch das Unterschreiten der Blitzsynchronzeit.

AUFNAHMEDATEN	
Brennweite	50 mm
Blende	f/8,0
Belichtung	1/320 s
ISO	100

Blitz Zeit Limit

Hier geht es darum, ab welcher eingestellten Belichtungszeit der Blitz es für nötig hält, einzugreifen. Wenn dieser Wert auf dem Standardwert *1/60* steht und die Kamera feststellt, dass Sie mit *1/125* belichten, wird der Blitz nicht auslösen. Das betrifft die Blitzmodi *Auto*, *Rote-Augen-Reduktion* und die *Slow*-Modi. Wenn Sie den Blitz manuell einschalten (einfaches Blitzsymbol), löst der Blitz auf jeden Fall, unabhängig vom Blitzzeitlimit, aus. Das *Blitz Zeit Limit* hat ebenfalls Auswirkungen auf die Einstellung *Auto-ISO*.

Blitzbelichtungskorrektur

Die Kamera hat zwei Belichtungskorrekturen: die Blitzbelichtungskorrektur und die „normale Belichtungskorrektur". Wenn Sie nun ein Bild mit Blitz schießen, haben Sie unter Umständen zwei Belichtungskorrekturen. Hier können Sie festlegen, ob beide addiert werden (*Ein*) oder ob bei Blitzbildern die „normale Belichtungskorrektur" unter den Tisch fällt und nur die Blitzbelichtungskorrektur verwandt wird. Wenn Sie generell Ihre Bilder um 1/3 EV unterbelichten, um etwas knackigere Aufnahmen und in den Highlights mehr Spielraum zu bekommen, ist *Ein* die richtige Einstellung für Sie. Neigen Sie dazu, extreme Belichtungskorrekturen vorzunehmen, und vergessen anschließend, diese wieder umzustellen, wäre *Aus* vielleicht besser.

Dieser Parameter spielt jedoch keine Rolle beim Slow-Blitzen, also beim Blitzen auf den ersten oder zweiten Verschlussvorhang (Langzeitsynchronisation). Hier wird eine Belichtungskorrektur korrekt auf die Verschlusszeit (oder Blendenzahl) angerechnet, die Blitzbelichtungskorrektur auf die Blitzstärke.

Anwenderspezifisch G: Rauschmind., Rauschunt./Color/WB

Rauschmind.

Diesen Wert können Sie unter Umständen nicht anwählen, nämlich wenn Sie den Serienbildmodus ausgewählt haben. Die *Rauschminderung* ist das, was man auch als „Dark Frame Reduction" kennt. Sie macht bei langen Belichtungszeiten eine zweite Belichtung, ohne den Verschluss zu öffnen, einen sogenannten „Dark Frame", und rechnet dann beide Bilder gegeneinander. Das reduziert das thermische Rauschen des Sensors im Bild ungeheuer, ohne die Bildqualität zu beeinträchtigen.

KAPITEL 4
**FEINTUNING
IM KAMERAMENÜ**

Im Serienbildmodus ergibt das natürlich keinen Sinn. Ansonsten sollte diese Option auf *Auto* eingestellt sein. Dann wird der Dark Frame bei Belichtungszeiten über vier Sekunden aktiviert.

Bei *Ein* wird das Extrabild immer gemacht, wenn Sie Einzelbilder schießen. Das ist nur dann sinnvoll, wenn Sie sehr häufig Belichtungen mit Zeiten über einer Sekunde machen. Das Problem ist, dass zur Belichtungszeit immer noch mal die gleiche Zeit für den Dark Frame hinzuzuaddieren ist. In der Zeit des Dark Frame reagiert die Kamera nicht. Das kann lästig sein, wenn Sie sich „vertippt" und zu früh ausgelöst haben und dann eine Minute vor der Kamera stehen und darauf warten, bis endlich der Dark Frame fertig ist und Sie wieder das Motiv ins Visier nehmen können.

Rauschunt.

Im Gegensatz zur *Rauschminderung* ist die *Rauschunterdrückung* ein mathematisches Verfahren, das bei der JPEG-Erstellung das Rauschen rechnerisch entfernt. Das kostet aber Detailauflösung – und die sinkt bei höheren Empfindlichkeiten sowieso etwas. Selbst die Einstellung *Aus* bedeutet nicht, dass überhaupt keine Rauschunterdrückung mehr stattfindet.

Bei E-P1 und E-P2 kam man mit Rauschunterdrückung *Standard* sehr weit, *Weniger* war nur selten notwendig. Dies hat sich seit der E-Pl1 geändert, und seit der E-P3 sollte der Rauschunterdrückung sehr viel Aufmerksamkeit geschenkt werden.

Hintergrund ist, dass seit der E-PL1 die effektive Detailauflösung der PENs aufgrund der dünneren AA-Filter so stark gestiegen ist, dass die Rauschunterdrückung erhebliche Details wegbügelt, die früher bereits im AA-Filter hängen geblieben wären. Dies passiert bereits bei ISO 200. Wer also Wert auf feine Details legt, sollte die Rauschunterdrückung generell auf *Weniger* stellen – oder unter Umständen ganz auf *Aus* schalten. Grobes Rauschen wird auch bei „ausgeschalteter" Rauschunterdrückung gemildert, und das Rauschen der modernen Sensoren ist eigentlich nur in der 100-%-Ansicht am Bildschirm auffällig. Bei ausbelichteten Bildern ist das Rauschen gut zu beherrschen.

Weidenlaubsänger im Abendlicht: freihand, Ausschnitt, Rauschunterdrückung Weniger. *Bei* Standard *oder* Stark *wären die Federn deutlich zugematscht worden.*

AUFNAHMEDATEN	
Brennweite	300 mm
Blende	f/6,7
Belichtung	1/640 s
ISO	400

Generell ist die in der Kamera eingebaute Rauschunterdrückung sehr brauchbar. Je nach Motiv, ISO-Einstellung und geplanter Verwendung ist die Einstellung *Weniger* oder *Aus* in Ordnung. *Standard* verursacht bereits in feinsten Details spürbare Verluste. Für allerhöchste Qualitätsansprüche, Pixelpeeping und Großformatbelichtungen ist sicher eine externe Rauschunterdrückung aus dem RAW sinnvoll.

WB (Weißabgleich)

Wenn Sie im RAW-Format fotografieren, kann Ihnen dieser Menüpunkt egal sein. Und in den allermeisten Fällen sowieso, da der Zugriff auf den Weißabgleich sehr schnell über die Menüs funktioniert. Wenn Sie aber benutzerdefinierte Presets verwenden wollen, z. B. weil Sie oft in ein und demselben Klub fotografieren, in dem es ein spezielles Licht gibt, können Sie hier einen speziellen Weißabgleich einstellen, sodass Sie beim Betreten des Klubs nur das Preset aufrufen müssen und sämtliche Einstellungen genau so sind, wie sie gebraucht werden.

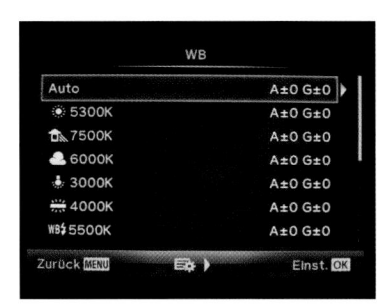

Das Feintuning der einzelnen Farbtemperaturen ist zwar möglich, aber nur in Spezialfällen nötig – etwa wenn man eine spezielle Studiobeleuchtung mit Farbstich hat oder wenn man viel im Urwald fotografieren und den dortigen Grünstich des Lichts ausgleichen will. Die bessere Möglichkeit ist immer ein abgespeicherter Sofortweißabgleich mittels Graukarte.

Alle WB Einstellung

Damit können Sie den generellen Weißabgleich in Richtung Rot oder/und Grün verschieben. Wenn Sie also der Meinung sind, der Weißabgleich der Kamera wäre generell einen Tick zu blau oder rot oder grün, können Sie diesen hier einstellen. Da es aber ausschließlich um die kameraintern erzeugten JPEGs geht, fotografieren Sie lieber in RAW, dann können Sie den Weißabgleich exakt anpassen. Eine generelle Anpassung des Weißabgleichs in der Kamera kann auf einfache Weise nur über das Display kontrolliert werden – ein Lotteriespiel. Ein Sofortweißabgleich über die Graukarte ist immer zuverlässiger. Sollten selbst mit Graukarte abgeglichene Fotos generell einen Stich haben, überprüfen Sie vielleicht besser zuerst die Farbeinstellungen Ihres Computermonitors.

WB Auto Warme Farben

Diesen Parameter gibt es nur bei den neueren PENs. Dabei hat sich im Handbuch ein Fehler eingeschlichen: Es heißt: „Wählen Sie *Ein*, um die warmen Farbtöne aus Bildern, die mit einer Glühlampenbeleuchtung aufgenommen wurden, zu entfernen."

Tatsächlich ist es aber genau umgekehrt – und auch das stimmt nicht ganz. Steht dieser Parameter auf *Ein*, reagiert der automatische Weißabgleich wie bei E-P1 und E-P2 auf Glühlampenlicht: mit einem mehr oder weniger dezenten Orangeton. Schaltet man ihn auf *Aus*, wird der Orangeton bis zu einer Helligkeit von etwa 3EV entfernt, wird es dunkler, wird das Bild wieder schlagartig orange. Wenn man nicht gerade scharf auf gemütliche Bilder ist, sollte man den Parameter auf *Aus* stellen. Will man den Orangeton dennoch haben, kann man den Weißabgleich jederzeit manuell auf Tageslicht 5.300 Kelvin oder auch auf 4.400 Kelvin stellen, was ein guter Kompromiss ist – und ganz nebenbei auch bei vielen Bühnen sehr gut funktioniert.

Blitzweißabgleich

Der Blitzweißabgleich wird, wenn aktiviert, automatisch verwendet, wenn ein Blitz benutzt wurde. Soweit ist das recht einfach, und es gibt auch nur zwei Möglichkeiten: den automatischen Weißabgleich und den Vorgabewert 5.500 Kelvin, eben den normalen Blitzweißabgleich. Leider kann man die Kamera nicht so leicht auf die Farbtemperatur von Nicht-Olympus-Blitzen (meist 5.600 Kelvin) einstellen. Dazu benötigt man dann einen Speicherplatz im Sofortweißabgleich, oder man stellt CWB (Custom White Balance) auf diesen Wert ein.

Der eigene Weißabgleich bei Verwendung des Blitzes ist vor allem dann einzusetzen, wenn man ständig zwischen dem Fotografieren mit Blitz und ohne Blitz wechseln muss. Zum Beispiel fotografiert man auf einer Veranstaltung die Akteure auf der Bühne mit 4.400 Kelvin ohne Blitz, Partybilder des Publikums macht man dagegen mit Blitz und einem entsprechenden Weißabgleich. Dank des Blitzweißabgleichs muss man nichts an der Kamera umstellen, sondern braucht nur den Blitz einzuschalten.

Die Frage, ob Blitzweißabgleich oder Auto-WB, ist einfach zu beantworten: Wird direkt oder indirekt über einen neutralen Reflektor oder im Extremfall mit Farbfolien geblitzt, ist der Blitzweißabgleich richtig. Hat der Raum Holzdecken oder große Farbflächen, ist ein automatischer Weißabgleich besser – der Braunstich, den große Holzflächen im Bild bewirken, wird deutlich abgemildert.

Hier wurde indirekt über die Holzdecke geblitzt. Das ganze Bild weist einen deutlichen Braunstich auf. Ein automatischer Blitzweißabgleich wäre besser gewesen.

Farbraum

Die PEN unterstützt die zwei Farbräume sRGB und Adobe RGB. Dieser Parameter wirkt sich nur auf die JPEG-Erstellung in der Kamera aus. Wenn Sie partout für ein Druckprojekt Adobe RGB benötigen, fotografieren Sie in *RAW+LN* und lassen die Einstellung auf *sRGB* – dann haben Sie für Ihren Bildschirm ein sRGB-JPEG, und für die Druckerei können Sie aus dem RAW ein AdobeRGB-Bild für den Print entwickeln. Haben Sie „Out-of-Cam" nur ein Adobe RGB-JPEG, müssen Sie dieses Bild erst unter Verlust in ein sRGB umwandeln, um es auf anderen Monitoren, einem Beamer oder gar im Internet problemlos verwenden zu können.

Beachten Sie, dass die allermeisten Großlabors nur sRGB unterstützen und Adobe RGB-JPEGs unter Verlust nach sRGB konvertieren müssen. Klare Empfehlung: *sRGB*.

Randsch. Komp.

Die Randschattenkompensation ist eine Besonderheit des FT-Systems. Damit teilen die Objektive der Kamera mit, ob sie und, wenn ja, wie viel sie vignettieren. Daraufhin hellt die JPEG-Engine die Ränder etwas auf. Bei der ersten E-System-Kamera, der E-1, brach mit Aktivierung dieser Funktion die Bildfrequenz dramatisch ein. Bei der PEN kann das Feature ohne Nachteile aktiviert werden. Die Funktion arbeitet ausgesprochen zuverlässig und ist vor allem im Weitwinkelbereich von Vorteil.

In Internetforen und im Handbuch wird vor dieser Funktion gewarnt, da erhöhtes Rauschen auftreten würde. Bei Versuchen konnte dieses Verhalten nicht nachvollzogen werden. Während beim Weitwinkel 14-45 bei 14 mm ohne Randschattenkompensation am Bildschirm eine Vignettierung erkennbar war, war diese mit eingestellter Korrektur verschwunden – erhöhtes Rauschen in den Bereichen der Kompensation war dagegen selbst mit höchster Vergrößerung und bei ISO 1000 nicht feststellbar.

Es ist trotzdem nicht ausgeschlossen, dass in sehr speziellen Situationen leicht erhöhtes Rauschen auftreten kann. Im Normalfall überwiegen die Vorteile der Funktion die Nachteile bei Weitem. Und, natürlich, die Funktion wirkt sich nur auf das von der Kamera erzeugte JPEG aus. Das RAW bleibt davon unberührt. Allerdings schreibt die Kamera die Parameter zur Kompensation in die Makernotes des RAW. Diese Parameter werden jedoch ausschließlich von Olympus-Software bei der RAW-Entwicklung umgesetzt.

Eine Ausnahme bildet die erste Serie (Firmware 1.000) des nicht mehr im Handel befindlichen Sigma-Objektivs DC 18-125. Es überträgt an die Kamera falsche Korrekturdaten, sodass die Bilder wie ausgeblichen wirken.

KAPITEL 4
FEINTUNING IM KAMERAMENÜ

Wenn Sie auf der sicheren Seite sein wollen: *Randsch. Komp* auf *Ein* und *RAW+JPEG*. Dann haben Sie eine korrigierte Version als JPEG und die RAW-Datei, falls Sie mit einem RAW-Konverter eines Fremdherstellers arbeiten wollen – oder falls Sie mit dem Sigma 18-125 fotografieren.

Auflösung einstellen

Hier legen Sie die vier JPEG-Auflösungen fest, die Sie im Auflösungsmenü einstellen können. Wenn Sie in RAW fotografieren, ist das natürlich völlig irrelevant. Wirklich interessant ist die Funktion, wenn Sie öfter mal nur fürs Web fotografieren, z. B. Produktbilder. Dann können Sie eine Minigröße mit 640 x 480 einstellen. Die Bildauflösungen für *Middle* und *Small* legen Sie unter *Bildgrösse* fest. Die Kompressionsstufen *Super Fine* (SF 1:2,7), *Fine* (F 1:4), *Normal* (N 1:8) und *Basic* (B 1:12) sind festgelegt. Wenn Sie eine dieser Stufen im Auflösungsmenü anwählen wollen, müssen Sie diese Stufen hier auswählen.

Bildgrösse

Die *Bildgrösse Large* können Sie natürlich nicht verändern. Aber Sie können für die mittlere Auflösung *3200x2400*, *2560x1920* oder *1600x1200* wählen, für die kleine Auflösung *1280x960*, *1024x768* oder *640x480*. Wenn Sie massenhaft Produktfotos fürs Web erzeugen, ist es sicher sinnvoll, eine entsprechend geringe Auflösung einzustellen. Aber denken Sie daran, diese Auflösung auch wieder zu ändern. Sonst schießen Sie am ersten Tag Ihres Urlaubs alles in Briefmarkengröße. Spielt Speicherplatz bei Ihnen keine Rolle, stellen Sie die Auflösung am besten niemals um. Machen Sie alles mit mindestens *LN*.

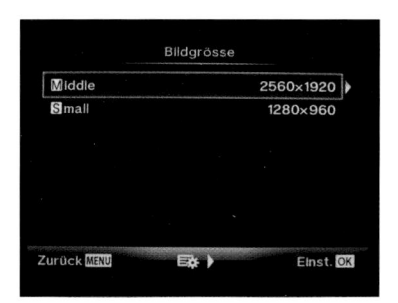

Die niedrigeren Auflösungen werden ebenso wie die höheren Auflösungen aus dem vollen RAW entwickelt, es wird kein „Pixelbinning" wie bei manchen Kompaktkameras durchgeführt. Die Ergebnisse unterscheiden sich also nicht von einer am PC durchgeführten Skalierung. Diese Option wird übrigens im Handbuch aus unerfindlichen Gründen „Pixel Zähler" genannt.

Anwenderspezifisch H: Aufnah./Löschen

Schnell Lösch.

Damit können Sie die lästige Rückfrage, ob Sie das Bild wirklich löschen wollen, abstellen. Halt! Scherz beiseite. Lassen Sie diesen Parameter auf *Aus*, sonst sind Ihre Bilder schneller weg, als Sie glauben.

RAW+JPEG lösch.

Wenn Sie *RAW+JPEG* fotografieren, können Sie hier einstellen, ob Sie mit einem Löschbefehl beide Bilder löschen wollen bzw. welches zuerst entsorgt werden soll. Prinzipiell ist aus einem misslungenen RAW sicher noch mehr herauszuholen als aus einem misslungenen JPEG, es ist also sinnvoller, wenn schon einzeln, das JPEG zuerst zu löschen. Andererseits macht das JPEG den Kohl nicht wirklich fett. Also kann man, wenn man löschen möchte, auch gleich beide löschen. Sinnvoll also: *RAW+JPEG*.

Wenn nicht gute Gründe für ein Löschen direkt in der Kamera sprechen, sollten Sie generell keine Bilder unterwegs löschen. Die Beurteilung von Bildern auf dem Display ist weder im positiven noch im negativen Sinn wirklich möglich.

Dateiname

Wird nicht in den Benutzereinstellungen gespeichert. Hier können Sie nicht etwa den Dateinamen der Bilder vergeben, sondern lediglich die Zählung ändern. Der einzige Grund, die Kamera hier auf *Reset* zu schalten, könnte darin bestehen, dass die Kamera dauernd von unterschiedlichen Fotografen genutzt wird, die ihre eigenen Karten dabeihaben, oder dass Sie technische Erfassungen wie z. B. Buchdigitalisierungen damit vornehmen.

Die im Handbuch angegebene Grenze von 999 Ordnern mit je 9.999 Bildern ist eher eine theoretische Grenze. Sie erfordert, dass mit der Kamera 809.000 Bilder gemacht werden. Das wird aller Voraussicht nach der Verschluss der PEN nicht aushalten. Und Ihr Zeigefinger im Übrigen auch nicht. 809.000 deswegen, weil die Kameras bei der Nummerierung der Ordner im Auslieferungszustand nicht bei *001OLYMP* anfangen, sondern bei *100OLYMP*.

Es kommt bisweilen vor, dass die Kamera, obwohl sie noch nicht an der bewussten Grenze angelangt ist, den Speicherplatz auf der Karte falsch berechnet und eine zu geringe Zahl für die Bilder anzeigt, die noch auf die Karte passen. In so einem Fall ist häufig die Dateistruktur der SD-Karte beschädigt. Eine Formatierung der Karte behebt meistens das Problem.

Dateinam.bearb.

Bis zur E-P3 hatten die Olympus-Kameras eine recht sinnvolle Konvention für ihre Dateinamen. Anstelle des „IMGXXXXX" bei anderen Herstellern bezeichnet bei Olympus die erste Stelle den verwendeten Farbraum (*P* für sRGB, Unterstrich _ für Adobe RGB), die zweite Stelle hexadezimal den Monat (*A* ist also Oktober, *B* November etc.), Stelle drei und vier den Tag des Monats, und die restlichen vier Stellen bilden eine fortlaufende Nummer.

HALT, FOTOGRAFIERVERBOT!

Übrigens, wenn Sie denken, dass Sie übereifrigen Sicherheitsbeamten, die Sie anweisen, ein Bild in der Kamera zu löschen, ein Schnippchen schlagen können, indem Sie einfach nur das JPEG löschen, das RAW aber behalten, sollten Sie das vorher gut üben. Die Kamera zeigt nach dem Löschen des JPEG sofort das entsprechende RAW an, sodass jemand, der auf der Löschung eines Bildes besteht, den Braten riecht, wenn Sie nicht über ausgeprägte Taschenspielerfertigkeiten verfügen. Einfacher ist es, nach der erzwungenen Löschung die Karte aus der Kamera zu nehmen und zu Hause das Bild mit einem Datenrettungstool (z. B. Recuva) wiederherzustellen. Vergewissern Sie sich aber, dass die Sicherheitsbeamten Ihnen das Fotografieren nicht vielleicht zu Recht verboten haben.

HIER IST EIN RESET SINNVOLL

Es kann allerdings sein, dass Sie schneller als gedacht auf die problematische Grenze von *999OLYMP* zusteuern. Wenn Sie eine Karte einschieben, die die Ordnerstruktur *DCIM\xxxOLYMP* aufweist, wobei *xxx* eine Zahl oberhalb ihrer bisherigen Zahl ist, und auf dieser Karte fotografieren, übernimmt die Kamera diese Zahl als aktuelle Nummerierung und schreibt auf die nächste Karte einen Ordner mit gleicher Zählung. Wenn Ihnen nun ein böswilliger Wicht eine SD-Karte mit einer Ordnerstruktur *DCIM\998OLYMP* unterschiebt, sind Sie schon fast am Ende angelangt. Da ist dann so ein Reset außerordentlich sinnvoll. Unabsichtlich kann das passieren, wenn ein Wartungstechniker seine eigene SD-Karte in Ihre Kamera geschoben und ein Testbild gemacht hat.

Ändern können Sie nur die ersten beiden Stellen. Wenn Sie niemals den Farbraum bei Ihren JPEG-Bildern wechseln, ist sicher die erste Stelle entbehrlich, wenn Sie den Monat aber durch einen fixen Buchstaben ersetzen, haben Sie zwölf Mal im Jahr einen 14. - und damit kann es vorkommen, dass Sie doppelte Dateinamen erhalten, was sehr lästig werden kann. Es ist also durchaus sinnvoll, die Namenskonvention von Olympus beizubehalten.

Eine Ausnahme gäbe es, wenn Ihre Kamera in der Firma oft ausgeliehen wird und die jeweiligen Fotografen ihre Kürzel in den Dateinamen einfügen. Die Wahrscheinlichkeit, dass ein Mitarbeiter über Jahre hinweg die Kamera immer am gleichen Tag des Monats ausleiht und es dadurch zu identischen Dateinamen kommt, ist recht gering. Seit der E-P3 haben die Kameras ab Werk die ersten drei Stellen – bei sRGB sogar die ersten vier Stellen – zur freien Verfügung, voreingestellt sind sie mit *PEN*. Sie können nun für jeden dieser Buchstaben ein Zeichen von A bis Z oder 0 bis 9 vorgeben oder auch auf *OFF* schalten. Damit bekommen Sie die bisher übliche Nummerierung P – Monat – Tag – laufende Nummer. Diese Möglichkeit ist – falls es keine schwerwiegende Gründe dagegen gibt – entschieden die beste.

Prio. Einst.
Damit stellen Sie ein, ob die Sicherheitsabfrage vor dem Löschvorgang mit *Ja* oder *Nein* vorbelegt wird. *Ja* ist ein netter Kompromiss zwischen Sicherheit und nervigen und zeitfressenden Rückfragen. Für maximale Sicherheit oder wenn Sie häufiger dazu neigen, lästige Dialoge wegzuklicken, ohne sie zu lesen, nehmen Sie *Nein*. Beachten Sie, dass es dabei nicht nur um das Löschen von Bildern, sondern auch um das Formatieren von Karten geht.

dpi Einstellung
Hier können Sie die dpi-Zahl in den EXIF-Daten beeinflussen. Software, die diese Zahl ausliest, stellt das Bild dann beim Import auf eine Grafikseite in vernünftiger Größe dar. Zudem sind manche Verlage glücklich, wenn in diesem Feld eine Zahl steht, die größer oder gleich 300 ist. Stellen Sie also diese Zahl auf *300* ein oder lassen Sie die voreingestellten *350* stehen – es sei denn, Sie wollen die Layouter Ihres Verlags ärgern: Dann stellen Sie irgendwas unter 30 ein. Auf das Bild hat diese Einstellung keinen Einfluss.

Eine direkte Auswirkung kann das aber haben, wenn Sie aus der Kamera heraus ausdrucken wollen und der Drucker diesen Wert für die Ermittlung der Druckauflösung verwendet. Überprüfen Sie mit dem von Ihnen bevorzugten Drucker, ob das der Fall ist.

Copyright Einstell.
Seit der E-P3 kann nun auch bei Olympus-Geräten gleich in der Kamera ein Copyright-Vermerk ins Bild geschrieben werden. Zuerst wird mit *Copyright Info* festgelegt, ob überhaupt ein Copyright geschrieben werden soll – klare Empfehlung: *Ja*. Auch wenn diese Daten von kriminellen Elementen natürlich entfernt werden können, wird dadurch die Datei verändert, und einige Prüfsummen stimmen dann nicht mehr, sodass die Manipulation im Vergleich mit dem Original nachgewiesen werden kann. Anschließend können Sie bei *Künstlername* Ihren Namen eingeben – und bei *Copyright Name* gleich noch mal.

Warum nun die beiden unterschiedlichen Felder, wenn doch der gleiche Name drinsteht? Einerseits ist es dadurch möglich, ein Pseudonym in der Bilddatei unterzubringen, andererseits ist es vor allem im amerikanischen Raum üblich, die Bildagentur, in deren Auftrag der Fotograf arbeitet, gleich in die Datei zu schreiben. Die Agentur, die die Bildrechte wahrnimmt, landet also im Feld *Copyright Name*.

Diese Daten werden übrigens in den sogenannten EXIF-Header des Bildes geschrieben. EXIF ist die Abkürzung von „Exchangeable Image File Format". Es gibt eine weitere Möglichkeit, solche Daten in ein Bild zu schreiben, die sogenannten IPTC-Felder. Auch das ist wieder eine Abkürzung: IPTC bedeutet „International Press Telecommunications Council", und dieser Standard heißt eigentlich komplett IPTC –

NAA, da er zusammen mit der NAA, der „Newspaper Association of America", entwickelt wurde.

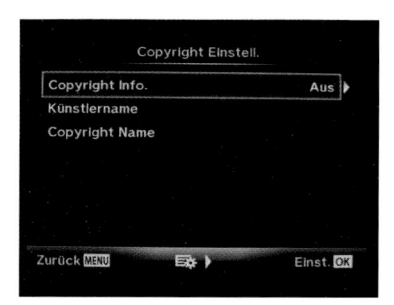

Die PEN schreibt aber keinen IPTC-Header in die Datei. Sobald mit einem externen Programm (z.B. Picasa, Aperture oder Lightroom) IPTC-Daten in die Datei geschrieben werden sollen, legt dieses Programm einen IPTC-Header an und schreibt dort hinein. Damit ist das Bild, obwohl es eigentlich überhaupt nicht verändert wurde, nicht mehr „Out-of-Cam", Häufig verrät das Programm auch gar nicht, dass es jetzt IPTC-Daten schreibt. Die meisten bieten einfach eine Verschlagwortung an und fertig.

Anwenderspezifisch I: Movie
Die Menüpunkte dieses Abschnitts waren in älteren PENs im *Aufnahmemenü* untergebracht.

Creativ Video M.
(früher: FILM AE MODUS)

Hier geht es um die Belichtungssteuerung bei Videos. Bewegtbildaufnahmen folgen prinzipiell anderen Gesetzen als Aufnahmen von Standbildern. Es fängt damit an, dass natürlich nicht länger als 1/30 Sekunde belichtet werden kann – schließlich sollen ja 30 Bilder pro Sekunde gemacht werden.

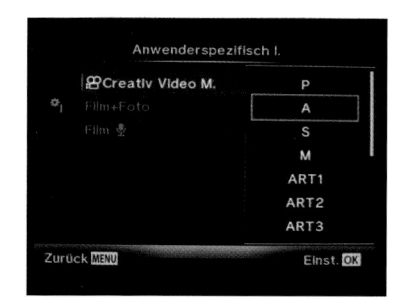

Das nächste Problem liegt darin, dass während der gesamten Videoaufnahme der mechanische Schlitzverschluss der PEN offen bleibt und lediglich ein elektronischer Verschluss zum Einsatz kommt. Der elektronische Verschluss der PEN wird dadurch realisiert, dass der Sensor elektronisch gelöscht und anschließend nach der Verschlusszeit neu ausgelesen wird. Das geschieht zeilenweise von unten nach oben und dauert eine gewisse Zeit, nämlich etwa 1/50 Sekunde. Je nach Verschlusszeit wird die entsprechende Zeile 1/30 Sekunde vor dem Auslösen gelöscht – oder eben 1/4.000 Sekunde vorher. Die Belichtung ist damit korrekt, es ergibt sich aber ein sehr interessanter Effekt, der in der Frühzeit der Fotografie als Rolling-Shutter-

Effekt berüchtigt war. Während der Sensor zeilenweise ausgelesen wird, kann sich das Motiv nämlich bewegen. Ein vorbeifahrendes Auto z. B. legt in der Auslesezeit von 1/50 Sekunde einen halben Meter zurück. Das Dach des Fahrzeugs wurde am Anfang dieser Zeit ausgelesen, die Räder am Ende – dabei haben sich die Räder aber bereits einen halben Meter gegenüber dem Dach weiterbewegt. Das Dach wird übrigens zuerst eingelesen, weil das Bild am Sensor auf dem Kopf steht – es wird nur durch die intelligente Elektronik wieder auf die Räder gestellt. Die resultierenden Bilder sehen durchaus rasant aus, sind aber oft so nicht beabsichtigt.

Fahrzeug mit etwa 100 km/h, Belichtungszeit ca. 1/50, Creativ Video M. *auf P. Standbild aus einer Videoaufnahme.*

Ähnliche Effekte erhält man, wenn sich nicht das Motiv bewegt, sondern die Kamera. Bei einem schnellen Schwenk scheinen feste Häuser auf einmal wie Gräser im Wind zu schwanken.

Durch eine Verkürzung der Belichtungszeit wird dieser Effekt nicht gemildert, das Bild wird nur schärfer. Während man die Verzerrung von schnell vorbeifahrenden Autos noch tolerieren kann und schnelle Schwenks filmisch sowieso vermieden werden sollten, gibt es Situationen, in denen der Rolling-Shutter-Effekt ausgesprochen störend zuschlägt: wenn Sie beispielsweise auf instabilem Untergrund stehen und Landschaft freihändig filmen, etwa von einem Boot aus. Das Verwackeln kann vom internen Bildstabilisator nicht ausgeglichen werden, und was Sie dann filmen, sind im Endeffekt lauter kleine, schnelle Schwenks, um das Motiv im Bild zu halten. Wenn Sie dann eine Bergkette filmen, scheinen diese Berge auf einmal wie Pudding hin- und herzuschwanken. Einzige Abhilfe: ein Stativ – und fester Boden. Durch Nachbearbeitung am Computer ist das Problem nicht zu lösen. Der Fachmann spricht bei diesem Effekt von Wobbel.

Die Standardeinstellung für *Creativ Video M.* ist *P.* Damit geben Sie die Schärfentiefekontrolle an die Kamera ab, haben aber meistens ein richtig belichtetes Video. Wird die Umgebung zu dunkel, regelt die Kamera die Empfindlichkeit hoch, sodass die Bilder etwas körniger werden.

Wollen Sie kreativer filmen und aktiv mit der Schärfentiefe arbeiten, ist *A* die richtige Wahl. Sie legen damit die Blende fest, und die Belichtung wird nun durch die Zeitautomatik erledigt. Das *A* ist dann die richtige Einstellung, wenn Sie Ihre Filme zu jeder Zeit genau planen. Haben Sie hoch lichtstarke Brennweiten – etwa das Zuiko 50 mm f/2,0 – und wollen mit Offenblende filmen, kann es Ihnen im Freien sehr schnell passieren, dass selbst 1/4.000 Sekunde nicht mehr ausreicht, um eine korrekte Belichtung sicherzustellen. Bei ISO 200 sind das lediglich 13 EV, die bereits bei ein bisschen Sonne gern überschritten werden.

Achten Sie auch darauf, dass die neueren PENs grundsätzlich zwischen ISO 400 und ISO 1600 filmen – das müssen Sie beim Einstellen von Blende und Belichtungszeit berücksichtigen. Bei der E-P2 lag der Bereich noch zwischen ISO 200 und ISO 1600. Auch im manuellen Modus haben Sie

KAPITEL 4
FEINTUNING IM KAMERAMENÜ

keinen Zugriff auf andere ISO-Werte, allerdings können Sie immerhin bestimmen, welche ISO ausgewählt wird. Seit der E-P2 kann man auch Blende und Belichtungszeit gänzlich manuell einstellen. Der Weg ist damit frei für bewusste Unter- und Überbelichtung und auch für Schwenks durch unterschiedliche Belichtungsverhältnisse, ohne dass die Kamera von selbst nachregelt, was ein unschönes Pumpen der Belichtung zur Folge hat. Die verschiedenen ART-Filter beinhalten wieder Automatiken, bei denen die Kamera die Blendensteuerung übernimmt.

Für den schnellen Dreh ist natürlich die Standardeinstellung P optimal, sobald aber mit mehreren Kameras gefilmt werden soll, kommt man kaum um den vollmanuellen Modus herum, da sonst mit krassen Belichtungsunterschieden beim Schnitt zu rechnen ist.

Film+Foto

Mit dieser Funktion stellen Sie ein, dass automatisch am Ende eines Videos ein Standbild in Vollauflösung gemacht wird. Wenn Sie also die Videoaufnahme durch Druck auf den Auslöser beenden, klappert der Verschluss, und es wird ein Bild gemacht.

Das ist außerordentlich praktisch, wenn Sie, während Sie filmen, plötzlich etwas sehen, was Sie fotografieren wollen. Sie beenden einfach das Video – und das Bild ist im Kasten. Dann starten Sie die Filmaufnahme durch einen erneuten Druck auf den Auslöser wieder. Wenn Sie aber einfach nur filmen möchten, ist das Feature sehr irritierend. Besser ist es, Video und Foto zu trennen und am Moduswahlrad auf einen der Fotomodi zu schalten, um zu fotografieren. Videoaufnahmen verbrauchen schnell sehr viel Speicher auf der Karte, sodass man Video sehr bewusst einsetzen sollte.

ART-Filter Zartes Sepia. Der Filter wirkt wie der Standard-Sepia-Filter, verstärkt aber die Kontraste, die beim normalen Sepia meistens zu flau kommen, und zeichnet etwas weicher.

AUFNAHMEDATEN	
Brennweite	31 mm
Blende	f/2,0
Belichtung	1/15 s
ISO	800

159

Film Mikrofon

Sie können das eingebaute Mikrofon für Video auch abschalten. Es gibt viele Gründe dafür, Video ohne Ton zu drehen, meistens sollte das Mikro aber anbleiben, der Ton kann ja im Zweifelsfall im Nachhinein noch entfernt werden und leistet beim Schnitt zur Synchronisation unschätzbare Dienste.

Anwenderspezifisch J: Utility

Pixel Korr.

Der Sensor enthält eine ziemlich große Anzahl Halbleiterelemente. Über zwölf Millionen davon sind lichtempfindlich. Wenn nun eines von diesen zwölf Millionen Pixeln ausfällt, gibt es helle, farbige oder dunkle Punkte im Bild. Taucht so ein Pixel in den Bildern auf, kann man dem Prozessor sagen: Dieses Pixel bitte nicht mehr zur Bildberechnung verwenden! Der Bildprozessor berechnet dann den Inhalt des Pixels aus den Pixeln der unmittelbaren Umgebung. Da er das sowieso die ganze Zeit macht, entsteht auch kein großes Problem. Wenn also seltsame Pixel auftauchen: Pixelkorrektur aufrufen und laufen lassen.

Da bei diesem Prozess der Sensor kalt sein sollte – sonst hält der Prozessor am Ende ein Hot-Pixel für ein Dead-Pixel und blendet es aus –, sollten Sie immer ein paar Minuten warten und die Kamera in der Zeit nicht in die pralle Sonne legen.

Belichtungsjustage

Diese Funktion der PEN ermöglicht es, für ESP, mittenbetonte Integralmessung und Spotmessung jeweils eine feste Unter-/Überbelichtung von bis zu einer Blendenstufe (+/-1 EV) festzulegen. Wenn Sie also gern 1/6 unterbelichten wollen, um etwas mehr Luft in den Lichtern zu haben, oder generell etwas dunklere Bilder bevorzugen, haben Sie hier die ideale Funktion gefunden.

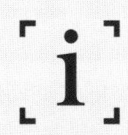

> **PIXELKORREKTUR MIT BEDACHT**
>
> In manchen Büchern wird empfohlen, die Pixelkorrektur alle paar Monate durchlaufen zu lassen. Zur Vorsicht sozusagen. Das ist aber der falsche Weg. Sie blenden damit auch Pixel aus, die eigentlich noch in Ordnung sind, aber vielleicht an dem Tag gerade noch etwas zu warm waren, und das kostet Auflösung. Nicht viel, aber warum das ohne Not riskieren? Sie putzen ja den Sensor auch nicht, wenn er sauber ist. Einzelne falsche Pixel sind, sobald sie auffallen, relativ problemlos am Computer zu beseitigen. Und dann können Sie immer noch die Pixelkorrektur aufrufen.

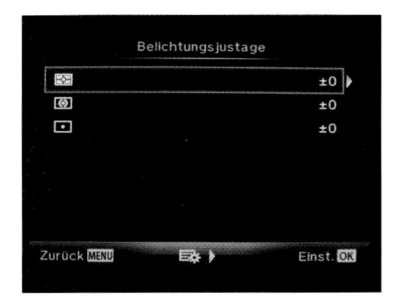

Behalten Sie diese Belichtungsjustage aber im Kopf, Sie werden bei der Aufnahme nicht daran erinnert. Wenn Sie zusätzlich unter- oder überbelichten wollen, schrumpft der Spielraum, den Sie haben. Da die PEN bis zu 5 EV über-/unterbelichten kann, ist der Verlust jedoch nicht gravierend.

Um das zu verdeutlichen: Wenn Sie –1 EV in Belichtungsjustage unterbelichten, können Sie ab diesem Punkt nur noch weitere –4 EV unterbelichten bis maximal insgesamt –5 EV. Sie können den Wert zwar auf –5 EV drehen, die Belichtungssteuerung wird aber nur –4 EV registrieren. Wenn Sie ab –1 EV aber überbelichten, können Sie +5 EV überbelichten – auf eine Summe von insgesamt +4 EV.

Batterielevel

Diese Bezeichnung ist wieder etwas irreführend. Es geht hier nicht um den Level einer Batterie, sondern um den Ladezustand des Akkus und hierbei darum, wann der Warnhinweis auftaucht. Der ab Werk eingestellte Wert ist ein guter Kompromiss zwischen zu früh und zu spät. Nehmen Sie den Warnhinweis auf jeden Fall ernst und wechseln Sie den Akku sofort. Wenn der Saft ausgeht, kann sich die Kamera während eines Schreibvorgangs – etwa beim Video – abschalten. Zudem mögen manche Ladegeräte keine tiefentladenen Akkus, und dem Akku selbst tut es auch nicht gut. Wenn Sie immer einen zweiten Akku in der Tasche haben und gewohnheitsmäßig sofort nach Erscheinen des Symbols wechseln, können Sie den *Batterielevel* zwei Stufen nach unten ändern, sind Sie dagegen stets mit leichtem Gepäck unterwegs, gehen Sie lieber zwei Stufen nach oben, dann ist noch etwas Reserve drin, um die letzten Bilder „in den Kasten" zu bringen.

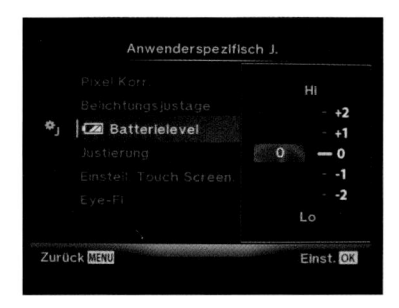

Justierung

Diese Option (im Handbuch fälschlicherweise „Virt. Horiz" genannt) besitzen nur die E-Px-Kameras. Hier geht es um die Justierung der eingebauten Wasserwaage. Normalerweise ist die Kamera ab Werk ausreichend genau eingestellt. Wenn Sie aber der Meinung sind, dass die Werkeinstellung falsch ist, können Sie sie ändern. Das richtige Vorgehen besteht nicht darin, die Kamera auf ein Stativ mit Wasserwaage zu schrauben, dann das Stativ einzustellen und damit die Kamera zu kalibrieren. Besser ist es, die blanke Kamera ohne Objektiv, aber mit Abdeckkappe auf eine massive Stahlplatte oder einen hundertprozentig ebenen Tisch zu stellen. Dass diese Unterlage in alle Richtungen eben ist, sollte mit einer hochwertigen Wasserwaage geprüft werden. Die auf dieser Unterlage stehende Kamera können Sie dann entsprechend über diesen Menüpunkt justieren.

Achtung! Die Wasserwaage hat eine eingebaute Messungenauigkeit, sprich, sie ist nicht ultra-empfindlich. Das hat den einfachen Grund, weil sie sonst wahrscheinlich bei Ihren Versuchen, sie waagerecht zu halten, gehörig nerven würde.

Einstell. Touch Screen (nur E-P3)
Hier können Sie den Touchscreen komplett abschalten, und zwar nicht nur halb, wie über das Icon links unten am Touchscreen, sondern komplett. Er ist dann auch nur über diesen Menüpunkt wieder einzuschalten.

Der Touchscreen hat ein paar nervige Eigenschaften: Wird der aktive Touchscreen beispielsweise mit der linken Hand berührt, sind die Bedientasten blockiert. Das ist natürlich logisch, da man den Fokus sonst mit Touchscreen und Pfeiltasten gleichzeitig verstellen könnte. Allerdings blockieren die Tasten auch dann, wenn man gar nicht die Absicht zum Verstellen hatte, sondern lediglich mit dem linken Daumenballen am Rand des Screens aufliegt.

Eye-Fi
Eine Eye-Fi-Karte ist eine SD-Karte, die einen WLAN-Sender/-Empfänger eingebaut hat. Sie können hier im Menü die WLAN-Funktionalität der Karte aktivieren. Ansonsten arbeitet sie als ganz normale SD-Karte.
Wichtig: Die PENs unterstützen den Endless-Eye-Fi-Modus nicht, bei dem die Bilder, die bereits übertragen wurden, von der Karte gelöscht werden, sodass die Karte nie voll werden kann. Über die Konfiguration und den Betrieb von Eye-Fi-Karten gibt es kontroverse Aussagen, generell sollte man jedoch nicht allzu viel Geschwindigkeit von der Karte erwarten. Eine Übertragungsrate von fünf bis sechs Sekunden pro JPEG sind normal, unter optimalen Bedingungen – sehr starkes WLAN, 2 Meter von der Kamera entfernt – sind es knapp unter vier Sekunden für ein 2 MByte großes JPEG. Möchten Sie RAWs übertragen, muss es die deutlich teurere Pro-Karte sein. Die billigeren übertragen nur JPEGs. Bei einem RAW müssen Sie sich zwischen 15 und 60 Sekunden gedulden. Längere Videoclips werden besser mittels Kartenleser übertragen. Ein guter WLAN-Router sollte selbstverständlich sein.

Eine 8-GByte-Eye-Fi-Pro-Karte im SD-Kartenslot der PEN E-P3.

Zudem sollten vor dem Einschalten der Eye-Fi-Karte auf der Karte bereits einige Bilder gespeichert sein, damit die Verbindung zum WLAN-Router funktioniert. Ist die Karte leer oder sind nur ein oder zwei Bilder darauf, fängt sie mit der Übertragung nicht an. Findet nach 20 Bildern immer noch keine Übertragung statt, schalten Sie die Kamera aus und wieder ein. Seien Sie aber nicht ungeduldig, wenn die Eye-Fi-Karte einige Zeit braucht, bis sie sich eingeloggt hat und mit der Übertragung beginnt.
Am WLAN-Router muss DHCP aktiviert sein, da es keine Möglichkeit gibt, der Eye-Fi-Karte eine feste IP-Adresse zuzuweisen. Für

KAPITEL 4
FEINTUNING IM KAMERAMENÜ

die Installation der Eye-Fi-Karte benötigen Sie einen Internetzugang und eine E-Mail-Adresse. Verbindungen zum iPad und zu Android-Tablets sind möglich, teilweise aber etwas komplex zu handhaben. Hilfe gibt es in den einschlägigen Internetforen.

Überträgt die Eye-Fi-Karte Bilddaten, signalisiert das die PEN mit einem blinkenden grünen Symbol links oben im Display neben dem Batteriesymbol.

Wenn Sie die Daten nicht auf einen lokalen Computer übertragen wollen, sondern in ein Netzwerk, funktioniert das, solange der Computer, auf dem das Eye-Fi-Center läuft, irgendwo im Netzwerk steht. Die Eye-Fi-Karte kann sich jedoch nicht selbsttätig in ein Netzwerk einloggen und als Client fungieren. Wollen Sie die Bilder direkt auf ein NAS schieben, ohne dass das Eye-Fi-Center irgendwo läuft, benötigen Sie eine schnelle Standleitung, da die Eye-Fi-Karte dann die Daten per Internet auf den Eye-Fi-Server in die USA schickt, von wo sie dann per FTP zurück auf das NAS kommen. Leider müssen Sie dazu Ihre Firewall für FTP öffnen, was manchen Leuten Bauchschmerzen bereitet. Eine Alternative ist ein Buffalo-NAS, das das Eye-Fi-Protokoll nativ unterstützt – auf dieses kann direkt geladen werden.

Beachten Sie, dass die Eye-Fi-Karte den Akku der PEN stark belastet. Bei den älteren PENs ist es wichtig, den *Ruhe Modus* so anzupassen, dass die Kamera nicht vor Ende der Übertragung abschaltet.

Konfiguration Accessory-Port

Dieses Menü gibt es erst seit der E-P3. Es dient der Konfiguration von elektronischem Gerät am Accessory-Port.

Olympus PENPAL

Der PENPAL ist ein Bluetooth-Modul, das einen 2 GByte großen internen Speicher für Bilder hat. Mit dem PENPAL können Sie Bilder aus der Kamera einfach an ein Endgerät schicken, das Bluetooth-Datenübertragung erlaubt. Leider schließt das zum derzeitigen Zeitpunkt iPod, iPad und iPhone noch aus, da Apple die Profile OPP und BIP nicht unterstützt.

Hier stellen Sie die Verbindungsdaten Ihres Bluetooth-Endgeräts ein und in welcher Auflösung die Bilder gesendet werden sollen. Zur Auswahl stehen *Klein* (640 x 480), *Mittel* (1.280 x 960) und *Groß* (1.920 x 1.440).

Im PENPAL-Album können Sie den internen Speicher des PENPAL verwalten – ob Sie nun kopieren, löschen oder formatieren wollen. Im internen Speicher können Sie auch Bilder in voller Auflösung ablegen,

---

DIREKTE ANZEIGE DER BILDER

Zur direkten Anzeige der übertragenen Bilder gibt es Lösungen wie ACDSee, FastStone Image Viewer, Windows Photo Gallery und den ProShow Producer. Überaus einfach ist ein Utility, das unter dem Namen Previewer-0.02.exe im Netz kursiert. Es wurde ursprünglich von einem Eye-Fi-User selbst geschrieben und freigegeben. Es hat ein cooles Feature und kann markieren und löschen. Man kann bei der Anzeige die `Entf`- oder `←`-Taste drücken, und das Bild wird mit einem großen, roten *Trash* sofort gelöscht. Mit der `↑`-Taste erhält das Bild ein *Good* im Dateinamen, mit `↓` ein *Bad*. Der Downloadlink für das winzige Programm findet sich im Eye-Fi-Forum. Eine Hilfefunktion gibt es nicht.

übertragen werden allerdings nur herunterskalierte Bilder.

Sucher Einstellung

Diesen Menüpunkt gibt seit es E-P2, auch wenn er früher in einem anderen Menü untergebracht war. Er ist auch nur dann anwählbar, wenn einer der elektronischen Sucher VF-2 oder VF-3 montiert ist. Sie passen damit Helligkeit und Farbtemperatur des Suchers an. Beim VF-3 kann man unter Umständen die Farbtemperatur etwas in den warmen Bereich verschieben, da der VF-3 ab Werk ein wenig kalt eingestellt ist. Die Umschaltung *Vivid/Normal* wie beim Display bietet der Sucher leider nicht.

Das versteckte Servicemenü

Leider ist das *Olympus Servicemenü* offiziell undokumentiert, einige Informationen dazu hat aber die weltweite Olympus-Community zusammengetragen. Das *Servicemenü* wird über eine Reihe von Tastenkombinationen aufgerufen. Beachten Sie dabei vor allem: keine Hektik. Die meisten Fehler werden gemacht, wenn man nicht Schritt für Schritt vorgeht oder die einzelnen Tasten zu schnell hintereinander drückt.

- Kamera ausschalten.
- MENU-Taste drücken und Kamera mit gedrücktem Knopf einschalten.
- MENU-Taste loslassen und neu drücken. Man sieht die normalen Menüs.
- Zu LCD-Helligkeit gehen (*Einstellungsmenü*, dritter Eintrag von oben).
- Auf rechts drücken, bis man den Helligkeitsregler sieht.
- INFO-Taste drücken.
- OK-Taste drücken.

Vor dem Hintergrund eines gerade aufgenommenen Bildes erscheint in weißer Schrift auf schwarzem Grund *Olympus* und der Typ der Kamera sowie vier Zahlenpaare. Diese Zahlen dürften Informationen über die angeschraubte Peripherie sein.

Nun müssen die Pfeiltasten in folgender Reihenfolge gedrückt werden: oben, unten, links, rechts. Sie erhalten keinerlei Bestätigung, ob Sie das richtig gemacht haben.

Dann muss der Auslöser einmal zügig durchgedrückt werden. Keine Sorge, es wird kein Bild gemacht, kein Autofokus, kein gar nichts. Sie spüren auch keinen Widerstand beim Durchdrücken, und es ändert sich immer noch nichts am Bildschirm.

Jetzt haben Sie Zugriff auf die vier Servicebildschirme. Durch Druck auf die Pfeiltaste nach oben erhalten Sie Bildschirm 1, mit der Pfeiltaste rechts Bildschirm 2, mit der Pfeiltaste unten Bildschirm 3 und mit der Pfeiltaste links Bildschirm 4.

Wenn Ihnen die Sache unheimlich wird, schalten Sie die Kamera einfach wieder aus. Was bedeuten nun die kryptischen Zahlen? Nicht alles ist bekannt, aber was bekannt ist, finden Sie hier:

Servicemenü: Bildschirm 1

Das sind die verschiedenen Firmwareversionen:

U: Main Unit, also der Firmwarestand der Hauptplatine.

L: Die Firmware des Objektivs.

F: Die Firmware des Blitzes.

Servicemenü: Bildschirm 2

R: Anzahl der Verschlussauslösungen.

S: Anzahl der Blitzauslösungen.

C: Anzahl der manuellen Reinigungen.

U: Anzahl der SSWF-Reinigungen.

V: Anzahl der Live-View-Auslösungen – sollte bei 0000 liegen.

B: Anzahl der tatsächlich gemachten Bilder.

Die Anzahl der Verschlussauslösungen kann weit über der Anzahl der Bilder liegen, da zum Beispiel auch ein manueller Weißabgleich den Verschluss auslöst.

Die Anzahl der Live-View-Auslösungen ist ein Überbleibsel aus der DSLR-Zeit, dort wurde dieser Zähler hochgesetzt, wenn der Spiegel hochgeklappt wurde.

U sind nicht nur die Einschaltvorgänge – auch vor dem Live-View und noch bei anderen Gelegenheiten wird der Sensor gereinigt.

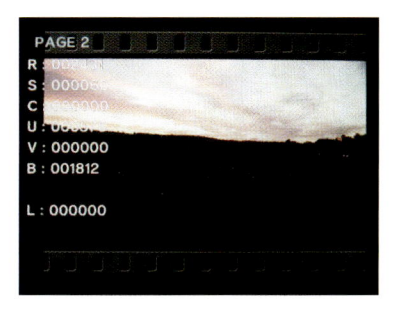

Servicemenü: Bildschirm 3

CS ist die Seriennummer Ihrer Kamera.

Servicemenü: Bildschirm 4

D zeigt den letzten Fehlercode an, wenn es einen letzten Fehlercode gibt. Den kann man durch Druck auf die OK-Taste löschen, was man aber tunlichst unterlassen sollte, da der Olympus-Service dann nicht mehr darauf zugreifen kann. Ein Überblick über Fehlercodes ist nicht verfügbar.

FOTOPRAXIS UND MOTIV-WELTEN

[5]

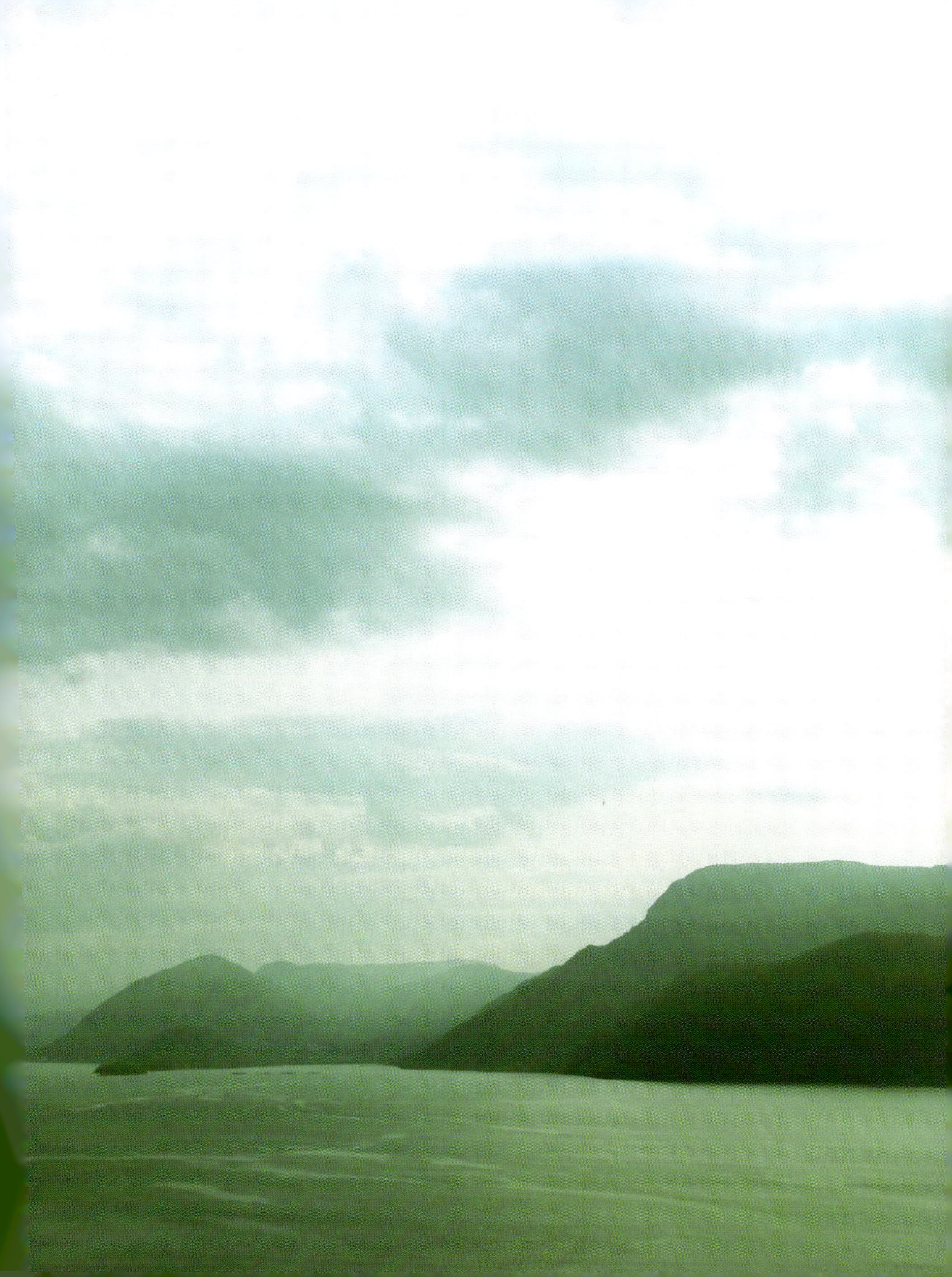

168

KAPITEL 5
FOTOPRAXIS UND MOTIVWELTEN

Fotopraxis und Motivwelten

171	**Architekturfotografie**	197	Sternenbilder mit Astrostativ
171	Beleuchtung des Bauwerks	198	Autofokus abschalten
172	Abend- und Morgenlicht	198	Licht zur blauen Stunde
172	Shiften und Tilten	198	Weißabgleich bei Nacht
173	Blitzen in Innenräumen	199	**Panoramafotografie**
173	**Backpacking**	199	Motivprogramm Panorama
174	Objektive für unterwegs	200	Bildaufbau genau planen
174	Blitz beim Backpacking	201	Format und Überlappung
		201	Geeignete Objektive
175	**Eventfotografie**	202	Methoden der Belichtung
176	Rockkonzerte	203	Polfilter und Panoramen
180	Jazzkonzerte	203	Multi-Row-Panoramen und Gigapixelbilder
181	Comedians	204	Kugelpanoramen
182	Theater und Klassikkonzerte	207	**Porträtfotografie**
183	**HDR-Fotografie**	208	Auseinandersetzung mit dem Motiv
183	Motive für HDR-Bilder	209	Geeignete Objektive
184	Grundlegende HDR-Technik	209	Hintergrund und Umfeld
185	Automatisches Bracketing	211	Gruppenporträts
185	Stativ und Spiegelvorauslösung		
186	RAW oder JPEG?	212	**Sportfotografie**
		212	Manuelle Fokusfallen
187	**Landschaftsfotografie**	213	Rasant wirkende Mitzieher
188	Hyperfokaldistanz nutzen		
189	Landschaftsbilder mit GPS-Daten	215	**Filmen mit der PEN**
		215	Brennweite
191	**Makrofotografie**	216	ART-Filter
191	Abbildungsmaßstab erhöhen	217	Kurze Clips
192	Einstellen der Schärfeebene	217	Bildaufbau
192	Objektiv in Retrostellung	217	Schwenks
193	Verlegen der Schärfeebene	217	Klappe
194	Achromatische Nahlinsen	218	Beleuchtung
194	Bildgestaltung und Aufbau	218	Graufilter
		218	Ton
194	**Nachtaufnahmen**	219	Stativkopf
194	Wenn es wirklich dunkel ist	219	Handlung
195	Vollmond am Himmel	219	Schnittprogramme

Rentiere gibt es in Lappland in Mengen, trotzdem ist es schwierig, sie von der Seite oder von vorne aus nächster Nähe zu erwischen. Da ist die schnelle PEN mit dem M.Zuiko 75-300 mm ideal.

5. Fotopraxis und Motivwelten

„Wenn dein Bild nicht gut genug ist, warst du nicht nah genug dran." Dieser Spruch von Robert Capa ist von Millionen Fotografen seitdem missverstanden worden, die nun mit langem Zoom durch die Gegend stiefeln oder den bedauernswerten Opfern die Weitwinkelboliden vor die Nase halten.

KAPITEL 5
FOTOPRAXIS UND MOTIVWELTEN

■ Capa war Leica-Fotograf und verwendete keine Zooms – sie waren noch nicht erfunden. Für die Leica gab es gerade ein halbes Dutzend Objektive mit teils zweifelhaftem Nutzwert – entweder kratzempfindlich wie das Summar 50 mm, das die Ursache für die noch heute grassierende „Unsitte" der Schutzfilter ist, oder bei den damaligen Filmempfindlichkeiten (üblich waren ISO 25) absurd lichtschwache Telebrennweiten wie das 6,3/105 Berg-Elmar.

Capa fotografierte mit Normalbrennweiten und war mitten im Geschehen – anders als andere Kriegsberichterstatter, die weit hinten aus der Deckung knipsten und deshalb nur die üblichen Suchbilder – der Punkt da links hinten, das ist der angreifende Panzer – zustande brachten. Capa hatte mit seiner Technik lange Glück – bis 1954. Viele Kriegsberichterstatter sind ihm mittlerweile auf die eine oder andere Weise gefolgt.

Sein Spruch wird inzwischen anders interpretiert: Beschäftige dich mit deinem Motiv, sei Teil davon, verstehe es, beziehe Position zu deinem Motiv. Auch das hat Capa getan. Und das ist sicher eine gute Interpretation. Bilder können jedoch nicht nur politisch relevant sein, sie können auch von dokumentarischem Wert sein. Sie können Werbezwecken dienen – oder auch einfach nur schön sein. Es ist Ihre Entscheidung, welches Bild Sie heute machen wollen. Machen Sie es aber bewusst.

Architekturfotografie

Wenn Sie sich ernsthaft mit Architekturfotografie beschäftigen wollen, kommen Sie um eines der beiden 7-14-Objektive nicht herum. Ein Stativ mit exaktem Kopf und guter Wasserwaage ist selbstverständlich Pflicht. Falls Sie mit einem 9-18 oder einem 11-22 fotografieren, ist ein Polfilter Pflicht – nicht nur um den Himmel aufzuhübschen, sondern vor allem um Reflexionen an Fenstern und auf Dachziegeln unter Kontrolle zu bringen. Beim großen Bildwinkel des 7-14 ist ein Polfilter dagegen weniger sinnvoll – abgesehen davon, dass man ohne größere Handstände auch gar keines montieren könnte. Bei den großen Bildwinkeln würde ein Polfilter nur in Teilbereichen des Bildes wirksam werden. Sie würden also nur auf Teilen der Fassade die Spiegelungen entfernen, und das Himmelsblau änderte sich durch das Bild – ein Effekt, der nur in seltenen Fällen dem Bild guttut.

Beleuchtung des Bauwerks

Schenken Sie der Beleuchtung des Bauwerks genauso viel Aufmerksamkeit wie der bei einem guten Porträt. Ein Schatten quer über die Fassade kann das Bild unrettbar ruinieren. Sie können den Bereich zwar per Bildbearbeitung aufhellen, bekommen aber die Schattenwürfe von Fenstern und Vorsprüngen niemals exakt unter Kontrolle.

AUFNAHMEDATEN	
Brennweite	7 mm
Blende	f/8,0
Belichtung	1/800 s
ISO	200

Schloss Weißenstein. Das Schloss ist so ausgerichtet, dass es etwa um 11 Uhr MEZ die Sonne genau von vorne bekommt, die Fronten links und rechts also schattenarm sind. Dieses Foto wurde um 14 Uhr gemacht – zu spät.

Früher gab es Reiseführer mit Tipps für Fotografen, in denen zu jeder Sehenswürdigkeit der ideale Zeitpunkt für das Licht mit aufgeführt wurde. Wenn Sie keine dieser Raritäten Ihr Eigen nennen, führt kein Weg an einem genauen Studium des Stadtplans mit Sonnenauf- und -untergangszeiten sowie Sonnenhöhen vorbei.

Abend- und Morgenlicht
Ideal ist natürlich Abend- oder Morgenlicht, weil da Strukturen der Fassade besser herausgearbeitet werden und auch die Kontraste kamerafreundlicher sind. Denken Sie bei Fotos an stark frequentierten Straßen und Plätzen an einen guten Graufilter. Kommt es allerdings weniger auf künstlerische Farben als auf die möglichst natürliche Wiedergabe des Bauwerks an, ist Vormittags- oder Nachmittagslicht besser.

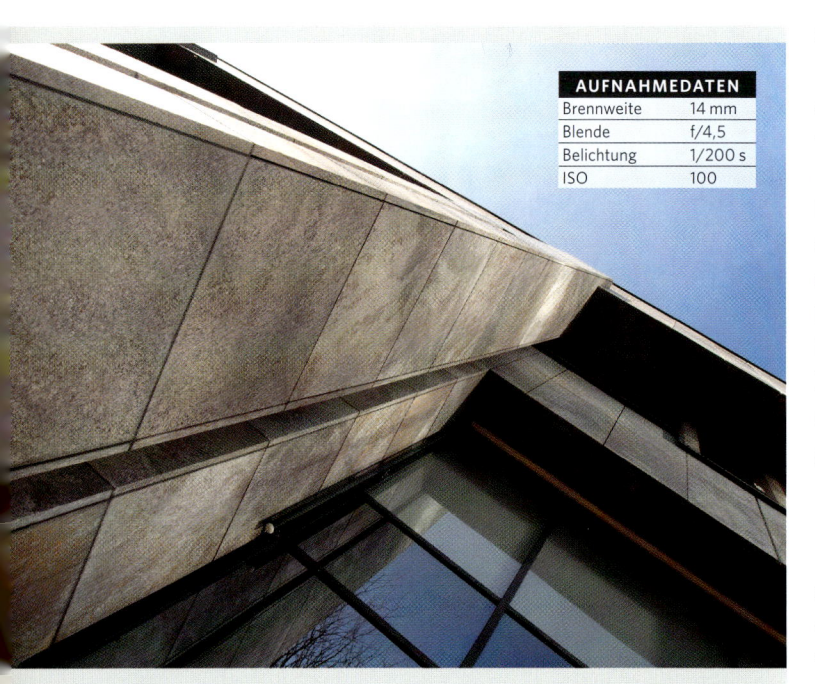

GOOGLE MAPS: BEBAUUNG PRÜFEN

Bei Google Maps können Sie unter Umständen noch beurteilen, wie hoch die gegenüberliegende Bebauung ist. Aber selbst hier sind Überraschungen vorprogrammiert, da Google Maps einige Jahre hinterherhinkt und unter Umständen dort freie Plätze zu sehen sind, die mittlerweile zugebaut wurden oder umgekehrt. Wenn Sie unter Vertrauen auf die Google-Luftbilder den Palast der Republik in Berlin fotografieren wollen – leider zu spät.

Shiften und Tilten
Für die Fotografie höherer Bauwerke wird an einem Shift-/Tilt-Adapter kaum ein Weg vorbeiführen. Denken Sie allerdings daran: Die Mittelformatobjektive mit der kürzesten Brennweite liegen bei 35 mm – Sie müssen sich also etwas weiter wegbewegen. Die einzige Alternative ist das Shift-Objektiv Zuiko OM 24 mm. Die Gebrauchtpreise dafür liegen, wenn man überhaupt eines auftreibt, bei 2.000 Euro aufwärts. Ein Zörk-Adapter mit Mittelformatobjektiv ist da deutlich günstiger und hat den Vorteil des größeren Bildkreises und des größeren Verstellwegs. Passen Sie beim Shiften und Tilten auf die Belichtung auf. Das Verschieben der optischen Achse kann die Belichtungsmessung durcheinanderbringen. Messen Sie das Motiv also ungeshiftet aus und stellen Sie dann per Hand die Belichtung ein. Die Alternative zu Shift/Tilt ist sehr, sehr viel Abstand und ein Teleobjektiv – oder einfach eine Entzerrung per Bildbearbeitung.

AUFNAHMEDATEN	
Brennweite	14 mm
Blende	f/4,5
Belichtung	1/200 s
ISO	100

Moderne Architektur, grafisch aufbereitet. Auch ein Bau wie das Rathaus in Erlangen hat interessante Perspektiven. Leider laufen zwei Linien nicht exakt ins Eck, mit einem Stativ und einem guten Stativkopf wäre das noch besser gegangen.

KAPITEL 5
FOTOPRAXIS UND MOTIVWELTEN

Blitzen in Innenräumen

Innenräume zu blitzen, ist nicht ganz einfach. Der Aufsteckblitz ist in den allermeisten Fällen tabu, da er einzelne Wand- oder Deckenflächen überbetont. Für einen natürlichen Raumeindruck ist das Licht von draußen am besten. Wenn dieses trotz Stativ nicht ausreicht und auch die im Raum vorhandene Beleuchtung nicht zu verwenden ist, sollten Sie versuchen, mit großen Softboxen einen gleichmäßigen Lichteinfall zu simulieren. Aufpassen müssen Sie, wenn Sie noch Tageslichtreste haben: Die Farbtemperatur des Tageslichts stimmt meistens nicht mit der Farbtemperatur des Blitzes überein – also entweder das Tageslicht konsequent aussperren oder mit Farbfolien das Blitzlicht anpassen.

Backpacking

Das Micro-FourThirds-System ist eigentlich ein Reisesystem – kleine, leichte Kameras, kleine Objektive, dazu eine konkurrenzfähige Bildqualität. Was man sich allerdings klarmachen sollte: Alle Teile sind zwar stabil gebaut, im täglichen Rucksackalltag bekommen sie aber schnell mal einen Stoß ab. Legen Sie also eine gewisse Toleranz gegenüber Beulen, Kratzern und Lackschäden an den Tag. Für den normalen Backpacker ist eine PEN mit dem M.Zuiko 14-42 mm die ideale Kombination – relativ unempfindlich und für den Alltag völlig ausreichend, zudem klein und im Extremfall sogar dauerhaft am Gürtel zu tragen. Fürs Gebirge ist sogar zu überlegen, das 14-42 mm durch ein M.Zuiko 9-18 mm zu ersetzen. Die erzielbaren Ergebnisse sind deutlich spektakulärer.

Bei Hochtouren ist Bergausrüstung wie ein Eispickel und Sicherungsmaterial wichtiger als eine schwere Fotoausrüstung. Ideales Gelände für eine PEN, hier der Altels bei Kandersteg.

AUFNAHMEDATEN	
Brennweite	9 mm
Blende	f/9,0
Belichtung	1/800 s
ISO	200

Objektive für unterwegs

Die neueren PENs mit dem Accessory-Port sind dann vorzuziehen, wenn es weniger um die reine Dokumentation als vielmehr um anspruchsvolle Fotografie geht. Wenn sowieso schon ein paar Objektive dabei sind, macht es auch nichts mehr aus, den EVF und weiteres Zubehör mitzuschleppen. Wird mehr Brennweite benötigt, ist das Lumix 45-200 mm oder eines der beiden Superzooms M.Zuiko 14-150 mm oder Lumix 14-140 mm zu empfehlen. Haben Sie aber keine Scheu, auch einfach das lange Tele zu Hause zu lassen und mit Weitwinkel loszuziehen. Das Lumix 20 mm Pancake ist da ein guter Kompromiss, oder, wenn's etwas preiswerter sein soll, das M.Zuiko 17 mm Pancake. Das M.Zuiko 9-18 mm ist ebenfalls eine Überlegung wert.

Speziell am Berg ist sogar das Lumix 7-14 mm gar nicht so falsch. Oft genug kommt man von der Wand nicht weit genug weg, um die Gesamtsituation abbilden zu können. Wenn man am Berg fotografiert, will man meistens eher die Aussicht oder den Bergsteiger am Berg fotografieren – und weniger das Gipfelkreuz auf dem Nachbarberg. Auch wenn das 7-14 mm richtig viel Geld kostet, es ermöglicht einmalige Perspektiven.

Selbstverständlich muss die Kamera wetterfest untergebracht werden. Ein Kameragurt ist Pflicht. Das über den Wetterschutz Gesagte ist natürlich auch hier gültig.

Blitz beim Backpacking

Ein Blitz ist beim Backpacking ein „Nice-to-have", bei der PEN aber eigentlich nicht nötig. Ist es zu dunkel zum Fotografieren, ist es meistens auch zu dunkel, als dass die Kamera noch einen Fokus finden kann. Als Backpacker hat man ja eine Taschenlampe dabei, die im Notfall als Beleuchtung herhalten kann. Etwas anderes ist es natürlich, wenn man sich unter der Erde herumtreibt. Da hat ein Blitz seine Berechtigung. Andererseits muss gerade in Höhlen der Feuchtigkeit erhöhte Aufmerksamkeit geschenkt werden. Die Luftfeuchten bewegen sich um 100 %, Sedimente und Matsch gefährden die Kamera. Wenn Sie länger unter Tage sind, sollten Sie die Kamera unbedingt gegen Feuchtigkeit schützen. Solange sie nicht im Einsatz ist, gehört sie in einen Beutel mit Trocknungsmittel. Wenn sich die Feuchte über eine längere Zeit im Inneren der Kamera ausbreitet, kann es zu Kontaktkorrosion kommen, ein Totalschaden ist die Folge.

Das Blitzen in Höhlen oder auch nur in engen Felsspalten ist ein Kapitel für sich. Der eingebaute und der Aufsteckblitz haben den großen Nachteil, dass die im Vordergrund befindlichen Wände angeblitzt und

7 mm – manches geht nur mit stählernen Nerven: ein HDR aus drei Bildern an der Mittelbergwand in der Hersbrucker Schweiz. Es versteht sich von selbst, dass in solchen Situationen nicht nur Mann und – in diesem Fall – Frau gesichert sind, sondern auch die Kamera.

KAPITEL 5
FOTOPRAXIS UND MOTIVWELTEN

AUFNAHMEDATEN	
Brennweite	8 mm
Blende	f/4,5
Belichtung	1/4 s
ISO	125

damit überblitzt werden. Eine Lösung ist ein HRCF (Human Remote Controlled Flash) und eine längere Belichtungszeit, die andere ist ein Funkauslöser oder, bei den PENs mit eingebautem Blitz, ein Remoteblitz. Für welche Lösung Sie sich auch entscheiden: Die Blitze müssen natürlich ebenfalls vor Feuchtigkeit geschützt werden. Je aufwendiger Sie unter Tage beleuchten wollen, desto größer ist die Kiste, die Sie mitschleppen müssen.

Eventfotografie

Die Eventfotografie ist die Domäne der Lichtriesen und hohen ISO-Werte. Im Prinzip gilt die Regel: „Es geht immer noch etwas dunkler." Eventfotografie ist ein extrem weit gespanntes Feld zwischen Modenschauen und Rockkonzerten. Es geht aber meistens darum, Menschen auf einer Bühne abzulichten, die sich mehr oder weniger bewegen und mehr oder weniger gut beleuchtet sind. Bei allen Events ist es selbstverständlich, sich als Fotograf beim Veranstalter zu akkreditieren. Man hat dann zum Fotografieren die offizielle Erlaubnis sowie auch die Möglichkeit, diese Fotos hinterher zu verwenden. Ohne Akkreditierung knipst man für die Schublade. Zudem öffnet einem die Akkreditierung meist den Zugang zum Fotografengraben. Die Eventfotografie wird manchmal auch als Available-Light-Fotografie bezeichnet, wobei es meistens weniger um verfügbares als um eben nicht verfügbares Licht geht.

Cave-Biking, fotografiert mit Fisheye. Drei Blitze – per Funk ausgelöst.

Rockkonzerte

Bei großen Rockkonzerten gilt normalerweise die Regel: drei Lieder, kein Blitz. Halten Sie sich daran, die Ordner sind darauf trainiert, unprofessionelle Fotografen zu entfernen. Große Rockkonzerte haben allerdings den Vorteil, dass die Musiker während der ersten drei Lieder bereits warm werden und gute Motive bieten – und sie sind vergleichsweise gut beleuchtet. Trotzdem brauchen Sie ein lichtstarkes Objektiv und ISO 800, damit Sie in vernünftige Belichtungszeiten kommen. Der Lichtwert auf einer gut beleuchteten Bühne ist im Durchschnitt 7 EV, wenn gerade ein Spot aufs Motiv gerichtet ist, können es auch mal 9 EV werden. Nicht umsonst arbeiten Bühnenfotografen mit teuren, lichtstarken Objektiven.

Im MFT-Bereich ist an der Bühne vor allem das M.Zuiko 45 mm f/1,8 gefragt, für einen Überblick auch das Lumix 20 mm f/1,7. Bei Ersterem müssen Sie auf Streulicht aufpassen oder besser mit Sonnenblende arbeiten, bei Zweitem eventuell 0,3 EV unterbelichten, damit die Lichter nicht zu schnell ausfressen. Wenn die Bühne nicht sehr groß ist und Sie sehr nahe herankommen, ist auch das M.Zuiko 12 mm f/2,0 für spannende Bilder zu gebrauchen. Sehr gut ist man mit dem Lumix 25 mm f/1,4 oder dem Voigtländer 25 mm f/0,95 unterwegs. Längere Brennweiten stehen leider im Augenblick noch nicht in hoher Lichtstärke zur Verfügung.

Mit dem adaptierten Objektiv hilft nur vorfokussieren. Speziell in dieser Situation, hier die Band Mud2, wäre das 45 mm 1:1,8 die bessere Wahl gewesen.

AUFNAHMEDATEN	
Brennweite	50 mm
Blende	f/2,8
Belichtung	1/250 s
ISO	1600

KAPITEL 5
FOTOPRAXIS UND MOTIVWELTEN

Die Lichtmischer haben ein ganzes Arsenal an bösen Überraschungen für Fotografen parat. Eine komplett einfarbige Bühnenbeleuchtung sieht wundervoll aus, sorgt aber dafür, dass für die Kamera Strukturen verschwinden, Flächen ausbrennen und die Schärfe verloren geht. Besonders übel ist flächendeckendes rotes Licht. Achten Sie darauf, dass Sie bei starkem, rotem Licht entweder deutlich unterbelichten oder immer ein RAW mitschreiben. Die neuen PENs können vom Sensor her mit rotem Licht sehr gut umgehen, die JPEG-Engine bügelt aber selbst bei Rauschunterdrückung *Aus* feine Strukturen platt – offensichtlich hält sie den starken Rotanteil für Rauschen.

Bühnennebel
Sehr beliebt ist auch Bühnennebel, da man dann die Scheinwerferstrahlen gut sieht und die Lightshow richtig rauskommt. Vor allem bei Konzerten in Diskotheken wird mittlerweile der frühere Zigarettenqualm gern mithilfe der Nebelmaschine simuliert. Wenn Sie im Auftrag des Veranstalters fotografieren, sollten Sie vor der Veranstaltung zum Lichtmixer gehen und ihn um zwei Lieder ohne Qualm bitten. Durch den Rauch sinkt der Kontrast der Bilder, blitzen ist dann so gut wie hoffnungslos. Es gibt allerdings Bühnentechniker, die es schaffen, den Qualm dort zu halten, wo er hingehört, nämlich auf dem Boden und im Hintergrund der Bühne. Ansonsten müssen Sie schnell

Links: Circus Sambesi, rotes Bühnenlicht. Aus dem RAW mit Picasa konvertiert.

Rechts: Gleiches Bild wie links, nur JPEG direkt aus der Kamera. Feine Strukturen sind verschwunden, die Konturen verwaschen, die Oberflächen ausgefressen. Abhilfe ist selbst durch eine RAW-Entwicklung mit dem Olympus Viewer nur schwer möglich. In so einem Fall entweder zu Picasa greifen oder einen der kommerziellen RAW-Konverter verwenden.

AUFNAHMEDATEN	
Brennweite	12 mm
Blende	f/2,0
Belichtung	1/160 s
ISO	1600

AUFNAHMEDATEN	
Brennweite	12 mm
Blende	f/2,0
Belichtung	1/160 s
ISO	1600

sein: Wenn der Nebel aus der Maschine quillt, haben Sie meist noch etwa 30 Sekunden für gute Fotos, dann sind die Musiker eingenebelt.

Bühnenbeleuchtung

Besonders schön sind Bühnenaufbauten, die sich im hinteren Teil der Bühne befinden und in Richtung Publikum leuchten. Wenn diese dann noch dauernd Rhythmus und Farbe wechseln, kommen sowohl Autofokus als auch Belichtungssteuerung durcheinander. Bei den PENs hilft dann nur noch, auf manuellen Fokus zu schalten und per MF-Assistent scharf zu stellen.

Wenn Ihnen die Bühnenbeleuchtung ins Objektiv scheint, haben Sie eigentlich keine Möglichkeit mehr, ohne Blitz auszukommen. Schalten Sie dann den Blitz auf Slow 1, damit Sie vom Licht auf der Bühne noch etwas mitbekommen. Passen Sie die Belichtungskorrektur an – oft muss die Belichtung zwischen 1 und 2 EV heruntergeregelt werden. Das reicht für eine Lichtstimmung im Hintergrund, verhindert aber, dass sich allzu kräftige Schlieren um die Musiker bilden. Außerdem bekommen Sie dadurch kürzere Belichtungszeiten. Lassen Sie Slow 2 außen vor – es sei denn, Sie wollen von Ihrer Kamera gern mit ungeplanten Bildern überrascht werden.

Achten Sie beim Slow-Blitzen immer darauf, die Kamera auch dann noch ruhig zu halten, wenn der Blitz längst durch ist. Bewegen Sie die Kamera zu früh, zieht die Hintergrundbeleuchtung Streifen. Das kann witzig aussehen und manchmal einen tollen Effekt ergeben – aber man sollte wissen, wie es auch ohne geht.

Weißabgleich bei Events

Der Weißabgleich bei Events ist ein Kapitel für sich. Auch wenn die Lampen meist bunt sind, hätte man doch gern die gesehene Farbe auch auf dem resultierenden Bild. Es gibt prinzipiell mehrere Arten von Beleuchtungen: Glühlampen, LEDs, Gasentladungslampen, Halogenlampen und teilweise sogar Leuchtstoffröhren. Lediglich Glühlampen emittieren das volle Spektrum, gute Halogenmetalldampflampen kommen nahe dran. Alle anderen Lampen emittieren nur Teile des Lichtspektrums. Ein Laser etwa sendet überhaupt nur auf einer einzigen Wellenlänge. Wird genau diese Wellenlänge von einem Gegenstand absorbiert, bleibt der Gegenstand für die Kamera unsichtbar.

Die sehr beschränkten Spektren der Lightshow werden nun nochmals durch Farbfilter beschnitten. Wird etwa eine Quecksilberdampflampe mit einem LEE 761 Terry Red bestückt, der erst bei 580 nm aufmacht, kommt von der 578-nm-Linie fast nichts mehr durch, der Spot bleibt so gut wie dunkel. Sie haben also auf der Bühne ein

AUFNAHMEDATEN	
Brennweite	47 mm
Blende	f/2,0
Belichtung	1/800 s
ISO	800

Shaolin-Mönche, fotografiert mit 35-100 mm. Es wurde manuell vorfokussiert.

KAPITEL 5
FOTOPRAXIS UND MOTIVWELTEN

wildes Durcheinander einzelner Spektrallinien. Ein richtiges Weiß gibt es nicht mehr. Wenn die komplette Bühnenbeleuchtung auf Glühlampen basiert – dies ist meist der Fall bei älteren Lichtverleihern –, stellen Sie den Weißabgleich auf 3.000 Kelvin ein. Bei modernen, computergesteuerten Anlagen liegt der Weißabgleich in der Regel bei 5.000 Kelvin oder darüber, damit die Anlage auch bei Open-Air-Events im Tageslicht einsetzbar ist, ohne muffig zu wirken. Die meisten Bühnen haben aber mittlerweile Mischlicht, in solchen Fällen hat sich ein Weißabgleich von 4.400 Kelvin bewährt.

Position vor der Bühne

Vor der Bühne ist Ihre Position ganz entscheidend für gute Bilder. Die meisten Sänger sind Rechtshänder, halten also das Mikrofon rechts, womit ein Teil des Gesichts von Hand und Mikrofon abgedeckt ist. Stellen Sie sich also rechts vor die Bühne. Auch viele Künstler mit Headset haben ihr Headset rechts, von der rechten Seite der Bühne also nicht zu sehen. Gitarristen und Bassisten dagegen sind von links besser zu fotografieren, Schlagzeuger von möglichst weit rechts.

Wenn Sie einen Schlagzeuger von vorne erwischen wollen, müssen Sie durch die ganze Hardware hindurch fokussieren. Blitz hilft Ihnen nicht weiter, da die Becken den Blitz vom Gesicht abschirmen. Entweder kommen Sie seitlich auf die Bühne und erwischen ihn von der Warte, oder Sie müssen auf den Sonntagsschuss und einen guten Lichttechniker hoffen. Wenn Sie Pech haben, sitzt der Schlagzeuger in einer Glaskabine. Das tut zwar dem Sound auf der Bühne gut, aber das Bild wird nochmals schwieriger.

Keyboarder kommen natürlich nur von der Seite gut. Wenn man Dusel hat und der Keyboarder für die Band sehr wichtig

AUFNAHMEDATEN	
Brennweite	112 mm
Blende	f/2,9
Belichtung	1/100 s
ISO	1600

Don Powell von Slade, ein Urgesteine des Rock´n´Roll und ein grandioser Poser. Hinter seinem Schlagzeug leider nur extrem schwer scharf zu stellen.

ist, wird er so gestellt, dass er nicht hinter seinem Technikturm verschwindet, das ist aber sehr selten.

Solange Sie das vorher ausgemacht haben, können Sie bei kleineren Bands auch auf die Bühne klettern und die Band von schräg hinten mit hoffentlich tobendem Publikum fotografieren, in diesem Fall natürlich mit Weitwinkel. Eventuell sollten Sie vorher mit dem Lichtmixer verabreden, dass er ein paar Spots ins Publikum richtet. Die Fotos müssen in solchen Fällen meistens über Kopf gemacht werden – größtes Problem dabei ist, die Kamera auch wirklich so schräg zu halten, dass tatsächlich nur Publikum und Band auf dem Bild sind. Unwillkürlich hält man die Kamera meist zu gerade. Die optische Achse sollte idealerweise an der Bühnenvorderkante liegen.

[i]

OHROPAX: IMMER DABEI

Egal wo Sie stehen, Sie stehen in der Nähe der Box, und damit bekommen Sie alles ungefiltert ab. Besorgen Sie sich Ohropax!

Bei Brennweiten unter 11 mm beginnen die links und rechts stehenden Bühnenaufbauten, sehr stark zu stürzen. Der Effekt des Bildes verschiebt sich von einer Aufnahme der Band-Publikum-Interaktion hin zu einer technischen Effektaufnahme. Das kann gut sein, muss aber, wie alle Ultraweitwinkelaufnahmen, sehr genau justiert werden.

Wirklich haarig wird es bei übermotivierten Musikern, die keine Sekunde auf der Bühne stillhalten. Wenn dann Death-Metal-Sänger wie Frösche über die Bühne hüpfen und das Licht ständig Farbe und Richtung ändert, geht überhaupt nichts mehr. Auch in diesem Fall hilft Ihnen bei der PEN nur noch der manuelle Fokus und eine Fokusfalle.

Mit 1/50 Sekunde muss man einen Augenblick abpassen, in dem sich der Sänger der Hardrock-Band Ravenryde möglichst wenig bewegt.

AUFNAHMEDATEN	
Brennweite	50 mm
Blende	f/2,8
Belichtung	1/50 s
ISO	1600

Rockkonzerte zu fotografieren, muss man lernen. Arbeiten Sie zuerst auf Konzerten in kleinen Klubs und konzentrieren Sie sich darauf, einen Musiker wirklich gut zu erwischen. Erst wenn Sie den Sänger drauf haben, sollten Sie zum nächsten Instrument übergehen. Achten Sie darauf, dass die PEN keinen AF-Follow beim ESP hat. Wenn Sie von einer großen E-Kamera kommen, müssen Sie sich daran gewöhnen, dass die Belichtungsmessung den Ort des AF-Punkts nicht stärker gewichtet. Wenn Sie also auf der Bühne auf das hell erleuchtete Gesicht des Sängers scharf stellen, wird dieses Gesicht meistens etwa 0,3 bis 0,7 EV überbelichtet, da die Kamera versucht, auch den Hintergrund angemessen zu berücksichtigen. Stellen Sie deshalb an der Bühne eine entsprechende Belichtungskorrektur ein.

Jazzkonzerte

Jazz findet meistens in ruhigerem Ambiente statt. Jazzmusiker kann man in Schwarz-Weiß ablichten, muss man aber nicht. Das klassische Jazzmusikerfoto ist der selbstvergessene Tenorsaxofonist mit aufgeblasenen Backen, Schweißperlen auf der Stirn und entrückt geschlossenen Lidern.

Beim Jazz ist die Beleuchtung ruhiger und – außer in winzigen Klubs – besser. Es ist Zeit für das 50-200 mm mit I.S., ISO 800 und Close-up auf Gesichter und Hände. Jazzmusiker bewegen sich meistens in Zeitlupe – ihre Finger ausgenommen –, sodass man mit 1/60 Sekunde schon sehr weit kommt, wenn man die Zeiten halten kann. Dafür sollte man bei Jazzkonzerten meistens mehr Abstand zur Bühne halten. Mancher Jazzmusiker ist mit Recht etwas empfindlich. Der geniale Jazzsänger Bill Ramsey hat einmal im Jazzstudio Nürnberg gesagt: „Ich habe Spaß an der Musik – und ich möchte, dass das auch so bleibt."

Der Kontrabassist kommt meistens von rechts gut, da dann die Hand über dem Griffbrett im Vordergrund ist, das Gesicht dahinter, und die zupfende Rechte gibt den Blickpunkt in der unteren Hälfte des Bildes. Von vorne ist ein Kontrabass einfach nur voluminös.

Jazzgitarristen sitzen meistens, und wenn man von rechts fotografiert, verkürzt sich die Gitarre, die beiden Hände und das Gesicht liegen nicht mehr an drei verschiedenen Ecken des Bildes, sondern in einem Streifen von oben nach unten. Die Schärfentiefe reicht natürlich nicht für alle drei Punkte, aber dadurch hat man Spielraum bei der Entscheidung, welcher Punkt einem für die Komposition am wichtigsten ist.

Jazzschlagzeuger unterscheiden sich fotografisch kaum von Rockschlagzeugern, nur dass sie meistens mehr Glitzerkram um ihr Schlagzeug herum aufgestellt haben und ein Jazzbesen optisch einfach präsentabler ist als ein simpler Drumstick, der meistens auch noch zu schnell für die Verschlusszeit ist.

Beim Jazz ist der Blitz verpönt und in den allermeisten Fällen auch nicht nötig. Wichtiger ist eine ruhige Hand, Geduld und eine kräftige Armmuskulatur. Lassen Sie die Finger vom Serienbildschalter. Was schon bei der Rockband nichts bringt – im Jazzkonzert fallen Sie damit nur unangenehm auf, ohne dass die Bilder besser werden. Beim Jazz haben Sie mit der PEN einen unschlagbaren Vorteil: Die Kamera ist vergleichsweise leise.

Comedians

Nehmen Sie das wirklich lange Rohr mit, lassen Sie den Blitz zu Hause und fotografieren Sie möglichst unauffällig. Comedians haben die Angewohnheit, nervende Fotografen vor versammelter Mannschaft genüsslich in ihre Einzelteile zu zerlegen. Bleiben Sie also

AUFNAHMEDATEN	
Brennweite	83 mm
Blende	f/2,8
Belichtung	1/125 s
ISO	2000

Die großartige Jeanne Carroll, First Lady of Chicago Blues, mit Blue Heat. ART-Filter Zartes Sepia. Jeanne Carroll ist während meiner Arbeit zu diesem Buch am 9. August 2011 gestorben. Wer sie kannte, wird sie nie vergessen.

Mit dieser langen Brennweite ist ein scharfer Treffer aus der Hand ein Glücksfall. Bei 1/125 Sekunde muss auch der Interpret, hier Reinhard Fendrich, kurz still halten.

AUFNAHMEDATEN	
Brennweite	200 mm
Blende	f/3,5
Belichtung	1/125 s
ISO	800

unsichtbar. Fotografisch sind Comedians meistens unproblematisch. Sie sind ausreichend professionell, um für gutes Licht zu sorgen, und meistens treten sie vor neutralem Hintergrund in alltäglichen Kleidern auf. Ausnahmen bestätigen die Regel.

Theater und Klassikkonzerte

Wenn Sie den Auftrag erhalten, eine Inszenierung zu dokumentieren, gehen Sie zur Generalprobe. Sie haben dann den Zuschauerraum für sich allein, können mit Stativ und Blitz hantieren und fallen nur dem Regisseur auf den Wecker. Falls Sie dennoch während der Aufführung fotografieren müssen, verwenden Sie lange Brennweiten aus dem hinteren Bereich des Zuschauerraums. Meistens bekommt man die besten Bilder wieder von rechts, da doch viele Schauspieler eher mit rechts gestikulieren als mit links. Idealerweise haben Sie das Stück gelesen und sind auf Schlüsselszenen vorbereitet.

Im Theater wird oft mit Verfolgern gearbeitet, extrem hellen Spots mit definiertem Rand. Die Kontraste innerhalb eines Spots sind brutal. Messen Sie über Spot das Gesicht an und kümmern Sie sich nicht um den Rest, man bekommt nur graue Haare dabei.

Selbstverständlich herrscht bei der Aufführung Blitzverbot. Wenn Sie die Wahl haben, machen Sie Ihre Fotos bei lauten Szenen. Es stört doch etwas die Stimmung, wenn beim zärtlichen Höhepunkt der traurigen Abschiedsszene von hinten rechts der Verschluss zu klicken anfängt. Manche Theaterfotografen schießen Dauerfeuer, um bei der schlechten Beleuchtung wenigstens ein gutes Bild der Szene im Kasten zu haben. Dafür ist selbst die PEN zu laut.

Geräuschdämmender Blimp

Müssen Sie häufiger im Theater oder auch bei klassischen Konzerten fotografieren, empfiehlt sich die Anschaffung eines Blimp, einer geräuschdämmenden Schutzhülle, die es speziell für Theater- und Wildlifefotografen gibt. Für die PEN tut es ein Soft-Blimp aus gedämmtem Stoff.

Kirchen und klassische Konzerte sind normalerweise ein No-go für Eventfotografen. Blitz kommt schon aufgrund der riesigen Räume nicht infrage, und beim Fotografieren sollte man sich mit einem langen Objektiv von der Seite auf die Fortissimo-Stellen beschränken, will man nicht unangenehm auffallen. Eine Ausnahme können Sie vielleicht machen, wenn Sie über einen guten Blimp verfügen.

Nicht immer ist das Ambiente sehenswert, bereiten Sie sich also darauf vor, mit langen Telebrennweiten arbeiten zu müssen. Problematisch ist stets der Pianist. Der ist hinter dem riesigen Flügel nicht zu sehen, meistens ist auch noch der Deckel aufgestellt. Wahrscheinlich bekommen Sie das beste Foto vom Pianisten deshalb vom ersten Rang. Wenn es ein Klavierkonzert ist und der Pianist nach vorn darf, ist es etwas besser, aber auch da sitzt er eigentlich zu hoch, als dass man fotografieren kann, ohne den Honoratioren in der ersten Reihe in der teuer bezahlten Sicht zu stehen.

Konzert des Ostbayerischen Jugendorchesters. Aufführung im LGS-Park. Open-Air-Klassikkonzerte sind zum Fotografieren ideal. Gutes Licht, man kann sich als Fotograf gut bewegen, und das Auslösegeräusch stört weniger.

AUFNAHMEDATEN	
Brennweite	137 mm
Blende	f/3,2
Belichtung	1/200 s
ISO	100

AUFNAHMEDATEN	
Brennweite	7 mm
Blende	f/5,0
Belichtung	HDR
ISO	100

**KAPITEL 5
FOTOPRAXIS UND MOTIVWELTEN**

Celli und Violinen sind immer sehr einfach zu erwischen, der Dirigent von hinten sowieso, die restlichen Instrumente des Orchesters sind Kandidaten für lange Brennweiten und einen erhöhten Standpunkt. Berücksichtigen Sie die Stauchung durch die Telebrennweite – Sie kommen nicht darum herum, also setzen Sie sie gezielt ein.

HDR-Fotografie

HDR (High Dynamic Range) und DRI (Dynamic Range Increase) werden oft synonym verwendet oder auch verwechselt. DRI ist die Erweiterung des Dynamikbereichs mit dem Ziel, ein herkömmlich nutzbares JPEG-Bild mit einem größeren nutzbaren Dynamikumfang zu erhalten. HDR ist dagegen ein Verfahren, das mittels eines eigenen Bildformats den kompletten Dynamikumfang eines Motivs abbilden kann. Mit herkömmlichen Bildschirmen ist das HDR-Bild jedoch nicht zu betrachten und muss deshalb wieder komprimiert werden, damit der Dynamikumfang in die Wiedergabemöglichkeiten eines Bildschirms oder eines Prints hineinpasst. Das, was Sie im Allgemeinen als HDR-Bilder gedruckt sehen, sind immer nur LDR-Bilder (Low Dynamic Range).

Motive für HDR-Bilder

Prädestiniert für HDR-Bilder sind Motive, die mit dem Kontrastumfang einer PEN nicht abbildbar sind. Ein Beispiel ist ein Innenraum mit Blick aus dem Fenster. Will man den Blick aus dem Fenster abbilden, etwa weil draußen ein sehr schönes Panorama zu sehen ist, muss man einerseits

HDR aus drei Bildern mit je 2 EV Abstand aus der freien Hand. Die Säule des Wilhelm Rasmussen, die früher vor dem norwegischen Parlament stand. Das HDR wurde eher gemäßigt gemappt.

auf 14 EV belichten – mit einem Dynamikumfang von neun Blenden, also 20 EV in den hellsten Stellen – und andererseits das Interieur mit 8 EV und 4 EV in den dunkelsten Stellen.

Den dafür erforderlichen Dynamikumfang von 16 EV beherrscht keine bezahlbare Kamera auf dem Markt. Allerdings existiert auch kein Ausgabemedium, das 16 EV darstellen könnte. Der einzige jemals produzierte HDR-Monitor, der DR37-P von BrightSide Technologies, kam über den Prototyp nicht hinaus, die Firma wurde von Dolby übernommen und existiert nicht mehr. Ein Print aus dem Labor erreicht mit Mühe und Not 7 EV Dynamik, ein 8-Bit-JPEG überhaupt nur 8 EV.

Als Motiv für HDR eignet sich alles, was starke Helligkeitsunterschiede aufweist, Nachtaufnahmen mit Lampen etwa. Durch HDR können Sie verhindern, dass die Lampen überstrahlen. Sie erhalten damit einen etwas natürlicheren Eindruck, da die vielen bisher ausgefressenen Lichter auf einmal klar definiert zu sehen sind: Sonnenuntergänge, bei denen der Vordergrund zu sehen sein soll, die aber aufgrund der Bildkomposition für einen Grauverlaufsfilter nicht infrage kommen, Innenaufnahmen, bei denen der natürliche Eindruck erhalten werden soll.

HDR ist mittlerweile eine Art Modeerscheinung geworden. Oft wird der HDR-Filter auch über Bilder gelegt, die das gar nicht nötig haben und mit einer anständigen Belichtung wesentlich besser ausgesehen hätten. HDR sollte also immer im Dienste des Motivs und der Bildaussage stehen, nicht umgekehrt.

Grundlegende HDR-Technik

Bei HDR-Bildern werden zuerst mindestens zwei Bilder mit 2 EV Belichtungsabstand gemacht. Ideal ist eine Belichtungsreihe von –4, –2, 0, +2 und +4 EV. Messen Sie mit der Spotmessung zuerst die hellste Stelle des Bildes aus, die auf keinen Fall ausfressen, dann die dunkelste, die nicht absaufen soll. Der Belichtungswert für das hellste Bild entspricht dem ersten Wert –1,5 EV. Vorausgesetzt wird natürlich, dass der Dynamikumfang Ihrer Szene nicht noch

AUFNAHMEDATEN	
Brennweite	28 mm
Blende	f/2,8
Belichtung	HDR
ISO	100

Hauseingang aus 4 Bildern mit je 1 EV Abstand.

größer ist – dann müssen Sie natürlich auch mehr Bilder machen. In 99 % aller Fälle reicht aber der damit erreichte Gesamtdynamikumfang von über 16 EV aus.

Wenn Sie beim Anpeilen des hellsten Punkts einen Wert von Blende f/4 und 1/500 Sekunde gemessen haben, belichten Sie beim hellsten Bild Blende f/4 und 1/160 Sekunde. Dann gehen Sie in zwei EV-Stufen nach unten. Die Blende muss dabei immer gleich weit offen – oder geschlossen – bleiben. Die Belichtungsreihe für das Beispiel wäre also 1/160, 1/40, 1/10, 1/2,5 und 1,6 Sekunden. Die unterste Grenze markiert der dunkelste Punkt. Angenommen, Sie haben den dunkelsten Punkt mit einer Sekunde gemessen, dann rechnen Sie auf diesen Wert 3,5 EV drauf, da die Zeichnung in den Schatten besser ist als in den Lichtern. Sie könnten also bei 1/6 Sekunde aufhören. Sie haben dadurch mit vier Bildern einen Dynamikumfang von 4 bis 13 EV sauber abgebildet. In Wirklichkeit ist der Dynamikbereich noch größer, da nach dieser Methode „mit Luft" belichtet wird und die tatsächliche Dynamik der Bilder höher liegt als die angenommenen 6 EV. Auch wenn es sich kompliziert anhört: Probieren Sie es einfach mal aus.

Automatisches Bracketing

Die PEN hat leider kein automatisches Bracketing (Belichtungsreihe), das mehr als 4 EV abdeckt. Das vorhandene Bracketing kann nur drei Bilder im Abstand von je 1 EV machen, die neueren PENs immerhin fünf Bilder. Sie müssen also, falls Sie die HDR-Aufnahmen mit einer automatischen Belichtungsreihe und einem größeren Dynamikumfang erstellen wollen, die Kamera umstellen.

Es kann sein, dass Sie beim Erzeugen eines HDR jeweils jede zweite Belichtung auslassen müssen. Es gibt Software, die die Lichter falsch berechnet, wenn sie auf mehreren Bildern „ausgefressen" sind. Ist das Fenster auf zu vielen Aufnahmen „weiß", geht die Software davon aus, dass nicht das ausgefressene Licht der Fehler ist, sondern die Landschaft hinter dem Fenster, sie wird daher ausgeblendet. Wenn Sie also bei der Kontrolle des HDR seltsame graue Flächen sehen: Lassen Sie eine Zwischenbelichtung weg. In den allermeisten Fällen reichen sowieso Belichtungen mit 2 EV Abstand. Von der 5er-BKT-Gruppe benötigen Sie also nur die Normalbelichtung sowie das hellste und das dunkelste Bild.

Stativ und Spiegelvorauslösung

Verwenden Sie ein gutes Stativ und die Anti-Schock-Funktion oder einen Fernauslöser. Wenn es nur für ein Bohnensäckchen reicht, sollten Sie ebenfalls mit einem Fernauslöser auslösen. Jede winzige Abweichung der Kamera macht später am Computer Ärger. Lassen Sie sich nicht zu viel Zeit. Wolken ziehen, Personen bewegen sich, und Autos fahren.

Der GAU für ein HDR-Bild ist ein bei Nacht quer durchs Bild fahrendes Auto. Der Lichtstreifen ist auf den anderen Bildern nicht zu sehen, wird deshalb als Störung ausgeblendet und von so mancher Software geschwärzt, was nicht besser ist. Zudem hat das Fahrzeug während seiner Fahrt die Umgebung beleuchtet, was ebenfalls den Computer durcheinanderbringt, da diese Stelle nicht so hell sein dürfte, wie nach dem Rest des Bildes zu schließen ist. Nacht-HDR-Aufnahmen sind also immer eine knifflige Angelegenheit. Die meisten HDR-Programme haben zwar mittlerweile eine eingebaute „Geistererkennung", sind aber von einer Perfektion noch etwas entfernt.

RAW oder JPEG?

Die Frage RAW oder JPEG stellt sich hier genauso wie überall. Wenn Sie ein HDR-Programm haben, das die RAW-Dateien (ORF-Dateien) aus der PEN verarbeiten kann, nehmen Sie RAW. RAW-Dateien enthalten lineare Farbinformationen, JPEG-Bilder gammakorrigierte. Die HDR-Software arbeitet aber wieder linear und muss erst mühsam aus den krummen JPEGs die Original-Lineardaten berechnen. Dass es bei der doppelten Hin- und Herrechnerei zu unnötigen Verlusten kommt, ist klar.

Es versteht sich von selbst, dass Sie die erzeugte HDR-Datei auch abspeichern und sie nicht nur als Zwischenschritt für das Tonemapping ansehen. Mit einem HDR-File kann man nämlich neben dem Tonemapping noch allerhand andere lustige Dinge anstellen. Durch die spezielle Art, in der das Bild in einem HDR gespeichert wird, lassen sich in der Bildbearbeitung ganz andere Schritte vornehmen. So können Sie mit einem HDR ausprobieren, wie verschiedene Belichtungen gewirkt hätten, können Bilder völlig ohne Schatten produzieren oder mit wenig Aufwand aus dem Bild eine sehr natürliche Nachtstimmung zaubern – und dies alles ohne den Tonwertverlust, der bei einer solchen Bearbeitung in JPEGs zwangsläufig auftritt.

Behalten Sie aber immer im Kopf: Ein schlechtes Motiv wird durch HDR nicht besser, und viele gute Motive werden durch ein Tonemapping schlechter. HDR ist eine Wunderwaffe für Bildbearbeiter und Composing-Spezialisten. Es sollte nicht als cooler Effektfilter missverstanden werden – dafür gibt es bei den neueren PENs den ART-Filter *Dramatischer Effekt*.

Am Soghefjell. HDR aus 5 Bildern mit je 2 EV Abstand. Gemappt mit „Fusion" – Photomatix 4.

AUFNAHMEDATEN	
Brennweite	8 mm
Belichtung	HDR
Blende	f/3,5
ISO	100

AUFNAHMEDATEN	
Brennweite	20 mm
Blende	f/2,0
Belichtung	1/160 s
ISO	100

KAPITEL 5
FOTOPRAXIS UND MOTIVWELTEN

HDR-SOFTWARE

Die bekannteste Software für die Erstellung von HDRs ist Photomatix Pro. Die prinzipielle Vorgehensweise der Software ist, die HDR-Bilder zu analysieren und anschließend ein HDR-Bild zu erstellen. Um dieses Bild nun weiterzuverarbeiten, gibt es mehrere Möglichkeiten: Entweder bearbeitet man das Bild direkt im HDR-Format weiter, was rein technisch die beste Lösung ist, oder man lässt aus dem HDR gleich wieder ein dynamikkomprimiertes LDR-Bild erstellen, zum Beispiel ein 16-Bit-TIFF oder ein 8-Bit-JPEG. Letztere können mit jedem Bildbearbeitungsprogramm weiterverarbeitet werden. Für die direkte Bearbeitung von HDR-Bildern gibt es auf dem Markt eigentlich nur zwei bezahlbare Möglichkeiten: NIK HDR Efex Pro für Photoshop, Lightroom und Aperture, Adobe Photoshop CS5 oder das freie Cinepaint, ein GIMP-Ableger, den es aber nur für Linux und Mac OS X gibt.

Unterhalb des Jotunheimen Nationalpark in Norwegen. Konventioneller, mittiger Bildaufbau, um die ruhige Stimmung zu betonen. Es erforderte etwas Geduld, bis die Rinder ideal standen...

Landschaftsfotografie

Landschaften zu fotografieren, ist keinesfalls einfach. Gestandene Fotografen können an der Aufgabe scheitern, ein Landschaftsbild mit Aussage zu schaffen. Da mag technisch alles einwandfrei sein – Drittelregel, Belichtung, Vorder-, Mittel-, Hintergrund –, und trotzdem wird es nicht mehr als ein Postkartenbild. Denken Sie auch beim Landschaftsbild – unabhängig von der Begeisterung für die Gegend und unabhängig vom guten Essen und den wunderbaren Gerüchen – an eine Bildaussage. Manche retten sich in grafische Spielereien oder spektakuläre Wolkenstimmungen. Ein wirklich gutes Landschaftsbild soll aber den Charakter der Landschaft und das Lebensgefühl dort zum Ausdruck bringen.

Seien Sie sich nicht zu schade, schöne Wälder zu fotografieren, Alleen festzuhalten, Wiesen zu knipsen. Wenn Sie das nächste Mal dort vorbeikommen, steht da ein

Ein Effektbild, das auf einer spektakulären Wolkenformation, dem Abendlicht und der 7-mm-Brennweite beruht. See am Soghefjell.

Industriegebiet. Aber versuchen Sie immer, nicht nur abzulichten, sondern sich auch zu fragen: „Was will ich festhalten, damit es von Dauer ist?"

Auch wenn manche Motive totfotografiert scheinen: Haben Sie keine Angst vor bekannten Bauwerken. Versuchen Sie, das Bauwerk in Beziehung zu einer Geschichte zu setzen. Seien Sie respektlos und verwenden Sie den berühmten Steinhaufen als Kulisse für Ihr eigenes Ding. Oder gehen Sie auf die Suche nach den Geschichten, die um solche Bauwerke herum geschehen. Natürlich kann man den Schiefen Turm von Pisa als ein Stück Architektur ablichten, aber auch einen der unmotiviert in der Gegend herumstehenden Touristen, der den schiefen Turm scheinbar stützt, oder man bildet den Platz ab oder fotografiert direkt nach oben, oder man nutzt den Effekt der stürzenden Linien und richtet den Turm wieder gerade. Oder Sie lassen sich etwas völlig Neues einfallen.

Hyperfokaldistanz nutzen

Landschaft bedeutet meist Weite. Der Betrachter will sich etwas in dem Bild ansehen können, nutzen Sie also wieder die Hyperfokaldistanz. Für selektive Schärfe sind Landschaften der falsche Ort. Ausnahmen bestätigen wie immer die Regel. Ein Problem kann der Dunst sein, der bei Landschaften im Hintergrund für Unschärfe und Farbperspektive sorgt. Den werden Sie mit

AUFNAHMEDATEN	
Brennweite	7 mm
Blende	f/4,0
Belichtung	1/200 s
ISO	100

KAPITEL 5
FOTOPRAXIS UND MOTIVWELTEN

AUFNAHMEDATEN	
Brennweite	7 mm
Blende	f/4,0
Belichtung	HDR
ISO	100

HDR aus drei Belichtungen mit je 2 EV Abstand. Stabkirche Borgund. Die Kirche wird seit Sommer 2011 restauriert und ist deshalb eingerüstet.

Polfiltern nicht los – der Polfilter hilft Ihnen nur, Streulicht zu beseitigen. Dunst entsteht meistens am Morgen, wenn der Tau verdampft. Sie haben also kurz nach Sonnenaufgang meistens ein paar Minuten klare Luft. Der Morgendunst wird später von der Sonne wieder aufgelöst, die die Wassertröpfchen verdampft. Je nach Wetterlage kann dann jedoch neuer Dunst auftreten. Nachdem Sie gegen den Dunst nichts machen können, überlegen Sie, ob Sie ihn nicht kreativ in Ihr Bild einbauen können. Oder Sie warten auf besseres Wetter. Seien Sie vorsichtig mit langen Brennweiten. Sie kommen schneller als gedacht in diesige Bereiche. Andererseits können Sie natürlich die perspektivische Stauchung für interessante Effekte einsetzen.

Schwierig wird es bei Brennweiten jenseits der 200 mm. Da können Bilder sehr schnell flau werden, nur noch bei klarster Sicht und ruhiger Luft gelingen dann brauchbare Fotos. Auch wenn es natürlich verlockend ist, mit langen Brennweiten weit in die Landschaft hineinzuknipsen, die Ergebnisse sind nur in Ausnahmefällen befriedigend.

Landschaftsbilder mit GPS-Daten

Landschaftsbilder können Sie mit GPS-Daten versehen. Diese Daten werden in die EXIF-Daten der JPEG-Datei geschrieben und geben an, wo genau das Bild entstanden ist und in welcher Höhe über NN. Die PEN hat leider keinen GPS-Empfänger an Bord, aus diesem Grund müssen Sie mit einem sogenannten GPS-Logger arbeiten, einem kleinen Gerät, das Sie einschalten und in die Jacken- oder Fototasche stecken und das dort die Signale des Global Positioning System der USA empfängt. Unter freiem Himmel funktioniert das wunderbar, wenn Sie im Auto sitzen, sollten Sie den GPS-Logger aufs Armaturenbrett legen.

Der GPS-Logger schreibt nun, einstellbar, alle paar Sekunden die aktuelle Position in den Speicher. Am Ende Ihrer Fototour wird der GPS-Logger mit dem PC verbunden, und der GPS-Track wird ausgelesen. Über Google Maps oder Google Earth können Sie sich nun sehr komfortabel anzeigen lassen, wo Sie waren. Und das Programm schreibt freundlicherweise auch noch die GPS-Daten in die JPEG-Dateien in dem von Ihnen ausgewählten Verzeichnis. Fertig.

Der GPS-Track, den der Logger schreibt, kann natürlich nicht nur dazu verwendet werden, die Aufnahmen nachträglich zu verorten, sondern auch, um Ihre eigenen Bewegungen nachzuvollziehen – sekunden- und fast metergenau. Für das Geo-Tagging benötigen Sie zunächst einen Logger, oft nicht größer als ein USB-Stick. Der nächste Schritt besteht darin, die Kamera mit der lokalen Atomzeit zu synchronisieren. Dazu gibt es Funkuhren, Webseiten im Internet, die die aktuelle Uhrzeit anzeigen, oder NTP-Server (Network Time Protocol).

Leider besitzt die PEN keine Möglichkeit, sie sekundengenau einzustellen, Sie müssen also mit einem gewissen Fehler leben, aber solange Sie nicht aus dem fahrenden Auto fotografieren, halten sich die Ungenauigkeiten in Grenzen. Zudem können die meisten Programme einen Offset, also eine Differenz zwischen Kamera- und Loggerzeit, berücksichtigen und die Daten entspre-

Bildschirmabbildung von Holux EZLogger.

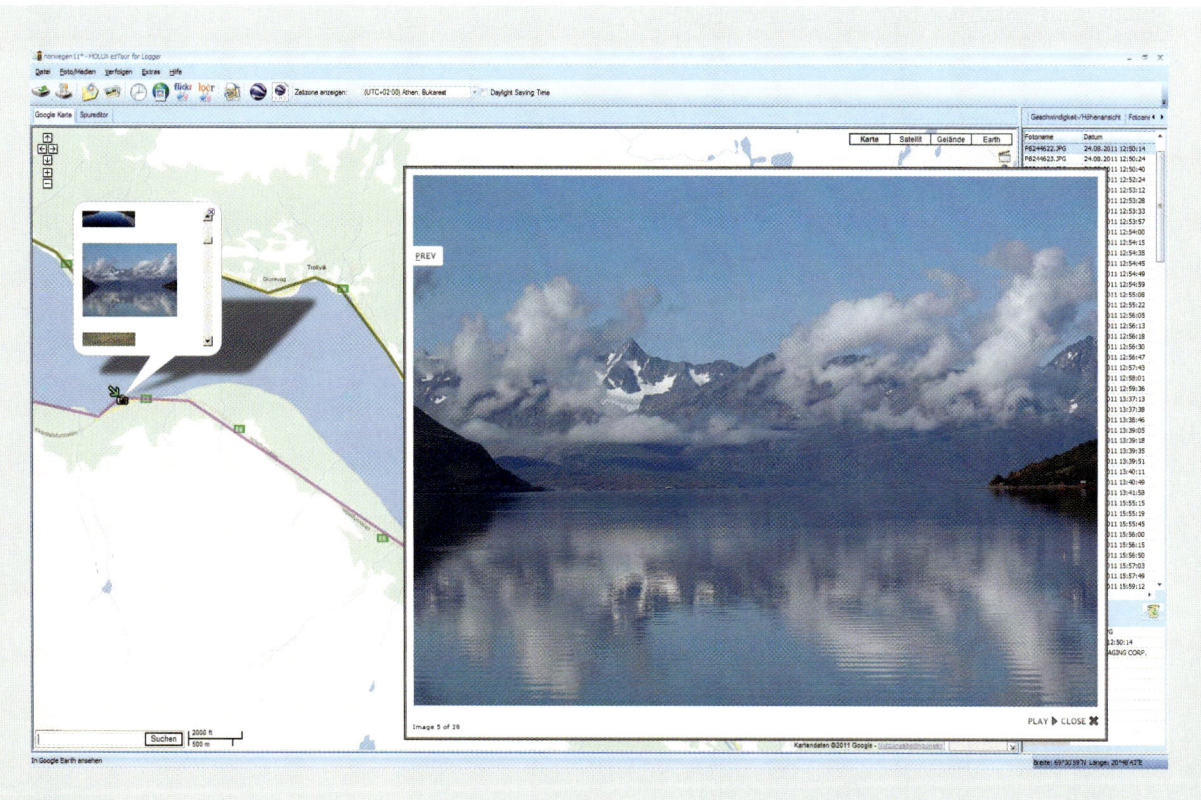

chend korrigieren. Diese genaue Differenz stellen Sie fest, indem Sie mit der Kamera die Website von *Uhrzeit.org* abfotografieren und dann am Computer in den EXIF-Daten nachsehen, um wie viele Sekunden die interne Kamerauhr falsch geht. Viele Logger haben ebenfalls eine eigene Uhrzeitanzeige, Sie können also auch das Display des Loggers abfotografieren.

Nach der Synchronisation der Kamera starten Sie den GPS-Logger und fahren/laufen los, um zu fotografieren. Beachten Sie, dass der Logger innerhalb von Gebäuden, in der U-Bahn und im Zug nicht korrekt funktioniert. Es kann sein, dass er gar keinen Empfang hat, es kann aber auch sein, dass er völlig falsche Punkte ermittelt. Vor allem die ersten ermittelten Trackpunkte sind mit Vorsicht zu genießen. Auch wenn Sie den Logger tief in der Fototasche vergraben, kann der Empfang und damit der Trackpunkt verloren gehen. Gut aufgehoben ist der Logger in der Deckeltasche des Rucksacks, in der zugeknöpften Brusttasche oder in der Handytasche am Rucksackriemen. Vergessen Sie ihn dort aber nicht, sondern legen Sie ihn, wenn Sie wieder im Auto sind, zurück unter die Frontscheibe.

Am Ende der Fototour können Sie den Track einfach per mitgelieferter Software ansehen, die Fotos automatisch taggen lassen oder den Track in ein anderes Format exportieren, um ihn beispielsweise mit GeoSetter oder dem mitgelieferten Programm weiterzubearbeiten. Der größte Vorteil, vor allem bei Wanderungen und auf Reisen, ist, dass man auch noch nach Jahren genau nachvollziehen kann, wo das Foto geschossen wurde – nicht nur in welcher Stadt, sondern tatsächlich von welcher Seite des Gebäudes oder auf welcher Höhe des Eiffelturms. Der Aufwand für diesen Komfort ist relativ gering – das Taggen geht weitgehend automatisch, die Software erstellt sogar von jedem getaggten Bild ein unverändertes Backup. Allerdings kann nicht jede Tagging-Software Olympus-RAW-Daten taggen.

Eine andere Lösung ist der JOBO PhotoGPS, der auf den Blitzschuh aufgesetzt wird und nur dann einen Trackpunkt speichert, wenn auch tatsächlich ausgelöst wird. Solange es ausschließlich um das Taggen der Fotos geht, ist das ebenfalls eine gute Lösung. Einziger Nachteil: Nach dem Einschalten braucht jedes GPS-Gerät einige Minuten, bis es seine Position ermittelt hat und betriebsbereit ist. Da ist ein dauernd mitlaufender Logger im Vorteil.

Makrofotografie

Als Makrofotografie wird laut DIN 19040 jede Fotografie zwischen einem Abbildungsmaßstab von 1:10 und 10:1 betrachtet. Wird noch stärker vergrößert, spricht man von Mikrofotografie. Bedeutung hat die Makrofotografie allerdings zwischen etwa 1:4 (0,25-fache Vergrößerung) und 1:1. Bei FT und MFT bedeutet das die formatfüllende Abbildung von Gegenständen, die zwischen einem und fünf Zentimeter groß sind. Sowohl einige Telebrennweiten als auch Standardzooms sind makrofähig. Das größte Problem sind vor allem die extrem dünnen Schärfentiefen. Für ein gutes Makro, das nicht zu 99 % aus unscharfen Bildbereichen besteht, sind Makroschlitten und am besten ein Multi-Fokus-Adapter gute Voraussetzungen. Gute Freihandmakros bei hohem Vergrößerungsfaktor sind reiner Zufall.

Abbildungsmaßstab erhöhen

Über Balgengeräte und Zwischenringe kann der Abbildungsmaßstab des Objektivs erhöht werden. Allerdings werden über ein

Balgengerät keine Objektivdaten übertragen, sodass es weder einen Autofokus noch eine Blendensteuerung gibt. Da die Zuiko-Objektive keinen Blendenring besitzen und gerade am Balgen die Blende schon im Interesse der Schärfentiefe weiter geschlossen werden muss, werden am Balgen meistens Fremdobjektive eingesetzt. Zwischenringe sind nichts anderes als ein Balgen, nur eben nicht so flexibel einstellbar. Der einzige Zwischenring für das FT-System ist der EX-25. Wie bei allen Zwischenringen ist mit ihm eine Fokussierung auf unendlich nicht mehr möglich – im Makrobereich allerdings auch nicht nötig.

Einstellen der Schärfeebene

Beim genauen Einstellen der Schärfeebene geht ohne die Sucherlupe nichts. Beachten Sie auch, dass der Live-View eine gewisse Verzögerung besitzt, Sie müssen also sehr langsam und vorsichtig verstellen und immer wieder kontrollieren. Sorgen Sie für ausreichend Licht beim Einstellen. Vor allem bei manuellen Objektiven, wenn mit Arbeitsblende – also abgeblendet – scharf gestellt wird, verliert die Sucherlupe erheblich an Brillanz. An die Objektive am vorderen Ende des Balgens werden hohe Anforderungen gestellt. Der Zwischenring macht ja nichts anderes, als die Bildweite zu vergrößern. Das Bild des Objektivs wird also größer, der Sensor bekommt einen kleineren Ausschnitt des Bildes. Wenn nun das Objektiv bereits bei Kleinbild an der Grenze der Auflösung entlangschrammte, wird es mit einem Zwischenring nicht besser. Bei einer Vergrößerung der Zwischenringe von 2,2 wird dem Kleinbildobjektiv an FT die mehr als vierfache Leistung gegenüber dem Kleinbild abverlangt. Da können nur hervorragende Objektive mithalten.

Objektiv in Retrostellung

Es gibt auch die Möglichkeit, anstelle von Zwischenringen ein Normalobjektiv in Retrostellung zu betreiben. Dabei wird in den Filterring eine Halterung (ein Retroadapter) eingeschraubt, mit der das Objektiv an der Kamera befestigt wird. Mit dieser Konstruktion können preiswert sehr gute Ergebnisse erzielt werden, auch hier natürlich abhängig vom verwendeten Objektiv. In Retrostellung steigt der Abbildungsmaßstab mit kleiner werdender Brennweite. Mit einem 14-mm-Objektiv erreichen Sie 4:1, bei 45 mm 1:1. Die Schärfe wird bei Retrostellung über den Abstand zum Motiv geregelt, der Abbildungsmaßstab über den Zoom.
Um die jeweils förderliche Blende einzustellen, setzen Sie das Objektiv in Normalstellung an die Kamera, stellen die Blende ein, drücken die Abblendtaste und entriegeln, während Sie die Abblendtaste gedrückt halten, das Objektiv. Die Blende bleibt eingestellt. Nun können Sie das Objektiv in Retrostellung befestigen und fotografieren. Bei der PEN müssen Sie natürlich vorher die Fn-Taste, die für diesen Zweck gebraucht wird, im Menü entsprechend konfigurieren. Da dieses Verfahren etwas umständlich ist, wäre es sinnvoll, die Blende über die Kamera steuern zu können, einen voll funktionsfähigen Retroadapter für FT, wie ihn Novoflex für Canon entwickelt hat, gibt es aber noch nicht. Allerdings gibt es im Internet einige Bastellösungen zu diesem Thema. Die förderliche Blende, also die Blende, ab der der Schärfegewinn durch Schärfentiefe wieder durch die Beugung aufgefressen wird, hängt übrigens im Makrobereich mit dem Abbildungsmaßstab zusammen – und zwar unabhängig von Sensorgröße und Auflösung des Sensors.

KAPITEL 5
FOTOPRAXIS UND MOTIVWELTEN

ABBILDUNGS-MASSSTAB	FÖRDERLICHE BLENDE	OBJEKTIV
1:2	32	50 mm Makro
1:1	22	35 mm Makro
2:1	16	35 mm Makro + EX-25
3:1	11	14-45 in Retrostellung bei 20 mm
4:1	8	14-45 in Retrostellung bei 14 mm
5:1	5,6	

Verlegen der Schärfeebene

Während man bei der Kombination aus Zoomobjektiv und Zwischenringen mit dem Zoom scharf stellt, geht bei einer Festbrennweite ohne Makroschlitten so gut wie nichts mehr. Bei langen Zwischenringen oder Balgen liegt die Schärfeebene nahezu unverrückbar in festem Abstand vor dem Objektiv. Um die Schärfeebene zu verlegen, hilft nur, die Kamera zu bewegen. Dazu wird diese auf einen Makroschlitten montiert, der mittels Schneckengewinde sehr fein verstellbar ist.

Die E-PL3 mit dem Zuiko 14-45 mm in Retrostellung.

Achromatische Nahlinsen

Nahlinsen haben gegenüber Zwischenringen und Retroadaptern den Vorteil, dass sie keinen Lichtverlust verursachen, die optische Rechnung der Objektive nicht verändern und dass das Objektiv nach wie vor vollständig über die Kamera steuerbar ist. Allerdings bewirken billige Nahlinsen Farbfehler, Reflexe und weiche Ränder. Gute achromatische Nahlinsen sind erheblich teurer. Dreistellige Summen sind für eine entsprechende Nahlinse völlig normal, oft enthalten die „Vorsatzlinsen" sogar mehrere Glaselemente. Nahlinsen werden umso wirksamer, je länger die Brennweite der Objektive ist. Bei Zwischenringen ist das umgekehrt. Auf einem 150-mm-Objektiv reichen 1 oder 2 dpt (Dioptrien) aus, bei 40 mm kann man auch Nahlinsen mit 4 dpt verwenden.

Bildgestaltung und Aufbau

Ein Makro ist die Darstellung eines kleinen Ausschnitts der Wirklichkeit. Oft beschränken sich Makrofotografen auf dokumentarische Aufnahmen: Blumen, Insekten und hier natürlich die ausgesprochen beliebten Spinnen. Abgesehen von der rein technischen Qualität einer Aufnahme sollte man aber auch bei Makromotiven Bildgestaltung und Bildaufbau etwas Zeit widmen und sich um ein wenig Spannung im Bild bemühen.

Nachtaufnahmen

In der Nacht gehören Stativ und Taschenlampe zwingend zum Fotoequipment. Achten Sie darauf, dass Sie die Rauschminderung (Dark Frame) und die Spiegelvorauslösung eingeschaltet und auf ISO 100 umgestellt haben. RAW ist eine gute Idee, wenn Sie sich bezüglich des Weißabgleichs nicht hundertprozentig sicher sind. Langzeitaufnahmen entwickeln manchmal einen völlig unvorhersehbaren Farbstich, da Städte über Wolkendecken ein sehr ungesundes Lichtgemisch aus Natriumdampflampen (gelb), Quecksilberdampflampen (blaugrün), Neonreklame und Leuchtstoffröhren emittieren. Nachtaufnahmen im vermeintlich unbeleuchteten Umland erhalten so eine ganz ungewollte Weltuntergangsstimmung. Ob Sie den Stabilisator einsetzen, kommt auf das Wetter und Ihr Stativ an.

Wenn es wirklich dunkel ist

Bei Nachtaufnahmen haben Sie mehrere Probleme: Wenn es wirklich dunkel ist, sind sowohl der EVF als auch das Display überfordert. Selbst mit der Sucherlupe bekommen Sie so viel Rauschen, dass das manuelle Scharfstellen einem Glücksspiel gleicht. Zudem wird das Display mit abnehmender Helligkeit immer langsamer. Je lichtstärker Ihr Objektiv ist, desto eher haben Sie noch eine Chance, da sich die Live-View-Helligkeit nach der jeweiligen Offenblende bemisst. Nachtaufnahmen sind also ein Geduldsspiel und in gewissem Maß auch Try-and-Error.

Heuschrecke, Freihandmakro.

AUFNAHMEDATEN	
Brennweite	50 mm
Blende	f/6,3
Belichtung	1/320 s
ISO	100

KAPITEL 5
FOTOPRAXIS UND MOTIVWELTEN

Wenn Sie genug Zeit haben, hilft eine zweite Person mit einer guten Taschenlampe, die sich in die geplante Schärfeebene stellt oder die Schärfeebene beleuchtet. So schön die Fokusskala der Olympus-Pro-Objektive auch aussieht: Mehr als eine grobe Richtlinie bietet sie nicht. Da waren die Skalen der alten manuellen Objektive deutlich genauer. Mit den lichtstarken neuen Optiken wie dem Voigtländer 25 mm f/0,95 oder dem M.Zuiko 45 mm f/1,8 können Sie allerdings auch die eine oder andere Freihandaufnahme versuchen. Vor allem in gut beleuchteten Städten ist da bisweilen noch etwas möglich. Bei Belichtungszeiten zwischen 1/2 und 1/10 Sekunde muss man aber schon eine sehr ruhige Hand haben.

Vollmond am Himmel

Problematisch wird es, wenn der Vollmond am Himmel steht und auch noch aufs Bild soll. Der Vollmond hat etwa 13 EV, eine Nachtszene liegt bei –2 EV. Das ist nur mit zusätzlicher Beleuchtung zu bewältigen. Ein HDR kommt nicht infrage, da der Mond mit geradezu irrsinniger Geschwindigkeit über den Himmel zieht. Ein Nacht-HDR mit Mond, auf dem Strukturen erkennbar sind, ist nicht zu machen – es sei denn, Sie schneiden den Mond per Bildbearbeitung aus und kleben ihn an die richtige Stelle, aber in diesem Buch geht's ja um Fotografie. Sorgen Sie also dafür, dass Ihre Szene zusätzliche Beleuchtung erhält, entweder durch Blitzlicht oder mithilfe versteckt aufgebauter Lampen. Je mehr

Freihand-Nachtaufnahme, Skyline von Schanghai.

AUFNAHMEDATEN	
Brennweite	14 mm
Blende	f/3,5
Belichtung	1/8 s
ISO	1000

AUFNAHMEDATEN	
Brennweite	64mm
Blende	f/8,0
Belichtung	1/40 s
ISO	100

AUFNAHMEDATEN	
Brennweite	7mm
Blende	f/4,0
Belichtung	8 min
ISO	125

Leistung Sie verbauen, desto besser ist es für die Aufnahme des Monds. Achten Sie aber wieder auf den Weißabgleich. Mondlicht ist Tageslicht, also Weißabgleich „Sonne, 5.300 Kelvin".

Die beliebte Alternative, den Vollmond im Augenblick des Aufgangs zu fotografieren, wenn idealerweise die Sonne noch mit einem Rest Tageslicht zur Verfügung steht, macht wieder andere Schwierigkeiten. Die Sonne ist des Abends ja nicht deshalb rot, weil unser Gestirn zweimal täglich die Farbe wechselt, sondern weil sich die Sonnenstrahlen durch sehr viel Luft und damit Dunst und Luftverschmutzung kämpfen müssen. Was für die Sonne gilt, ist für den Mond natürlich genauso relevant. Das fällt mit dem bloßen Auge nur nicht sonderlich auf, da der Mond gerade mal 1/2 Grad am Himmel einnimmt – also 1/100 Sekunde unseres farbigen Gesichtsfelds. Das sind in Pixel umgerechnet unter 50 Pixel im Durchmesser.

Wenn Sie sich nun aber mit einem sehr langen Tele und einem guten Stativ ausrüsten und auf den Mond warten, erleben Sie eine Überraschung: Trotz scheinbar ausreichender Helligkeit ist ein Autofokus auf den Mond unmöglich. Sie schalten also auf manuellen Fokus und stellen fest, dass es rund um den Mond wabert und wogt, sodass Sie selbst ernsthafte Probleme haben, zu entscheiden, was nun scharf ist und was nicht. Zudem hat der Mond im Augenblick

Vollmondaufgang auf einem Hügel bei Regensburg. Der Himmel hat noch eine Spur Abendrot. Das Model wurde mit einem Funkblitz aufgehellt.

Hardangerfjord gegen Norden fotografiert – der Himmel dreht sich scheinbar um den Polarstern. Lens Flares durch eine nicht im Bild befindliche Straßenlaterne rechts. Das helle Licht ist die rechte Hälfte der im Bau befindlichen Hardanger-Brücke.

des Mondaufgangs noch keine 13 EV, sondern nur 6 EV – was die Belichtungszeiten verlängert.

Für die Mondfotografie brauchen Sie die langen Brennweiten. Die älteren PENs haben mit dem AF auf den Mond Probleme, weil es sich beim Mond um eine Gegenlichtquelle handelt und der Kontrast-AF zu langsam ist, um den Fokusvorgang abzuschließen, bevor man gewackelt hat. Mit den neuen PENs und dem Fast-AF geht das deutlich besser. Möchten Sie den Mond genauer unter die Lupe nehmen, brauchen Sie die richtig langen Brennweiten. Den Vollmond formatfüllend abzubilden, schaffen Sie mit 1.000 mm Brennweite. Wollen Sie Krater auf dem Mond sehen, eignet sich der Halbmond besser dafür, da dann die Sonne seitlich auftrifft und die Kraterränder Schatten werfen.

> **MONDAUF- UND -UNTERGANGSZEITEN**
>
> Genaue Mondauf- und -untergangszeiten für Ihren eigenen Standort erhalten Sie unter *http://www.calsky.de/*. Beachten Sie, dass der Mond in zwei Minuten um seinen Durchmesser weiterzieht. Bei 200 mm Brennweite spielt das noch keine große Rolle bei Einzelbildern, aber bei 1.000 mm wandert der Mond bereits 13 Pixel pro Sekunde. Achten Sie darauf, dass Sie, wenn Sie keine Nachführung haben, die Belichtungszeiten kurz genug halten.

Sternenbilder mit Astrostativ

Problematischer wird es bei Aufnahmen von Sternen. Während man die Venus am Abendhimmel durchaus noch ganz gut erwischen kann, sind richtige Sternenbilder ohne Astrostativ mit Nachführung nicht möglich. Für den Anschluss von Teleskopen ist der T2-Anschluss zuständig, für den es FT-Adapter gibt. Ohne Nachführung sind mit den PENs Aufnahmen der hellsten Sterne möglich, die Bilder selbst sind aber von geringem Wert, da es sich dann um dunkle Bilder mit einigen wenigen hellen Punkten handelt. Je größer die Brennweite, mit der Sie fotografieren, desto kürzer muss die Belichtungszeit sein, weil sich sonst die Erdrotation bereits auswirkt. Bei 200 mm sind schon vier Sekunden weit jenseits der Grenze. Wenn Sie kürzer belichten, erhalten Sie zwar scharfe Lichtpunkte, aber eben auch nur die hellsten Sterne. Wollen Sie mehr als den Sternenhimmel selbst ablichten, kommen Sie um ein stabiles Stativ mit Nachführung nicht herum.

Eine Alternative sind Sternenspuren in Verbindung mit Frontmotiven. Da sich der Himmel scheinbar um den Polarstern dreht, benötigen Sie lediglich ein eindrucksvolles Gebäude, das man als Blickfang in den Vordergrund stellt und von dort aus den Sternenhimmel in Richtung Norden ablichtet. Dazu eignen sich im Besonderen unbeleuchtete Ruinen auf Hügeln, mittelalterliche Wegkreuze oder Statuen. Mit der korrekten Ausrichtung erhalten die Motive dann einen Sternenkranz. Genaue Kenntnis des Himmels ist aber Bedingung, bei einer Belichtungszeit von zehn Minuten und darüber samt anschließendem Dark Frame hat man in einer Nacht nicht allzu viele Fehlversuche. Achten Sie auch darauf, dass Sie einen voll geladenen Ersatzakku dabeihaben.

In der Nacht ist es kalt, die Akkulaufzeit sinkt, und sehr viel mehr als drei Stunden Belichtungszeit bekommen Sie aus einem Akku kaum heraus.

Autofokus abschalten

Stellen Sie den Autofokus ab, draußen bei Nacht am Sternenhimmel hilft er Ihnen nicht. Sie müssen über das Display grob scharf stellen und mit ein paar kurz belichteten Shots sehen, ob Sie den richtigen Schärfepunkt gefunden haben. Wenn Sie einfach das Objektiv auf unendlich fahren, bekommen Sie bunte Kreise. Auf dem Display werden Sie mit Live-View-Erweiterung nicht viel mehr als Schneesturm sehen – und ohne gar nichts. Das betrifft aber lediglich Versuche mit normalen Zuiko-Objektiven vom Stativ. Besitzen Sie ein gesteuertes Astrostativ mit einem entsprechenden Teleskop, können Sie mit Live-View-Lupe sehr wohl scharf stellen – wenn auch nicht auf das eventuell beabsichtigte Deep-Sky-Objekt, sondern eben auf einen besser sichtbaren Stern dritter Ordnung, von dem aus Sie dann das Teleskop zum entsprechend angepeilten Sektor fahren.

Licht zur blauen Stunde

Beliebte Nachtaufnahmen sind auch urbane Themen mit Neonreklame, beleuchteten Fassaden und vorbeifahrenden Autos. Während der blauen Stunde ist ein solches Lichtspektakel auch gut auf den Sensor zu bringen. Die blaue Stunde ist die eine Stunde nach Sonnenuntergang, in der der Himmel noch Farbe besitzt. Das Licht in dieser Zeit ist reines Reflexionslicht vom blauen Himmel mit 10.000 Kelvin oder mehr. Dieses Licht ist extrem blau. Daher gibt es bei völlig bewölktem Himmel auch keine blaue Stunde. Die blaue Stunde wird erst in Kombination mit Kunstlicht interessant, da die Lichtintensität der blauen Stunde ähnlich der der künstlichen Beleuchtung ist. Der Kontrast zwischen Straßenlampen, blauem Himmel und schwach beleuchteten Fassaden ist etwa eine halbe Stunde lang so gering, dass auch ohne HDR Bilder gelingen, bei denen zu einem anderen Zeitpunkt mindestens eines der drei Bildelemente grob falsch belichtet wäre.

Um die blaue Stunde auszunutzen, ist eine gute Vorplanung notwendig. Die Motive müssen bereits bei Tageslicht oder am Vorabend besucht worden sein, die besten Standorte ausfindig gemacht und auch die Wege zwischen den Motiven optimiert sein. Zusätzlich sollte man abklären, wann die Straßenbeleuchtung eingeschaltet wird und die Cafés öffnen. Ein Stativ ist auf jeden Fall Pflicht, die Lichtwerte liegen etwa bei 2 EV. Der Weißabgleich liegt immer noch auf Tageslicht.

Weißabgleich bei Nacht

Wenn es später wird, stammt das Licht am Himmel nur noch von der Stadt selbst. Die Belichtungszeiten liegen bei zwei Sekunden oder mehr, je nachdem, wie weit man die Blende schließen muss. Der Weißabgleich

Burg Wolfstein während der Blauen Stunde.

AUFNAHMEDATEN	
Brennweite	14mm
Blende	f/2,0
Belichtung	1/20 s
ISO	800

hängt nun von der vorherrschenden Beleuchtung ab. Zuerst denkt man dabei natürlich an Kunstlicht (3.000 Kelvin) und erreicht damit eine sehr kalte Atmosphäre. Glühlampenlicht verleiht der Szenerie bei einem Weißabgleich auf Tageslicht (5.300 Kelvin) unter Umständen etwas Anheimelndes, zum Beispiel auch im Kontrast zu blauer Leuchtreklame. Zudem gibt es zunehmend Tageslichtlampen in Innenstädten, die 5.000 oder gar 5.500 Kelvin haben und das Spektrum innerhalb der Stadt noch weiter ins Blaue schieben.

Verlassen Sie sich im Zweifelsfall wieder auf das RAW-Format und nicht auf den eingebauten Monitor. Bei schlechtem Umgebungslicht kann man sich weder auf die angezeigte Helligkeit noch auf die Farbwiedergabe verlassen – überprüfen Sie also das Histogramm. Wenn es nicht nur darum geht, das abendliche Lichtermeer zu dokumentieren, führt ohne zusätzliche Beleuchtung an einem HDR kein Weg mehr vorbei. Man sollte nur vorsichtig sein, damit sich der scheinbar tiefschwarze Himmel nicht mit Artefakten füllt, die durch die Mikrokontraste ans Tageslicht geholt werden. Ein Exposure Blending ist meist die bessere Wahl. Komplex wird es, wenn bei Nacht Bewegungen festgehalten werden sollen. Bei den notwendigen langen Belichtungszeiten verschwindet jede Bewegung in Schatten und Unschärfe. Ohne leistungsfähigen Blitz geht da nichts. Im Freien gibt es allerdings so gut wie keine Reflexionsflächen, indirektes Blitzen ist also nicht möglich und ein Diffusor schlicht Vergeudung teuer bezahlter Blitzleistung.

Keine Regel ohne Ausnahme: Wenn Sie ein Team dabeihaben, das sich an den richtigen Stellen mit Reflektoren aufstellt, können Sie auch im Freien indirekt blitzen und fantastische Ergebnisse erzielen.

Panoramafotografie

Für die Panoramafotografie verwendete man zu analogen Zeiten spezielle Kameras, bei denen das Objektiv um den Film rotierte. Im digitalen Zeitalter werden diese Kameras durch Mehrfachaufnahmen ersetzt. Damit ist die Panoramafotografie aber nicht einfacher geworden. Ein Panorama ist eigentlich ein Rundblick. Mittlerweile wird aber fast alles als Panorama bezeichnet, was deutlich breiter als hoch ist. In diesem Buch wird der Begriff Panorama für Bilder verwendet, die aus mehreren Einzelbildern zusammengesetzt werden, um einen größeren Bildwinkel zu erreichen. Man kann zwar prinzipiell auch ein Fisheye-Bild oben und unten beschneiden und hat in Folge ebenfalls ein Panorama, darum geht es hier aber nicht.

Motivprogramm Panorama

Die PEN bietet das eingebaute Motivprogramm *Panorama*. Sie messen damit ein Bild aus, die Kamera speichert Schärfe und Belichtung, und anschließend fotografieren Sie Ihr Panorama – freundlicherweise noch mithilfe der im Display angezeigten Überlappung. Zum Schluss flickt der Olympus Viewer das Bild am PC automatisch zusammen. Das funktioniert, solange Sie nur die Aussicht aus dem Hotelzimmer fotografieren wollen, sogar recht gut. Sobald aber im Vordergrund etwas zu sehen ist, scheitert das Programm an den sich zwangsläufig ergebenden Parallaxenfehlern. Wenn Sie nur einfache Panoramen aus der Hand fotografieren wollen, verwenden Sie das Motivprogramm. Ansonsten lesen Sie weiter. Das Panoramaprogramm löst übrigens nicht automatisch aus.

Bildaufbau genau planen

Ein Panorama ist in erster Linie ein Weitwinkelbild. Sie projizieren also eine kugelförmige Wirklichkeit auf eine flache Bildfläche. Dabei kommt es naturgemäß zu Verzerrungen, die umso stärker sind, je näher ein Motiv der Kamera ist. Ein bekanntes Beispiel sind Geländer, an denen der Panoramafotograf Aufstellung genommen hat und die im fertigen Panorama stark gebogen wirken. Die Alternative ist, den ganzen Vordergrund komplett wegzulassen – was den ungeheuren Vorteil hat, dass man sich nicht mit Parallaxenfehlern und Nodalpunktadaptern herumschlagen muss.

Panoramen ohne Vordergrund werden häufig von erhöhten Punkten aus aufgenommen, von Kirchtürmen und dergleichen. Obwohl man zur Erstellung des Panoramas einmal um den Kirchturm herumgehen muss und deshalb den Parallaxenfehler quasi bereits eingebaut hat, kann man die Bilder mit etwas Sorgfalt bei der Erstellung gut verwenden. Teilen Sie Ihr Motiv in gleiche Teile auf und verwenden Sie die längste Brennweite, die Ihnen noch Himmel und Boden gibt. Vergessen Sie aber nicht, dass der Stitcher durch die sphärische Projektion die Bilder nicht einfach aneinanderklebt, sondern alle Bilder verzerrt, sodass Sie unter Umständen zum Schluss ein Bild haben, das oben wellenförmig ist. Um das dann wieder abzuschneiden, damit das Bild schön gerade aussieht, brauchen Sie oben und unten „Fleisch". Dummerweise darf auch dieses Fleisch keinen Parallaxenfehler enthalten.

Wichtig ist ebenfalls: Versuchen Sie, die Kamera immer parallel zum Horizont zu halten. Oft genug rutscht man am Ende des Panoramas nach unten. Das resultierende Panorama ist aber nur der kleinste gemeinsame Nenner aller Bilder. Ein einziger Ausrutscher nach oben oder unten beschneidet Ihr Panorama erheblich. Fotografieren Sie also im Hochformat und halten Sie die Kamera gerade, auch wenn die Versuchung groß ist, die Kamera nach unten zu richten, um den Vorplatz der Kirche mit draufzubekommen. Wenn die Kamera nach unten weist, können Sie den Winkel nicht konstant halten – das Panorama ist mit fast absoluter Sicherheit nicht zu stitchen.

Etwas komplexer sind Panoramen mit Vordergrund-Mittelgrund-Hintergrund-Aufbau. Wenn Sie das Panorama nicht mit Brennweiten jenseits der 100 mm machen wollen, brauchen Sie hierfür einen Nodalpunktadapter. Nehmen Sie den Parallaxenfehler nicht auf die leichte Schulter. Gute Panoramen sind außerordentlich aufwendig, und wenn Sie erst nach mehreren Stunden am Computer feststellen, dass der Fehler einfach

AUFNAHMEDATEN	
Brennweite	11mm
Blende	f/2,8
Belichtung	2,0 s
ISO	100

KAPITEL 5
FOTOPRAXIS UND MOTIVWELTEN

nicht korrigierbar ist, ist es meist zu spät, das Panorama zu wiederholen. Auch bei Panoramen rentiert es sich, Regeln zum Bildaufbau zu beachten. Idealerweise ist ein Panorama nicht einfach ein Rundblick, sondern tatsächlich ein durchkomponiertes Bild.

Format und Überlappung
Normalerweise schießt man Panoramen im Hochformat, dadurch hat man oben und unten mehr Bild und spart sich unter Umständen eine zweite Reihe. Bei Landschaftspanoramen haben Sie aber meistens nicht das Problem, dass es am Himmel mangelt. Haben Sie deshalb keine Skrupel, Ihr Panorama im Querformat zu machen. Sparen Sie keinesfalls an Überlappung. Hin und wieder muss man nachträglich bei der Erstellung des Panoramas einzelne Bilder abschneiden, um Geisterbilder zu verhindern – etwa weil in einem Bild ein Passant ins Bild gelaufen ist, der auf dem nächsten Bild nicht zu sehen ist. Wenn dann die Überlappung zu gering ist, muss der Passant mühselig per Hand aus dem Bild herausretuschiert werden.

Geeignete Objektive
Als Objektive für die Panoramafotografie eignen sich alle Objektive ab Normalbrennweite bis zum Ultraweitwinkel. Theoretisch können Sie auch mit 300 mm Panoramen aufnehmen, aber der entsprechende Aufwand wächst ins Gigantische. Zudem ist eines der größten Probleme in der Panoramafotografie die extrem schnell ziehende Sonne. Selbst wenn sich in der Landschaft nichts ändert, die Schatten ändern sich. Schon bei einem Single-Row-360-Grad-Panorama mit 14 mm Brennweite müssen Sie mit elf Bildern rechnen, bei 25 mm sind es

Die Wasa im Museum in Stockholm. Um die Belichtungszeit in einem erträglichen Rahmen zu halten, wurde auf 2,8 aufgeblendet. Stativ und Panowinkel, einzeiliges Panorama – aus der Hand unmöglich.

Panorama des Doms in Regensburg. Insgesamt 14 Bilder im Hochformat in zwei Reihen (Multi-Row), 220 Grad Bildwinkel, 14 mm Brennweite, 14-54. An den Überlappungsstellen der Bilder wurde darauf geachtet, dass Passanten die entsprechenden Bereiche bereits passiert hatten, sodass keine Geisterbilder entstanden.

bereits 18, und bei einem entsprechenden Multi-Row-Pano vervielfachen sich Bilder und Zeitaufwand.

Gute Panoramaobjektive sind also alle Objektive mit Brennweiten unter 25 mm. Für Kugelpanos wird gern das Fisheye verwendet, für normale Panos liefert das 8-mm-Fisheye meist zu viel Boden und Himmel. Bei der Auswahl des Objektivs ist der Nodalpunkt des Objektivs wichtig. Es hilft Ihnen nichts, wenn Sie mit einem 7-14-mm-Objektiv ein Panorama erstellen wollen, den Nodalpunkt aber an Ihrem Adapter nicht mehr einstellen können, weil der Ausleger nicht lang genug ist. Kaufen Sie Ihren Nodalpunktadapter also passend zu Ihren Objektiven.

Methoden der Belichtung

Es gibt, was die Belichtung von Panoramen anbelangt, zwei Ansätze: die Belichtung bei jedem Teilbild neu anzupassen oder das ganze Panorama mit fixer Beleuchtung durchzuschießen. Die Anhänger der flexiblen Belichtung argumentieren, dass der Stitcher die Belichtung am Übergang entsprechend anpasst und dadurch überhaupt erst 360-Grad-Panoramen möglich werden. Schließlich sei auf irgendeiner Seite des Panoramas die Sonne, und in dieser Richtung könne es so hell werden, dass das Pano bei gleichmäßiger Belichtung überstrahlt.

Diese Argumentation funktioniert nur dann, wenn man sehr viele Einzelbilder mit sehr großen Überlappungen macht. Bei Panoramen mit einem Teilbildwinkel von etwa 10 Grad mit mindestens 30 % Überlappung auf jeder Seite kann der Stitcher die Farb- und Helligkeitsunterschiede ausgleichen, solange man die Belichtungsänderung kontrolliert. Ein Ausreißer, weil man aus Versehen ein schwarzes Gebäude oder eine weiße Wolke angemessen hat, darf dabei nicht vorkommen.

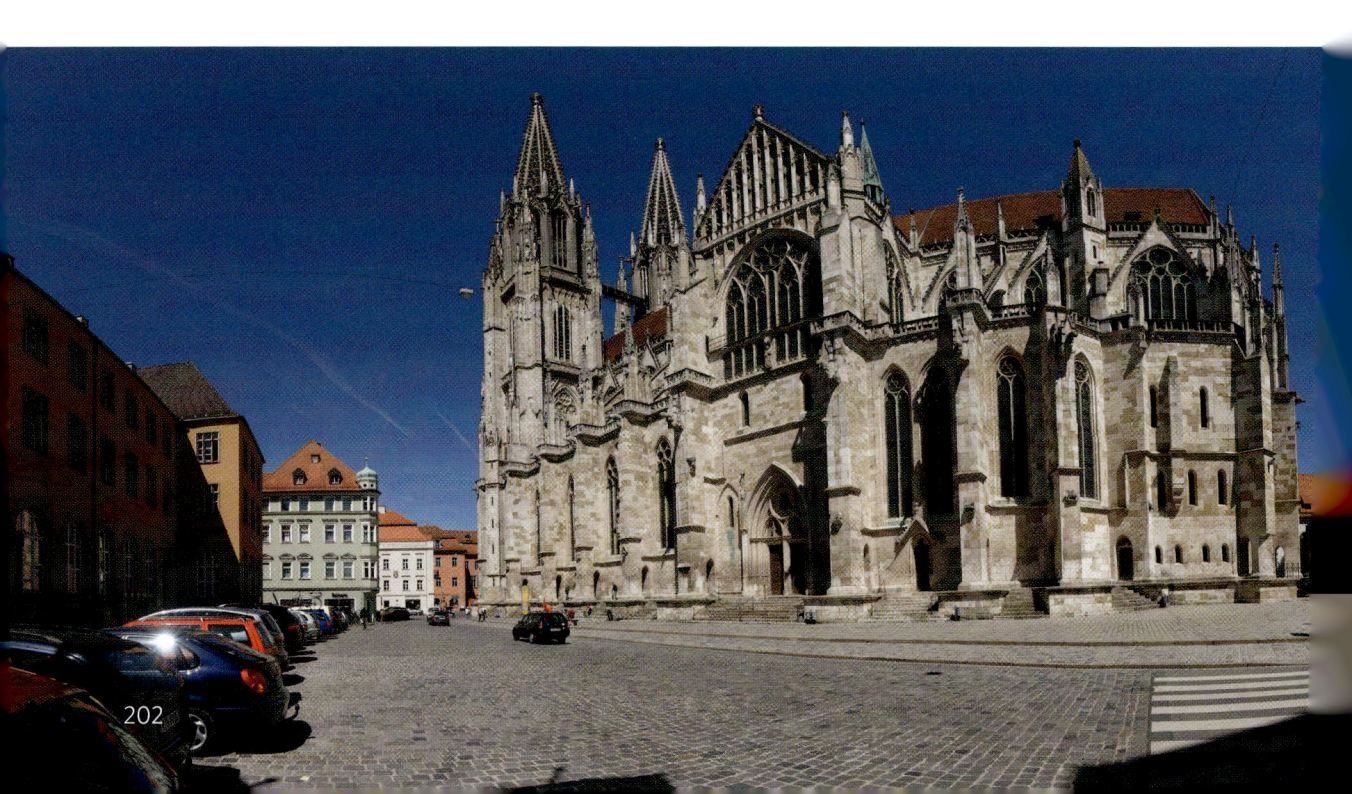

Bei fixer Belichtung wird es aber auch nicht einfacher. Das Panorama muss vor Beginn vollständig ausgemessen werden. Ansonsten fotografiert man drauflos und stellt nach drei Viertel der Bilder für das Panorama fest, dass die Belichtung beim besten Willen nicht mehr ausreicht. Um nicht auf einer Seite in die Sonne fotografieren zu müssen, sollte man 360-Grad-Panoramen sinnvollerweise mittags machen – und auf keinen Fall im Winter.

Suchen Sie sich entweder wunderbares Sonnenscheinwetter zum Fotografieren oder diesige Suppe. Ziehende Wolken verursachen nicht nur beim Stitchen des Himmels Probleme, sondern vor allem bei der Belichtung des Panoramas. Wenn Sie, auch weil es einfach gut aussieht, einen lebhaften Himmel bevorzugen, suchen Sie sich ein Wolkenloch, in dessen Verlauf Sie das Panorama komplett durchziehen können.

Um Belichtungsprobleme etwas ausgleichen zu können, empfiehlt es sich, Panoramen in RAW zu fotografieren. Es versteht sich von selbst, dass Sie die Blende so weit schließen, dass Sie eine ausreichende Schärfentiefe über alle Bilder bekommen. Stellen Sie am besten auf die Hyperfokaldistanz scharf und auf *MF* um. Und dann fassen Sie das Objektiv nicht mehr an. Achten Sie auf jeden Fall auf Lens Flares, wenn Sie in Sonnenrichtung fotografieren. Im Notfall sollten Sie das Objektiv von einer zweiten Person mit einem Karton abschatten lassen. Und hier schließt sich der Kreis wieder. Denn das Motivprogramm *Panorama* macht nichts anderes, als Schärfe und Belichtung zu speichern und für das gesamte Panorama anzuwenden. Sie müssen sich also kaum Gedanken darum machen, solange Sie zwei Dinge beachten: Sie müssen das Pano bei einem Bild beginnen, das eine mittlere Belichtung erfordert, und Sie dürfen den Fokusring nicht anfassen. Das *Panorama*-Programm stellt nämlich auf *S-AF+MF* ein, sodass Sie – auch zwischen zwei Bildern – aus Versehen den Fokus verstellen könnten, was das Panorama mit fast absoluter Sicherheit ruinieren würde.

Polfilter und Panoramen
Polfilter entwickeln ihre stärkste Wirkung nur in eine Richtung. In dieser Richtung wird das Blau des Himmels besonders knackig, das Grün grüner, das Wasser wechselt die Farbe. Im Rest des Panoramas bleibt alles beim Alten. Wenn Sie Ihr Panorama vom Winkel her beschränken, kann ein Polfilter im Kampf gegen den Dunst sinnvoll sein. Bei Winkeln größer als 120 Grad schaden sie mehr, als dass sie nützen.

Multi-Row-Panoramen und Gigapixelbilder
Bei Panoramen, die in der Senkrechten einen höheren Bildwinkel abdecken sollen, als das Objektiv bietet, muss ein Multi-Row-Panorama gemacht werden. Das bedeutet, dass zuerst eine Reihe mit nach unten gekippter Kamera gemacht wird und dann eine Reihe, bei der die Kamera nach oben gekippt ist. Beide Reihen müssen sich überlappen. Hierbei sind die gleichen Probleme

360-Grad-Panorama der Katharinenkapelle bei Hechlingen am See. Ein solches Panorama ist auch mit dem internen Programm der PEN gut hinzubekommen.

zu bewältigen, die auch das Single-Row-Panorama hat: Belichtung und Schärfe.

Eine Sonderform der Multi-Row-Panoramen sind die Gigapixelbilder. Dabei werden mit Telebrennweiten Landschaften oder Bauwerke in mehreren Reihen fotografiert und anschließend digital zusammenmontiert. Durch die geringe Schärfentiefe der Telebrennweiten wird hier selten mit Bildvorder- und Bildhintergrund operiert, sodass ein Nodalpunktadapter entbehrlich ist. Multi-Row-Panoramen und Gigapixelbilder, die Menschen oder andere sich bewegende Dinge enthalten (unter Umständen so groß, dass die Person oder Ähnliches auf mehreren Bildern vorkommt), müssen mit wesentlich mehr Überlappung geschossen werden, um im Notfall Teile von Personen aus einzelnen Bildern entfernen zu können. Sind Menschen elementarer Bestandteil der Bildidee, müssen sie zuerst fotografiert werden. Dabei müssen Sie den Winkel notieren, in dem die Person fotografiert wurde, damit Sie später die restlichen Bildteile ohne Personen nahtlos anschließen können.

Ein weiteres Problem sind strukturlose Bereiche. Wenn Sie Gigapixelbilder machen, kann es passieren, dass Sie reihenweise blauen Himmel oder Wasseroberfläche fotografieren. Kaum ein automatischer Pano-Stitcher kann diese Puzzlestücke richtig zuordnen. Machen Sie sich bei solchen Aufgaben erst einen Plan des Bildes mit einem Raster, der festhält, wo Sie wie viele Bilder machen. Konzentrieren Sie sich dabei und notieren Sie jedes Bild mit den Winkeln, die Sie an der Panoplatte oder dem Ausleger des Nodalpunktadapters ablesen. Dadurch fällt es sofort auf, wenn ein Bild fehlt. Sind auch noch Wolken am Himmel, sollte Ihnen jemand assistieren.

Das Panorama müssen Sie dann von Hand stitchen, also selbst Kontrollpunkte festlegen. Da Sie im Durchschnitt pro Bild an jeder Seite etwa zehn Kontrollpunkte benötigen, bereiten Sie sich darauf vor, dass Sie bei einem Bild mit „nur" 100 Megapixeln bereits etwa 800 Kontrollpunkte festlegen müssen.

Kugelpanoramen

Kugelpanoramen sind eigentlich 180-x-360-Grad-Panoramen. Auf dem Computer können sie als Animation betrachtet werden, bei denen man in jede Richtung schwenken kann, gedruckt werden sie vorwiegend als Zylinderprojektion. Kugelpanoramen werden in den meisten Fällen mit einem Fisheye-Objektiv gemacht. Das hat den simplen Grund, dass mit einem 8 mm Fisheye lediglich sechs Bilder waagerecht und zwei Bilder oben und unten notwendig sind, sich also der Aufwand sowohl vor Ort als auch in der Nachbearbeitung in Grenzen hält. Prinzipiell können Sie natürlich auch mit einem 14-mm-Objektiv Kugelpanos herstellen – Sie benötigen dazu allerdings die Kleinigkeit

**KAPITEL 5
FOTOPRAXIS UND MOTIVWELTEN**

von 55 Bildern: fünf Reihen mit je elf Bildern. Das entsprechende Stitchen ist eine Arbeit für Fotografen mit starken Nerven.

Fotografieren Sie zuerst mit je 60 Grad Abstand sechs waagerechte Bilder im Hochkantformat. Sechs Bilder sind das Minimum. Lassen Sie sich nicht von dem scheinbar großen Bildwinkel verführen, einen größeren Winkel zu wählen. Besonders bei Fisheye-Bildern ist Überlappung alles. Sorgen Sie dafür, dass Sie selbst nicht mit irgendwelchen Körper- oder Ausrüstungsteilen im Bild sind, und achten Sie darauf, dass auch die Beine Ihres Stativ möglichst eng zusammenstehen. Für Belichtung und Schärfe gilt, was auch für normale Panos gilt. Nun machen Sie als Erstes das Zenitbild. Positionieren Sie dazu den Ausleger des Nodalpunktadapters so, dass das Objektiv nach oben zeigt. Gehen Sie in Deckung und achten Sie darauf, dass auch sonst keine neugierigen Passanten ins Bild kommen.

Kugelpanoramen haben aufgrund des absurden Bildwinkels ein Problem: Schatten. Wenn Sie draußen fotografieren, müssen Sie darauf achten, dass Ihr Schatten möglichst kurz ist. Arbeiten Sie also entweder um die Mittagszeit, oder Sie knipsen die entsprechenden Bilder, auf denen Ihr Schatten ins Bild kommen würde, per Selbstauslöser und sprinten während der Laufzeit des Timers aus dem Bild. Den Schatten des Stativs müssen Sie sowieso per Bildbearbeitung entfernen. In Innenräumen kann

Kugelpanorama des Lagers eines Antiquitätenhändlers in Sulzfeld. 40 Bilder mit 11 mm, 5 Sekunden Belichtungszeit, f/3,2, ISO 200. Um Belichtungszeit und ISO überhaupt in Grenzen zu halten, wurde mit Offenblende fotografiert. Die Schärfentiefe ist deshalb unbefriedigend. Zudem sind noch zwei kleine Stitchfehler enthalten.

es passieren, dass Licht aus Fenstern oder auch Spiegelreflexe Schatten verursachen. Gehen Sie vor dem Fotografieren auf Schattenjagd und machen Sie alle Lichtquellen ausfindig, die stören könnten. Verhängen Sie im Zweifelsfall die Fenster für das Bild, auf dem Schatten entstehen würde.

So weit so einfach. Zu einem Kugelpanorama gehört aber noch das sogenannte Nadirbild, das Bild des Bodens, auf dem eigentlich das Stativ steht. Um das Nadirbild zu machen, notieren Sie sich zuerst die genaue Lage des Nodalpunkts, um den Sie den Rest des Panos gedreht haben. Für diese Zwecke ist der Maßstab sehr nützlich, der im Abschnitt „Kleine Dinge für die Fototasche" erwähnt wurde. Messen Sie, bevor Sie das Stativ abbauen, die genaue Höhe des Nodalpunkts und den Punkt am Boden, über dem der Nodalpunkt liegt. Dieser Punkt am Boden muss später der Mittelpunkt des Nadirbildes sein. Überprüfen Sie, wie weit die waagerechten Bilder am Boden reichen. Ziehen Sie etwas Beschnitt ab und beachten Sie, dass das Nadirbild hier gut überlappen muss. Sie können das Nadirbild nun per Hand machen, das ist aber eher eine ungenaue Angelegenheit.

Eine bessere Methode, die auch bei Nachtpanoramen hilft, ist entweder der Einsatz eines Stativs mit sehr langen Beinen, die Sie nach außen klappen können, oder ein Helfer, der das Stativ so schräg hält, dass die vorderen Beine nicht im Weg sind. Theoretisch wäre der Helfer auch durch etwas Bindfaden zu ersetzen – wenn Sie sich sicher sind, dass die Beine des Stativs nicht wegrutschen.

Ist auch das nicht möglich, lassen Sie das Stativ stehen, wo es ist, und klappen die Kamera mittels Nodalpunktadapter nach unten. Machen Sie ein Bild. Sie haben nun Stativ und Nodalpunktadapterausleger mit

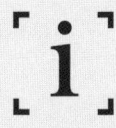

PANORAMASOFTWARE

Für die Erstellung von Panoramen gibt es die unterschiedlichste Software. Die meisten Bildbearbeitungsprogramme haben mittlerweile entsprechende Funktionen eingebaut. Ein Klassiker, der sehr einfach zu bedienen ist und auf dessen Engine einige professionelle Programme wie Autopano Pro beruhen, ist die Freeware Autostitch. Eine Programmsammlung, die professionelle Ergebnisse liefert, sind die Pano-Tools, kommandozeilenbasierte Programme für die verschiedenen Probleme in Verbindung mit Panoramen. Für den Anwender gibt es diverse Frontends, die den Umgang mit den Pano-Tools vereinfachen, das Bekannteste ist Hugin, das nahezu alle Arten von Panoramen erstellen kann. Falls HDR-Panoramen erstellt werden sollen, sind Hugin und das ähnlich zu bedienende PTGui sowie Autopano Pro die Mittel der Wahl. Auch Photoshop CS bietet seit der Version 4 einen guten Stitcher an, solange die Panoramen nicht zu komplex werden.

Alle diese Programme erstellen zweidimensionale Panoramen mit 360 Grad Breite und 180 Grad Höhe. Für animierbare, interaktive Kugelpanoramen muss der Output aus Hugin oder Autostitch in QuickTime oder Flash konvertiert werden. Ein Programm, das solche Anwendungen erstellt, ist beispielsweise Pano2VR, von dem es auch eine kostenlose Demo gibt.

KAPITEL 5
FOTOPRAXIS UND MOTIVWELTEN

auf dem Bild. Drehen Sie jetzt die Panoplatte um 180 Grad und machen Sie nochmals ein Bild. Nun haben Sie wieder den Ausleger auf dem Bild, nur eben auf der anderen Seite. Anschließend schießen Sie ein drittes Nadirbild von Hand. Bei dem ist es egal, wenn Ihre Füße mit drauf sind, Hauptsache, sie stehen nicht genau dort, wo vorher die Stativbeine standen oder wo der Stativschatten war. Sie haben nun drei Aufnahmen, auf denen zusammen genommen der komplette Boden zu sehen ist. Der Rest ist Bildbearbeitung.

Porträtfotografie

Das Fotografieren von Menschen ist so vielschichtig wie die Menschen selbst. Ein Porträt soll dabei das Wesen eines Menschen zeigen. Meistens nimmt man sich dafür das Gesicht vor, es gibt aber auch wundervolle Porträts, bei denen nur die Hände zu sehen sind. An dieser Stelle geht es also nicht um Beautyporträts, bei denen entweder durch ausgefeilte Schminktechnik oder durch mehr oder weniger aufwendige elektronische Bildbearbeitung aus der grauen Maus von nebenan eine Barbiepuppe gemacht wird.

Porträt mit Aufhellung durch einen Reflektor. Das Licht vom Reflektor verursacht keine harten Schatten und sorgt trotzdem für einen lebendigen Lichtpunkt im Auge.

AUFNAHMEDATEN	
Brennweite	100 mm
Blende	f/2,0
Belichtung	1/640 s
ISO	100

AUFNAHMEDATEN	
Brennweite	90mm
Blende	f/2,0
Belichtung	1/160 s
ISO	100

Modelporträt bei natürlichem Licht im Schatten. Im Hintergrund eine Burgmauer, die aber in der Unschärfe versinkt.

People-Fotografie im zu engen Studio. Mit 27mm Brennweite aus der Höhe werden die Beine perspektivisch stark verzerrt.

AUFNAHMEDATEN	
Brennweite	27mm
Blende	f/5,6
Belichtung	1/200 s
ISO	100

Auseinandersetzung mit dem Motiv

Am Beginn des Porträts steht die Auseinandersetzung mit dem Menschen als solchen. Ist er eher still und zurückhaltend oder fröhlich und extrovertiert? In welcher Situation stellt man ihn dar, damit der Hintergrund die Bildaussage, also das Wesen des Menschen, unterstützt? Auch die Farbgestaltung des Hintergrunds ist von Bedeutung. Nicht jedem steht eine blaue Tapete. Und schließlich muss entschieden werden, von welcher Seite das Porträt in Angriff genommen wird. Fast jeder Mensch hat zwei völlig unterschiedliche Gesichtshälften, bei vielen Menschen sind auch die Augen deutlich unterschiedlich.

Man fängt also zuerst mit einer Serie von Bildern ohne Pose an, bei der das Gesicht aus allen Richtungen fotografiert wird – von links, rechts, oben, unten, im Profil, Halbprofil sowie frontal. Sehr schnell stellt sich dabei heraus, wo die ästhetischen Schwachstellen des Gesichts sind und aus welcher Perspektive sie am besten zu kaschieren sind – aber auch, aus welcher Perspektive der Mensch am natürlichsten wirkt.

Ein anderer Ansatz ist es, den Charakter eines Menschen zu zeigen – sein Menschsein, seine Verletzlichkeit, seine Trauer, Wut, Angst oder seinen Ärger. Ein Ansatz, der oft genug daran scheitert, dass Menschen keinerlei Interesse daran haben, solche Fotos an die Öffentlichkeit gelangen zu lassen. Man kann diese Fotos machen – und man kann vorher auch dem Model ein entsprechendes Model-Release abschwatzen, sodass man sie veröffentlichen darf. Aber es ist die Frage, ob man das will. Schmerz und Trauer sind sehr persönliche Zustände – und oft genug sollte man Menschen besser in den Arm nehmen, als sie zu fotografieren.

Geeignete Objektive

Seitdem das M.Zuiko 45 mm f/1,8 auf dem Markt ist, gibt es als Porträtobjektiv für die PEN nur eine Wahl. Mit diesem Objektiv können Sie die Kamera sogar auf Gesichtserkennung stellen und loslegen – die Bilder sind korrekt fokussiert und genau an den richtigen Stellen scharf.

Porträts mit lichtschwächeren Optiken erfordern einen anderen Bildaufbau und mehr Sorgfalt im Hintergrund. Oft wird im Studio mit größeren Blendenzahlen gearbeitet, um eine höhere Schärfentiefe zu erzielen. Dabei tritt dann die Lichtstärke des Objektivs in den Hintergrund, und das Bild wird vor allem vom Abstand zum Motiv und damit von der Brennweite bestimmt. Generell sollte man Porträts nicht unter 40 mm machen. Bei kürzeren Brennweiten drohen perspektivische Verkürzungen und Hervorhebungen, die Ohren, Nase oder Kinn grotesk verzerren können.

Bei MFT sind die beiden Kit-Optiken M.Zuiko 14-42 mm und Lumix 14-45 mm am langen Ende gerade noch zu verwenden, besser ist das M.Zuiko 14-150 mm, das M.Zuiko 40-150 mm oder das Lumix 45-200 mm. Dadurch dass es mittlerweile gute Objektive für MFT gibt, sind adaptierte FT-Objektive für Porträts zweite Wahl – der AF ist einfach zu langsam, sodass man oft genug den gewünschten Gesichtsausdruck verpasst oder die Schärfe nicht exakt liegt, weil sich das Model oder der Fotograf bewegt hat.

Hintergrund und Umfeld

Der Hintergrund oder auch das Umfeld des Porträts kann natürlich eine Studioumgebung sein, oft sind aber auch Outdoor-Locations sehr effektvoll. Wichtig ist, dass Sie das Licht steuern können bzw. dass Sie diffuses Licht bekommen, wenn Sie es brauchen, aber auch mal einen Lichtreflex setzen können. Wenn Sie eine Beleuchtercrew dabeihaben, ist das leichter zu bewerkstelligen, als wenn Sie sich auf sich selbst und Ihren Aufsteckblitz verlassen müssen.

Suchen Sie sich eine schattige Stelle und nehmen Sie einen Reflektor mit. Die einfachen, runden Reflektoren mit Drahtbügel gibt es für wenige Euro im Zubehörhandel. Denken Sie an die Plastiktüte als Unterlage für das Model – nicht alle Klamotten sind 100 % Outdoor-geeignet. Ein kleiner Tipp übrigens noch, wenn Sie Ihr Model an eine bestimmte Stelle im Bild platzieren wollen: Machen Sie keine Kreidestriche auf den Boden, die gehen nicht mehr weg und stören spätestens beim nächsten Bild erheblich. Legen Sie einfach eine Münze auf den Boden mit der Anweisung an das Model, den Fuß draufzustellen.

Wenn Sie mit lichtschwachen Kit-Optiken fotografieren müssen, achten Sie auf ausreichend Abstand zwischen Model und Hintergrund bzw. auf einen strukturarmen Hintergrund. Äste quer durch den Kopf können jedes Porträt ruinieren. Eine längere Brennweite und damit mehr Abstand zum Motiv helfen Ihnen übrigens nicht, das Motiv besser freizustellen. Solange das Motiv auf dem Sensor gleich groß ist, ist auch die Schärfentiefe nahezu gleich groß. Im Gegenteil, durch die längere Brennweite sinkt bei Kit-Zooms die Lichtstärke, was die Schärfentiefe vergrößert! Wenn Sie also ein Porträt mit unscharfem Hintergrund machen wollen, gibt es nur zwei Möglichkeiten: Blende weiter auf oder Model weiter vom Hintergrund weg. Für eine Berechnung der Abstände können Sie die Formel für Bokeh nehmen.

Outdoor-Shootings sind aufwendig und eigentlich nur in Teamarbeit professionell zu bewältigen. Im Studio sind Porträts einfacher zu realisieren. Die Beleuchtung ist dort besser zu steuern, der Hintergrund ist frei wählbar und wenn gewünscht auch per Farbspot bunt zu gestalten. Seitliches Licht, auch wenn es aus einer Softbox kommt, verstärkt Konturen, Licht von vorne füllt Falten aus. Wenn Sie also ein paar Jahre wegfotografieren wollen, stellen Sie vorne eine Softbox auf. Sollen es ein paar mehr Jahre sein, versuchen Sie, Leben ins Gesicht zu bekommen, Spannung und Aktion. Wenn alte Menschen ihr Gesicht erschlaffen lassen, wirken sie einfach nur noch alt. Ihre Funktion als Fotograf beschränkt sich dann auf das Dokumentieren von geplatzten Äderchen und Altersflecken. Sorgen Sie für gute Stimmung, lassen Sie sich eine spannende Geschichte erzählen.

Oft wird der Fehler gemacht, in zu engen Studios zu fotografieren und dann mit kurzen Brennweiten zu hantieren. Die entstehenden Produkte haben einen gewissen Aufmerksamkeitswert, aber mit der Darstellung der eigentlichen Person wenig zu tun.

Trotzdem kann man unter gewissen Voraussetzungen auch mit Ultraweitwinkeln Personen abbilden. Eine Möglichkeit besteht darin, die Person auf die Mitte des Bildes zu konzentrieren, sodass die Randverzerrungen nicht zum Tragen kommen. Es gibt auch die Möglichkeit, das Model an den Rand des Weitwinkels zu platzieren und von der dadurch entstehenden Dynamik zu profitieren. Gern wird der Trick verwendet, das Model an den einen Rand zu setzen und die Beine quer über das Bild zum anderen Rand zu ziehen. Der Effekt ist ein Pummelchen mit endlosen Beinen. Besser kommt das Weitwinkel, wenn das Model zum Teil verdeckt wird, sodass die zusätzlichen „optischen Kilos" von einem anderen Gegenstand aufgefangen werden.

HINTERGRUNDPAPPE UND GREENSCREEN

Als Hintergrund sind Weiß bzw. Creme und Schwarz auf jeden Fall wichtig. Hintergrundpappe gibt es natürlich in jeder nur denkbaren Farbe, aber das sind die beiden wichtigsten. Praktisch ist noch ein neutralgrauer Hintergrund, den man bei Bedarf mit einem Spot mit Flügeltor und Farbeinsatz anstrahlt. Sie können dann auf den neutralgrauen Hintergrund die wildesten Farbmuster zaubern. Zu Analogzeiten waren auch Landschaftsfotos recht beliebt, die an die Wand gehängt wurden, um eine exotische Location zu simulieren. Mittlerweile nimmt man dafür einen Greenscreen, also eine spezielle grüne Hintergrundpappe. In Photoshop wird dann das Grün durch die passende Landschaft ersetzt. Greenscreen-Aufnahmen sind nicht ganz einfach. Sie müssen den Hintergrund extra beleuchten, damit Sie keine größeren Schatten bekommen, was unter Umständen einen grünlichen Schimmer auf Ihr Model wirft. Die Beleuchtung muss also sehr genau ausgewogen werden. Hat man den Trick aber heraus, können Greenscreen-Aufnahmen viel Spaß machen.

FAUSTREGEL FÜR GRUPPENBILDER

Teilen Sie die Anzahl der Personen durch 3, und Sie haben bei gutem Licht in Gruppen unter 20 Personen immer ein gutes Bild dabei, bei dem alle Abgebildeten die Augen offen haben. Bei 30 Personen teilen Sie durch 2, bei 50 Personen können Sie schießen, bis die Akkus leer und die Karten voll sind, und bei noch mehr Personen hilft nur noch beten oder die elektronische Bildbearbeitung.

KAPITEL 5
FOTOPRAXIS UND MOTIVWELTEN

Rote Augen sind bei Porträts nie ein Problem. Abgesehen davon, dass man Porträts nicht frontal blitzt, hat man in den meisten Fällen genug Zeit, das Licht so zu arrangieren, dass es passt.

Im Studio sind natürlich Softboxen und Styroporreflektoren die Mittel der Wahl, eventuell noch ein Wabenspot, um die Haare von hinten zu beleuchten. Wenn ein Model zu steif ist, hat sich der Einsatz einer Windmaschine bewährt – weniger um die Haare zum Fliegen zu bringen, als um die Situation etwas aufzulockern. Ob eine porträtierte Person ein Accessoire in die Hand bekommen soll, muss man von Fall zu Fall entscheiden. Während die Gesichtserkennung Outdoor bei großen Blendenöffnungen und geringen Schärfentiefen Gold wert ist, weil der Fokus eben punktgenau auf den Augen liegt, ist sie im Studio weniger wichtig. Die Schärfentiefen sind im Studio meist größer, sodass man auch mit den normalen Fokuspunkten arbeiten kann, was etwas größere, kreative Spielräume eröffnet.

Gruppenporträts

Jeder kennt Gruppenbilder, jeder war schon mal auf einem drauf, und jeder weiß, wie furchtbar das ist. Trotzdem werden sie in Mengen produziert, und als Fotograf kommt man um die Gruppenbilder nicht herum. Also ziehen Sie sich anständig aus der Affäre. Sorgen Sie zuerst dafür, dass kein direktes Sonnenlicht auf Ihre Gruppe fällt, sonst schauen alle so aus, als hätten sie akute Schmerzen im großen Zeh. Zudem bekommen Sie harte Kontraste und können sich aussuchen, ob Sie ausgefressene Blondschöpfe oder abgesoffene dunkle Anzüge haben wollen.

Dann versuchen Sie, sich möglichst weit weg aufzustellen, sodass Sie mit der Brennweite auf mindestens 18 mm kommen, im äußersten Notfall auch 14 mm, aber dann sollten Sie die ultraschlanken Damen außen platzieren. Fotografieren Sie in RAW, der Weißabgleich kann sich während der Aufnahmen ändern. Es braucht sich nur eine Wolke vor die Sonne zu schieben – oder eben nicht.

Nehmen Sie Ihren Schärfentieferechner zur Hand und sorgen Sie dafür, dass auch wirklich alle in der Schärfe liegen. Stellen Sie auf jemanden in der zweiten Reihe scharf – und nicht auf jemanden vorne.

Müssen Sie blitzen, sorgen Sie für gute Diffusoren und ausreichend Leistung. Wenn Sie direkt blitzen, ist die erste Reihe überbelichtet und die letzte abgesoffen. Ein Dome ist eine absolut sinnvolle Anschaffung für

AUFNAHMEDATEN	
Brennweite	50 mm
Blende	f/1,4
Belichtung	1/800 s
ISO	200

Selbst bei Zweipersonenporträts kann die Schärfentiefe sehr knapp werden. Das OM 50 mm f/1,4 wurde manuell auf das linke Auge des Mannes fokussiert. Die Frau ist dadurch bereits deutlich in der Unschärfe.

Gruppenbilder in Innenräumen, die klappbare Weitwinkelstreuscheibe des Systemblitzes hilft Ihnen bei Gruppenbildern dagegen nicht. Je nach Hintergrundhelligkeit und verfügbarem Diffusor ist auch ein Slow-Blitz eine Idee. Bereiten Sie Ihre Gruppe aber darauf vor, dass sie sich nach dem Slow-Blitz noch nicht bewegen dürfen. Dass Sie frisch geladene Batterien im Blitz haben, ist selbstverständlich.

Schicken Sie alle weg, die neben Ihnen herumturnen und reinreden. Diese ziehen Aufmerksamkeit auf sich, sodass ein gewisser Prozentsatz nicht zur Kamera sieht, sondern zu den jeweiligen Partnern, Vorständen, Eltern, Omas oder was auch immer. Der GAU ist, wenn 10 % blinzeln, 10 % grundsätzlich auf Gruppenbildern garstig schauen wollen, 10 % sich hinter dem Vordermann verstecken, 30 % woanders hinschauen und nur jeder Dritte das macht, was Personen auf Gruppenbildern eigentlich machen sollten: freundlich in die Kamera lächeln.

Versuchen Sie, mit einem trainierten Partner zum Shooting zu gehen, der mit sanftem Druck dafür sorgt, dass die richtigen Leute vorne stehen/sitzen, dass keine Löcher entstehen, dass die chronischen Verstecker ans Tageslicht gezerrt und schief sitzende Krawatten korrigiert werden.

Halten Sie ein paar nette, lustige, harmlose Geschichten parat oder lassen Sie Ihren Helfer welche erzählen, während er hinter Ihnen steht. Machen Sie mit der Gruppe aus, dass Sie Ihnen sagen werden, wenn das Shooting vorbei ist. Viele sind bereits nach dem ersten Blitz der Meinung, die Sache wäre erledigt, und machen sich auf in Richtung kaltes Büfett. Sie können aber fast sicher sein, dass das erste Bild noch nicht perfekt war.

Sportfotografie

Sportfotografie ist außerordentlich vielfältig – auch Schach ist Leistungssport. Im Allgemeinen geht es bei der Sportfotografie aber darum, sich schnell bewegende Personen abzulichten. Die erste Regel lautet deshalb: Lernen Sie den Sport kennen. Wenn Sie wissen, was als Nächstes passieren wird, können Sie bereits draufhalten, bevor es passiert. Und – distanzieren Sie sich vom Sport. Wenn Sie mitfiebern, verpassen Sie die besten Momente. Es hilft auch, sich vor dem Event ein bestimmtes Foto vorzunehmen. Sie können sich dann dort platzieren, wo das begehrte Ereignis voraussichtlich stattfindet, und müssen nicht dem ganzen Event hinterherhecheln, bis möglicherweise im entscheidenden Moment der Akku leer oder die Speicherkarte voll ist.

Prinzipiell haben die PENs mit schnellen Sportarten drei Probleme: das Problem der Verzögerung des Suchers, das Problem des Kontrast-AF, der keinen zuverlässigen *C-AF* zulässt, sowie das Problem, dass bei hoher Serienbildgeschwindigkeit das Display nicht mehr nachkommt. Beim *C-AF* ist ein automatisches Verfolgen des Motivs über mehrere Bilder nahezu ausgeschlossen. Sinnvollerweise verwendet man den *C-AF* dazu, das Motiv zu verfolgen und im passenden Moment dann auszulösen. Wichtig ist, dass keine anderen Gegenstände dazwischenkommen, sonst verliert die Kamera den Fokus.

Manuelle Fokusfallen

Der *C-AF+TR*, also der Tracking-Autofokus, ist sehr brauchbar, allerdings kann der *C-AF+TR* nur ein einziges Objekt verfolgen. Wuseln, wie bei einem Fußballspiel, mehrere Spieler durcheinander, scheitert der Autofokus schon im Ansatz. Wenn es möglich ist, sollten Sie versuchen, manuelle Fokusfallen

KAPITEL 5
FOTOPRAXIS UND MOTIVWELTEN

zu stellen. Beim Springreiten etwa können Sie sich auf ein Hindernis konzentrieren, dieses scharf stellen und dann im passenden Moment auslösen.

Versuchen Sie, die Belichtungszeit so kurz wie möglich zu machen. Die PEN hat ausreichend Schärfentiefe auch bei Offenblende, sodass Sie die Blende immer ganz offen lassen können. Wenn Ihnen die Belichtungszeit zu lang wird, haben Sie keine Skrupel, auf ISO 1600 hochzugehen. Besser etwas Rauschen in einem scharfen Bild als ein unscharfes Bild, das rauschfreier ist. Denken Sie daran, dass das Rauschen vor allem in unterbelichteten Bildteilen auftritt. Bei einem korrekt belichteten Bild sind auch Empfindlichkeiten jenseits von ISO 1600 zu verkraften.

Rasant wirkende Mitzieher

Mitzieher sind vor allem im Rad- und Motorsport oder in der Leichtathletik interessant. Das Problem ist, dass die Belichtungszeit lang genug sein muss, damit der Hintergrund eine deutliche Richtung hat. Achten Sie darauf, dass Sie den *I.S. 2* einschalten, sonst erhalten Sie recht witzige Effekte. Übung ist wichtig, damit Sie den angepeilten Sportler auch wirklich sowohl scharf als auch an der angestrebten Position im Bild haben.

Ein guter Mitzieher verwischt zwischen 5 und 10 % der Bildfläche, wobei 10 % schon sehr rasant wirken. Die Belichtungszeit ermitteln Sie durch die Zeit, die der Sportler benötigt, um diese Entfernung zurückzulegen. Diese

Schleppjagd auf Herrenchiemsee. Handfokussiert mit dem T-Noflexar 400 mm. Durch die hohe Geschwindigkeit der Reiter hat man mit einer manuellen Schärfenachführung keine Chance. Eine Fokusfalle ist die einzige Möglichkeit.

AUFNAHMEDATEN	
Brennweite	400 mm
Blende	f/3,3
Belichtung	1/800 s
ISO	400

Zeit hängt nicht etwa mit Ihrer gewählten Brennweite zusammen, sondern mit Ihrer Bildkomposition. Belegt das abzubildende Fahrzeug 50 % der Bildfläche, muss es in der Belichtungszeit 20 % seiner Länge zurücklegen, damit der Mitzieher rasant wirkt. Bei 25 % der Bildfläche sind es bereits 40 % seiner Länge – also die doppelte Geschwindigkeit. Die Tabelle unten macht die Zusammenhänge deutlich.

Klären Sie also vorab, wie schnell und wie groß das zu erwartende Fahr- oder Flugzeug ist, und stellen Sie dann Ihre Belichtungszeit entsprechend ein. Stellen Sie auf S und kontrollieren Sie, ob der Blendenbereich ausreicht. Stellen Sie auf jeden Fall auf MF und peilen Sie bereits im Voraus an. Wenn Sie auf den Autofokus warten müssen, kann es zu spät sein. Zudem fährt das Auto meist zuerst auf Sie zu. Wenn Sie nun auf Dauerfeuer schalten, wird der Fokus des ersten Bildes übernommen. Bei der Vorbeifahrt ist das Auto also garantiert aus dem Fokus.

Wenn in der Anfahrtsphase eine andere Lichtsituation herrscht – Ihre Position liegt im Schatten, davor ist Sonnenschein – und Sie bereits bei der Anfahrtsphase mitschwenken, um sich mit dem Fahrzeug zu synchronisieren, stellen Sie auch die Blende fest auf M ein. Nicht dass Sie aus alter Gewohnheit den Sucher halb durchdrücken und damit die Belichtung in der Anfahrt mitspeichern.

MITZIEHER BERECHNEN				
Bildanteil Fahrzeug (5 m Länge)	**Geschwindigkeit**	**Verwischer**	**Weg**	**Belichtungszeit**
85 % (bildfüllend)	50 km/h = 13,88 m/s	10 %	0,59 m	1/25 s
		5 %	0,29 m	1/50 s
75 %	50 km/h = 13,88 m/s	10 %	0,66 m	1/20 s
		5 %	0,33 m	1/40 s
50 %	50 km/h = 13,88 m/s	5 %	0,50 m	1/30 s
25 %	50 km/h = 13,88 m/s	5 %	1 m	1/13 s
75 %	100 km/h = 27,77 m/s	5 %	0,33 m	1/80 s
75 %	200 km/h = 55,5 m/s	5 %	0,66 m	1/160 s
Fahrradfahrer (2 m Länge)				
50 %	50 km/h = 13,88 m/s	5 %	0,2 m	1/80 s
Elektrolok (15 m Länge)				
50 %	200 km/h = 55,5 m/s	5 %	1,5 m	1/40 s
Verkehrsflugzeug (30 m Länge)				
50 %	250 km/h = 69,4 m/s (Landegeschwindigkeit)	5 %	5 m	1/25 s
Bobbycar (58 cm)				
50 %	25 km/h = 6,94 m/s	5 %	0,058 m	1/120 s

AUFNAHMEDATEN	
Brennweite	14 mm
Blende	f/4,0
Belichtung	1/160 s
ISO	400

KAPITEL 5
FOTOPRAXIS UND MOTIVWELTEN

Wird in einem Brennweitenbereich unterhalb von etwa 40 mm länger mitgezogen, kommt es zu einer Verzerrung des Bildes. Das Motiv kommt näher, und damit fährt es buchstäblich aus der Schärfeebene heraus. Zudem ändert sich die Perspektive, da mit fortschreitender Belichtungsdauer die Sicht von schräg vorne zu schräg seitlich wechselt. Das Auto wird scheinbar länger. Hier ist die A-Säule scharf, Front und Heck fallen der Verzerrung zum Opfer.

Filmen mit der PEN

Videos zu drehen, ist in den letzten Jahren aufgrund der allgegenwärtigen Kompaktkameras und Videoportale wie YouTube ein Art Volkssport geworden. Die PEN stellt dafür allerhand Möglichkeiten zur Verfügung, von denen Videoamateure noch vor zwei Jahren nicht zu träumen wagten. Eine HD-Videokamera mit hoch qualitativen Wechselobjektiven und gänzlich manuellen Einstellungsmöglichkeiten war für diesen Preis noch vor kurzer Zeit undenkbar.

Die Ausdrucksmöglichkeiten mit dem Medium Video sind immens. Eine auch nur annähernd vollständige Übersicht über alle Möglichkeiten zu geben, sprengt den Rahmen dieses Buchs, das technische Hintergründe erläutern und Anregungen zur Umsetzung geben will. Wenn Sie bereits früher Videos gedreht haben, wird Ihnen der folgende Kurzüberblick nichts Neues sagen, sind Sie Anfänger in dieser Materie, begreifen Sie die nächsten Zeilen bitte als Anregung und Ansporn, tiefer in die faszinierende Videowelt einzutauchen.

Brennweite

Bei normalen Videokameras sind die zur Verfügung gestellten Brennweiten am kurzen Ende meistens auf etwa 17-mm-FT-Äquivalent beschränkt – einerseits natürlich aus optischen Gründen, andererseits auch, weil die sonst folgende Verzerrung absurde Effekte erzeugen würde. Wenn Sie beispielsweise mit einem 7-mm-Objektiv filmen und eine Person läuft vor dem Objektiv quer durchs Bild, wird diese Person bis zur Bildmitte scheinbar 50 Kilo abnehmen und anschließend dasselbe wieder zunehmen. Das soll nicht heißen, dass man diesen Effekt unbedingt vermeiden sollte, er kann kreativ sehr gut eingesetzt werden, aber man sollte wissen, wodurch er zustande kommt.

Andere Effekte, wie Stauchung und Schärfentiefe, müssen Sie ebenfalls beherrschen, wenn Sie in die anspruchsvolle Filmerei einsteigen wollen, die mit der PEN möglich ist. Die Regeln der Schärfentiefe sind exakt die gleichen wie bei der Fotografie – nur dass Sie aufgrund der verminderten Auflösung einen größeren zulässigen Zerstreuungskreis haben. Um tatsächlich die Schärfeebene deutlich sichtbar innerhalb des Bildes zu verlagern, etwa um zwischen zwei sich unterhaltenden Personen hin- und herzublenden, brauchen Sie Brennweiten jenseits der 100 mm und idealerweise lichtstarke Objektive. Ideal für diesen Effekt sind die Olympus-Pro- und -Top-Pro-FT-Optiken. Eingeschränkt ist das auch mit den Superzooms Lumix 14-140 mm und Zuiko 14-150 mm bzw. dem Lumix 45-200 mm möglich.

ART-Filter

Die PEN erlaubt es, die eingebauten ART-Filter auch für den Videodreh einzusetzen. Drei ART-Filter kommen für diese Art Filme infrage: *Pop Art*, *Blasse Farben* und *Weiches Licht.* Alle anderen ART-Filter sorgen dafür, dass die Bildwiederholrate des Videos teilweise extrem einbricht. Am extremsten ist der ART-Filter *Diorama*, bei dem das resultierende Video eine Art Zeitraffereffekt erhält. Für ausgesuchte Regieideen ist das dann sogar wieder brauchbar, etwa bei einem Blick über eine Stadt, bei dem diese

E-P3 mit EMA-1 und externem Rode Stereo Video Mic mit „Dead-Cat"-Windschutz.

KAPITEL 5
FOTOPRAXIS UND MOTIVWELTEN

dann aussieht wie ein Spielzeugland, in dem die Figuren in Höchstgeschwindigkeit um die Ecken flitzen. Man beachte bei solchen Einstellungen aber unbedingt den genauen Effekt des Filters mit der Bilddreiteilung. Von solchen Ausnahmen abgesehen, sollte man sich beim Videodreh mit der PEN auf den Standardmodus beschränken.

Kurze Clips

Bei den neueren PENs ist die Beschränkung auf maximal Siebenminutenclips gefallen, und Sie können nun auch weit über 20 Minuten nonstop in HD filmen. Beschränken Sie sich aber trotzdem auf kürzere Clips. Bei der geringen Schärfentiefe der PEN können Sie eigentlich über einen längeren Zeitraum den Fokus nicht manuell halten, und bei den meisten Motiven wird der automatische Fokus irgendwann „pumpen". Machen Sie aus der Not eine Tugend und beschränken Sie sich auf kurze Clips. Beim Schnitt gilt für Streifen, die aus beiläufig gefilmten Einstellungen zusammengeschnitten werden, eine Länge von plus/minus vier Sekunden als optimal. Filmen Sie also immer länger als vier Sekunden, damit Sie vorne und hinten beschneiden können. Lange Einstellungen, ohne dass etwas passiert, wirken langweilig und ermüden die Zuschauer. Wenn Sie natürlich ein ausgearbeitetes Drehbuch haben, können auch längere Einstellungen dramaturgisch wichtig sein, im Allgemeinen sind aber die vier Sekunden ein guter Richtwert.

Bildaufbau

16:9-HD-Video ist schwerer zu drehen als das herkömmliche 4:3-Format. Das Breitbildformat stellt erhöhte Ansprüche an die Bildgestaltung. Während Sie im 4:3-Format das Hauptmotiv noch in der Bildmitte platzieren konnten und relativ große Chancen hatten, dass es hin und wieder rein zufällig im Goldenen Schnitt landete, müssen Sie beim HD-Format bewusst das Bild aufbauen. Der Protagonist kann nicht mehr allein in der Mitte stehen, er muss deutlich außerhalb platziert werden – und benötigt ein Gegengewicht. Ein Musterbeispiel für diesen ausgewogenen Bildaufbau sind Nachrichtensendungen. Die rechte Hälfte des Bildes gehört dem Sprecher, die linke Hälfte zeigt Hintergrundinfos und Einspieler. Auch wenn Sie keine Nachrichtensendungen drehen, sollten Sie die Grundregeln des fotografischen Bildaufbaus beim Video beherzigen. Der Protagonist geht ins Bild und nicht hinaus, bewegt er sich nach rechts, empfindet man das in unseren Breiten als „vorwärts", bewegt er sich nach links, bedeutet das „zurück" – selbst wenn er tatsächlich vorwärts läuft.

Schwenks

Keine Schwenks. Und wenn doch, schalten Sie auf jeden Fall den Bildstabilisator im Objektiv und der Kamera aus. Schwenks bergen die Gefahr, dass irgendetwas ruckelt, und wenn Sie zu schnell sind, haben Sie ein Rolling-Shutter-Problem. Die einzige Rechtfertigung für einen Schwenk besteht, wenn Sie einem Akteur oder einem Fahrzeug mit der Kamera folgen, also die Kamera mitziehen. Achten Sie darauf, dass das Fahrzeug nicht zu schnell ist, sonst fängt Ihr Hintergrund an, rasant schräg zu stehen.

Klappe

Eine Klappe wie beim Film ist ein ausgesprochen praktisches Requisit, wenn Sie aufwendigere Clips drehen möchten. Zum einen werden die Take-Nummern direkt im Film aufgezeichnet, sodass man auch noch nach Monaten nachvollziehen kann, wohin der Schnipsel gehört. Anderseits kann mit dem

„Klapp" ein externer Ton synchronisiert werden. Mit die größten Probleme macht weniger der Schnitt als ein sauberer Anschluss einer zweiten Kamera. Ohne ausreichenden Klappengebrauch bekommt man später beim Schnitt schnell graue Haare.

Beleuchtung

Einen Film zu beleuchten, ist im Prinzip das Gleiche wie das Beleuchten eines Fotos, nur dass Ihnen die Blitzanlage nicht hilft und Sie Dauerlicht benötigen. Da es ziemlich unrealistisch ist, für einen Film mit der PEN einen Lkw mit Beleuchtungsmaterial anzufahren, muss man sich mit einem Assistenten und ein paar Reflektoren behelfen, die das vorhandene Sonnenlicht an die richtige Stelle lenken. Wenn schon Fotografieren manchmal Teamwork ist, Filmen ist es gleich doppelt.

Falls Sie Kunstlicht aufbauen müssen, verwenden Sie auf jeden Fall Glühlicht, also Halogenstrahler. Eine Notlösung sind hochwertige LED-Scheinwerfer. Lassen Sie die Finger von Energiesparlampen und Neonlichtlösungen. Beide flackern. Die PEN kann bislang nur mit 30 fps oder 60 fps filmen, und das bedeutet, Sie landen regelmäßig mit einzelnen Bildern in einer Phase, in der das Bild dunkler wird – ein hässliches Flackern ist die Folge, im Fachjargon „Flicker" genannt. Wenn Sie bei Neonlicht filmen müssen, gibt es nur eine Lösung: Sie verlängern die Belichtungszeit so lange, bis der Flicker verschwunden ist. Das bedeutet meistens, dass Sie die Blende schließen müssen, was aus verschiedenen Gründen natürlich nicht gewünscht ist. Eine Alternative ist dann natürlich auch hier ein Set Graufilter.

Graufilter

Der Einfluss der Blende auf die Schärfentiefe ist Ihnen ja bekannt und damit auch, dass die eingestellte Blende die Bildanmutung beeinflusst. Beim Film kann nun aber eine offene Blende nicht durch eine beliebig lange Belichtungszeit kompensiert werden. Bei 1/30 Sekunde ist Schluss, weil nun mal alle 1/30 Sekunde ein neues Bild aufgenommen wird. Auch beliebig kurz kann die Belichtungszeit nicht werden.

Bei 1/4000 Sekunde ist das Ende erreicht, was bedeutet, dass Sie bei strahlendem Sonnenschein die Blende nicht so weit aufmachen können, wie Sie das für den Bildeffekt gern hätten. Für diesen Fall gibt es die schwachen Graufilter, die im Kapitel über die Filter so schlecht weggekommen sind. Wenn Sie ernsthaft Videos drehen wollen, kommen Sie um ein Set Graufilter nicht herum.

Ton

An der E-P1 sind Sie auf die internen Mikrofone angewiesen. Diese sind überaus brauchbar, solange kein Wind weht und der AF nicht läuft, den hört man nämlich im fertigen Film. Für die späteren PENs gibt es

Olympus-PCM-Rekorder LS-5.

den Adapter EMA-1, der eine 3,5-mm-Stereobuchse zur Verfügung stellt. Im Set als SEMA-1 ist ein kleines Stereomikrofon dabei. Der EMA-1 ist ein Adapter für den Accessory-Port und blockiert den Blitzschuh. Sie können aber auch eigene Mikrofone anschließen, solange Sie eine eigene Stromversorgung haben, eine Phantomspeisung stellt die Kamera selbstverständlich nicht zur Verfügung. Da die Kameras aber lediglich eine automatische Aussteuerung haben und höhere Eingangspegel mit Übersteuerung quittieren, ist es auf jeden Fall sinnvoll, sich um eine Lösung für externen Ton zu bemühen. Eine gute portable Lösung ist ein PCM-Rekorder, z. B. der Olympus LS-5. Es gibt von Olympus auch einen PCM-Rekorder, der gleichzeitig HD-Video aufnimmt, den LS-20M. Das Video wird aber mit einem weitwinkligen Festbrennweitenobjektiv aufgenommen und ist deshalb eher für eine Sync-Unterstützung gut.

Stativkopf

Als Stativkopf hilft Ihnen Ihr Kugelkopf oder Dreiwegeneiger nicht weiter. Sie benötigen einen Videoneiger, zum Beispiel einen Manfrotto 128RC, und ein schweres, vibrationsarmes Stativ. Der Videoneiger hat einen Handgriff, an dem auch saubere Schwenks möglich sind. Hier gilt wieder mal: Ausprobieren ist besser als zweimal kaufen. Durch die Schwenks muss das Stativ deutlich stabiler und schwerer sein als ein einfaches Fotostativ, sonst laufen Sie Gefahr, beim Schwenk aus Versehen das ganze Stativ zu verdrehen. Der 128RC ist gebraucht für unter 100 Euro erhältlich, besser sind allerdings moderne Fluid-Videoneiger, wie etwa der 504HD, mit einem verlängerten Griff. Auf diesen kann man auch eine Mattebox unterbringen, sie sind allerdings mit über 400 Euro auch deutlich teurer.

Handlung

So banal das klingen mag: Egal ob Sie einen abendfüllenden Spielfilm drehen wollen oder nur ein Urlaubsvideo – behalten Sie die Handlung Ihres Videos im Auge. Drehen Sie ausreichend Füllmaterial, um einen Gegenschnitt machen zu können. Achten Sie darauf, dass Sie nicht nur die Kinder beim Sandburgenbauen filmen, sondern auch Brandung, Vögel, den Eisverkäufer und den Wirt der Strandbar, wie er morgens die Tische aufstellt. Das Zauberwort heißt „Lokalkolorit" – denglisch „Atmo".

Wenn Sie bereits mit einer Art Storyboard im Kopf in den Urlaub fahren und die entsprechenden Szenen dann auch wie geplant drehen, ist das schon die halbe Miete. Die Frage, wann gefilmt und wann fotografiert werden muss, beantwortet sich sehr einfach: Bewegte Motive werden gefilmt, statische Motive werden fotografiert. Ausnahmen bestätigen wie immer die Regel.

Schnittprogramme

Nahezu alle aktuellen Schnittprogramme können mit den Videos der PEN gut umgehen. Relativ preiswert und umfangreich ist Magix Video deluxe MX, Sie können die Videos aber auch mit Olympus Viewer oder mit den Bordmitteln der aktuellen Betriebssysteme Windows 7 und Mac OS X Snow Leopard schneiden. Video deluxe MX bietet gegenüber früheren Versionen eine deutlich beschleunigte Verarbeitungsgeschwindigkeit.

BLITZEN FÜR ANSPRUCHS-VOLLE

6

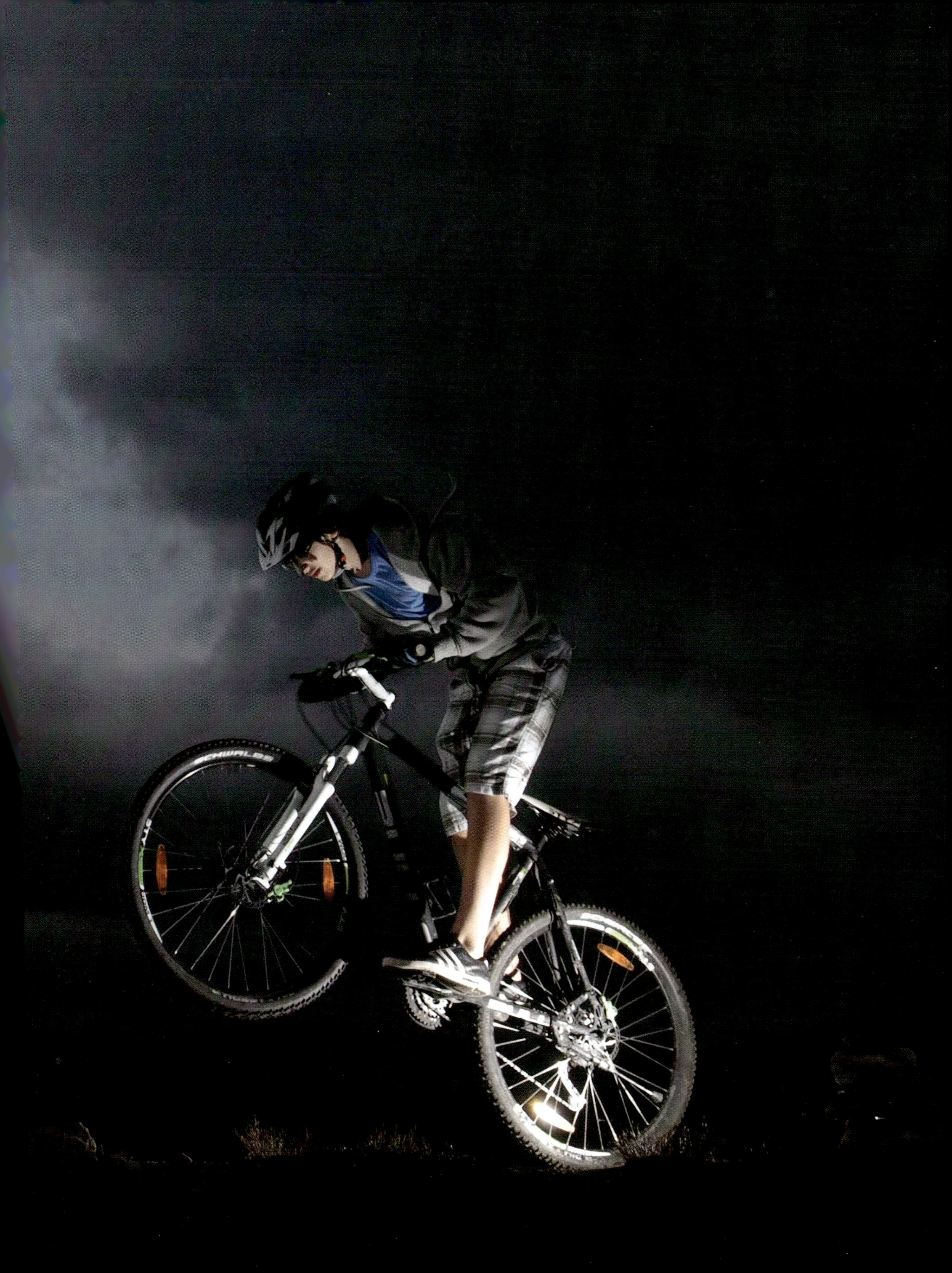
SCHWALBE

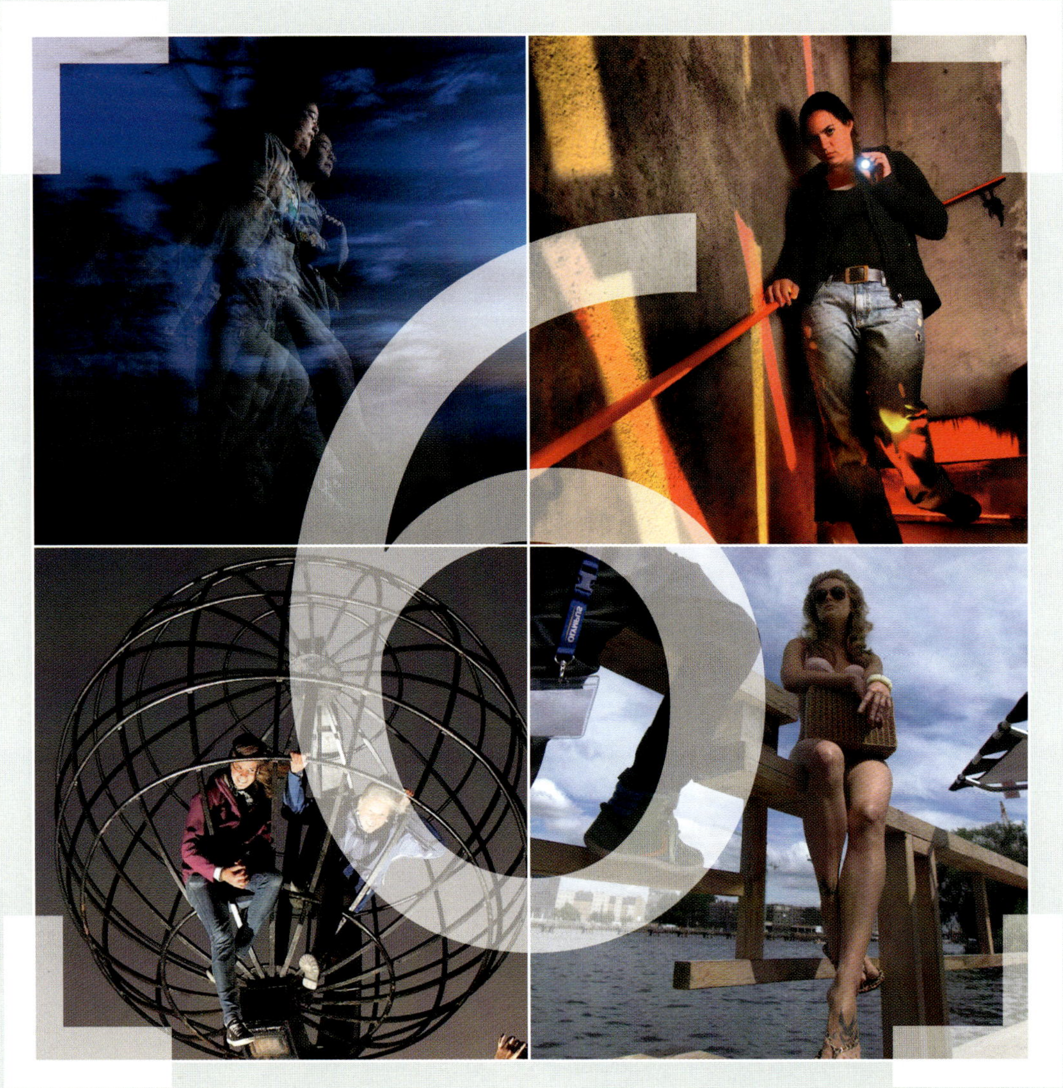
6

Blitzen für Anspruchsvolle

225	**Wichtig: die Leitzahl**	236	**Stroboskopblitzen**
225	**Olympus-Systemblitze**	237	**Ring- und Zangenblitze**
228	**Blitzen im RC-Modus**	238	**Elektronikblitze an der PEN**
229	Einstellungen für die RC-Steuerung	239	AF-Hilfslicht
		239	Bewegungen
229	**Blitzen mit Farbfolien**	240	Wanderblitztechnik
231	**Rote Augen ade!**	241	Funkblitze
		241	Slow-Blitz
231	**Indirektes Blitzen**		
232	Spiegelnde Reflexionsflächen	243	**Vielfältige Lichtformer**
232	Deckenhöhe berücksichtigen	243	Styroporplatte
232	Zoomreflektor vom Systemblitz	244	Schirmreflektoren
233	Winkel beim indirekten Blitzen	244	Softboxen
		245	Striplights
234	**Diffusoren und Bouncer**	246	Wabenspots
234	Was ein Diffusor bewirkt		
235	Diffusoren in jeder Preislage		
235	Fehler beim Blitzen		

Das Olympus-Blitzgerät FL300R auf einer E-PL3.

[6] Blitzen für Anspruchsvolle

E-P1 und E-P2 besitzen keinen Blitz, keinen Synchronanschluss und kein Autofokushilfslicht. Was Sie auch mit dem Blitz machen wollen: Ihr Systemblitz muss es unterstützen. Seien Sie deshalb sorgfältig bei der Auswahl des Blitzes. Beachten Sie dabei, dass die ersten PENs weder ein AF-Hilfslicht besitzen noch überhaupt eines unterstützen. Selbst wenn der Systemblitz ein AF-Hilfslicht besitzt: An der PEN bleibt es dunkel. E-PL1 und E-PL2 haben auch das berüchtigte Blitzlichtgewitter nicht – für den Kontrastautofokus wäre das keine Hilfe. Erst seit der E-P3 haben die PENs eine orangefarbene LED für diesen Zweck.

KAPITEL 6
BLITZEN FÜR ANSPRUCHSVOLLE

Blitzen ist eine Wissenschaft für sich. Richtiges Blitzen ermöglicht unglaubliche neue Möglichkeiten für die kreative Bildgestaltung. Mit dem an das Design der E-P1 angepassten FL-14 ist da allerdings nicht viel zu wollen. Der Blitz reicht als Notlösung, um ein Gegenlichtbild aufzuhellen, man kann damit auch mal auf einer Feier fotografieren, wenn man den großen Systemblitz zu Hause gelassen hat, und mit ein bisschen Bastelei kann man damit sogar indirekt blitzen, wenn die Reflexionsfläche nicht allzu weit entfernt ist. Für anspruchsvollere Aufgaben braucht es ein leistungsfähigeres Gerät.

> **i**
>
> **SYSTEMBLITZE ANDERER HERSTELLER**
>
> Neben Olympus bietet auch Metz entsprechende Geräte an. Hersteller für einfachere Olympus-Systemblitze sind Cullmann, Dörr, Soligor, Tumax und Exakta. Diese leistungsschwächeren Blitze sind mehr oder weniger identisch, werden neu teils unter 100 Euro angeboten und sorgen auch für Erleuchtung. Das Innenleben des Cullmann 34 AF für Olympus sieht sogar aus wie eine Mischung aus FL-36- und FL-50-Bauteilen. Er beherrscht jedoch weder RC-Modus noch FP-Blitzen, und das AF-Hilfslicht deckt nur den mittleren AF-Punkt ab. Etwas Vorsicht ist beim Tumax aus Polen geboten. Im Zusammenhang mit diesem Blitz wurde von Schäden an der Kameraelektronik berichtet. Es kann sich dabei aber auch um eine Fehlbedienung handeln, da der Tumax mit einem kleinen Adapter zwischen Kamera und Blitz betrieben wird.

Wichtig: die Leitzahl

Die wichtigste Kennzahl von Blitzen ist die Leitzahl. Sie gibt grob an, wie stark ein Blitz ist. Eigentlich ist die Leitzahl das Produkt aus der Blendenzahl „B" und dem Abstand zwischen Blitz und Motiv. Vorausgesetzt wird eine korrekte Belichtung einer 18%igen Graukarte und eine Filmempfindlichkeit von ISO 100. Bis zur Einführung von Zoomreflektoren waren Leitzahlen von 45 den großen Stabblitzen vorbehalten. Diese Geräte können ganze Hallen ausleuchten – bei Blende 2,8 reichte der Blitz 16 Meter weit. Die gleichen Geräte haben nun einen Zoomreflektor und durch den Reflektor Leitzahl 76. Wenn Sie die Empfindlichkeit der Kamera höher drehen, kommen Sie bei gleicher Blende noch weiter. Bei ISO 800 kommen Sie damit quer über einen Fußballplatz.

Viele Hersteller tricksen mit Zoomreflektoren, Bezugsgrößen und höheren Empfindlichkeiten, um eine möglichst hohe Leitzahl angeben zu können. Die hier genannten Hersteller Olympus und Metz geben dagegen auf ISO 100 bezogene und damit vergleichbare Leitzahlen an. Die Zoomreflektoren haben neben der Erhöhung der Reichweite des Blitzes noch einen anderen Effekt: Sie produzieren härtere Schatten. Wo bei längeren Brennweiten der „reflektorlose" Blitz bereits viel Streulicht und damit eine gleichmäßigere Lichtverteilung bietet, taucht bei den Blitzreflektorbildern auch in größeren Entfernungen noch der berüchtigte „Schattenmann" auf.

Olympus-Systemblitze

Die Platzhirsche sind zweifellos die beiden Systemblitze von Olympus. Das Flaggschiff der Olympus-Linie ist der FL-50R. Der FL-50R hat ausreichend Leistung für die meisten Aufgaben und ist vor allem deutlich schneller wieder betriebsbereit als sein kleiner Bruder FL-36R. Der wird nämlich mit nur zwei Batterien befeuert – was die Blitzfolgezeiten in den Keller drückt: Wenn Sie zwei Blitze mit voller Stärke in Folge abgeben wollen, müssen Sie dazwischen acht Sekunden warten. Das kann bitter sein, wenn Sie sich beim ersten Mal „verschossen" haben. Der FL-50R braucht nach einem Blitz gleicher Leistung nur eine halbe Sekunde Ladezeit. Erst wenn der FL-50R voll gefordert wird, braucht auch er fünf Sekunden zum Nachladen.

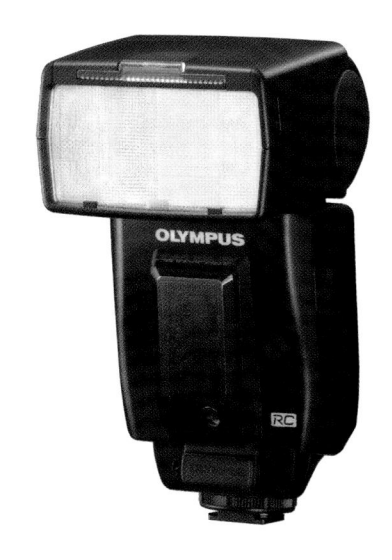

Der Olympus-Systemblitz FL-50R.

Es gibt den FL-50 und den FL-36 für ein paar Euro weniger auch ohne „R". R steht für „Remote" und bedeutet, dass die Blitze vom internen Kamerablitz der neueren PENs ferngesteuert werden können. Das funktioniert in beachtlichem Umfang, der Rekord steht derzeit auf 48 Blitzen, die mit einer einzigen Kamera gesteuert wurden. Diese Steuerung beschränkt sich nicht auf ein simples „Slave"-Auslösen, sondern beinhaltet auch eine Blitzleistungsregelung.

Neu auf dem Markt ist der FL300, ein Hosentaschenblitz mit beeindruckender Leistung und höchst simplem Schwenkmechanismus. Auch der FL300 ist remotefähig und kann vom internen Blitz gesteuert werden – eine extrem kompakte, aber flexible Lösung. Alle Blitze haben übrigens einen Arretierstift, der durch das Rändelrad in der Kamera versenkt wird. Deshalb bitte niemals den Blitz mit Gewalt von der Kamera abziehen. Wenn Sie Glück haben, ruinieren Sie dabei nur den Blitzfuß. Alle Leitzahlen sind wegen der Vergleichbarkeit auf ISO 100 normiert.

Für die Metz-Blitze 48 und 58 gibt es zwei verschiedene Firmwareversionen. Die älteren beherrschen den Olympus-RC-Modus nicht, sind dafür aber über das Metz-RC-System und als ganz normaler Slave-Blitz ansteuerbar. Seit der neueren Firmware ist es umgekehrt, die Blitze 48 und 58 können damit nur noch als Slave im Olympus-RC-System betrieben werden. Die Metz-SCA-Blitze tauchen in der Tabelle nicht mehr auf, der 54er wird nicht mehr hergestellt, und der 76 MZ-5 ist für eine PEN etwas überdimensioniert. Bei Teillichtleistungen wird nicht etwa die Leistung der Blitzlampe reduziert, sondern nur kürzer gezündet. Das mag auf den ersten Blick keine Rolle spielen, wenn Sie aber schnelle Bewegungen einfrieren wollen, z. B. einen fallenden Gegenstand, sind 1/125 Sekunde viel zu lang. Mit einer Teillichtleistung von 1/256 leuchtet der Blitz des Metz 58-AF-10 nur 1/33000 Sekunde – und damit können Sie buchstäblich alles einfrieren.

Auch wenn der große Olympus in der Tabelle eine deutlich kürzere Blitzleuchtzeit als die leistungsstärkeren Metz-Blitze hat, die tatsächliche Blitzleuchtzeit ist nahezu identisch. Die unterschiedlichen Angaben

KAPITEL 6
BLITZEN FÜR ANSPRUCHSVOLLE

SYSTEMBLITZE

	FL-50R	Fl-36R	FL300	Metz 58 AF-2O	Metz 50 AF-1O	Metz 44 AF-1O
Leitzahl 12 mm	28	20	19	29	24	20
Leitzahl 42 mm	50	36	20	52	43	36
Leitzahl 52 mm	-	-	-	58	48	-
System	Olympus	Olympus	Olympus	Olympus	Olympus	Olympus
Reflektor	Dreh/Schwenk	Dreh/Schwenk	Kipp	Dreh/Schwenk	Dreh/Schwenk	Schwenk
Zweitreflektor	-	-	-	Ja	-	-
Diffusor	Dabei (FLBA-1)	Optional	-	Optional	Optional	Optional
Bouncer	Dabei (FLRA-1)	Optional	-	Ausziehbar	Ausziehbar	Optional
Stroboskop	-	-	-	Ja	-	-
Standfuß	Dabei (FLST-1)	Dabei	Dabei	Dabei	-	-
FP-Modus	Ja	Ja	-	Ja	Ja	-
RC-Modus	Ja	Ja	Ja	Ja	Ja	-
Slave-Funktion	Ja	Ja	-	-	-	-
Blitzfolgezeit bei maximaler Leistung	5 s	8 s	4,5 s	5 s	3,5 s	3 s
Leuchtzeit bei Vollleistung	1/500	1/500	1/500	1/125	1/125	1/500

resultieren aus einem unterschiedlichen Messmodus. Beachten Sie auch, dass eine Synchronzeit von 1/180 Sekunde, wie sie die PEN hat, bei manchen Blitzen kürzer als die Blitzleuchtdauer bei Vollleistung ist. Es kommt also nicht die gesamte Leistung am Sensor an, sondern maximal zwei Drittel. Drehen Sie daher bei Verwendung der Metz-Blitze die X-Synchronzeit in der Voreinstellung auf 1/125 Sekunde.

TTL

TTL (Through The Lens) bedeutet die Messung der Belichtung „durch die Linse", also durch das Objektiv und nicht über einen externen Belichtungssensor.

Blitzen im RC-Modus

Um die Olympus-Blitze für das RC-Blitzen aufstellen zu können, werden für diesen Zweck kleine Plastikfüße (FLST-1) mitgeliefert, mit denen man die Blitze auf einer leidlich ebenen Fläche aufstellen kann. Das Problem dabei ist: Die Blitze müssen von der Kamera aus sichtbar sein, eine verdeckte Aufstellung ist nur dann möglich, wenn – etwa durch einen Reflektor – sichergestellt wird, dass die Blitze vom Signal des eingebauten Blitzes erreicht werden. Die Kommunikation zwischen den Blitzen geschieht mittels Infrarot – man kann also den Blitz mit einem überbelichteten Negativ (schwarz) abdecken, und die Steuerung funktioniert trotzdem, ohne dass der interne Blitz bildwirksam wird oder störende Reflexe verursacht.

So simpel sich das Prinzip anhört: Der Aufbau der Remoteblitze erfordert häufiges „Um-die-Ecke-Denken", denn nicht immer erreicht der Steuerblitz den Sensor des Remoteblitzes, wie man sich das als Fotograf vorgestellt hat. Während der FL-50R den Sensor von vorne gesehen rechts hat, sitzt er beim FL-36R links. Stellen Sie also Ihre Remoteblitze immer so auf, dass sie von der Kamera aus den IR-Sensor sehen können. Die Blitzrichtung bestimmen Sie mit dem Schwenkreflektor.

Auch auf die Kamerahaltung sollte man achten, denn das Objektiv verhindert eventuell den Weg des Steuerblitzes zu den Slave-Blitzen – vor allem wenn diese in Ermangelung eines Stativs auf dem Boden stehen müssen. Wenn Sie den RC-Blitz mit Anti-Schock kombinieren, zum Beispiel weil Sie die Funktion als Selbstauslöser-Timer verwenden, löst ab einer Einstellung von fünf Sekunden der RC-Blitz unabhängig von der Kamera aus, Blitz und Verschluss verlieren dann die Synchronisation. Arbeiten Sie in so einem Fall mit Selbstauslöser-Timer.

Der Einsatz von RC-Blitzen im Freien ermöglicht Fotos, die mit herkömmlicher Frontalblitztechnik nicht möglich wären. Ein Beispiel sind Fotos bei nächtlichem Schneefall. Bei einem Systemblitz auf der Kamera würden die Schneeflocken das Licht direkt ins Objektiv reflektieren. Die Belichtungsmessung würde abregeln, und der Effekt wären stark überbelichtete Schneeflocken und ein abgesoffener Hintergrund. Auch Indoor stößt die Frontalblitztechnik oft an ihre Grenzen, die mit einem RC-Blitz überwunden werden können.

Das Nordkap-Monument nach Sonnenuntergang – mit zwei Blitzen unten links und rechts remote angesteuert.

AUFNAHMEDATEN	
Brennweite	12 mm
Blende	f/3,5
Belichtung	1/160 s
ISO	100

KAPITEL 6
BLITZEN FÜR ANSPRUCHSVOLLE

Einstellungen für die RC-Steuerung

Der Bildschirm für die RC-Steuerung erscheint, wenn man bei eingeschaltetem RC-Mode die OK-Taste drückt. Leider ist der Bildschirm im Bestreben, alles auf einen Blick zu zeigen, etwas missverständlich geraten. Die rechten beiden Spalten haben nichts mit den linken beiden Spalten zu tun, eigentlich sollten alle sieben Spalten untereinanderstehen.

A, B und C sind nicht etwa drei Blitze, die Sie steuern können, sondern drei Gruppen von Blitzen, die prinzipiell nahezu beliebig groß sein können.

Die drei Gruppen (A, B und C) können Sie unabhängig voneinander steuern, den ersten Blitz stellen Sie beispielsweise manuell auf *1/64*, um kleine Spitzlichter zu setzen, Gruppe B auf *TTL* für eine gewisse Grundhelligkeit im Vordergrund und Gruppe C auf volle Leistung, um etwa über eine hohe Decke zu blitzen. Da alle Blitze in einem Abstand von maximal sieben Metern von der Kamera entfernt stehen müssen, ist natürlich der Platz für das Aufstellen von Blitzen etwas beschränkt.

Im Normalfall wird man schlicht eine Gruppe – A – aktivieren, diese auf *Auto* oder *TTL* stellen (Auswahl des Parameters mit den Pfeiltasten und Ändern mit dem Drehrad) und fertig. Wenn man lediglich einen externen Blitz hat, kann man den internen Kamerablitz (vierte Zeile) ebenfalls auf *TTL* schalten. Dieser wird dann bildwirksam – sprich, er trägt seinen Teil zur frontalen Beleuchtung des Motivs bei. Normalerweise schaltet man den internen Blitz aber auf *OFF*.

In der fünften Zeile kann man den externen Blitz auf *FP* schalten, das bringt aber nur etwas, wenn man eine Belichtungszeit unterhalb von 1/180 Sekunde wählt. Im Normalbetrieb ist die Folge des FP-Modus, dass der interne Blitz nicht mehr bildwirksam wird – der kann nämlich keinen FP-Modus.

Die sechste Zeile ist vor allem dann wichtig, wenn man Probleme mit Reflexen des Kamerablitzes hat. Hier kann die Leistung der Blitzsteuerung in drei Stufen verstellt werden. Wenn man eine Metz-IR-Klammer hat, ist dieser Wert uninteressant, ansonsten sollte man sie so niedrig stellen, wie es die Umgebung hergibt.

Die letzte, siebte Spalte ermöglicht die Angabe eines Kanals *1* bis *4*, sodass im Zweifelsfall vier Fotografen gleichzeitig drahtlos blitzen können. Im Allgemeinen wird man den Kanal auf *1* lassen.

Blitzen mit Farbfolien

Richtig spannend wird das Blitzen mit Farbfolien. Von LEE Filters gibt es einen Musterfächer mit allen von LEE lieferbaren Filtern. Diese Filtermuster haben Abmessungen von 9 x 4 Zentimetern und damit die perfekte Größe für Systemblitze.

LEE-Filterfächer, Designers Edition.

Unter der Treppe liegen zwei Blitze mit einer roten und einer gelben LEE-Folie, rechts befindet sich ein stark heruntergeregelter dritter Blitz, der für die Grundhelligkeit sorgt. Alle Blitze werden per Funk gezündet.

Diese Filter kann man, neben dem Einsatz bei bunten Blitzspielereien, auch zum aktiven Bekämpfen von Mischlicht verwenden. Wenn etwa in einer Halle mit grünlichem Kunstlicht geblitzt werden muss, können Sie auf den Systemblitz ein passendes Grün klemmen, den Weißabgleich anpassen, und schon sind die grünen Schatten im Hintergrund verschwunden. Der LEE-Fächer ist noch dazu so klein, dass er auch in die Fototasche passt. Allerdings sollten Sie den rosafarbenen Stift, der den Fächer zusammenhält, durch eine praktischere Mechanik ersetzen.

AUFNAHMEDATEN	
Brennweite	14 mm
Blende	f/2,0
Belichtung	1/200 s
ISO	200

FREIGEGEBENE FARBFOLIEN

Verwenden Sie an Elektronenblitzen ausschließlich Farbfolien, die vom Hersteller für Beleuchtungszwecke freigegeben sind. Die bekanntesten Hersteller sind LEE und Rosco. Verwenden Sie auf keinen Fall Buntpapier aus dem Schreibwarenhandel, bedruckte Plastikfolien von Verpackungen oder andere Behelfe. Die Folien aus der Lichttechnik sind hitzebeständig und färben nicht ab. Ein Elektronenblitz, der mit voller Leistung arbeitet, kann ungeeignete Folien und Papiere verschmoren oder entzünden. Ein Blitz, in dessen Streuscheibe Folienreste eingebrannt sind, ist ein Fall für den Service. Wenn Sie eine Farbfolie verwenden, vermeiden Sie auf jeden Fall mehrere Blitze hintereinander in voller Stärke. Kleben Sie den Farbfilter mit etwas Tesa an der Längsseite einseitig fest, sodass er „wedeln" kann. Das übliche Festschnallen mit der Weitwinkelstreuscheibe des Blitzes ist sehr bequem und die schnellste Methode, sich Farbe auf die Streuscheibe des Blitzes zu brennen.

MISCHLICHT

Von Mischlicht wird gesprochen, wenn verschiedene Lichtquellen mit unterschiedlicher Farbtemperatur zur Beleuchtung eines Bildes beitragen. Was real durchaus normal aussieht, kann im Bild zu kunterbunten Ergebnissen führen. Manchmal kann man durch den Einsatz eines Blitzgeräts – im Notfall mit vorgesetzten Farbfilterfolien – das Mischlicht entschärfen, oft bleibt aber nichts anderes übrig, als aktiv das Licht zu verändern – oder eben das Mischlicht kreativ einzusetzen.

KAPITEL 6
BLITZEN FÜR ANSPRUCHSVOLLE

Rote Augen ade!

Wodurch die berüchtigten rote Augen entstehen, ist mittlerweile als bekannt vorauszusetzen. Als Abhilfe gibt es neben dem Verzicht auf den Blitz nur die Möglichkeit, den Blitz möglichst weit aus der optischen Achse zu bringen.

Blitzen ist aber nicht die Domäne der PENs. Bei schlechtem Licht und bewegten Motiven schwächelt der Autofokus, und da das Hilfslicht der Blitze nicht angesteuert wird, gibt es außer einer Taschenlampe kaum Möglichkeiten, an der Situation etwas zu verbessern. Es ist also eher sinnlos, in großes Blitzequipment zu investieren.

Es gibt noch eine weitere Möglichkeit, den Rote-Augen-Effekt zu reduzieren. Stecken Sie die beim Blitz mitgelieferte Reflektorkarte hinter den Blitz und klappen Sie den Blitz um 60 Grad auf. Etwa 20 % der Blitzleistung wird nun von der weißen Karte auf Ihr Motiv reflektiert. So ist das Licht zum einen etwas weicher, da indirekt, und außerdem haben Sie die Lichtquelle noch mal zwischen sechs und zehn Zentimeter weiter aus der Objektivachse gebracht. Dass 80 % der Blitzleistung ungenutzt an die Decke oder in den Weltraum gehen, müssen Sie eben akzeptieren.

Behalten Sie aber noch einen Effekt im Auge: Je weiter Sie den Blitz aus der optischen Achse bringen, desto stärkere Schatten erhalten Sie im Bild. Nicht immer ist der Schattenmann hinter dem Motiv beabsichtigt. Den werden Sie erst durch indirekte Blitztechniken los.

Indirektes Blitzen

Beim indirekten Blitzen blitzen Sie über eine Reflexionsfläche. In der Schule wird gelernt: Einfallswinkel = Ausfallswinkel – und damit wäre eigentlich schon alles zum indirekten Blitzen gesagt. Aber leider ist es nicht so einfach.

Die erste Regel ist: Alles, was Sie sehen, reflektiert Licht, sonst würden Sie es nicht sehen. Und damit reflektiert es auch Ihr Blitzlicht. Wenn Sie den Blitz wie im Lehrbuch im korrekten Winkel nach oben richten und auf die Schulweisheit „Einfallswinkel = Ausfallswinkel" vertrauen, ist das prinzipiell schon richtig – nur können die Ergebnisse bisweilen recht bunt werden und nicht immer erwünscht sein.

AUFNAHMEDATEN	
Brennweite	14-45/14 mm
Belichtung	1/13 s
ISO	800

Einsatz eines Blitzes zum indirekten Blitzen mit ausgefahrenem Bouncer. Der Blitz leuchtet die weiße Plane an und beleuchtet die Band von oben, der Bouncer lenkt einen geringen Teil nach schräg vorne um und beleuchtet den Gitarristen. Aufnahme am Newcomerfestival Neumarkt/Oberpfalz.

Spiegelnde Reflexionsflächen

Achten Sie darauf, wohin Sie Ihren Blitz richten. Wenn die Farbe der Reflexionsfläche nicht 100 % weiß ist, müssen Sie sich darauf einrichten, den zu erwartenden Farbstich auszugleichen. Wenn Sie in einem Saal mit roter Decke indirekt eine Gruppe Menschen blitzen, erhalten Sie eine attraktive Ansammlung Rothaariger mit Sonnenbrand. Holzdecken sorgen für Urlaubsbräune, je nach Farbe der Holzdecke von „ein Nachmittag am Baggersee" bis „drei Monate auf Malle". Einen einheitlichen Farbstich können Sie über einen entsprechenden Weißabgleich ausgleichen, oft erhalten Sie aber von der Decke bräunliches und direkt vom Blitz bläuliches Licht und haben dann die Wahl zwischen Szylla und Charybdis.

Ganz gemein sind frisch gestrichene weiße Decken, da in vielen Wandfarben optische Weißmacher enthalten sind, die in Wirklichkeit blau sind und den so Angeblitzten ein ungesundes Aussehen verleihen. Dass eine spiegelnde Reflexionsfläche fast schlimmer ist als gar keine, versteht sich von selbst. Achten Sie deshalb darauf, dass der Raum, in dem Sie indirekt blitzen wollen, keine spiegelnden Flächen an der Decke hat.

Das ist gar nicht so selten, wie es sich anhört: Viele Deckenlampen haben heutzutage spiegelnde Reflexionsflächen, berüchtigt sind vor allem die Einbaurasterleuchten, die für völlig unvorhersehbare Lichtreflexe im Bild sorgen können. Wenn Sie definiert indirekt blitzen wollen oder müssen, nehmen Sie eine Styroporplatte oder einen der im Handel erhältlichen Taschenreflektoren: ein reflektierender Stoff, der im Rand einen Federstahlbügel enthält und sich selbstständig entfaltet.

Deckenhöhe berücksichtigen

Höhe ist Entfernung, und die Leistung des Blitzes nimmt im Quadrat zur Entfernung ab. Wenn vor Ihnen in zwei Metern Abstand die zu erhellende Person steht und Sie über eine drei Meter hohe Decke blitzen wollen, muss Ihr Lichtblitz nicht mehr zwei Meter zurücklegen, sondern

$$2 \times \text{Wurzel aus } ((\text{Höhe bis zur Decke})^2 + (0{,}5 \times \text{Abstand zum Motiv})^2)$$

in diesem Fall also 3,30 Meter. Wenn man nun noch die Lichtverluste durch die Streuung an der Decke berücksichtigt, kommt beim Motiv höchstens noch ein Viertel der Lichtleistung des Blitzes an. Bei vier Metern Raumhöhe – oder wenn Sie kniend ein kleines Kind fotografieren wollen, sind es schon fünf Meter – ist ein Blitz mit Leitzahl zwölf selbst mit Blende f/2,8 am Ende seiner Leistungsfähigkeit angelangt. Werden die Decken noch höher, ist es oft sinnvoller, nicht über die Decke, sondern über die Wand zu blitzen.

Zoomreflektor vom Systemblitz

Ein weiterer Effekt wird durch den Zoomreflektor des Systemblitzes verursacht. Der stellt sich nämlich automatisch auf die Brennweite des Objektivs ein, um die Reichweite des Blitzes zu steigern. Er geht jedoch davon aus, dass er direkte Sicht zum Motiv hat, und bündelt den Strahl entsprechend, damit nicht mehr ausgeleuchtet wird, als aufgrund des Bildwinkels unbedingt nötig ist.

Wenn Sie nun aber den Blitz nach oben richten, bleibt der Winkel des Zoomreflektors gleich, obwohl aufgrund der gestiegenen Entfernung der benötigte Leuchtwinkel des Blitzes geringer ist als der Bildwinkel des Objektivs. Sie verschenken also Leistung, was umso gravierender ist, je weiter die Reflexionsfläche entfernt ist.

E-P3 mit 12 f/2,0, darauf ein Metz 54 mit einem Globe. Diese Kombination hält man eher am Blitz als an der Kamera.

KAPITEL 6
BLITZEN FÜR ANSPRUCHSVOLLE

Beispiel: Sie fotografieren mit 25 mm Brennweite und dem M.Zuiko 14-42 mm eine Gruppe in zwei Metern Entfernung. Der FL-36 stellt seinen Reflektor auf 25 mm und blitzt. Bei 25 mm hat der Blitz eine Leitzahl von 30, das Objektiv eine Blende von f/4,7, der Blitz reicht also 6,3 Meter weit. Die Decke sollte daher nicht höher sein als etwa vier Meter, sonst ist der Blitz am Ende und beleuchtet von der Gruppe nur noch die Gesichter, der Rest säuft ab. Wenn man das weiß, kann man den Reflektor per Hand auf eine längere Brennweite einstellen und hat auf einmal deutlich mehr Blitzleistung am Motiv zur Verfügung.

Winkel beim indirekten Blitzen

Von großer Bedeutung ist der Winkel, über den Sie indirekt blitzen. Wird der Winkel zu steil, etwa weil Sie eine direkt vor Ihnen stehende Person über die Decke anblitzen, erhalten Sie das Licht von oben. Es ist zwar weich, aber Augenbrauen und Nase, Mützen, Haare – alles wirft heftige Schatten. Je steiler der Winkel ist, desto stärker ist der Effekt. Um das abzumildern, gibt es Bouncer – kleine weiße Plastikplatten, die entweder direkt aus dem Blitz herausgezogen oder, wie beim FL-50R, an den Blitz angeschnallt werden.

Durch den Bouncer wird ein Teil der Blitzleistung im rechten Winkel zum Blitz nach vorne abgestrahlt. Damit können die Schatten, die durch den indirekten Blitz entstehen, aufgehellt werden. Der Metz 54 MZ-4i hat keinen Bouncer, sondern einen regelbaren Zweitreflektor, der mit verminderter Leistung nach vorne blitzt. Leider hat der den Nachteil, dass er wieder näher an der optischen Achse liegt und deshalb etwas dazu neigt, rote Augen zu produzieren. Metz 58 AF-1 und 48 AF-1 haben dagegen einen solchen ausziehbaren Reflektor.

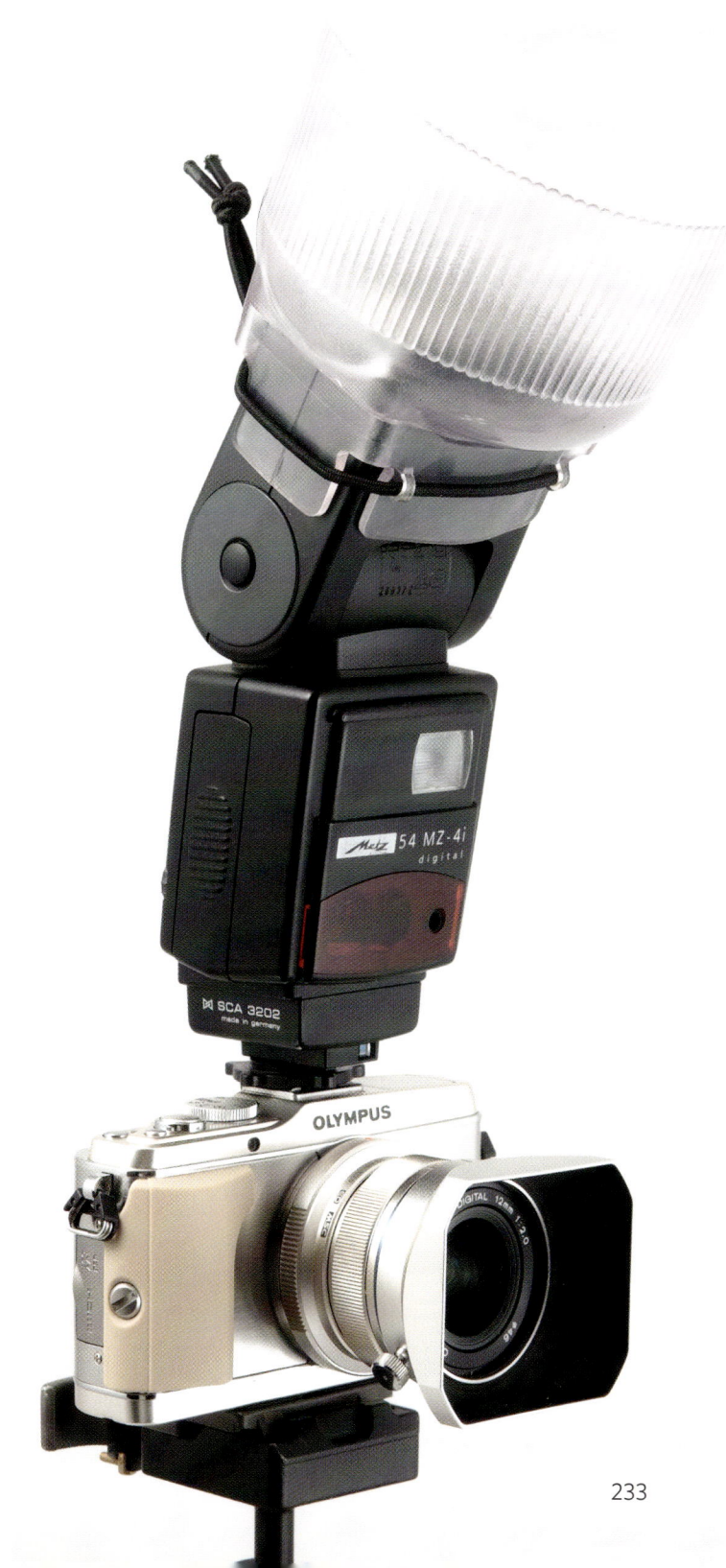

Diffusoren und Bouncer

Das Problem des direkten und harten Blitzens einerseits und der unkalkulierbaren Decken andererseits hat die Zubehörindustrie und ungezählte Bastler dazu bewogen, Bouncer und Diffusoren in jeder nur denkbaren Form und jedem greifbaren Material zu entwickeln. Für Bouncer gibt es Unmengen von Selbstbaulösungen – meist aus festem Karton, Alufolie und einem Einweckgummi. Ebenso gibt es unzählige kommerzielle Aufstecklösungen. Als Bouncer wird dabei alles bezeichnet, was den Blitz in irgendeiner Weise ablenkt.

Soweit es sich um milchige Plastikplättchen handelt, ist deren Ausrichtung weniger kritisch, bei stark spiegelnden Lösungen mit Metallfolien ist zwar der Leistungsverlust geringer, oft genug geht aber dafür ein erheblicher Teil der Leistung vorbei. Zudem müssten metallische Bouncer eigentlich auch jeweils an den Stand des Zoomreflektors angepasst werden, sodass die simplen weißen Plastikplatten meistens doch die praktikabelste Lösung sind. Die schlechte Steuerbarkeit der metallischen Bouncer sorgt dafür, dass Diffusoren wesentlich verbreiteter sind. Diffusoren sind kleine weiße Plastikhauben, die über den Blitz gesteckt werden und das Licht stärker streuen. Der FL-50 hat einen solchen im Lieferumfang, bei Metz kann man ihn extra ordern.

Angesichts der simplen Konstruktion gibt es hier ebenfalls allerhand Bastellösungen, eine der einfachsten ist eine Flasche Algorix Scheibenenteiser: Boden abschneiden, aufstecken, fertig. Aus dem oberen Flaschenende kann man sogar noch mit etwas Gaffer-Tape einen Spotblitz basteln. Solche Bastellösungen sind nett und auch unterwegs gut einzusetzen, solange man darauf achtet, dass immer genug Luft zwischen Blitzfrontscheibe und Bastelprodukt bleibt. Manche spannen simpel ein Papiertaschentuch mit einem Bürogummiring über den Blitz. Speziell diese Variante sollten Sie sich allerdings gut überlegen. Eingebrannte Zellstofffasern in der Frontscheibe des Blitzes können die Folge dieser Sparlösung sein. Wenn Sie öfter einen Diffusor verwenden, sollten Sie über die Anschaffung eines kommerziellen Produkts nachdenken.

Was ein Diffusor bewirkt

Wenn Sie mit Diffusoren blitzen, sollten Sie wissen, was ein Diffusor bewirkt. Trifft der Blitz auf einen Diffusor, wird das Licht gestreut, und zwar nicht definiert wie bei der Streuscheibe eines Autoscheinwerfers oder der ausklappbaren Weitwinkelstreuscheibe des Blitzes, sondern diffus, also in alle Richtungen. Wenn Sie vorher die Blitzleistung aufgrund des Zoomreflektors vornehmlich in eine Richtung abgestrahlt haben, verteilt sich die Leistung nun in buchstäblich alle Richtungen. Der Erfolg: Die Leitzahl Ihres Blitzes geht in die Knie.

Der FL-36 ist auf einmal unter Leitzahl 20, der FL-50 unter Leitzahl 28. Wenn Sie nun, wie im Handbuch beschrieben, mit Diffusor über die Decke blitzen, bekommen Sie zwar ein sehr weiches Licht, da Sie Reflexionen aus dem gesamten Raum erhalten, allerdings nicht mehr viel davon. Wollen Sie mit Diffusor unbedingt über eine hohe Decke blitzen, kaufen Sie sich einen Metz-Stabblitz.

Mit einem herkömmlichen Diffusoraufsatz direkt zu blitzen, bringt nicht viel. Sie bekommen Reflexionen aus der Umgebung, das Hauptlicht kommt aber nach wie vor von vorn, die Belichtung steuert auf das Motiv aus, und der Rest des Raums versinkt in Schwarz. Seine Stärken spielt der Diffusor beim Blitz nach oben aus. Da beleuchtet nur die dem Motiv zugewandte schmale Seite

KAPITEL 6
BLITZEN FÜR ANSPRUCHSVOLLE

des Diffusors das Bild direkt, die Hauptfläche strahlt nach oben, Sie bekommen also sehr viel diffuses Licht aufs Bild, bevor der TTL-Blitz abregelt – immer vorausgesetzt, Sie befinden sich nicht im Freien.

Diffusoren in jeder Preislage
Auch Diffusoren gibt es in jeder Preislage zu kaufen. Das obere Ende der Preisskala markiert hier sicher der FLBA-1 von Olympus, der beim FL-50 mitgeliefert wird, aber auch für etwa 90 Euro einzeln zu erwerben ist – viel Geld für ein weißes Stückchen Plastik. Dagegen ist der Metz mecabounce mit etwa 15 Euro spottbillig. Besonders auffallend sind aufblasbare Softboxen sowie Domes – quasi die beiden Extreme bei den Diffusoren. Die Softbox produziert gerichtetes, aber weiches Licht, der Dome beglückt absolut jeden Winkel des Raums, mit Ausnahme des Raums unterhalb der Kamera, mit gleichmäßigem Licht. Letzterer ist eine wunderbare Erfindung, wenn man einen Blitz mit richtig viel Leistung und entsprechend gute Akkus sein Eigen nennt. Die Softbox dagegen macht sehr weiches Licht für Porträts, gegen den abgesoffenen Hintergrund muss man sich dann aber etwas anderes einfallen lassen. Beim Dome sollte man darauf achten, dass man einen bekommt, der aus relativ klarem Plastik besteht. Gute Domes, wie der Lightsphere-II, erreichen ihre Lichtstreuung nicht durch eine milchige Färbung des Materials, sondern durch Riffelungen, wie sie auch Scheinwerfer besitzen. Sie verlieren dadurch weniger Leistung.

Achten Sie darauf, dass Sie mit dem Lightdome nur dann nach vorne blitzen, wenn Ihr Objektiv samt Gegenlichtblende lang genug ist. Sonst bekommen Sie direktes Licht vom Diffusor auf die Frontlinse. Überhaupt ist das Blitzen mit dem Dome gewöhnungsbedürftig. Abgesehen davon, dass er fast jede Fototasche sprengt, ist ein nach oben gerichteter Dome mit Standarddeckel ein heftiger Blitzleistungskiller. Einen Dome sollten Sie nur mit leistungsstarken Blitzen einsetzen, und auf keinen Fall sollten Sie Farbfolien vor die Reflektorscheibe setzen. So sehr das bunte Licht reizt: Die Folie frisst zusätzlich Leistung, und der Blitz muss dauernd „am Anschlag" blitzen. Selbst LEE-Folien halten die dadurch entstehende Hitze nicht aus und können verschmoren.

Fehler beim Blitzen
Es kann passieren, dass ein TTL-geblitztes Bild chronisch über- oder unterbelichtet ist. Dafür gibt es mehrere Ursachen. Ein beliebter Fehler bei Metz-Blitzen ist das Aktivieren des Zusatzreflektors, wenn der Hauptreflektor nach vorne gekippt ist. Das Resultat sind grauenvoll überblitzte Bilder. Bei Metz-Systemblitzen sollte der Hauptreflektor mindestens 45 Grad zur Waagerechten geneigt sein, besser 60 Grad, bevor der Zusatzreflektor aktiviert wird.

Sehr hartnäckig tauchen auch stark unterbelichtete Bilder auf, bei denen sich in Motivrichtung eine spiegelnde Fläche befindet. Das braucht kein Spiegel zu sein, sehr beliebt sind Fenster, Glasvitrinen, Bilderrahmen, Chromteile etc. Der starke Reflex des Messblitzes gaukelt der Elektronik eine Überbelichtung vor. Einzige Abhilfe: entweder den spiegelnden Gegenstand entfernen oder den Standort so wechseln, dass nichts mehr ins Objektiv reflektiert wird. Manchmal hilft auch indirektes Blitzen, der Reflex eines Diffusors oder Bouncers ist jedoch stark genug, um die TTL-Elektronik zum Abregeln zu bringen. Wenn eine Standortveränderung nicht möglich ist, hilft nur die manuelle Regelung von Blende, Belichtungszeit und Blitzleistung.

Am einfachsten liegt der Fall, wenn das Bild zu dunkel ist, weil schlicht die Blitzleistung nicht ausreicht. Dann kann man sich mit dem Griff zur ISO-Einstellung in Grenzen behelfen.

Stroboskopblitzen

Stroboskopblitzen beherrschen von den Systemblitzen für das FT-System nur die beiden großen Metz. Auf den ersten Blick klingt das System bestechend: Innerhalb eines definierten Zeitraums wird eine Anzahl Blitze mit fester Frequenz abgegeben. Bewegt sich in dieser Zeit das Motiv, entstehen mehrere Bewegungsbilder. Man kann fallende Gegenstände fotografieren, sich bewegende Sportler oder flatternde Schmetterlinge.

Das Problem dabei: Während der Blitzabgabe bleibt der Verschluss offen, es handelt sich also um eine Langzeitbelichtung. Daher muss der Raum stockdunkel sein, sonst sieht man auf dem Bild nicht nur die eingefrorenen Bewegungen, sondern auch die verwischten Schatten dazwischen. Dazu sollte der Raum möglichst reflexionsarm sein, denn der Blitz sorgt sonst dafür, dass die Wände des Raums beleuchtet werden und das sich bewegende Motiv vor diesem Hintergrund durchscheinend und geisterhaft wirkt.

Wenn Sie also „stroboblitzen" wollen, besorgen Sie sich einen möglichst großen, schwarzen Raum. Haben Sie keine schwarze Turnhalle zur Verfügung, ist ein nächtlicher, unbeleuchteter Sportplatz oder eine nächtliche Hügelkuppe eine gute Alternative. Bedenken Sie bei der Planung, dass der Raum nicht nur für die Kamera stockdunkel ist, sondern auch für den eventuell abzulichtenden Akteur – der noch dazu durch den Stroboskopblitz geblendet wird.

Natürlich sollten Sie dafür sorgen, dass die Schärfentiefe groß genug ist, damit das im stockdunklen Raum sich bewegende Motiv auch innerhalb des Schärfebereichs bleibt. Wenn Sie eine sich bewegende Person per Stroboskop einfangen und sie nicht zu einer Versammlung von hellen, durchsichtigen Geistern machen wollen, müssen Sie die Blitzfrequenz auf 2 bis 4 Hz reduzieren. Al-

AUFNAHMEDATEN	
Brennweite	17 mm
Blende	f/4,0
Belichtung	4 s
ISO	100

Zwei Blitze pro Sekunde. Der Kontrast wurde etwas verstärkt. Ein Blitz rechts für den Stroboskopeffekt, ein Blitz im Durchgang, um das Tor zu erleuchten. Auslösung per Funk.

les, was von mehreren Blitzen beleuchtet wird, sollte grundsätzlich so mattschwarz oder so weit entfernt wie möglich sein. Eine Reduzierung der Blitzleistung hilft Ihnen nicht weiter – Ihr Motiv wird dann einfach schlechter beleuchtet, das Rauschen steigt, Sie müssen die Blende weiter aufmachen, damit Sie überhaupt noch was sehen, und damit haben Sie noch mehr Streulicht auf dem Bild. Setzen Sie also Ihre Blende, damit Sie die passende Schärfentiefe bekommen, und dann richten Sie die Blitzleistung danach aus.

Ring- und Zangenblitze

Für Makros sind Aufsteckblitze oder Stabblitze ungeeignet. Aufsteckblitze können den Bereich direkt vor dem Objektiv selbst mit Streuscheibe nicht ausleuchten, die Stabblitze können das Motiv zwar von einer Seite anleuchten, sorgen dafür aber auf der anderen Seite für harte Schatten. Die Alternative für die Makrofotografie sind Ringblitze und Zangenblitze. Diese werden fest an die Kamera montiert und sorgen für eine gleichmäßige Ausleuchtung des Motivs. Der Ringblitz eliminiert dabei sämtliche Schatten, die von der Kameraperspektive aus erkennbar sein können, und sorgt damit für einen flächigen Bildeindruck.

Der Zangenblitz liefert das Licht nur aus zwei Richtungen, erhält also trotz guter Beleuchtung noch Tiefe im Bild. Feinste Details können aber durch die Schatten verfälscht werden. Im Porträtbereich werden Zangenblitze selten verwendet, für Ringblitzporträts gibt es dagegen eine gewisse „Szene", die die typischen, kreisrunden Ringreflexe in den Augen bevorzugen. Um die Reflexe zu erreichen, sind aber spezielle Studioringblitze notwendig. Diese haben oft sehr starke Einstellscheinwerfer in der Größenordnung von 200 Watt, um den bei Ringblitzen, die ja um die optische Achse herum angeordnet sind, auftretenden Rote-Augen-Effekt zu minimieren. Eine weitere Sorte Ringblitze sind solche mit Durchmessern von über einem Meter. Diese werden verwendet, wenn Ganzkörpershootings mit Ringblitz zu machen sind.

Die Makroblitze sind jedoch deutlich weiter verbreitet. Für beide Olympus-Blitze – Zangenblitz TF-22 und Ringblitz RF-11 – ist zusätzlich noch die Makrosteuereinheit FC-1 nötig.

Ring- und Zangenblitze mit unterschiedlichsten Lichttechnologien von LED bis Neonröhre gibt es außer von Olympus auch von Novoflex, Dörr, Walimex, Bower und vielen anderen.

> **i**
>
> ### BEFESTIGUNGEN
>
> RF-11 und TF-22 von Olympus werden am Sonnenblendenbajonett des Objektivs befestigt. Das ist ausschließlich an folgenden Optiken möglich: am 35 mm Makro, am 50 mm Makro, am alten 14-54 und am alten 50-200. Für die beiden Makroobjektive ist auch noch der Adapter FR-1 notwendig. Der TF-22 kann zusätzlich am 11-22, am neuen 14-54 II und am neuen 50-200 SWD befestigt werden. Alle anderen Objektive sowie alle Sigma-Objektive müssen entweder auf Klebebandlösungen oder auf Makroblitze anderer Hersteller ausweichen.

Elektronikblitze an der PEN

Prinzipiell können an die PEN auch uralte Elektronikblitze angeschlossen werden, zum Beispiel einige der schon angesprochenen 45er-Blitze von Metz. Diese werden über den Mittenkontakt ausgelöst, sind mit etwas Übung wunderbar einzusetzen – und meistens für kleinstes Geld zu haben. Einige Blitze dürfen aber aufgrund der hohen Zündspannung auf keinen Fall auf die PEN montiert werden. Das E-System hält zwar bis zu 200 Volt Zündspannung aus und verkraftet damit viel mehr als manche Mitbewerber, man sollte sein Glück jedoch nicht herausfordern.

Es kann durchaus sein, dass der eine oder andere Blitz ohne Beschädigung an einer E-System-Kamera betrieben werden kann, obwohl er hier als ungeeignet eingestuft wird. Teilweise sind unterschiedliche Zündspannungen auch von der Versionsnummer des Blitzes abhängig. Im Zweifelsfall ist aber ein neuer alter Blitz immer billiger als eine neue neue Kamera.

Eine ständig aktualisierte Liste finden Sie unter *www.botzilla.com/photo/strobeVolts.html*.
Messen Sie bei anderen Blitzen vor dem Anschluss immer erst mit einem Voltmeter die Spannung zwischen Mittenkontakt und Massekontakt! Dazu muss der Blitz eingeschaltet sein und frische Batterien haben.

NICHT FÜR DIE PEN GEEIGNETE BLITZE	
Agfatronic	2A, 240B, 401BCS
Braun	Hobby, 28, F34
Fuji	FLMX29
HANIMEX	TZ*2, CX440, PRO 550, TS855, TZ2500
Kodak	Gear Auto, 80030
Metz	20B3, 20BC4, 23BC4, 30B3, 30BCT4, 34BCT2, 45CT1, 56-1, 202, 402, 404, 2034BC (achten Sie bei Metz auf die genaue Bezeichnung; der 45CT1 ist tödlich für die PEN, der 45CT4 macht keinerlei Probleme)
National	E-170, PE-205, PE-256
Philips	16B, 18, P32GTC
Praktica	321A, 1600A
Promaster	FM600, FM1000
Raynox	DC-303
Revue	C4500
Rollei	100XLC, 134B, Beta3
Soligor	MK-2, MK-24AS
Toshiba	ES-7
Vivitar	100, Auto 215, 253, 255, 272, 273, 283, 1900, 2000, 2600, 2800
Voigtländer	VC21B
Wein	200 Flash

KAPITEL 6
BLITZEN FÜR ANSPRUCHSVOLLE

ELEKTRONENBLITZE MIT VORSICHT VERWENDEN

Egal welche Blitze Sie nutzen: Elektronenblitze sind äußerst energiereich und sollten grundsätzlich mit Vorsicht verwendet werden. Direkter Kontakt mit der Frontscheibe des Blitzes beim Blitz ist zu vermeiden. Es gibt Berichte über Bleichflecken an Jeans, die in direktem Kontakt waren. Es versteht sich von selbst, dass Sie Menschen nie direkt ins Gesicht blitzen. Der Sicherheitsabstand liegt bei einem Meter. Die Unsitte, kleine Kinder direkt anzublitzen, ist Körperverletzung. Überhitzen Sie die Blitze nicht. Heftiges Dauerfeuer kann die Frontscheibe zum Schmelzen bringen und die Elektronik überlasten. Ein Systemblitz hat eine maximale Leistung von 250 Ws – so viel wie ein Studioblitz. Die Blitzröhren der Systemblitze sind aber kleiner, der Lichtstrom unmittelbar vor der Streuscheibe ist deshalb noch höher. Es kann jederzeit passieren, dass aufgrund einer Fehlbedienung oder eines technischen Defekts die volle Leistung emittiert wird. Dies kann – vor allem bei Kindern – zu bleibenden Augenschäden führen.

AF-Hilfslicht

Alle hier besprochenen Systemblitze haben ein AF-Hilfslicht, das aber leider nicht angesteuert wird. Es kann jedoch passieren, dass Sie im Zwielicht fokussieren müssen. Für diese Situation gibt es für die alten PENs nur eine Lösung: eine starke Taschenlampe. Die bei Phasen-AF ungeheuer wirksamen roten Gitterprojektionen, die herkömmliche AF-Hilfslichter produzieren, könnte man zwar mit etwas Bastelei auch für die PEN verfügbar machen, der Kontrast-AF kann damit jedoch nichts anfangen. Auf kurze Distanz – bis zu einem Meter – hilft die Helligkeit der LED, darüber ist die Wirkung gleich null.

Bewegungen

Das Problem mit dem AF-Hilfslicht und dem Autofokus setzt sich fort, wenn es darum geht, in dunkler Umgebung Bewegungen einfangen zu müssen. Der Kontrast-AF ist zu langsam, um ohne leistungsstarkes Hilfslicht scharf zu stellen. Es gibt nur die Möglichkeit, eine Fokusfalle zu stellen, also auf den Punkt manuell scharf zu stellen, an dem das Motiv wahrscheinlich vorbeikommen wird, und dann zum entsprechenden Zeitpunkt auszulösen.

Altar der Stabkirche Borgund. Hier wurde manuell fokussiert, und auch Belichtung und Blende wurden manuell eingestellt. Der Assistent steht mit dem Blitz links außerhalb des Bildes und reagiert auf das Verschlussgeräusch der Kamera. Da es in der Kirche extrem dunkel war, ist bei der gewählten Blende auch eine Sekunde aus der Hand zu halten, ohne dass es zu Verwacklungen im Bild kommt. Die Belichtung stammt zu 95 % vom Blitz. Ohne Blitz wäre eine Belichtung von 20 Sekunden notwendig gewesen.

AUFNAHMEDATEN	
Brennweite	14 mm
Blende	f/5,6
Belichtung	1 s
ISO	100

Ohne leistungsfähigen Blitz geht im Freien allerdings nichts. Es gibt unter freiem Himmel so gut wie keine Reflexionsflächen, indirektes Blitzen ist also nicht möglich und ein Diffusor schlicht Vergeudung teuer bezahlter Blitzleistung. (Keine Regel ohne Ausnahme: Wenn Sie ein Team dabeihaben, das sich an den richtigen Stellen mit Reflektoren aufstellt, können Sie auch im Freien indirekt blitzen und fantastische Ergebnisse erzielen. Sie können den Blitz auch ganz von der Kamera nehmen und ihn von einem Teammitglied per Hand auslösen lassen.)

Wanderblitztechnik

Lange Belichtungszeiten und ein von Hand bedienter Blitz ermöglichen weitere interessante Effekte. So ist die Wanderblitztechnik durch die aufgesteckten Systemblitze zu Unrecht etwas in Vergessenheit geraten. Dabei wird die Kamera auf ein Stativ montiert, auf eine längere Belichtungszeit gestellt, und anschließend wird die Umgebung selektiv mit einzelnen Blitzen beleuchtet. Die Effekte können spektakulär sein – oder eben auch völlig natürlich wirken. Aufpassen muss man nur, dass man während der Blitzabgabe nicht zwischen beleuchteter Fläche und Kamera steht, da man sonst einen eindeutigen Schatten wirft.

Manueller Fokus, Stroboskopblitz von rechts, der von einem Assistenten gehalten und auf Zuruf ausgelöst wurde. Die Kamera wurde mit dem laufenden Mädchen mitgezogen, allerdings in etwas geringerer Geschwindigkeit. Im Hintergrund: Sonnenuntergangshimmel.

AUFNAHMEDATEN	
Brennweite	12 mm
Blende	f/6,3
Belichtung	2 s
ISO	200

Funkblitze

Den meisten kreativen Spielraum hat man bei Funkblitzen. Es gibt von Yongnuo ein preiswertes Funkblitzset aus einem Sender für den Blitzschuh RF-600TX, der auch unabhängig von der Kamera verwendet werden kann, und einem Empfänger RF-602RX, der an den Blitz montiert wird. Vorsicht! Die Nachfolgetypen 603 arbeiten mit der PEN nicht zusammen! Das System funktioniert bei allen Kameras und Blitzen mit Mittenkontakt, es ist deshalb egal, ob man die Canon- oder Nikon-Version kauft, der Unterschied liegt im beigelegten Fernauslöserkabel, das in beiden Fällen nicht an die PEN passt.

Funkauslöser haben den großen Vorteil, dass die Blitze verdeckt im Bild stehen und dass sie auch mal 30 oder 40 Meter entfernt sein können. Natürlich funktioniert über den Mittenkontakt keine TTL-Belichtungssteuerung, Sie müssen die Kamera also auf M stellen und auch die Blitze von Hand regulieren. Der große Vorteil ist, dass Sie mit den Funkblitzen auch Blitze verwenden können, die Sie für wenige Euro auf dem Gebrauchtmarkt bekommen – oder eben auch einen Primitivblitz wie den Yongnuo YN560, der mit einer Leitzahl von 56 sehr hohe Leistung bietet, aber für unter 80 Euro neu zu bekommen ist.

Durch die vollständig freie Positionierung der Blitze sind extrem kreative Bilder möglich. Natürlich gibt es neben den extrem preiswerten und kompakten Yongnuos auch Funkauslöser von Elinchrome – den Skyports – und den professionellen Funkauslöser von Pocket Wizard. Letzterer kostet nicht nur eine Stange Geld, sondern hat Abmessungen, die an die der PEN herankommen. Allerdings gehört er nicht umsonst zur Königsklasse der Funkauslöser.

Slow-Blitz

Sie haben es in der Betriebsanleitung gelesen: Die PEN unterstützt das Blitzen auf den ersten und den zweiten Vorhang mit Langzeitsynchronisation. Das nennt sich Slow-Blitz. Beim Slow-Blitz übernimmt der Blitz nicht etwa die gesamte Beleuchtung des Bildes, sondern nur die Beleuchtung des Vordergrunds. Für den Hintergrund ist das Umgebungslicht zuständig. Dadurch säuft nicht mehr alles hinter dem geblitzten Motiv in endlosem Schwarz ab, sondern es ergibt sich eine Tiefe im Bild. Beim Blitzen auf den ersten Vorhang zündet der Blitz, sobald der Verschluss den Sensor vollständig freigegeben hat. Beim Blitzen auf den zweiten Vorhang zündet der Blitz erst, kurz bevor der Verschluss wieder schließt.

Die Auswirkungen sind interessant: Beim Blitzen auf den ersten Vorhang bewegt sich das Motiv nach dem Blitz weiter. Je nachdem, ob das Motiv nun beleuchtet wird oder nicht, trägt es nach der Blitzbelichtung einen Teil zum Bild bei – das Motiv zieht Schlieren. Da es aber zuerst geblitzt wurde und sich dann erst bewegt hat, zieht es die Schlieren nicht hinter sich her, sondern schiebt sie vorneweg. Und da der Sensor nicht unterscheidet, ob die Belichtung am Anfang oder am Ende der Öffnung stattgefunden hat, endet die Schliere auch abrupt und läuft nicht aus. Der Blitz auf den zweiten Vorhang erweckt den Eindruck, das Motiv ziehe eine Bewegungsspur nach. Auf den ersten Blick klingt das gut, ist aber ein Vabanquespiel. Man hat nämlich keinerlei Einfluss mehr auf den Standort oder, bei Menschen, den Gesichtsausdruck des Motivs. Man sieht im Sucher etwas, löst aus, der Messblitz geht los, und am Ende der Belichtungszeit, die durchaus mal 1/10 Sekunde oder mehr dauern kann, wird der dann vorhandene Zustand des Motivs festgehalten.

AUFNAHMEDATEN	
Brennweite	45 mm
Blende	f/13
Belichtung	1/10 s
ISO	100

KAPITEL 6
BLITZEN FÜR ANSPRUCHSVOLLE

Bei Menschen sollte man auf den ersten Vorhang blitzen – da ist es meist egal, ob die Bewegung zum Blitzzeitpunkt bereits abgeschlossen ist oder erst startet. Bei Fahrzeugen sieht das anders aus, da müssen Sie sich aufs pure Glück oder knallharte mathematische Berechnungen samt flinkem Zeigefinger verlassen. Bei Autos ist das noch nicht so kritisch, schließlich fährt ja häufiger eins vorbei. Bei Zügen kommt die nächste Chance erst eine oder zwei Stunden später, und wenn man auch noch blauen Himmel und/oder Mond mit draufhaben will, kann man unter Umständen Wochen warten, bis sich wieder eine Gelegenheit ergibt.

Ein Fallstrick ist beim Blitzen auf den zweiten Vorhang eine spezielle Kombination aus Synchronzeit und Belichtungszeit. Der Blitz schaltet ja nicht wirklich erst dann, wenn der zweite Vorhang losläuft, sondern er wird um die Blitzsynchronzeit vorher gezündet. Ist nun die Belichtungszeit nicht viel länger als die Synchronzeit, kann es passieren, dass der Blitz kurz nach dem ersten Vorhang zündet. Das kann vor allem bei schnellen Bewegungen einen deutlichen Unterschied ausmachen – weil eben die Bewegungsspur nicht nur hinten, sondern vorne und hinten ist. Meist trifft das zu, wenn die Blitzdauer deutlich kürzer als die eingestellte Synchronzeit ist.

Anhand der Bilder sieht man, dass man durch eine Verlängerung der Blitzdauer zwar das „Loch" bis zum zweiten Vorhang „zublitzen" kann, man sich damit aber Bewegungsunschärfen einhandelt. Denn das, was derzeit noch ungewollter Schatten ist, wäre dann beleuchtetes Bild und damit unscharf.

Vielfältige Lichtformer

Alles, was Licht richtet – oder eben auch nicht –, läuft unter dem Namen Lichtformer, ob das nun eine simple Schreibtischlampe oder eine aufwendige Wabensoftbox ist. Selbst eine Jalousie ist ein Lichtformer, und noch dazu ein ziemlich spannender. Wie bei den Bouncern und Diffusoren gibt es eine unendliche Vielfalt an Gerätschaften, für die nahezu beliebig Geld ausgegeben werden kann. Prinzipiell sind zwar alle Lichtformer den Basisgruppen Reflektoren, Diffusoren und Abschirmer zuzuordnen, aber viele Lichtformer beinhalten alle drei Gruppen. Eine Wabensoftbox ist im Inneren der Softbox reflexiv beschichtet, um die Lichtausbeute zu erhöhen, die Front der Softbox ist ein Diffusor, und vor der Streufläche sind Waben angebracht, um das weiche Licht besser zu richten.

Styroporplatte

Jeder Blitzkopf kommt mit einem Standardreflektor, der sehr hartes Licht liefert, ähnlich einem Systemblitz. Meistens will man jedoch weicheres, also diffuseres Licht haben. Die erste Möglichkeit ist, den Blitz, genau wie den Systemblitz, über die Decke umzuleiten. Die Variationsmöglichkeiten sind dabei deutlich beschränkt. Eine simple Styroporplatte als Reflektor hilft weiter. Zusammen mit einem kleinen rollbaren Ständer, beispielsweise einem umgebauten Blumenroller, kann man damit schon recht flexibel Licht an die richtige Stelle bringen.

Links: Funkblitz von rechts und links, SLOW auf ersten Vorhang. Die Hauptbeleuchtung kommt von der tief stehenden Sonne. Nach Auslösen des Blitzes wurde die Kamera bewegt, sodass es diesen Bewegungseffekt gab. Hier hat sich also nicht das Model bewegt, sondern die Kamera.

Ein Standardlichtformer: der Schirm – ob als Durchlichtversion oder mit Innenbeschichtung.

Schirmreflektoren

Die nächste Ausbaustufe ist ein Schirmreflektor, der aussieht wie ein kleiner Sonnenschirm und mit seinem Griff in eine entsprechende Aussparung des Blitzkopfs gesteckt wird. Schirmreflektoren gibt es mit weißer, silberner und goldener Beschichtung, die sich auf der Innenseite des Schirms befindet und zum Motiv gerichtet wird. Der Blitzkopf schaut also vom Motiv weg. Die goldene Beschichtung erzeugt Licht mit etwa 3.800 Kelvin, eine Art simuliertes Abendlicht. Den Schirm gibt es auch mit durchscheinender Bespannung, dann wird der Blitzkopf auf das Motiv gerichtet, und die Bespannung wirkt als Diffusor. Die gleiche Wirkung kann man allerdings auch mit einem weißen Tuch erreichen, das man vor den Blitz hängt (nicht darüber – Brandgefahr!). Schirme gibt es bis zu einem Durchmesser von fast vier Metern, die teuren davon kann man justieren, sodass man den Brennpunkt des Schirms verstellen kann. Großer Vorteil gegenüber den Softboxen ist, dass man bei vielen Brennern zwischen Blitzlampe und Schirm noch Farbfolien unterbringen kann, was weiches farbiges Licht erzeugt.

Softboxen

Bei Softboxen oder auch Lichtwannen (Softboxen mit festem Reflektor aus Plastik) ist das mit den Farbfolien bedeutend schwieriger, dafür produzieren sie kein Streulicht wie die Schirme, da sie an der Seite geschlossen sind. Softboxen gibt es in allen Formen und Größen, von der 40-x-40-Box für Porträts bis zu den mehrere Quadratmeter großen Boxen, mit denen man auch Autos beleuchten kann. Diese Softboxen bestehen auf der Rückseite aus lichtundurchlässigem, auf der Innenseite aus reflektierendem Material, auf das auf der Vorderseite eine weiße Diffusionsfläche gespannt ist. Einige Boxen besitzen bereits im Inneren einen Diffusor, der das Licht „vorsoftet" und auch für eine noch bessere Lichtverteilung in einer großen Box sorgt.

60 x 60 Zentimeter große Softbox. Für ein gerichtetes Licht kann auch noch eine Wabe eingesetzt werden.

Normalerweise sind Softboxen an der Front rechteckig, teilweise aber auch oktogonal. Da Softboxen gerichtetes Licht produzieren, kann man mit Formblenden vor der Softbox eine Art Spoteffekt erzeugen. Weit verbreitet sind Wabengitter aus Stoff vor dem Diffusor, die das Streulicht minimieren und eine bessere Kontrolle ermöglichen.

Striplights

Wenn die Softboxen ein Seitenverhältnis von mehr als 1:3 haben, also sehr hoch sind, spricht man von einem Striplight. Man kann auch eine normale Softbox mit ein paar Kartons an den Seiten abschatten und hat damit ein Striplight, muss aber mit einem doch dramatischeren Lichtverlust leben. Striplights werden dazu verwendet, schmale Lichtstreifen zu erzeugen, um die Konturen des Motivs herauszuarbeiten.

Striplights müssen sehr nah ans Motiv herangebracht werden, weil sonst der Effekt des Streifens verloren geht. Durch eine Wabe vor dem Strip kann die Reichweite etwas vergrößert werden.

Natürlich gilt: je größer die Softbox, desto weicher das Licht. Allerdings bringt es nichts, für ein Porträt eine vier Meter große Softbox zu verwenden. Abgesehen davon, dass mit einer solchen Softbox sehr viel Streulicht produziert wird, vergrößert sich auch der Reflex im Auge des Models. Ein Lichtreflex wirkt lebendig, wenn aber das halbe Auge durch die Reflexe der Softboxen verdeckt wird, verliert das Auge an Ausdruck. Ein Extrembeispiel für große Lichtreflexe in den Augen sind die Porträts von Martin Schöller, der mit zwei Neonlampen links und rechts beleuchtet und damit die Iris fast komplett verdeckt.

Striplight von rechts. Durch den sehr beschränkten Lichtkegel werden Strukturen und Konturen hart herausgearbeitet.

Striplights können sehr harte Kontraste hervorrufen. Um nun die dem Blitzkopf abgewandte Seite des Motivs zu beleuchten, kann man entweder ein zweites Striplight einsetzen oder, wenn es nicht so hell sein soll, einen Reflektor. Diese Reflektoren gibt es ebenfalls in allen Formen und Größen. In Low-Cost-Studios sind simple Styroporplatten üblich, die ein ganz brauchbares Licht ergeben, aber niemals an einen Blitz gelehnt werden dürfen.

AUFNAHMEDATEN	
Brennweite	50 mm
Blende	f/11,0
Belichtung	1/160 s
ISO	100

AUFNAHMEDATEN	
Brennweite	11 mm
Blende	f/5,0
Belichtung	1/1000 s
ISO	100

Zwei California Sunbounce im Einsatz, rechts oben mit transparentem Bezug als leichter Abschatter gegen das pralle Sonnenlicht, links unten ein Sunbounce mit reflektierendem Bezug als Aufheller. Shooting in Berlin an der Spree, Objektiv 11-22.

Beim Einsatz von Reflektoren ist, noch mehr als beim normalen Fotografieren, Teamwork wichtig. Wenn Sie nicht ein paar Stative übrig haben und dauernd vom Blitz zum Reflektor und zurück zur Kamera rennen möchten, um das Licht zu überprüfen, ist ein guter Assistent, der auf Zuruf das richtige Eck des Motivs beleuchtet, eine sehr lohnenswerte Investition. Wollen Sie nicht gleich in ein wirklich gutes Reflektorsystem wie California Sunbounce investieren und verfügen über einen Assistenten, können Sie sich für einige Euro zusätzlich zur Styroporplatte eine Autorettungsdecke besorgen. Zerknüllen Sie die Decke einmal richtig, dann haben Sie einen brauchbaren Reflektor mit silberner und goldener Seite. Soll der Reflektor nur fürs Studio sein, spannen Sie die Rettungsdecke auf eine Styroporplatte – fertig.

Wabenspots

Im Unterschied zu den Softboxen und Reflektoren sind Wabenspots für extrem konzentriertes Licht zuständig. Mit einem Wabenvorsatz produziert ein Blitzkopf räumlich eng begrenztes Licht, ähnlich einem Bühnenspot, jedoch nicht wie beim Bühnenspot über eine Linse und damit mit sehr scharfen Rändern, sondern je nach Abstand vom Motiv und Länge der Wabe etwas fleckig.

Kleine Motive kann man damit vollständig und sehr kontrastreich ausleuchten, bei Porträts wird ein Wabenspot eingesetzt, um die Haare von hinten leuchten zu lassen. Wabenvorsätze lassen nur gerichtetes Licht durch, je enger die Waben sind, desto „schärfer" ist der Lichtkegel. Da die Waben aber nicht verspiegelt, sondern schwarz sind, ist der Leistungsverlust an der Wabe sehr hoch.

Metallische, glatte Oberflächen wie Spiegel oder Chromplatten schaden eher. Wenn schon stark reflektierend, dann besser spezielle Flächenreflektoren, die es auch mit unterschiedlichen Beschichtungen (in Weiß, Silber, Gold) gibt. Auch diese Reflektoren gibt es von Handreflektoren in Suppentellergröße bis zu mehrere Quadratmeter großen Outdoor-Reflektoren, mit denen man dunkle Torwege mit Sonnenlicht ausleuchten kann.

KAPITEL 6
BLITZEN FÜR ANSPRUCHSVOLLE

POLFILTER UND BLITZLICHT

Blitzanlagen emittieren unpolarisiertes Licht. Die Polarisation entsteht erst durch die Reflexion an nicht magnetisierbaren Materialien. Dabei wird aber nicht das gesamte Licht polarisiert, sondern abhängig vom Winkel nur ein gewisser Teil. Diesen Teil kann man mit einem Polfilter ausfiltern. Da die störenden Reflexionen (an Brillengläsern etc.) aber nur dann auftauchen, wenn der Blitz aus der Richtung des Fotografen kommt, hilft genau hier der Polfilter nur sehr wenig, da aus dieser Richtung das Licht kaum polarisiert wird.
Die Polarisation bei einem Auftreffwinkel von 90 Grad ist gleich null. Je flacher der Winkel, in dem die Fläche beleuchtet wird, desto größer ist der Anteil des polarisierten Lichts. Der Einsatz eines Polfilters im Studio kann also im Extremfall sinnvoll sein, da man damit Reflexionen von metallischen Oberflächen hervorheben und nicht metallische Reflexionen unterdrücken kann – wenn das Licht sehr weit von der Seite kommt. Gegen das größte Problem im Studio – Spiegelungen in Brillengläsern – helfen Polfilter also nicht, da die störenden Reflexe bei Licht von der Seite nicht auftreten. Wirklich sinnvoll sind Polfilter im Studio nur dann, wenn auch die Lichtfilter Polarisationsvorsätze haben. Da der Aufwand aber immens ist, wird das nur selten praktiziert.

Vorsicht bei der Arbeit mit Wabenvorsätzen: Schlecht gekühlte Wabenvorsätze werden gern heiß.

Wer es noch härter haben will, für den gibt es Akzentspotvorsätze, lange Rohre, die dann nochmals eine schärfere Charakteristik haben. Der Einsatz solcher Spots ist jedoch beschränkt – wenn man nicht gerade eine Bühnensituation im Studio simuliert –, da der Charakter des Motivs durch den sehr präsenten Spot leiden kann. Gelegentlich wird der Spot mit einem Farbvorsatz verwendet, um einzelne Teile des Bildes mit Farbreflexen zu versehen.

Eine etwas weichere Version eines Reflektors ist ein Dish – ein Reflektor mit einer Abschirmung für die Blitzbirne in der Mitte. Dadurch erhält das Motiv ausschließlich Licht vom Reflektor und kein direktes Licht von der Birne – der Reflex im Auge wird ringförmig. Dishes gibt es in allen Formen und Größen, sie können die Größe von Lichtwannen erreichen, bei denen dann der Blitzkopf nicht mehr hinter dem Dish ist, sondern vorne im Brennpunkt montiert wird.

Ein recht flexibler Lichtformer ist das Flügeltor. Es wird gern benutzt, um per Farbfolie einen Hintergrund einzufärben, ohne den Rest des Motivs in Mitleidenschaft zu ziehen. Man kann es aber auch sehr eng schließen und eine Art hartes Streiflicht produzieren.

Ein Beauty-Dish mit einem Wabeneinsatz im Gegenreflektor.

Großes Lichtzelt. Ansteuern kann man die beiden Studioblitze bei der PEN durch den manuell auf 1/64 s gedrosselten internen Blitz.

Das Gegenteil eines Lichtformers im Sinne von „geformtem Licht" ist das Lichtzelt. Es wird zur Produktfotografie verwendet und soll absolut schattenfreies Licht produzieren. Lichtzelte gibt es von kleinen Faltlichtzelten aus Federstahldrähten und Gaze über Tischaufbauten bis zu raumgroßen Installationen aus Spezialfolien mit großen Flächenstrahlern dahinter.

Unentbehrlich sind im Studio auch Abschirmer – große schwarze Flächen, die verhindern, dass Streulicht an Stellen kommt, an denen es nichts zu suchen hat. Ein einfacher Abschirmer ist eine schwarz gestrichene Styroporplatte. Mattschwarze Dispersionsfarbe ist dafür gut geeignet. Sinnvollerweise nimmt man gleich die Platte vom Aufheller und streicht sie auf der Rückseite schwarz. Je nach Größe des Motivs kann es sein, dass Sie auch größere Abschirmer benötigen.

Ein Studioequipment, das auf keinen Fall fehlen sollte, ist ein leistungsfähiger Industrieventilator. Abgesehen davon, dass Sie damit Haare, Jacken und Röcke zum Fliegen bringen können, hellt er die Stimmung nach einiger Zeit im Scheinwerferlicht und im Mief des heißen Blechs doch deutlich auf.

Gelegentlich ist auch Nebel im Studio gefragt: Für etwa 150 Euro bekommen Sie bereits eine ganz brauchbare Nebelmaschine

ℹ POLARISIERTES LICHT

Licht, das von der Sonne oder aus einer Lampe kommt, ist „unpolarisiert", das heißt, die elektromagnetischen Wellen schwingen in alle Richtungen. Polarisiertes Licht ist Licht, das lediglich in eine Richtung schwingt. Von Bedeutung für die Fotografie ist linear polarisiertes Licht und zirkulär polarisiertes Licht. Polarisiertes Licht entsteht in der Natur durch die Reflexion von unpolarisiertem Licht an nicht magnetischen Oberflächen. Bei einem Auftreffwinkel zwischen 30 und 40 Grad werden große Teile des reflektierten Lichts in polarisiertes Licht umgewandelt. Diese Lichtanteile werden über Polfilter entfernt, und damit können Spiegelungen eliminiert werden.

KOMPLETT AUSGERÜSTETES STUDIO MIETEN

Selbst mit einer ganzen Batterie an Blitzköpfen, Stativen und Reflektoren können Sie aus Ihrem Wohnzimmer wahrscheinlich noch kein gutes Studio machen. Sie können nun natürlich entsprechende Räumlichkeiten anmieten und dort Ihr eigenes Studio aufbauen. Je nach Auslastung dieses Studios kann es aber sinnvoller sein, ein komplett ausgerüstetes Studio zu mieten. Diese bieten meist nicht nur moderne Beleuchtungstechnik und ausreichend Platz auch nach oben, sondern Schminkplätze, Duschen, Möbel und Hintergrundpappe in mehreren Farben. Sie müssen zwar mit etwa 25 Euro pro Stunde aufwärts rechnen, wenn Sie aber die Kosten für ein eigenes Studio samt Equipment kalkulieren, sind Sie sehr oft mit einem Mietstudio deutlich preisgünstiger dran. Adressen in Ihrem Umkreis finden Sie im Internet.

von Stairville, mit der Sie auch kleinere Freiluftsets vernebeln können. Achten Sie aber darauf, dass Sie im Freiland ein schweres Nebelfluid brauchen, im Studio dagegen ein leichtes – wobei „schwer" bzw. „leicht" nichts damit zu tun hat, ob das Fluid schnell nach oben steigt oder nicht, es geht hierbei vor allem um die Nebeldauer. Freilandfluid hält sich auch mal eine Viertelstunde, im Studio würde das aber bedeuten, dass Sie nach einem kurzen Nebelstoß eine Viertelstunde lang buchstäblich die Hand nicht mehr vor den Augen sehen können.

Wollen Sie Nebelfluid in größeren Mengen im Freiland einsetzen, informieren Sie besser vorher die örtliche Feuerwehr, damit Sie keinen kostspieligen Einsatz verursachen. Beachten Sie außerdem, dass sich der Nebel eventuell in nicht geplante Richtungen verzieht und dort sammelt. Bei einem Filmdreh mit der PEN am Donauufer in Regensburg sammelte sich der produzierte Nebel in der daneben gelegenen Altstadt und sorgte dort für Londoner Verhältnisse. Glücklicherweise waren Polizei und Feuerwehr informiert, und eine schriftliche Drehgenehmigung lag vor.

Wenn Ihre Räume nicht wesentlich höher als drei Meter sind, sind sogenannte Poles eine prima Anschaffung. Das sind Ständer, die zwischen Boden und Decke geklemmt werden und für die Aufhängung von Tüchern, Reflektoren und Abschirmern ideal sind. Professionelle Poles gibt es auch in Längen bis vier Meter. „Profi-Poles" bekommen Sie ab etwa 100 Euro. Oder Sie warten, bis es beim Discounter Ihres Vertrauens solche Stützen in passender Länge für unter 10 Euro gibt.

7
OBJEKTIVE FÜR DIE PEN

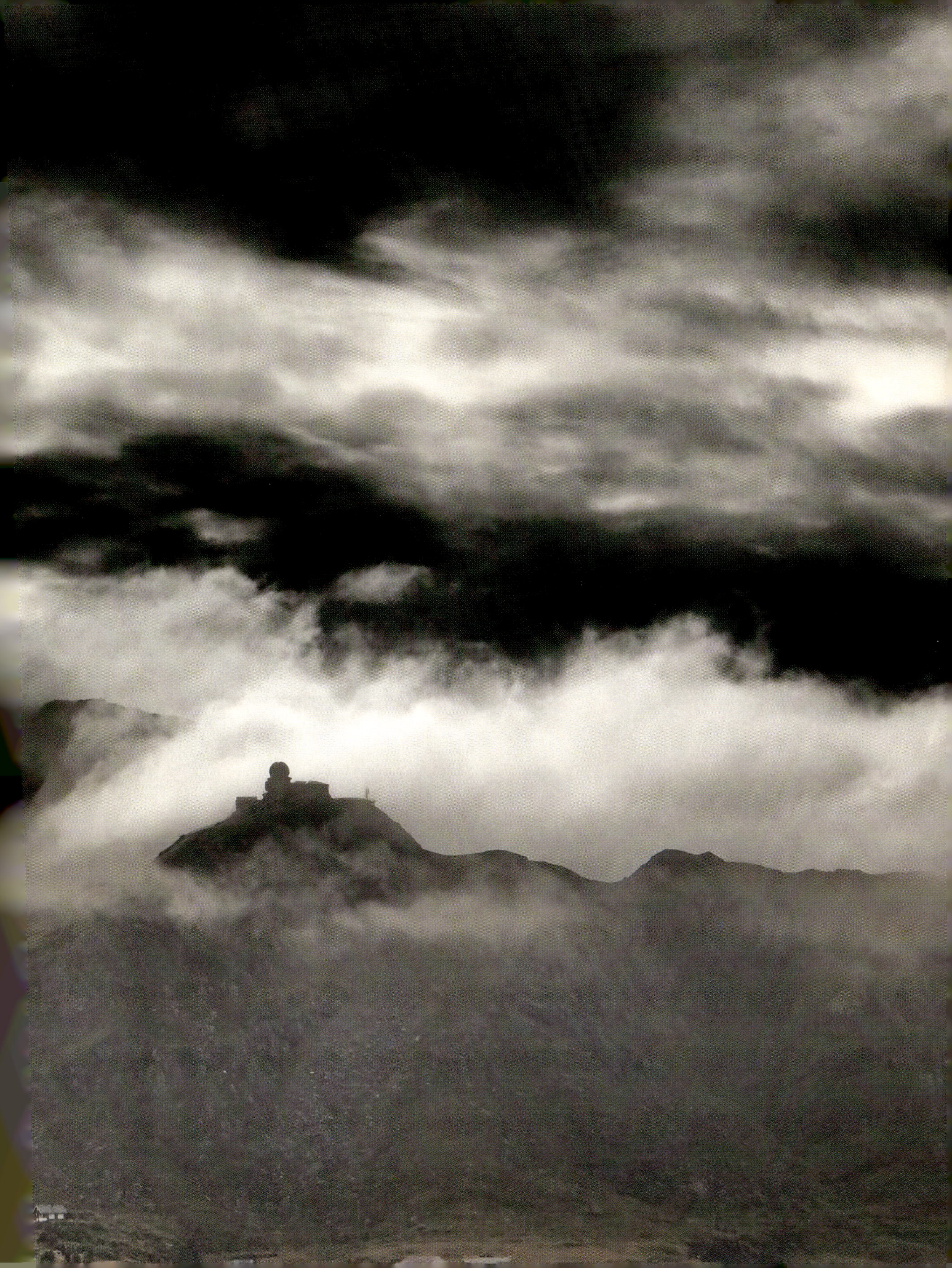

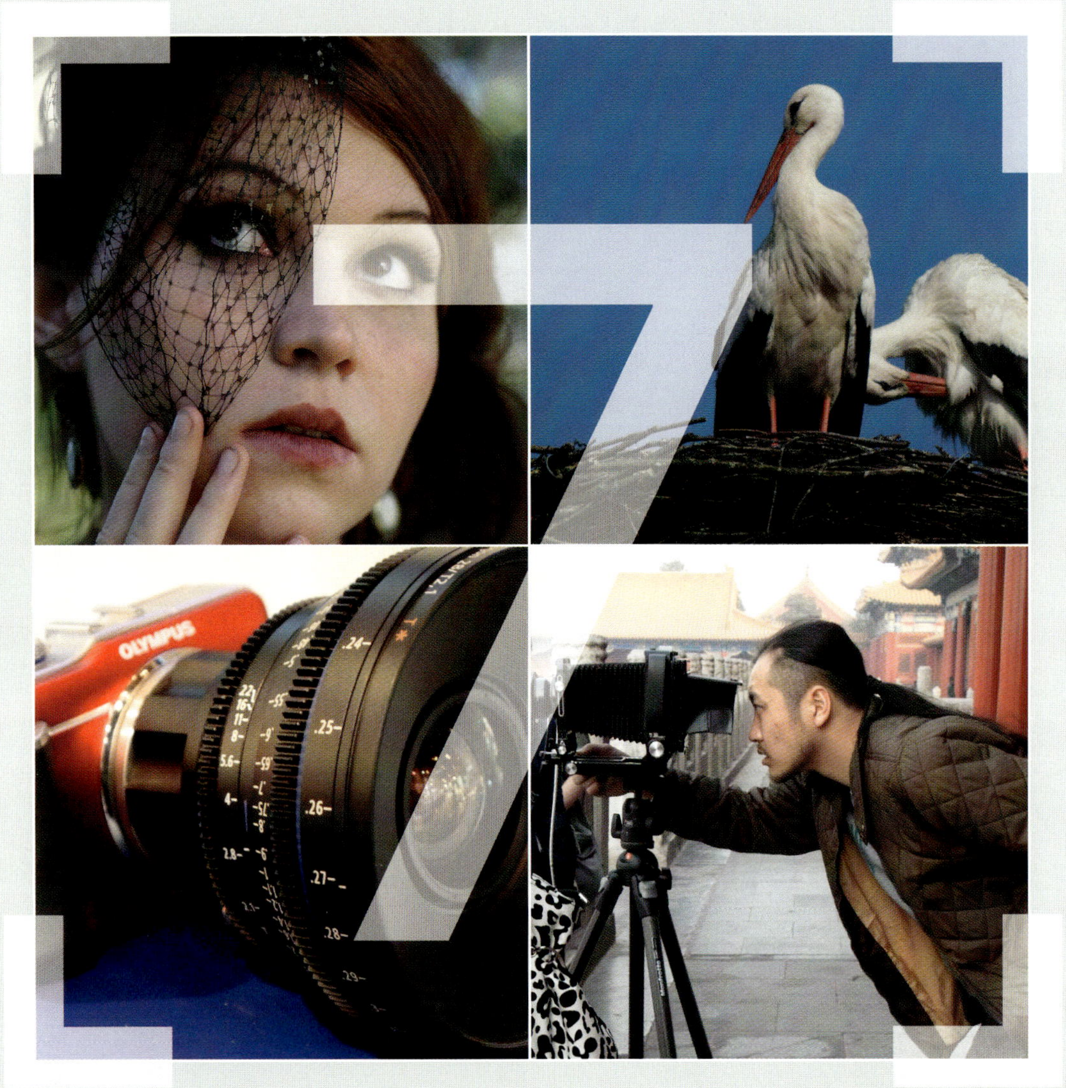
7
OLYMPUS

Objektive für die PEN

255	**Hintergrundinfos zu Objektiv und Technik**	281	**Tilt- und Shift-Systeme**
255	MTF-Charts richtig lesen	282	Objektiv shiften
258	Bildebene und Bildwinkel	282	Objektiv tilten
259	Die Beugungsunschärfe	283	**Wagners Linsensuppe**
259	Motive mit Bokeh betonen	283	Schwergängiger Zoom?
262	Chromatische Aberrationen	283	Am Ende der Schärfeskala
263	**Micro-FourThirds-Objektive**	283	Sorten von Objektivrückdeckeln
263	Zooms	284	Emittieren von Ultraschall
264	Standardzooms	284	Objektive richtig wechseln
266	Telezooms	284	Kontakte richtig reinigen
270	Festbrennweiten	285	Der Trick mit dem Klick
275	**Vollmechanische Fremdobjektive**		
277	**Konverter und Adapter**		
279	**Ausgesuchte FT-Objektive**		
280	Zuiko 35 mm f/3,5 Makro		
280	Zuiko 11-22 mm f/2,8-3,5		
281	Zuiko 50 mm f/2,0 Makro		

Das komplette Lineup der 2011er-PENs: E-P3, E-PL3 und E-PM1. Obwohl deutlich zu unterscheiden, ist die Familienähnlichkeit unverkennbar. An der E-P3 links ist der optionale, größere Handgriff montiert.

7 Objektive für die PEN

Obwohl Micro FourThirds ein vergleichsweise neuer Standard ist, ist es mittlerweile das am schnellsten wachsende Bajonett auf dem Markt. Die Anzahl der für Micro FourThirds verfügbaren Objektive ist sehr groß, zusammen mit den für FourThirds erhältlichen und adaptierbaren Objektive bleiben eigentlich kaum noch Wünsche offen. Zusätzlich gibt es für so ziemlich jedes manuell bedienbare Objektiv der letzten 50 Jahre einen Adapter.

■ Aufgrund der schieren Menge werden lediglich die wichtigsten nativen MFT-Objektive ausführlicher vorgestellt, bei den FT-Objektiven lediglich diejenigen, die auch an der PEN bislang konkurrenzlos sind.

Hintergrundinfos zu Objektiv und Technik

Zu allen Objektiven werden die wesentlichen technischen Daten genannt und einige Hintergrundinfos gegeben, eine Übersicht der Nodalpunkte der Brennweiten unter 50 mm erhalten Sie am Schluss des Objektivkapitels. Bei mehreren Objektiven sind manche Brennweiten zwar am Objektiv einzustellen, die in den EXIF-Informationen eingetragenen Brennweiten liegen jedoch darunter oder darüber. Das liegt daran, dass offensichtlich der Geber im Objektiv nicht auf jeden Millimeter Brennweite auflöst. Aus diesem Grund sind die Nodalpunkte auch nur mit einer gewissen Messungenauigkeit von etwa einem Millimeter zu ermitteln. Die Nodalpunkte sind übrigens nur für die PEN gültig. Bei Kameras mit anderem Abstand der Stativschraube zum Bajonett liegen die Werte entsprechend anders.

MTF-Charts richtig lesen

Die MTF (Modulation Transfer Function) ist eine Funktion zur Darstellung der Abbildungsleistung eines Objektivs. Olympus hat für alle seine Zuiko-Objektive MTF-Charts veröffentlicht. Diese Grafiken werden nur noch bei Leica und Zeiss tatsächlich gemessen. Alle anderen Hersteller erhalten die MTF-Charts aus der Linsenberechnung. Dabei wird davon ausgegangen, dass ein Linienmuster mit einer bestimmten Frequenz, also mit einem definierten Abstand der Linien, durch das Objektiv abgebildet wird. Der Verlust, der durch das Objektiv auftritt, betrifft einerseits Bildschärfe und andererseits Bildkontrast. Dieser Verlust wird grafisch dargestellt. Die von Olympus veröffentlichten MTF-Charts zeigen die Entwicklung der Auflösung des Bildes über den Sensor, ausgehend von der Mitte des Sensors bei einer Frequenz des Charts von 20 lp/mm (Linienpaare pro Millimeter) und 60 lp/mm. Panasonic gibt bei seinen MFT-Objektiven lediglich Frequenzen von 20 lp/mm und 40 lp/mm an.

Die Vergleichbarkeit mit MTF-Charts anderer Hersteller ist nur eingeschränkt gegeben, zudem ist die Aussage von MTF-Charts

NODALPUNKT

Als Nodalpunkt wird meistens fälschlicherweise der Punkt der Eintrittspupille eines Objektivs bezeichnet. Tatsächlich ist der Nodalpunkt (Knotenpunkt) der Punkt auf der optischen Achse, auf den die Lichtstrahlen scheinbar zulaufen – wenn sie vor und hinter dem Objektiv im gleichen Winkel austreten. Die beiden „echten" Nodalpunkte (vorne und hinten) werden Sie in der fotografischen Praxis eher nicht brauchen. In der Panoramafotografie wird ebenfalls vom „Nodalpunkt" gesprochen, gemeint ist dabei aber die Eintrittspupille oder auch der „Drehpunkt" des Objektivs bei einer bestimmten Brennweite. Da „Nodalpunkt" aber so schön klingt und die entsprechenden Zubehörteile eben auch als Nodalpunktadapter verkauft werden, hat sich der Begriff eingebürgert.

Weil die neueren PENs unterschiedliche Masse haben – die Stativschraube befindet sich bei jeder PEN an einer anderen Stelle –, werden die Nodalpunkte als Abstand zur Sensoroberfläche angegeben. Der Abstand des Mittelpunkts der Stativschraube zur Sensoroberfläche muss dann beim Einstellen des Nodalpunktadapters abgezogen werden.

bezüglich der endgültigen Bildqualität des Systems begrenzt. Objektive werden seit Jahrzehnten auf den Anwendungszweck optimiert. Objektive für Negativfilm erhielten bis in die 70er-Jahre hinein linear abfallende MTFs, da der Kontrastverlust bei feineren Linien durch eine entsprechend ausbalancierte Chemie im Entwicklungs- und Vergrößerungsprozess aufgefangen werden konnte. Im Zeitalter der Diafilme wurden die Objektive so gerechnet, dass die Bilder auf Kosten der hohen Auflösung höheren Kontrast aufwiesen, dann aber bei feinen Strukturen einbrachen. Die Projektion wurde dadurch brillanter, knackiger, allerdings konnten keine befriedigenden hochauflösenden Prints mehr hergestellt werden.

Bei digital gerechneten Objektiven werden Auflösung und Kontrast digital schon in der Kamera nachbearbeitet. Die in den MTF-Charts sichtbaren Kontrasteinbrüche werden durch entsprechende Verstärkung bereits vor der Erstellung des RAW je nach Objektiv und Brennweite passend ausgeglichen. Ein Einbruch des Kontrasts auf 20 % am Rand des Sensors ist problemlos aufzufangen. Lediglich ein Einbruch der Auflösung ist digital nicht zu reparieren. Da aber Auflösung subjektiv als nicht so scharf beurteilt wird wie Kontrast, werden viele Objektive auf Kosten der Auflösung auf Kontrast optimiert.

Auch die Farbverfärbungen nach Grün in der Bildmitte und nach Magenta am Bildrand, die durch den Tiefpassfilter verursacht werden und objektivabhängig sind – die Farben ändern sich mit dem Winkel, in dem die Lichtstrahlen auf den Sensor fallen –, werden über spezielle Objektivtabellen digital ausgeglichen. Die beiden Charts können folgendermaßen gelesen werden:

- Die blauen Linien entsprechen der Kurve bei einer Frequenz – einem Muster – von 20 lp/mm, die orangefarbene Linie einer Frequenz von 60 lp/mm. Das entspricht der bei anderen Herstellern verwendeten Frequenz von 10/30 lp/mm, da die anderen Hersteller die Objektive auf Kleinbildformat rechnen, das die doppelte Breite hat.

- Die Messung erfolgt in der Bilddiagonale ausgehend vom Bildmittelpunkt. Der Ort der Messung ist an der waagerechten Achse abzulesen.

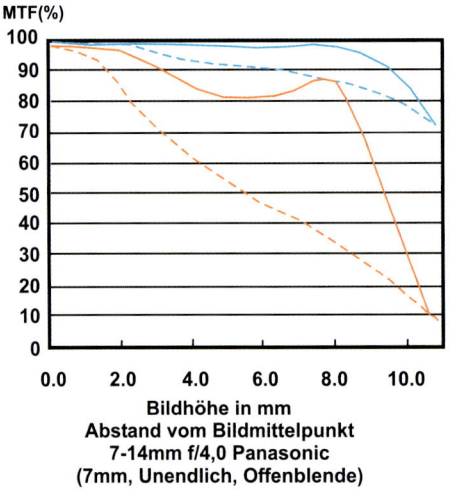

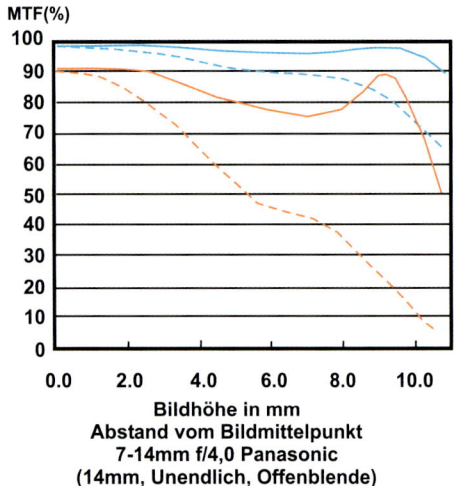

Beispiel: MTF-Chart des Lumix 7-14 mm von Panasonic bei 7 mm und 14 mm Brennweite. Die orangefarbenen Linien sind hier auf 60 lp/mm interpoliert, da Panasonic nur 40 lp/mm angibt.

KAPITEL 7
OBJEKTIVE FÜR DIE PEN

- Die durchgezogene Linie entspricht einem Streifenmuster, das längs der Bilddiagonale – sagittal – verläuft, die gestrichelte Linie entspricht einem Streifenmuster, das quer zur Bilddiagonale – meridional – verläuft.
- Von oben nach unten nimmt die Signalqualität ab. 100 % wäre das unbeeinflusste Originalbild, 0 % wäre ununterscheidbares Grau.

Da die Unterscheidung von schwarzen und weißen Linien an zwei Problemen scheitern kann – entweder an mangelndem Kontrast, weil alles detailreich aufgelöst, aber leider grau in grau ist, oder an mangelnder Detailauflösung (Schwarz ist da, Weiß ist da, aber es ist nicht klar, wo das eine aufhört und das andere anfängt) –, werden die 20 lp/mm zur Bewertung des Kontrasts genommen und die 60 lp/mm zur Bewertung der Auflösung. Die Auflösungsgrenze ist dann erreicht, wenn die 60 lp/mm bei 0 % ankommen – an diesem Punkt lassen sich zwei Linien nicht mehr unterscheiden.

Beim M.Zuiko 14-54 mm zum Beispiel ist die Leistung des Zooms im Telebereich deutlich besser als im Weitwinkelbereich. Das ist völlig normal. Aus diesem Grund sollten auch niemals Objektive unterschiedlicher Brennweiten miteinander verglichen werden. Ein Weitwinkel muss völlig anders korrigiert werden als ein Teleobjektiv, es soll z. B. im Weitwinkelbereich nicht zu Verzerrungen kommen, im Telebereich dagegen ist das Bokeh ein Thema.

Ein Objektiv kann aber auch künstlich auf Schärfe getrimmt werden. Dann ist die 60-lp/mm-Linie zu hoch. Das zeigt an, dass das Objektiv an extremen Kontrastkanten Überstrahlungen produziert. Auf den ersten Blick wirkt das Ergebnis über weite Bereiche scharf, die Überstrahlungen können aber Teile des Bildes ruinieren. Ein Beispiel

Das Novoflex 400 mm T-Noflexar an der E-P3. Das martialische Äußere des Objektivs wird vor allem durch die Längsfokussierung per Pistolengriff bestimmt. In diesem Fall ist noch der Längsbalgen ausgezogen, sodass das Objektiv eine Naheinstellgrenze von 1,9 Metern erreicht. Im Hintergrund sieht man Bühnennebel sowie das Licht zweier Blitze mit roter und gelber LEE-Filterfolie.

AUFNAHMEDATEN	
Brennweite	41 mm
Blende	f/4,0
Belichtung	1/200 s
ISO	100

MTF-CHARTS IM INTERNET

Sämtliche MTF-Charts der aktuellen MFT-Objektive finden Sie auf der Website *http://four-thirds.org/en/microft/lense.html*. Bei den einzelnen Objektiven gibt es jeweils Detaillinks zu den Herstellerseiten, auf denen die MTF-Charts aufgeführt sind. Man sieht bei dem Chart der Abbildung, dass das Objektiv sehr stark auf Kontrast korrigiert ist.

für ein solches Objektiv ist das Novoflex 400 mm T-Noflexar, das sehr scharf abbildet, aber bei Spitzlichtern sofort unschöne Höfe bildet.

Solange die Auflösung noch im Bereich über 20 % bleibt, kann sie durch eine Verstärkung des Ausgangssignals über einen Kammfilter ausgeglichen werden. Objektive, deren MTF-Linien charakteristische Wellenbewegungen aufweisen, sind vom Hersteller auf Kontrast korrigiert. Die durch den Wellenverlauf des Kontrasts auftretenden unnatürlichen Schärfeverläufe im Bild müssen in der Kamera digital korrigiert werden. Die digital korrigierte Schärfe setzt sich anders zusammen als die natürliche Schärfe. Das fällt weniger auf, wenn die digitale Schärfe zum Bildrand hin gleichmäßig zunimmt, als wenn sich die Bereiche unterschiedlicher Schärfe abwechseln.

Das bedeutet, dass eine gleichmäßig fallende Linie digital besser zu korrigieren ist als eine lange waagerechte Linie mit einem abrupten Abriss an einem bestimmten Punkt oder gar eine starke Wellenlinie. Eine generelle Qualitätsaussage aufgrund des MTF-Charts ist insofern zu treffen, als die 20-lp/mm-Linie bei einer herausragenden Linse über 80 % bleiben sollte und bei einer sehr guten Linse über 60 %. Was darunterliegt, liegt darunter.

Die Ähnlichkeit der meridionalen und sagittalen Linien sagt aus, dass die Ausdehnung des Zerstreuungskreises im Fokuspunkt in zwei Richtungen ähnlich ist. Sie sagt nichts über das Aussehen in der Unschärfe aus, was für das Bokeh wichtig ist. Und sie sagt auch nichts darüber aus, ob der Zerstreuungskreis unter Umständen an der Seite Fahnen zieht.

Die MTF-Charts geben ebenfalls keine Auskunft über Vignettierungen, Verzerrungen und Lens Flares.

Sollten Sie unbedingt die MTF-Charts von Olympus mit Charts anderer Hersteller vergleichen wollen, behalten Sie im Kopf, dass Olympus die Charts ausschließlich bei Offenblende angibt. Viele andere Hersteller geben die Kurven bei Offenblende und bei Blende 8 an. Zudem kann schon ein geringfügig anderes Lichtspektrum völlig andere MTF-Charts produzieren, und es ist auch die Frage, inwiefern die MTF-Charts aus dem Computer durch Messwerte korrigiert wurden.

MTF-Charts geben also lediglich einen groben Anhaltspunkt. Zwei Objektive mit gleichem Chart können grob unterschiedlich abbilden. Eine tolle MTF ist keine Garantie für ein tolles Objektiv. Allerdings ist bei einer lausigen MTF mit Auflösungsabrissen die Wahrscheinlichkeit einer Enttäuschung relativ hoch. Maßgeblich ist trotzdem immer die Leistung in freier Natur.

Bildebene und Bildwinkel

Die Bildebene ist die Ebene, auf die ein Objektiv scharf abbildet. Bei der PEN ist das die Sensoroberfläche – nicht die Oberfläche des Tiefpassfilters. Die Bildebene ist bei der PEN links neben dem Blitzschuh markiert (kleiner Kreis mit einem Strich). Diese Markierung liegt knapp 20 mm hinter dem Bajonett.

Die E-PM1 in Weiß von oben mit dem alten M.Zuiko 14-42 mm. Sie sehen das Symbol für die Bildebene links neben dem Blitzschuh und neben dem linken Stereomikrofon.

Jedes Objektiv bildet innerhalb eines Winkels auf den Sensor ab. Bei Zoomobjektiven ist dieser veränderlich. Der Bildwinkel berechnet sich aus dem Aufnahmeformat, in diesem Fall dem FT-Sensor der PEN, und der Brennweite. Das gilt aber nur für Normalobjektive bei Unendlich-Einstellung und nicht für spezielle Objektivkonstruktionen wie zum Beispiel Fisheye-Linsen. Der Bildwinkel, der in den technischen Daten eines Objektivs zu finden ist, eignet sich jedoch hervorragend, um Objektive miteinander zu vergleichen. Wenn Sie selbst den Bildwinkel einer Brennweite ermitteln wollen:

Bildwinkel = 2 x arctan (Sensordiagonale / (2 x Brennweite))

Statt der Sensordiagonale können Sie auch die Sensorhöhe oder Sensorbreite einsetzen und erhalten dann den entsprechenden Bildwinkel. Der Winkel wird im Bogenmaß berechnet. Für die etwas anschaulichere Gradzahl müssen Sie das Bogenmaß noch ins Gradmaß umrechnen.

Die Beugungsunschärfe

Um eine größere Schärfentiefe zu erzielen bzw. um längere Belichtungszeiten bei hellem Sonnenschein zu ermöglichen, werden gern große Blendenzahlen verwendet. Das hat aber unter Umständen fatale Folgen: Durch die Lichtbrechung an den Kanten der Blende entstehen sogenannte Beugungsscheibchen – nichts anderes als Unschärfen. Diese betreffen das gesamte Bild. Je kleiner nun die Blendenöffnung ist, desto größer ist der Anteil der Beugungsscheibchen am Gesamtlichteinfall – und desto größer wird das Problem. FourThirds-Objektive haben generell kleinere Blendenöffnungen als Objektive etwa von Kleinbildsystemen. Damit kommen sie auch früher in eine Beugungsunschärfe.

Zudem steigt die Empfindlichkeit für die Beugungsunschärfe mit der Auflösung des Sensors. Die sogenannte „förderliche Blende", die den Kompromiss aus Beugungsunschärfe und Schärfentiefe darstellt, liegt bei der PEN zwischen Blende 8 und Blende 11, im Makrobereich ist die förderliche Blende abhängig vom Abbildungsmaßstab.

Lassen Sie sich aber nicht durch die förderliche Blende verrückt machen. Die durch die Beugungsunschärfe verursachten Verluste sind so gering, dass sie in der Hitliste der Unschärfeverursacher ganz hinten steht. Wenn Sie für ein spezielles Bild eine extreme Schärfentiefe brauchen, blenden Sie auf 22 ab. Sie erreichen damit die gleiche Schärfentiefe wie bei Kleinbild mit Blende 44. Natürlich wird das Bild dann insgesamt etwas weicher – aber so oft muss man diesen Kompromiss ja nicht eingehen.

Motive mit Bokeh betonen

Der Ursprung des Begriffs „Bokeh" geht wohl auf das japanische Wort „buke" für unscharf zurück. Werden Teile eines Bildes extrem unscharf, da die Schärfentiefe zu gering ist, steigt der Durchmesser des Zerstreuungskreises so stark an, dass schließlich die Objektkonturen aufgelöst werden. Lichtreflexe werden nun nicht mehr punktförmig abgebildet, sondern als mehr oder weniger große, helle Scheiben. Die Form der Scheiben wird durch das Objektiv bestimmt, einerseits durch die Form der Blende und andererseits durch den Korrekturzustand des Objektivs.

In den neuen M.Zuiko-Objektiven hat Olympus deshalb besonders runde Blenden verbaut, um die Form des Bokehs, das als hart und unangenehm empfunden wurde, zu verbessern. Das Objektiv kann auf Auflösung, auf Kontrast oder auf eine Mischung beider

SPHÄRISCHE ABERRATION

Dieser Abbildungsfehler entsteht dadurch, dass bei Linsen mit kugelförmigen Oberflächen, also bei fast allen Linsen, die Strahlen am Rand der Linse geringfügig anders gebrochen werden als im Inneren der Linse. Der Effekt ist eine Art Lichthof um den Brennpunkt, also ein Kontrastverlust an Kanten, sprich ein Schärfeverlust. Dies wird durch den Einbau von asphärischen Linsen behoben.

ASPHÄRISCHE LINSEN

Normale Linsen haben die Oberfläche eines Kugelabschnitts, einer „Sphäre". Es sind aber Linsen herstellbar, deren Oberfläche davon abweicht, indem sie zum Beispiel am Rand schwächer oder stärker gekrümmt ist als in der Mitte. Mithilfe solcher Linsen, deren Herstellung sehr aufwendig ist, können Fehler, wie zum Beispiel eine sphärische Aberration, korrigiert werden. Wird das Objektiv aber zu stark korrigiert, leidet das Bokeh darunter, es wird unruhig.

AUFNAHMEDATEN	
Brennweite	200 mm
Blende	f/3,5
Belichtung	1/2500 s
ISO	100

Lichtreflexe in der Umgebung eines Flussfelsens. Bokeh vor und hinter der Schärfeebene. Hier kommt die PEN an ihre Grenze. Wird die Blende noch weiter geschlossen, schrumpfen die Zerstreuungsscheiben. Kürzer als mit 1/4000 Sekunde kann nicht belichtet werden, und die neueren PENs benötigen für so ein Bild bereits 1/5000 Sekunde. Einzige Abhilfe schafft der Einsatz eines Graufilters.

Parameter optimiert werden. Das hat auch Auswirkungen auf die Form und Ausprägung des Bokehs.

Bokeh ist vor und hinter der Schärfeebene meist unterschiedlich ausgeprägt. Wenn das Bokeh vor der Schärfeebene hart und im Hintergrund weich ist, spricht man von „unterkorrigierter sphärischer Aberration". Sind die Zerstreuungskreise jedoch im Hintergrund klar abgegrenzt und im Vordergrund weich, handelt es sich um „überkorrigierte sphärische Aberration".

Je weicher das Bokeh ist, desto besser. Bokeh soll nicht Selbstzweck sein, sondern das Motiv betonen und nicht davon ablenken. Es wird behauptet, die Art des Bokehs könne direkt aus dem MTF-Chart abgelesen werden. Das ist nicht korrekt. Die üblicherweise veröffentlichten MTF-Charts treffen nur Aussagen über die grobe Form des Zerstreuungskreises in der Schärfeebene, nicht jedoch im unscharfen Bereich.

Den größten Einfluss auf das Bokeh hat jedoch nicht das Objektiv, sondern der Fotograf. Damit Bokeh entsteht, müssen sich Motiv und Hintergrund im richtigen Abstand zueinander befinden, der Hintergrund muss ausreichend beleuchtet sein und genügend kleine Reflexionsflächen aufweisen, damit in ausreichender Anzahl Spitzlichter entstehen. Ein Hintergrund ohne Spitzlichter verschwimmt einfach, gibt es zu wenig Spitzlichter, stören sie eher, sind es zu viele, überstrahlt der Hintergrund. Typische Situationen für Bokeh sind betaute oder frisch beregnete Wiesen, leicht bewegte Seen oder Bäche, zugeschneite Wälder bei Tauwetter sowie Nachtporträts mit viel Straßenbeleuchtung.

Bokeh ist eine direkte Funktion der Schärfentiefe. Wenn das Objektiv auf die Hyperfokaldistanz eingestellt ist, gibt es in der Ferne natürlich kein Bokeh mehr. Im Groben

KAPITEL 7
OBJEKTIVE FÜR DIE PEN

kann man bei der PEN davon ausgehen, dass ein Zerstreuungskreis mindestens 50 bis 100 Pixel haben sollte, damit man von Bokeh sprechen kann. Der Zerstreuungskreis sollte also mindestens 0,175 mm betragen. Spätestens bei Zerstreuungskreisen, die größer sind als 1,5 mm, wird es dann etwas auffällig. Ein gutes Bokeh ist also zwischen 0,2 mm und etwa 1 mm Zerstreuungskreisdurchmesser zu erwarten.

Im Folgenden finden Sie zwei Tabellen mit verschiedenen Brennweiten und Blenden für FT-Optiken. In den Tabellen bedeutet das X beim zweiten Wert, dass der Zerstreuungskreisdurchmesser von 300 Pixeln bis ins Unendliche nicht erreicht wird.
Wenn Sie also ein Porträt aus zwei Metern Abstand mit Blende 2,8 und 100 mm Brennweite machen, sollten Sie drei bis vier Meter hinter dem Motiv für Glitzer sorgen.

Eine Grafik veranschaulicht das Bokeh. Links das Bokeh vor dem Schärfepunkt, rechts das Bokeh dahinter.

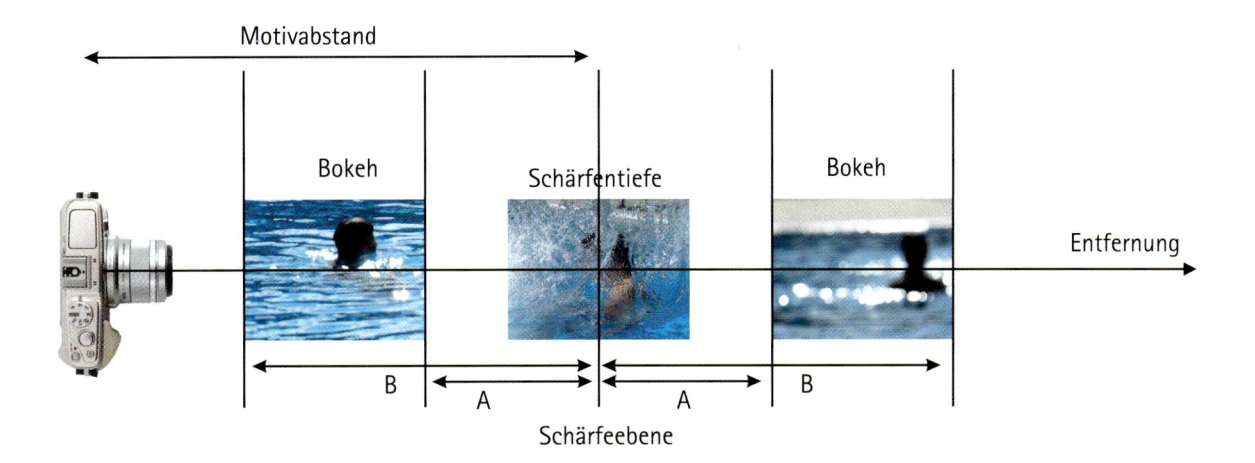

MOTIVABSTAND VON 2 M								
Brennweite	Motivabstand	f/x	A–B	f/x	A–B	f/x	A–B
50 mm	2 m	2,8	1,5 m–X	5,6	13,8 m–X	11	–
100 mm	2 m	2,8	0,2 m–2,2 m	5,6	0,54 m–X	11	1,4 m–X
150 mm	2 m	2,8	0,1 m–0,6 m	5,6	0,2 m–1,7 m	11	0,4 m–19 m
200 mm	2 m	2,8	0,05 m–0,3 m	5,6	0,1 m–0,7 m	11	0,2 m–2,0 m

MOTIVABSTAND VON 4 M								
Brennweite	Motivabstand	f/x	A–B	f/x	A–B	f/x	A–B
50 mm	4 m	2,8	30 m–X	5,6	–	11	–
100 mm	4 m	2,8	1,1 m–X	5,6	3,1 m–X	11	24 m–X
150 mm	4 m	2,8	0,4 m–3,7 m	5,6	0,9 m–91 m	11	2,4 m–X
200 mm	4 m	2,8	0,2 m–1,4 m	5,6	0,5 m–4,5 m	11	1,0 m–X

Chromatische Aberrationen

Chromatische Aberrationen (CAs) sind Abbildungsfehler, die an harten Kontrasten entstehen. Ihre Ursache liegt im unterschiedlichen Brechungsverhalten des Lichts bei verschiedenen Wellenlängen. Auf den Sensor bezogen, liegt der Brennpunkt von Blau vor dem Sensor, der Brennpunkt von Rot dahinter. Bei harten Kontrastkanten – einem dunklen Ast vor hellem, weißem Himmel – bilden der Blauanteil und der Rotanteil einen Unschärfehof an der Kante in typischem Lila. Die Ursache von chromatischen Aberrationen liegt im Objektiv. Vor allem preiswertere Objektive mit mangelhafter Schärfeleistung sind anfällig für diesen Fehler. Aber auch hochwertige Objektive wie das Zuiko 11-22 mm und das Leica Summilux 25 mm f/1,4 können chromatische Aberrationen ausbilden, wenn die harten Kontrastkanten im Bereich zwischen Schärfe und starker Unschärfe liegen. Anfällige Motive sind Baumkronen gegen hellen Himmel oder auch Dachkanten, die nicht genau im Schärfebereich liegen. Man sollte seinen eigenen Objektivpark daraufhin testen und entsprechend einsetzen. Für die Beseitigung von chromatischen Aberrationen gibt es mittlerweile eigene digitale Filter.

Der Effekt der lilafarbenen Kanten wird auch als „Purple Fringing" bezeichnet. Es gibt Kameras, die an Objektiven chromatische Aberrationen produzieren, die an anderen Kameras sauber sind. Die Ursache dieser CA-unabhängigen lilafarbenen Kanten ist bis heute nicht abschließend geklärt, großen Einfluss haben aber offensichtlich Sensor- und Tiefpassfilterdesign.

Die Blätter dieses Baums (Bildausschnitt) zeigen deutlich lilafarbene Kanten.

AUFNAHMEDATEN	
Brennweite	14 mm
Blende	f/3,2
Belichtung	1/640 s
ISO	100

NAHEINSTELLGRENZE

Die Naheinstellgrenze eines Objektivs bemisst sich im Allgemeinen ab Bildebene, sprich ab Sensoroberfläche. Der freie Arbeitsabstand ist dagegen der Abstand von der Frontlinse zum Motiv.

LICHTSTÄRKE

Die Lichtstärke eines Objektivs wird meistens als Bruchteil der Brennweite f angegeben, ein Objektiv mit maximaler Blendenöffnung von 2,8 beispielsweise mit f/2,8, ein Zoomobjektiv, das am kurzen Ende lichtstärker ist als am langen, etwa mit f/2,8-3,5. Im englischen Sprachraum wird oft auch von einem schnellen Objektiv gesprochen, wenn es sehr lichtstark ist, weil dann die Belichtungszeit sehr kurz sein kann. Analog spricht man dann von einer schnellen Blende, was angesichts des missverständlichen „groß" durchaus Vorteile hat.

KAPITEL 7
OBJEKTIVE FÜR DIE PEN

Micro-FourThirds-Objektive

Zooms

Lumix G Vario 7-14 mm f/4,0

Das Lumix 7-14 mm besitzt keinen internen Bildstabilisator. Unkorrigiert hat das Objektiv am kurzen Ende eine starke Tonnenverzerrung und am langen Ende ein leichtes Kissen. In den Ecken bricht die Auflösung bei 7 mm ein. Es ist videotauglich, da es nahezu lautlos arbeitet. Als kleines, mobiles Ultraweitwinkel sehr gut, optisch ist es dem Zuiko 7-14 mm hoffnungslos unterlegen, jedoch ist es deutlich weniger anfällig für Lens Flares.

Lumix G Vario 7-14 mm f/4,0.

AUFNAHMEDATEN	
Brennweite	7 mm
Blende	f/8,0
Belichtung	1/800 s
ISO	200

OBJEKTIVDATEN	
Objektivtyp	Ultraweitwinkelzoom
Lichtstärke	1:7-14
Naheinstellgrenze	25 cm
Gewicht	300 g

Schloss Weißenstein bei Pommersfelden. Damit die Linien nicht stürzen, muss die Kamera waagerecht gehalten werden, als braucht man im Vordergrund einen Blickfang, damit die untere Hälfte des Bildes nicht leer bleibt.

M.Zuiko 9-18 mm f/4,0-5,6

Ein vergleichsweise preiswertes Ultraweitwinkel, klein, leicht und mit sehr guter Bildqualität. Das FT-Pendant ist optisch noch besser, aber deutlich voluminöser. Unkorrigiert hat das Objektiv am kurzen Ende eine deutliche Tonnenverzerrung. Die Auflösung liegt oberhalb des Lumix 7-14 mm. Es ist videotauglich, da es wie das Lumix nahezu lautlos arbeitet.

AUFNAHMEDATEN	
Brennweite	9 mm
Blende	f/5,6
Belichtung	1/1600 s
ISO	200

Bei Aufnahmen im Gebirge ist eine leichte Tonnenverzerrung völlig unerheblich – hier der Altels und das Gasterntal bei Kandersteg.

M.Zuiko 9-18 mm f/4,0-5,6.

OBJEKTIVDATEN	
Objektivtyp	Ultraweitwinkel-zoom
Lichtstärke	1:4,0-5,6
Naheinstellgrenze	25 cm
Gewicht	155 g

Standardzooms

Für das MFT-System gibt es mittlerweile nicht weniger als sechs verschiedene 14-42-Objektive und ein 14-45. Alle haben die gleiche Lichtstärke von f/3,5-5,6 und ähnliche optische Leistungen. Bei manuellem Fokus kann die angegebene Fokusdistanz geringfügig unterschritten werden, sodass noch größere Abbildungsmaßstäbe möglich sind

M.Zuiko 14-42 f/3,5-5,6 II R

Vom M.Zuiko 14-42 mm gibt es insgesamt vier Versionen – und diese jeweils noch in Silber und in Schwarz.

1. M.Zuiko 14-42 mm mit Metallbajonett: Die erste Version mit vergleichsweise lautem Autofokus und leichter Tonnenverzerrung am kurzen Ende. Das Filtergewinde beträgt 40,5 mm, die Frontlinse dreht beim Fokus mit.

2. M.Zuiko 14-42 mm mit Kunststoffbajonett: Wie die erste Version, allerdings mit Kunststoffbajonett und billigerem Rückdeckel ohne eingegossenen Olympus-Schriftzug.

3. M.Zuiko 14-42 mm II: Optisch überarbeitet und mit schnellerem und sehr leisem Autofokus. Es ist etwas länger, aber schmaler. Stärkere Tonnenverzerrung als die erste Version. Das Filtergewinde beträgt 37 mm und hat vorne am Objektiv ein durch einen Plastikring verdecktes Bajonett für Konverter.

4. M.Zuiko 41-42 mm II R: Mechanisch und optisch identisch mit dem M.Zuiko 14-42 mm II, aber mit überarbeitetem Design. Da die Objektive durchaus ähnlich sind, hier nur die Werte des neuesten M.Zuiko 14-42 mm II R.

Links das erste M.Zuiko 14-42 mm, in der Mitte die zweite Version mit Kunststoffbajonett, rechts das M.Zuiko 14-42 mm II, ebenfalls mit Front- und Kunststoffbajonett.

OBJEKTIVDATEN	
Objektivtyp	Standardzoom
Lichtstärke	1:3,5-5,6
Naheinstellgrenze	25 cm
Gewicht	113 g

OBJEKTIVDATEN	
Objektivtyp	Standardzoom
Lichtstärke	1:3,5-5,6
Naheinstellgrenze	30 cm
Gewicht	165 g

Das M.Zuiko 14-42 mm II R mit abgenommenem Dekoring. Dahinter verbirgt sich das Bajonett für die Konverter.

Lumix G Vario 14-42 mm f/3,5-5,6

Das Lumix 14-42 mm besitzt einen internen Stabilisator. Wenn Sie ein älteres Exemplar bekommen, sollten Sie sicherstellen, dass Firmware Version 1.1 oder neuer aufgespielt ist. Das Objektiv ist in der Mitte scharf, gegen den Rand lässt es aber stark nach.

Lumix 14-42 mm f/3,5-5,6 X

Das neue Lumix 14-42 mm X ist das erste Pancake-Zoom. Es hat einen Motorzoom, der leider für Video unbrauchbar ist, da es den Fokus nicht hält, sondern nachführen muss. Schaltet man auf manuellen Fokus, stimmt am kurzen und am langen Ende der Fokus, aber in der Mitte wird es unscharf. Im Vergleich zu einem Handzoom ist der Motorzoom natürlich langsamer. Das Objektiv besitzt einen O.I.S.-Bildstabilisator und eine für die Größe des Objektivs sehr gute Auflösung und Schärfe. Leider verzeichnet das Objektiv am kurzen Ende sehr stark, sodass die Ränder in JPEG-Bildern in der Schärfe deutlich nachlassen, und der manuelle Fokus muss per Schalter am Objektiv gesteuert werden, was etwas fummelig ist. Bezüglich der optischen Qualität positioniert Panasonic das Objektiv im Bereich des 14-45 mm. Wenn das Pancake-Design nicht kaufentscheidend ist, eher kein Must-have.

OBJEKTIVDATEN	
Objektivtyp	Standardzoom
Lichtstärke	1:3,5-5,6
Naheinstellgrenze	20 cm
Gewicht	95 g

Lumix G Vario 14-42 mm f/3,5-5,6.

Der Tubus fährt beim eingeschalteten Lumix 14-42 mm komplett aus, das Zoom findet im Inneren des Tubus statt. Der Fokusschalter befindet sich bei diesem Bild auf der Rückseite.

Lumix G Vario 14-45 mm f/3,5-5,6

Das erste Panasonic-MFT-Standardzoom. Es hat einen eingebauten Stabilisator und zeigt leider aufgrund von Qualitätsschwankungen eine durchwachsene Bildqualität. Es ist deutlich größer als das damals parallel erhältliche M.Zuiko 14-42 mm. Mit Sonnenblende ist das Objektiv alles andere als kompakt.

OBJEKTIVDATEN	
Objektivtyp	Standardzoom
Lichtstärke	1:3,5-5,6
Naheinstellgrenze	30 cm
Gewicht	195 g

Lumix G Vario 14-45 mm f/3,5-5,6.

Telezooms

Telezooms, oft auch als Suppenzooms verlacht, bieten einen riesigen Brennweitenbereich bei meist moderater Lichtstärke und brauchbarer optischer Qualität. Für Micro FourThirds gibt es mehrere Superzooms.

Lumix G Vario HD 14-140 mm f/4,0-5,8

Das Lumix 14-140 mm war das erste Superzoom für Micro FourThirds mit extrem leisem Fokusmotor. Das Objektiv verlässt sich sehr stark auf die Panasonic-eigene digitale Korrektur. Starke chromatische Aberrationen und eine starke Tonnenverzerrung sowie Vignettierungen am kurzen Ende trüben das Bild. Zudem bricht am kurzen Ende die Auflösung in den Ecken zusammen und wird digital rekonstruiert, was man im Bildergebnis deutlich sieht.

OBJEKTIVDATEN	
Objektivtyp	Telezoom
Lichtstärke	1:4,0-5,8
Naheinstellgrenze	50 cm
Gewicht	460 g

Lumix G Vario HD 14-140 mm f/4,0-5,8.

M.Zuiko ED 14-150 mm f/4,0-5,6

Das M.Zuiko 14-150 mm war die lang erwartete Antwort auf das Panasonic-Videoobjektiv. Es schlägt das Lumix 14-140 mm in allen Disziplinen. Verzerrung und CAs sind geringer, es ist deutlich kleiner und leichter. Speziell dem M.Zuiko 14-42 mm II ist es am kurzen Ende sogar voraus. Ein super Zoom ohne Haken und Ösen. Das Objektiv besitzt ein Frontbajonett zur Montage der Makro-, Fisheye- und Weitwinkelkonverter.

OBJEKTIVDATEN	
Objektivtyp	Telezoom
Lichtstärke	1:4,0-5,6
Naheinstellgrenze	50 cm
Gewicht	260 g

M.Zuiko ED 14-150 mm f/4,0-5,6.

M.Zuiko ED 40-150 mm f/4,0-5,6 R

Dies ist die neue R-Version des M.Zuiko 40-150 mm, die aber außer einem neuen Design keine anderen Werte hat. Das M.Zuiko 40-150 mm mit dem Zusatz R ist der Micro-FourThirds-Nachfolger der erfolgreichen FourThirds-Kit-Linse. Es leistet sich keine Schwächen, wird aber im täglichen Betrieb stark unterschätzt. Da es so extrem klein und leicht ist, vergisst man gern, dass man es hier mit einem Objektiv zu tun hat, das am langen Ende 8,2 Grad Bildwinkel bietet. Dieses Objektiv will am langen Ende ruhig und bedacht verwendet werden, da sonst die Bilder trotz Stabilisator verwackeln. Das

KAPITEL 7
OBJEKTIVE FÜR DIE PEN

AUFNAHMEDATEN	
Brennweite	14 mm
Blende	f/4,0
Belichtung	1/125 s
ISO	100

Das aus dem unkorrigierten RAW entwickelte Bild hat neben der Tonnenverzerrung noch starke Vignettierungen in den Bildecken.

Das M.Zuiko 14-150 mm im Einsatz bei einem Crash-Car-Rennen. Durch die längere Brennweite wird das Geschehen deutlich komprimiert.

AUFNAHMEDATEN	
Brennweite	150 mm
Blende	f/5,6
Belichtung	1/640 s
ISO	200

Objektiv besitzt ein Frontbajonett zur Montage der Makro-, Fisheye- und Weitwinkelkonverter.

OBJEKTIVDATEN	
Objektivtyp	Telezoom
Lichtstärke	1:4,0-5,6
Naheinstellgrenze	90 cm
Gewicht	190 g

Nur mit langer Brennweite ist der „Vertical Walker" am Dorint Hotel in Köln sauber zu erwischen. Das M.Zuiko ED 40-150 mm kommt auch mit den starken Kontrastkanten ohne nennenswerte chromatische Aberrationen zurecht.

M.Zuiko ED 40-150 mm f/4,0-5,6 R.

Lumix G X Vario PZ 45-175 mm f/4,0-5,6

Das Lumix 45-175 mm ist die Ergänzung des 14-42 mm nach oben und bietet eine sehr gute Abbildungsqualität. Im Gegensatz zum 14-42 mm hat das 45-175 mm auch einen manuellen Zoomring.

Lumix G X Vario PZ 45-175 mm f/4,0-5,6.

OBJEKTIVDATEN	
Objektivtyp	Telezoom
Lichtstärke	1:4,0-5,6
Naheinstellgrenze	90 cm
Gewicht	210 g

Lumix G Vario 45-200 mm f/4,0-5,6

Das 45-200 war lange Zeit die einzige Möglichkeit, längere Brennweiten im MFT-System zu verwenden. Es ist für das System vergleichsweise voluminös, die Bildqualität ist durchwachsen, es gibt bessere und schlechtere Exemplare. Seitdem die 100-300 und 75-300 erhältlich sind, geht die Bedeutung des Objektivs zurück.

Lumix G Vario 45-200 mm f/4,0-5,6.

KAPITEL 7
OBJEKTIVE FÜR DIE PEN

OBJEKTIVDATEN	
Objektivtyp	Telezoom
Lichtstärke	1:4,0-5,6
Naheinstellgrenze	52 cm
Gewicht	380 g

OBJEKTIVDATEN ZUIKO	
Objektivtyp	Telezoom
Lichtstärke	1:4,8-6,7
Naheinstellgrenze	58 cm
Gewicht	430 g

M.Zuiko ED 75-300 mm f/4,8-6,7

Das M.Zuiko 75-300 mm steht in direkter Konkurrenz zum Lumix 100-300 mm. Es besitzt eine ausgewogenere Abbildung, bringt eine höhere Dynamik auf den Sensor und ist trotz fehlender Gegenlichtblende relativ unempfindlich gegen Streulicht. Der manuelle Fokus läuft exakter. Zudem ist das Zuiko bei gleicher Blende etwa 1/3 EV heller als das Panasonic, die auf dem Papier geringere Lichtstärke relativiert sich also. Dazu gibt es die Gegenlichtblende LH-61E (um die 25 Euro) – in seltenen Fällen nützlich, aber kein absolutes Muss.

OBJEKTIVDATEN LUMIX	
Objektivtyp	Ultraweitwinkel
Lichtstärke	1:4,0-5,6
Naheinstellgrenze	67 cm
Gewicht	520 g

Lumix G Vario 100-300 f/4,0-5,6

Das 100-300 war das erste MFT-Zoom in diesem Brennweitenbereich und kam wenige Wochen vor dem entsprechenden M.Zuiko auf den Markt. Es wirkt etwas knackiger als das Zuiko-Objektiv, reagiert aber

Links das M.Zuiko 75-300 mm, rechts das Lumix 100-300 mm mit der mitgelieferten Streulichtblende.

empfindlich auf Spitzlichter, die schnell ausbrennen. Im Nahbereich bietet es einen kleineren Bildwinkel als das Zuiko, das im Nahbereich lediglich auf etwa 275 mm Brennweite kommt. Zudem ist es beim AF gelegentlich etwas exakter.

Festbrennweiten

Mittlerweile gibt es für Micro FourThirds eine ganze Reihe formidabler Festbrennweiten.

Lumix G Fisheye 8 mm f/3,5

Das Lumix 8 mm Fisheye ist geradezu winzig, bietet aber eine sehr gute Abbildungsleistung. Es besitzt keinen internen Stabilisator.

Lumix G Fisheye 8 mm f/3,5.

OBJEKTIVDATEN	
Objektivtyp	Fisheye
Lichtstärke	1:3,5
Naheinstellgrenze	10 cm
Gewicht	165 g

M.Zuiko ED 12 mm f/2,0

Das Weitwinkelobjektiv besitzt ein Vollmetallgehäuse und als besonderen Gag einen manuellen Fokusring, der einfach in Richtung Kamera gezogen wird, um manuell zu fokussieren – inklusive Schärfentiefeskala. Schiebt man ihn wieder zurück, funktioniert der Autofokus sofort wieder. Dabei merkt sich der manuelle Fokus seine vorherige Position, sodass Sie jederzeit wieder auf die manuelle Fokuseinstellung zugreifen können. Umgekehrt geht das allerdings nicht, denn nach dem Zurückstellen des Fokusrings wird nicht die vorherige AF-Stellung wiederhergestellt.

Das Objektiv ist sehr scharf, farb- und kontraststark. Leider hat es eine starke Tonnenverzerrung, die digital korrigiert wird. Durch die Korrektur verliert das Objektiv vor allem an den Rändern die vorher klar definierten Linien, es ist deshalb für Architektur eher nicht brauchbar. Für Schnappschüsse, Street-, Landschafts- und Personenfotografie ist es jedoch sehr gut geeignet. Wenn man einen RAW-Konverter nimmt, der keine Objektivkorrektur durchführt, erhält man brillante Bilder.

OBJEKTIVDATEN	
Objektivtyp	Ultraweitwinkel
Lichtstärke	1:2,0
Naheinstellgrenze	20 cm
Gewicht	130 g

Lumix G 14 mm f/2,5 Pancake

Ein ultraleichtes Pancake mit sehr guter Schärfeleistung in der Mitte und leichtem Schärfeverlust an den Bildrändern. Das Pancake besitzt keinen eingebauten Bildstabilisator.

Lumix G 14 mm f/2,5 Pancake.

AUFNAHMEDATEN	
Brennweite	8 mm
Blende	f/7,1
Belichtung	1/320 s
ISO	100

KAPITEL 7
OBJEKTIVE FÜR DIE PEN

OBJEKTIVDATEN	
Objektivtyp	Ultraweitwinkel
Lichtstärke	1:2,5
Naheinstellgrenze	46 cm
Gewicht	55 g

M.Zuiko 17 mm f/2,8 Pancake

Das 17er-Pancake war das erste Pancake für Micro FourThirds. Es wird vor allem in der Streetfotografie eingesetzt. Die Abbildungsqualität ist in Ordnung, ohne in irgendeiner Weise positiv oder negativ aufzufallen. Da weder die Lichtstärke noch der Bildwinkel außerordentlich ist, wird es vor allem dann eingesetzt, wenn es darum geht, sehr klein und leicht und trotzdem universell unterwegs zu sein.

M.Zuiko 17 mm f/2,8 Pancake.

Oben: Durch die Kamerahaltung nach unten wird der Horizont stark gekrümmt. Wird das Fisheye gerade gehalten, kann man in den Bergen den Effekt fast nicht feststellen.

Mitte: Das neue Olympus-M.Zuiko-12-mm-Weitwinkelobjektiv mit der optional erhältlichen Sonnenblende an der E-P3.

Unten: Die Beleuchtung in der Ein-Öre-Kirche in Gällivare, Nordschweden, wird nur mit Kerzen realisiert – oder gar nicht. Mit einem lichtstarken Weitwinkel wie dem 12 mm sind solche Aufnahmen aber aus der Hand machbar. Direkt hinter den Kerzen ist kein Stativ aufzustellen.

AUFNAHMEDATEN	
Brennweite	12 mm
Blende	f/2,0
Belichtung	1/50 s
ISO	800

OBJEKTIVDATEN	
Objektivtyp	Weitwinkel
Lichtstärke	1:2,8
Naheinstellgrenze	20 cm
Gewicht	71 g

Lumix G 20 mm f/1,7 Pancake.

Lumix G 20 mm f/1,7 Pancake

Das 20er-Pancake von Panasonic war das erste wirklich lichtstarke Objektiv für das Micro-FourThirds-Format. Es ist immer noch außerordentlich beliebt und vielseitig einsetzbar. Ein Problem des Pancake ist die starke Kontrastkorrektur. Um trotz hoher Lichtstärke und kompakter Bauweise eine knackige, gefällige Abbildung zu erzielen, wurde das Objektiv auf Kontrast optimiert, was auf Kosten der übertragbaren Dynamik ging. Man muss also bei diesem Objektiv sehr aufpassen, dass die Spitzlichter nicht ausbrennen, und im Zweifelsfall besser etwas unterbelichten. Besonders bei Video sollte man die Belichtung sehr genau vorher kontrollieren und genügend Luft in den Lichtern einkalkulieren. Der Autofokus des 20ers ist eher gemütlich und nicht lautlos.

OBJEKTIVDATEN	
Objektivtyp	Weitwinkel
Lichtstärke	1:1,7
Naheinstellgrenze	20 cm
Gewicht	100 g

Leica DG Summilux 25 mm f/1,4

Das Leica Summilux 25 mm ist das erste klassische, lichtstarke Normalobjektiv mit Autofokus für Micro FourThirds. Die mitgelieferte rechteckige Sonnenblende kann nicht in Transportstellung montiert werden, sondern muss entweder auf dem Objektiv verbleiben oder unterwegs extra transportiert werden. Bei Offenblende ist das Objektiv anfällig für chromatische Aberrationen, und die Schärfe lässt gegen die Ränder nach. Abgeblendet auf mindestens 2,8, ist es sehr gut. Auch dieses Objektiv ist auf Kontrast optimiert und reagiert etwas empfindlich auf Spitzlichter.

Die Band Uriah Heep direkt aus dem Fotografengraben aufgenommen. Hier kann das Panasonic Pancake Lumix G 20 mm f/1,7 seine Stärken voll ausspielen.

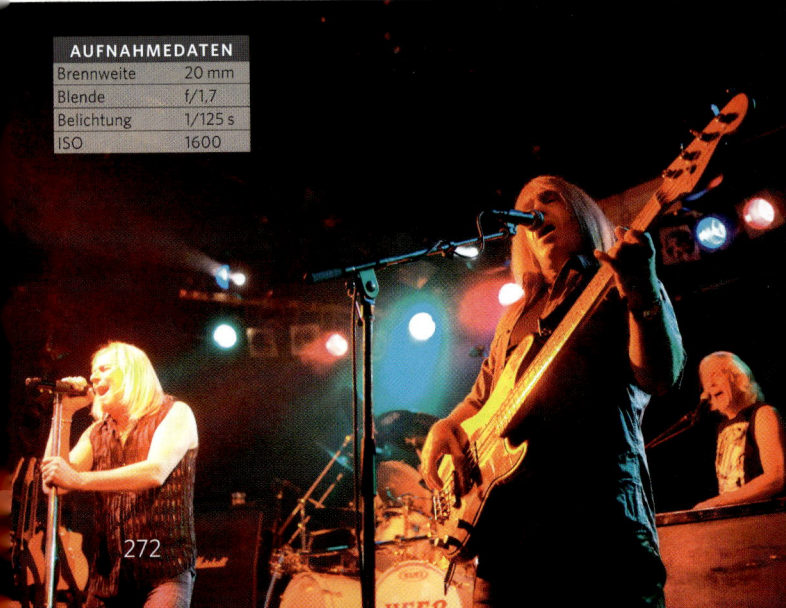

AUFNAHMEDATEN	
Brennweite	20 mm
Blende	f/1,7
Belichtung	1/125 s
ISO	1600

Leica DG Summilux 25 mm f/1,4.

KAPITEL 7
OBJEKTIVE FÜR DIE PEN

OBJEKTIVDATEN	
Objektivtyp	Normal
Lichtstärke	1:1,4
Naheinstellgrenze	30 cm
Gewicht	200 g

Voigtländer Nokton 25 mm f/0,95

Das Nokton 25 mm ist das, was man eine „Killer-Applikation" nennt. Es gibt Fotografen, die sich nur wegen dieses Objektivs eine PEN gekauft haben. Das Objektiv ist anscheinend aus dem Vollen gefräst, der manuelle Fokus ist problemlos, und die Bildqualität ist einfach nur fabelhaft. In den ersten Monaten wurde das Objektiv nicht verkauft, sondern zugeteilt. Die zehn Blendenlamellen geben zudem ein unglaubliches Bokeh. Die Streulichtblende besitzt ein weiteres Filtergewinde mit 67 mm. Obwohl der Hersteller davon abrät, dort einen Filter zu montieren, konnten bei Versuchen keine Vignettierungen festgestellt werden.

OBJEKTIVDATEN	
Objektivtyp	Normal
Lichtstärke	1:0,95
Naheinstellgrenze	17 cm
Gewicht	410 g

Rechts die mitgelieferte Streulichtblende aus Metall.

AUFNAHMEDATEN	
Brennweite	25 mm
Blende	f/2,0
Belichtung	1/1250 s
ISO	800

Ausschnitt aus dem Narrenschiff in Nürnberg. Dieses Bild wurde nicht in Schwarz-Weiß umgewandelt, es ist ein Farbbild – die Skulptur ist tatsächlich so grau.

M.Zuiko 45 mm f/1,8

Das M.Zuiko 45 mm ist ein ausgesprochen interessantes Objektiv für einen vergleichsweise sehr moderaten Preis. Die fantastischen optischen Eigenschaften sind nur durch die beiden E-HR-Linsen möglich, die aus der Mikroskopsparte von Olympus kommen. Das Objektiv ist schon bei Offenblende außerordentlich scharf und hochauflösend und leistet sich allerhöchstens leichte chromatische Aberrationen an harten Kontrastkanten. Der Autofokus ist extrem schnell und treffsicher. Einziger Nachteil ist die vergleichsweise große Naheinstellgrenze von 50 Zentimetern. Bei Porträts muss man aufgrund der dünnen Schärfentiefe mit Sorgfalt arbeiten. Das 45er besitzt das Zubehörbajonett für die Konverter. Ein absolut notwendiges Zubehör ist die Streulichtblende LH-40B. Aufgrund der kurzen Bauweise und der großen Öffnung ist das Objektiv sehr seitenlichtempfindlich.

Interessant am 45er ist die Tatsache, dass es im Normalfall immer auf f/2,8 abgeblendet ist. Wird aber mit f/1,8 fotografiert, öffnet die Blende für den Autofokus, schließt

Größenvergleich: rechts das Zuiko 50 mm f/2,0 Makro und rechts das M.Zuiko 45 mm f/1,8.

Schwierig war bei diesem Porträt die Schärfe des Auges hinter dem Schleier.

danach wieder und öffnet dann zum Auslösen. Das sieht von vorne witzig aus und irritiert bisweilen die zu porträtierenden Personen. Mit der Streulichtblende fällt das allerdings weniger auf. Hintergrund dieses Verhaltens ist der Schutz des Sensors bei Gegenlicht. Durch die lange Brennweite und die hohe Schärfe könnte der Sensor Schaden nehmen, wenn die Kamera beispielsweise ungeschickt abgelegt wird oder auch absichtlich in die Sonne gehalten wird. Wird es dunkler, macht das Objektiv automatisch auch in Ruhestellung weiter auf.

OBJEKTIVDATEN	
Objektivtyp	Porträt
Lichtstärke	1:1,8
Naheinstellgrenze	50 cm
Gewicht	116 g

Leica DG Macro-Elmarit 45 mm f/2,8

Das 45er-Makro wurde von Leica gerechnet und von Panasonic gefertigt. Sein anfänglich hervorragender Ruf litt sehr stark durch eine extrem schwankende Fertigungsqualität trotz des ambitionierten Preises. Das Objektiv muss auch bei Offenblende scharf bis in die Ecken abbilden, tut es das nicht, sollte man es zur Reparatur einschicken. Ein gut justiertes Macro-Elmarit liefert hervorragende Ergebnisse.

OBJEKTIVDATEN	
Objektivtyp	Makro
Lichtstärke	1:2,8
Naheinstellgrenze	15 cm
Gewicht	225 g

AUFNAHMEDATEN	
Brennweite	45 mm
Blende	f/1,8
Belichtung	1/800 s
ISO	200

KAPITEL 7
OBJEKTIVE FÜR DIE PEN

Leica DG Macro-Elmarit 45 mm f/2,8.

Lumix G 12,5 mm 3D
Panasonic hat für Micro FourThirds eine 12,5-mm-3-D-Linse mit einer festen Blende von f/12 gebaut. Leider funktioniert diese nicht an Olympus-Kameras.

Vollmechanische Fremdobjektive

Mittlerweile stellen sehr, sehr viele Objektivschmieden Produkte für Micro FourThirds her. Der entsprechende Überblick ist schwer zu behalten, die Menge von Spezial- und Sonderkonstruktionen ist fast unüberschaubar. Objektive für Filme werden übrigens nicht mit der „F"-Blende bezeichnet, sondern mit der „T"-Blende. Die T-Blende beschreibt die tatsächliche Lichtstärke und nicht das blanke Öffnungsverhältnis. Bei einem realen Objektiv verursacht das verbaute Glas natürlich einen Lichtverlust, sodass Blende 2 bei unterschiedlichen Objektiven auch unterschiedlich viel Licht durchlässt. Beim M.Zuiko 75-300 macht das gegenüber dem

VOLLMECHANISCHE FREMDOBJEKTIVE				
Hersteller	Bezeichnung	Brennweite	Lichtstärke	Bemerkung
SLR MAGIC	Noktor	50 mm	0,95	Umgearbeitetes Navitar, nicht billig, mit teils unbefriedigender Schärfe.
SLR MAGIC		35 mm	1,7	Keine Blendenrastpunkte. Maximale Blende 16. Die Schärfe liegt bisweilen etwas überraschend, da das Objektiv eine starke Bildfeldwölbung besitzt. Eher für kreative Spezialeffekte.
SLR MAGIC	Noktor	12 mm	1,4	Weitwinkel mit Makromodus. Vergleichsweise schwer mit ungewöhnlichem Äußeren. Rein manuell zu fokussieren, Blende mit zwölf Segmenten, angegeben ist die T-Blende: 1,6. Hat bei Offenblende Lens Flares. Verzeichnet etwas und ist bei Offenblende weich, wird erst ab Blende 2,8 scharf. Vorteil gegenüber dem M.Zuiko 12 mm: die geringere Naheinstellgrenze und, vor allem für Video, die deutlich schnellere Blende.
SLR MAGIC	Toy Lens	26 mm	1,4	Das Objektiv vignettiert, außer in der Bildmitte ist so gut wie nichts scharf – und auch dort nicht wirklich. Dafür gibt es bunte Dekoringe zum Austauschen.
SLR MAGIC		11 mm	1,4	Extreme Vignette, natürlich starke Tonnenverzerrung.
SLR MAGIC	Spotting-Scope	420 mm-1.260 mm		Ein Fernrohr mit MFT-Anschluss. Gummierte Hülle für Wetterschutz. Bei Redaktionsschluss noch nicht auf dem Markt.

VOLLMECHANISCHE FREMDOBJEKTIVE

Hersteller	Bezeichnung	Brennweite	Lichtstärke	Bemerkung
Kowa		500 mm	5,6	Kowa stellt eine **Hauptlinse** und verschiedene Adapter für verschiedene Bajonette her. Mit TX10 hat das Objektiv 500 mm und f/5,6, mit TX07 350 mm mit f/4,0 und mit TX17 850 mm mit f/9,6. Sehr hochwertiges Objektiv, mit TX17 fast 40 cm lang und 2,2 kg schwer.
Sigma		30 mm	2,8	Dieses Objektiv war zur Drucklegung des Buchs noch nicht verfügbar.
Lensbaby	Tilt Transformer mit Composer	50 mm	2,0	Den Composer gibt es nur für FT, in Kombination mit dem Tilt-Transformer kann es auch direkt auf MFT gesetzt werden. Wird der Composer abgenommen, können Nikon-Objektive aufgesetzt werden.
Zeiss	Compact Prime	18 mm	T3,6	Kinoobjektiv, vollmechanisch ohne Blendenrastung und mit Zahnkranz für Fokuszieher. Auch wenn die Objektive etwas unhandlich und teuer sind, die Abbildungsqualität ist auch bei einer Verwendung als Fotoobjektiv tadellos.
Zeiss	Compact Prime	21 mm	T2,9	s.o.
Zeiss	Compact Prime	25 mm	T2,9	s.o.
Zeiss	Compact Prime	28 mm	T2,1	s.o.
Zeiss	Compact Prime	35 mm	T2,1	s.o.
Zeiss	Compact Prime	50 mm	T2,1	s.o.
Zeiss	Compact Prime	85 mm	T2,1	s.o.
Zeiss	Compact Prime	100 mm	T2,1	s.o.
Zeiss	Compact Prime Macro	50 mm	T2,1	s.o.
Zeiss	Lightweight Zoom LWZ.2	15,5–45 mm	T2,6	Das Zoom ist mit 2 kg nicht unbedingt leicht und mit etwa 20.000 Euro auch vermutlich das teuerste Objektiv für MFT. Es ist eine parfokale Linse für den Kinoeinsatz.

Lumix 100-300 mm immerhin 1/3 Blende aus. Eine T-Blendenzahl ist deshalb immer höher als eine F-Blendenzahl.

Die Liste erhebt keinen Anspruch auf Vollständigkeit.

Eine Zeiss Compact Prime an einer EPL2. Das große Gehäuse dient vor allem dazu, die sehr genaue Mechanik zur Blenden- und Fokusverstellung unterzubringen.

Konverter und Adapter

Für die neuen Objektive mit Frontbajonett gibt es mehrere Konverter, die für den gelegentlichen Gebrauch eine Alternative zu eigenen Objektiven sind.

KONVERTER	
Bezeichnung	**Beschreibung**
FCON-P01	Ein unkorrigierter Weitwinkel-Fisheye-Konverter mit einem Bildwinkel von diagonal 120 Grad. Dieser wird mit dem M.Zuiko 14-42 mm bei 14 mm Brennweite erreicht. Wenn Sie das unkorrigierte RAW verwenden, erreichen Sie einen noch deutlich größeren Bildwinkel und auch einen besseren Fisheye-Effekt, da die Kamera beim JPEG die Tonnenverzerrung des 14-42 mm herausrechnet.
WCON-P01	Ein auskorrigierter Weitwinkeladapter, der mit dem 14-42 mm am kurzen Ende 11 mm Brennweite erreicht. Die Bildqualität ist absolut brauchbar.
MCON-P01	Eine einlinsige Makrovorsatzlinse, die an jedes Objektiv mit Frontbajonett passt. Im Lieferumfang ist der Makroadapter MA-P01 enthalten, der für die Befestigung der Linse benötigt wird. Die Vergrößerung steigt um den Faktor 1,7. Der mit einer Kunststofflinse ausgerüstete Konverter ist eher etwas für den gelegentlichen Gebrauch ohne größere Ansprüche an die Bildqualität.

Aus der RAW-Aufnahme entwickelt, deshalb ohne Korrektur und mehr als 120 Grad Bildwinkel – hier im Weinarchiv des Palais Coburg in Wien.

AUFNAHMEDATEN	
Brennweite	14 mm
Blende	f/3,5
Belichtung	1/8 s
ISO	1600

ADAPTER		
Hersteller	Typ	Bajonett
Olympus	MMF-1	FF
Olympus	MMF-2 (leichtere Ausführung des MMF-1)	FT
Olympus	MF-2	OM
Panasonic	DMW-MA1 (baugleich mit MMF-1)	FT
Panasonic	DMW-MA2M	Leica M
Panasonic	DMW-MA3R	Leica R
Voigtländer	VM Micro FourThirds Adapter	Voigtländer VM, Zeiss ZM
Voigtländer	F Micro FourThirds Adapter	Voigtländer Ai-S, Zeiss ZF
Voigtländer	K Micro FourThirds Adapter	Voigtländer PK-A/R, KA, Zeiss ZK
Lensbaby	Tilt Transformer	Nikon F

Montiert mit einem Zuiko 12-60 mm f/2,8-40 und einem EC14-Telekonverter an einer E-PL1.

MFT ist das Bajonett, an das mit weitem Abstand die meisten Objektive adaptiert werden können. Sowohl Panasonic als auch Olympus bieten eigene Adapter an. Der Autofokus funktioniert allerdings lediglich mit den FT-Adaptern.

OM-Adapter MF-2.

Wenn man mit dem Adapter MMF-1 und einem schweren FT-Objektiv nicht das gesamte Gewicht auf dem Stativgewinde der PEN lasten lassen will, gibt es die Möglichkeit einer Eigenbaulösung mit der Stativschelle eines Canon EF 70-200 mm f/4 L IS. Mit zwei kleinen Korkstückchen wird der Abstand der Schelle zur Objektiventriegelung gewahrt.

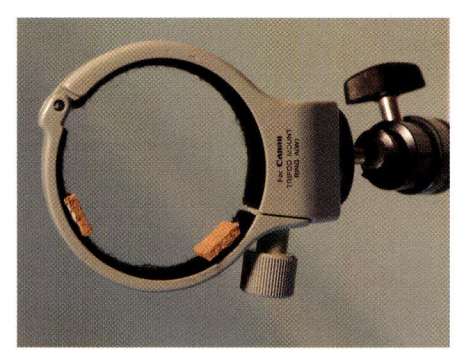

Lage der beiden Korkplättchen in der Stativschelle.

Seit der E-P3 hat sich übrigens die Ansteuerung der adaptierten FT-Optiken geändert. Das merkt man unter anderem daran, dass FT-Optiken beim Zoomen auf einmal Klickgeräusche von sich geben. Diese stammen von Kalibrierungsvorgängen innerhalb der

Optik, die den Kontrast-AF beschleunigen. Diese Geräusche hört man vor allem bei Objektiven, die den Kontrast-AF nicht unterstützen.

Weitere Adapter bieten Novoflex und Travor an:

KAMERA-SYSTEM	NOVOFLEX	TRAVOR
OM	X	X
Leica M	X	X
Leica R	X	X
L (M39)		X
Nikon F	Z	X
Pentax K	Z	X
Pentax 6x7	X	
Minolta MD/MC	X	
Canon FD	X	X
Canon EOS EF		X
Nikon G	Z	
Contax/Yashica	X	X
M42	X	X
Sony/Minolta AF	Z	
T2	X	
Exakta 66	X	
Hasselblad	X	
Mamiya 645	X	

Z = eingebaute Abblendfunktion im Adapter

Diese Liste ist nicht vollständig, es gibt von chinesischen Herstellern unüberschaubare Mengen von Adaptern. Ein chinesischer Anbieter (Orchidspace) vertreibt auch C-Mount-Adapter für 16-mm-Filmobjektive.

Einige dieser Objektive liefern einen 22-mm-Bildkreis und sind damit an FT verwendbar. Für Furore sorgt hier besonders das Navitar 50 mm f/0,95, das auch unter den Namen Yakumo, Senko oder Noktor vertrieben wird. Adriano Lolli aus Montorio al Vomano in Italien bietet einen Tilt-Adapter für Micro FourThirds an, an dem man manuelle Objektive von Nikon, Pentax, Conta, Leica-R, Contarex und Olympus OM sowie M42 anschließen kann. Mit ca. 150 Euro ist dieser Adapter sogar vergleichsweise preiswert. Lolli bietet ebenfalls einen C-Mount-Adapter an.

Ausgesuchte FT-Objektive

Die Objektive der Olympus-Standard-Linie werden oft in Spiegelreflex-Kits mit der Kamera mitgeliefert und sind in diesem Fall unschlagbar günstig. Sie gelten als die besten Kit-Objektive am Markt und leisten sich keine gravierenden Schwächen. Aufgrund der geringen Lichtstärke sind sie, außer bei den beiden Festbrennweiten 25 mm und 35 mm Makro, nicht für Telekonverter geeignet. Sie sind deutlich leichter als die entsprechenden Objektive der Pro-Serie. Einige Objektive sind für den Kontrastautofokus der Spiegelreflexkameras besonders geeignet – an der PEN bedeutet das, dass der Autofokus etwas flotter ist.

Die Objektive der Olympus-Pro-Linie zeichnen sich nicht nur durch eine höhere Lichtstärke gegenüber der Standard-Linie aus, sondern auch durch eine Abdichtung der Objektive gegen das Eindringen von Staub und Wasser. Dies bedeutet, Staubwolken und Gewitterregen können den Objektiven nichts anhaben. Es bedeutet jedoch nicht, dass die Objektive wasserdicht sind. Zoomobjektive können nicht wasserdicht sein, da sie im Inneren ein Luftvolumen enthalten,

KAPITEL 7
OBJEKTIVE FÜR DIE PEN

NICHT ADAPTIERBARE OBJEKTIVE

Nicht alle Objektive können adaptiert werden, selbst wenn ein passender Adapter vorhanden ist. Teilweise würden die Objektive zu weit in das Kameragehäuse hineinragen, sodass der Sensor beschädigt würde. Nicht adaptierbar sind beispielsweise die Leica Summilux-M 21 f/1,4 und 24 mm f/1,4 mit dem M-Bajonett. Für die Adapter gibt es von den Herstellern Kompatibilitätslisten, die man vorher zurate ziehen sollte.

FT-OBJEKTIVE AN DER PEN

Prinzipiell kann man alle FourThirds-Objektive über einen der passenden Adapter an eine PEN adaptieren. Man hat dabei bei den größeren Objektiven ein gewisses Handling-Problem, weil man die Kombination meistens am Objektiv und nicht an der Kamera hält, und bei langen Brennweiten erfordert der Autofokus etwas Erfahrung. Trotz der mittlerweile umfangreichen MFT-Objektivliste gibt es nach wie vor Objektive, die es nur als FT-Versionen gibt, es kann also rentabel sein, einen entsprechenden Adapter zuzulegen.

das beim Zoomvorgang größer oder kleiner wird. Die Objektive entlüften deshalb normalerweise ins Kameragehäuse – sie haben also bereits einen eingebauten Blasebalg – und bei der PEN von dort über Kartenfach, USB-Anschluss und das Moduswahlrad nach draußen.

Die Pro-Optiken sind durchweg ausgezeichnet. Doch auch die allerbesten Optiken können immer nur ein Kompromiss sein. Fast alle Objektive haben deshalb die eine oder andere kleine Schwäche, die Betonung liegt jedoch auf „klein". Obwohl diese Schwächen im täglichen Gebrauch kaum auffallen, werden sie dennoch in der Kurzbeschreibung erwähnt. An der PEN wirken fast alle Pro-Optiken überdimensioniert. Aufgrund ihrer Lichtstärke bieten sie aber in vielen Situationen mehr Reserven und auch kreative Möglichkeiten, die bei den MFT-Zooms nicht gegeben sind.

E-PL3 mit adaptiertem Zuiko 70-300 mm. Die Kombination ist deutlich langsamer und unhandlicher als mit dem MFT-75-300.

Zuiko 35 mm f/3,5 Makro

Ein kleines und leichtes Makroobjektiv mit 1:1-Vergrößerung und sehr guter Abbildungsqualität. Ein Makroobjektiv unterscheidet sich von einem normalen Objektiv durch eine geringe Naheinstellgrenze und eine Vergrößerung des Bildes. Die Vergrößerung wird dadurch erreicht, dass das Objektiv, genauer die Hauptebene des Objektivs, bei gleicher Brennweite und gleichem Bildwinkel gegenüber einem Normalobjektiv einen größeren Abstand zum Sensor (Bildebene) aufweist. Damit wächst der freie Arbeitsabstand zwischen Frontlinse und Motiv. Manche Makroobjektive haben noch besonders eng schließbare Blenden, um die Schärfentiefe im Makrobereich zu erhöhen.

OBJEKTIVDATEN	
Objektivtyp	Makro
Lichtstärke	1:3,5
Naheinstellgrenze	14,6 cm
Gewicht	165 g

Zuiko Digital 35 mm f/3,5 Makro.

Zuiko 11-22 mm f/2,8-3,5

Das 11-22 ist in Randbereichen anfällig für chromatische Aberration. Bei 11 mm Brennweite kann es zu einer leichten tonnenförmigen Verzeichnung kommen. Sehr gute Reportageoptik, da 22 mm für FourThirds eigentlich eine Normalbrennweite sind.

OBJEKTIVDATEN	
Objektivtyp	Reportage
Lichtstärke	1:2,8-3,5
Naheinstellgrenze	28 cm
Gewicht	485 g

Zuiko Digital 11-22 mm f/2,8-3,5.

Zuiko Digital ED 50 mm f/2,0 Makro an E-PM1, voll ausgefahren.

Zuiko 50 mm f/2,0 Makro

Das 50 mm Makro gilt als eines der schärfsten Objektive, die derzeit am DSLR-Markt zu haben sind. Es ist voll offenblendentauglich und wird gern als Porträtlinse verwendet. Mit dem Zwischenring EX-25 ist eine 1:1-Vergrößerung möglich. Da der Tubus sehr weit ausfährt, ist der freie Arbeitsabstand bei gleichem Bildausschnitt wesentlich größer als bei einem 14-54 mit gleicher Brennweite. Im Vergleich zum Leica 45 mm Makro für MFT ist das Zuiko Makro eine Blende lichtstärker – wenn auch wesentlich lauter und langsamer beim Fokus.

OBJEKTIVDATEN	
Objektivtyp	Makro
Lichtstärke	1:2,0
Naheinstellgrenze	24 cm
Gewicht	300 g

Tilt- und Shift-Systeme

Tilten und Shiften sind Techniken, die aus dem Plattenkamerabereich kommen. Bei diesen Kameras waren Objektiv und Plattenträger nur durch einen Balgen verbunden. Dadurch konnte das Objektiv im Verhältnis zur Platte nahezu beliebig gekippt oder verschoben werden. Beim Shiften verschiebt man die optische Achse des Objektivs senkrecht zur optischen Achse der Kamera – oder um es anschaulicher zu machen: Man verschiebt das Objektiv vor der Kamera nach links oder rechts oben oder unten. Prinzipiell könnte man, mit dem gleichen Effekt, auch einen Schritt zur Seite machen. Manchmal geht das nicht, und dann ist das Shiften praktisch.

OLYMPUS-TOP-PRO-LINIE

Im Top-Pro-Segment finden sich höchstklassige Linsen, entweder sind sie extrem lichtstark oder bieten extreme Brennweiten. Die Preise liegen durchgängig im vierstelligen Bereich. Alle Optiken sind staub- und spritzwassergeschützt. Obwohl die Objektive sehr gut auch mit der PEN harmonieren, sind sie eher selten an der Kamera zu finden, auch weil die Kombination dann doch sehr vorlastig wird.

Objektiv shiften

Das Shiften eines Objektivs produziert eigentlich einen Abbildungsfehler, eine Verzerrung. Wodurch dieser Effekt zustande kommt, kann man nun theoretisch erklären – oder Sie nehmen einfach Ihre PEN und ein für das Kleinbild gerechnetes Weitwinkel zur Hand und probieren es selbst einmal aus. Schauen Sie aufs Display und bewegen Sie das Objektiv vor der Kamera einmal hin und her. Natürlich bekommen Sie Fehllicht, und sich gleichzeitig zu bewegen und zu fokussieren, ist schwierig – aber der Effekt ist durchaus anschaulich. Ein Kleinbildobjektiv müssen Sie etwa einen Fingerbreit vor das Bajonett der PEN halten.

Objektiv tilten

Den Effekt des Tiltens, bei dem das Objektiv zur Sensorebene so verschwenkt wird, dass die Scheimpflug-Regel erfüllt ist, gibt es allerdings nicht am Computer. Es gibt zwar bereits Programme, die aus Bildern mit unterschiedlichen Schärfeebenen ein komplett scharfes Bild errechnen (z. B. PhotoAcute Studio), aber es ist nicht möglich, eine Schärfeebene schräg durch ein Bild zu legen – außer natürlich durch sehr viel Handarbeit.

Ein Fotograf mit Rollbodenkamera am Platz des himmlischen Friedens in Peking. Wie man deutlich sieht, hat er die Objektivstandarte gegen den Film geshiftet – nach oben geschoben – und getiltet – nach vorne gekippt.

AUFNAHMEDATEN	
Brennweite	28 mm
Blende	f/8,0
Belichtung	1/200 s
ISO	800

SCHEIMPFLUG-REGEL

Die Scheimpflug-Regel, nach Theodor Scheimpflug (1865–1911), besagt, dass bei der fotografischen Abbildung die Bild-, Objektiv- und Objektebene entweder parallel zueinander liegen oder aber sich in einer gemeinsamen Schnittgeraden schneiden. Das klingt sehr kompliziert, besagt aber nichts anderes, als dass man ein hohes Gebäude nicht von unten bis oben scharf bekommt, wenn man es von schräg unten fotografiert, es sei denn, man kann Objektiv und Bildebene so trickreich verschwenken, dass sich alle drei Ebenen in einer Geraden schneiden. Z Zeiten der Plattenkameras waren auch die Plattenhalter kippbar, heutzutage sind die Kameras auf dem Stativ fest montiert, und die Objektive werden verschwenkt.

LENSBABY

Eine Mischung aus Tilt- und Shift-Objektiv ist das Lensbaby, das es in drei Versionen gibt – je nachdem, ob man wiederholbare Ergebnisse braucht oder buchstäblich jedes Bild ein Unikat wird.

ENTZERREN IN DER BILDBEARBEITUNG

Die Verzerrung, die das Shiften produziert, kann mittlerweile sehr einfach in der Bildbearbeitung nachempfunden werden. Allerdings verliert man beim Entzerren via Computer Auflösung, da man nicht den oberen Teil des Gebäudes auseinanderziehen kann, sondern den unteren Teil stauchen muss, um keine interpolierten Bildteile zu erhalten.

BALGENGERÄTE

Tilt-/Shift-Adapter gibt es auch als Balgengeräte, z. B. von Novoflex. Hier werden Objektiv und Kamera, über einen Balgen verbunden, auf einer Schiene montiert. Über Rändelschrauben kann dann sehr fein verschwenkt und verschoben werden. Für Freihandeinsatz im Gelände sind die Balgen aber weniger geeignet.

Ein Beispiel für den Einsatz eines Tilt-Objektivs ist etwa die Makroaufnahme einer Raupe von vorne. Mit einem Normalobjektiv ist lediglich der Raupenkopf scharf, mit Tilt-Objektiv kann die Schärfeebene auf die Oberfläche der Raupe gelegt werden. Der Effekt ist eine scheinbar riesige Schärfentiefe, eben weil das Motiv von vorne bis hinten scharf ist. Vor allem wenn es darum geht, den typischen Makro-Look zu vermeiden und die Illusion eines großen Gegenstands zu erzeugen, geht am Tilt-Adapter kein Weg vorbei.

Wagners Linsensuppe

Objektive sind heutzutage Hightechgerätschaften mit eingebauten Computern und aufwendigsten Herstellungsprozessen. Auch deshalb treten immer wieder Fragen im Zusammenhang mit dem Umgang mit Objektiven auf.

Schwergängiger Zoom?

Oft wird vor allem bei neuen Objektiven der Zuiko-Pro-Reihe bemängelt, dass der Zoom sehr schwergängig sei. Das liegt daran, dass die Gummis, die für die Abdichtung der Gehäuse zuständig sind, noch neu sind. Mit der Zeit werden die Objektive leichtgängiger, dann tritt das andere Extrem auf: das „Tubus-Spiel", bei dem der Tubus leicht wackelt, wenn man daran rüttelt. Dieses geringe Tubus-Spiel hat jedoch keine Auswirkungen auf die Bildqualität. Es wäre zwar möglich, die etwas gealterten Gummis auszutauschen, das würde aber nur bewirken, dass der Zoom wieder schwergängiger wäre.

Am Ende der Schärfeskala

Wenn Sie aus der analogen, mechanischen Fotografie kommen, kennen Sie vielleicht noch den „Scharfstelltrick". Man zoomt aufs Motiv, stellt per Hand scharf, zoomt dann wieder aus und drückt ab. Mit dieser Methode hatte man im Zoom eine eingebaute „Sucherlupe" und bekam die Schärfe auf den Punkt geliefert. Das funktioniert bei modernen Autofokuszooms nur noch in Ausnahmefällen. Die Eigenschaft, den Fokus beim Zoomen zu halten, wurde im Rahmen der technischen Entwicklung anderen optischen Merkmalen geopfert.

Auch die sehr praktische Möglichkeit, das Objektiv mit der Schärfeeinstellung „an den Anschlag" zu fahren und damit auf unendlich scharf zu stellen, ist mit der Einführung der schnellen AF-Motoren abgeschafft worden. Am Ende der Schärfeskala befindet sich nicht mehr „unendlich", sondern „unscharf". Dies hängt damit zusammen, dass der AF-Motor nicht direkt an den Anschlag fahren darf, weil er sonst mit der Zeit überlastet würde. Nachteil ist, dass Sie nicht, wie eigentlich logisch, für ein weit entferntes Objektiv einfach mal bis zum Anschlag drehen können, Sie müssen wirklich jedes Motiv eigens anmessen – oder eben mittels MF-Assistent per Hand scharf stellen.

Sorten von Objektivrückdeckeln

Es gibt von Olympus zwei Sorten Objektivrückdeckel, einmal den etwas größeren mit Bajonett, auf dem Olympus eingeprägt ist, und einmal ein Ding, das eher aussieht, als wäre es von irgendeiner Verpackung übrig geblieben. Letzteres wird als Objektivrückdeckel bei den neueren Kit-Optiken mitgeliefert. Falls Sie die Gelegenheit haben, ersetzen Sie diese Plastikteile durch die Olympus-Rückdeckel. Beziehen können Sie diese bei „ViaDaVinci Dialog" oder „Enjoyyourcamera", Letztere haben allerdings nur „kompatible" Deckel mit der Aufschrift „Micro".

Auch wenn es nicht so aussieht, beides sind Rückdeckel für das gleiche Bajonett.

Emittieren von Ultraschall

Ein Problem aller Optiken mit Ultraschallantrieb, ob nun der SWD von Zuiko oder der HSM von Sigma, ist das Emittieren von Ultraschall. Die dabei verwendeten Frequenzen werden von einigen Tieren wahrgenommen und als Fluchtreiz verarbeitet. Einige Vogelarten sind mit Ultraschallobjektiven wesentlich schwerer anzupeilen als mit normalen Fokusmotoren. Deutlich sichtbar ist das auch beim Fotografieren durch Aquariumscheiben. Viele Fische drehen sofort ab, wenn sie ein Ultraschallobjektiv hören, während sie bei einem Normalobjektiv ruhig bleiben.

Objektive richtig wechseln

Das Wechseln der Objektive ist eine Wissenschaft für sich. Solange man viel Zeit und viel Platz hat, ist das alles kein Problem: neues Objektiv bereitlegen, gegen „Vom-Tisch-Rollen" sichern, Rückdeckel abnehmen, altes Objektiv von Kamera nehmen, auf Tisch legen, gegen Bewegung sichern, neues Objektiv auf Kamera, Rückdeckel auf altes Objektiv – fertig.

Unterwegs ist das etwas schwieriger. Stellen Sie sicher, dass Sie ein Fach in der Fototasche frei haben, in das Sie das gerade abgenommene Objektiv hineinstecken können. Sorgen Sie dafür, dass Sie ein zweites Fach zur Verfügung haben, in das Sie Rückdeckel und Frontdeckel legen können. Es gibt genug Berichte von Fotografen, denen ein nicht gesichertes Objektiv davongerollt oder aus der ungesicherten Jackentasche gefallen ist. Wenn das im Gebirge oder in der Nacht unterwegs passiert, ist das gleichbedeutend mit Totalverlust.

Gleiches gilt für Objektivdeckel, Sonnenblenden, Speicherkarten und Ersatzakkus. Nichts davon ist ersatzweise für kleines Geld zu beschaffen: Ein simpler Objektivdeckel kostet ab 10 Euro, eine Gegenlichtblende zwischen 30 Euro für das 50-mm-Makro und 60 Euro für das 50-200 SWD.

Hängen Sie sich die Kamera beim Objektivwechsel um den Hals, dann haben Sie beide Hände frei, um die Objektivrückdeckel zu wechseln. Die Frontlinse wird in der Fototasche von der Gegenlichtblende geschützt, für die rückwärtige Linse und die Kontakte gibt es die Objektivrückdeckel.

Kontakte richtig reinigen

Fassen Sie die Kontakte der Objektive nicht mit bloßen Händen an. Handschweiß enthält Säuren, und an Ihren Fingern ist Hautfett. Wenn Sie damit über die Kontaktflächen reiben, wird die Kommunikation zwischen Objektiv und Kamera beeinträchtigt – und das betrifft zuallererst den Autofokus. Nachdem es aber fast nicht zu vermeiden ist, dass Sie beim Wechseln des Objektivs auch mal an die Kontaktflächen kommen, putzen Sie sowohl die Kontakte an der Kamera als auch die Kontakte am Objektiv alle zwei Monate mit reinem Alkohol, das Sie auf ein fusselfreies Baumwolltuch geben.

Der Trick mit dem Klick

Objektive sind eine recht komplizierte Angelegenheit und bedeuten eine ständige Suche nach dem besten Kompromiss. Vor allem Zoomobjektive sind optisch aufwendig. Früher war man bestrebt, Zoomobjektive mit konstanter Lichtstärke zu bauen, damit der Fotograf beim Zoomen nicht dauernd an der Belichtungszeit drehen musste. Ein nicht zu unterschätzender Aufwand, da sich ja normalerweise bei verdoppelter Brennweite die Lichtstärke halbierte. Man baute also eine veränderliche Blende ein, die dafür sorgte, dass auch bei kurzen Brennweiten die Lichtstärke gleich blieb.

Heutzutage ist das nicht mehr notwendig, da die Kameras die Blende auf Wunsch selbst steuern können und hohe Lichtstärke ein Verkaufsargument ist.

Trotzdem gibt es einen Grund, unter Umständen das Objektiv stärker abzublenden, als es konstruktiv möglich wäre, zum Beispiel um Vignettierungen und Unschärfen zu eliminieren. Doch man muss, Elektronik sei Dank, dazu heutzutage nicht mehr mechanisch veränderliche Blenden einbauen, sondern man legt einfach in der Firmware fest, welche Blende bei welcher Brennweite als Offenblende gilt. Auch Olympus macht das bei einigen seiner FT-Objektive.

Wenn Sie die höhere Lichtstärke nutzen wollen, müssen Sie einfach vor dem Auslösen und nach dem Fokussieren den Objektivwechselknopf am MMF-1 drücken. Beachten Sie aber, dass dann das Zuiko-Objektiv nicht mehr stabilisiert ist, dass es keine Randschattenkompensation mehr gibt und auch die Chromamaske nicht mehr exakt ist. Und natürlich, dass die optische Qualität bei offener Blende etwas leiden kann. Das 7-14 vignettiert bei f/2,8 sehr deutlich. Sie sollten also wissen, was Sie tun.

Dieser Trick funktioniert ausschließlich mit FT-Objektiven, die über den MMF-1-MFT-FT-Adapter oder das baugleiche Panasonic-Pendant angeschlossen sind. Wenn Sie bei einem MFT-Objektiv den Wechselknopf an der Kamera drücken, wird das Display dunkel. Eine Aufnahme ist dann nicht mehr möglich.

DIESE OBJEKTIVE SIND PER KLICK „AUFZUBLENDEN".

Objektiv	Lichtstärke angegeben	Lichtstärke real
14-54	2,8-3,5	2,4-3,2
50-200	2,8-3,5	2,6-3,2
14-45	3,5-5,6	2,8-5,6
12-60	2,8-4,0	2,4-3,8
7-14	4,0	2,8-4,0

FINGER WEG VON ISOPROPANOL

Verwenden Sie weder Brennspiritus noch Isopropanol, sondern 90 %igen reinen Alkohol aus der Apotheke. Isopropanol kann mit Luftsauerstoff Peroxide (Bleichmittel, z. B. Wasserstoffperoxid) bilden, Brennspiritus kann beim Verdunsten Rückstände hinterlassen und, wenn er mit Diethylphtalat oder/und MEK (2-Butanon) vergällt ist, auch Kunststoffe angreifen. Aus diesem Grund auch: Finger weg von Isopropanol bei der Sensorreinigung.

[8]
ZUBEHÖR FÜR DIE PEN

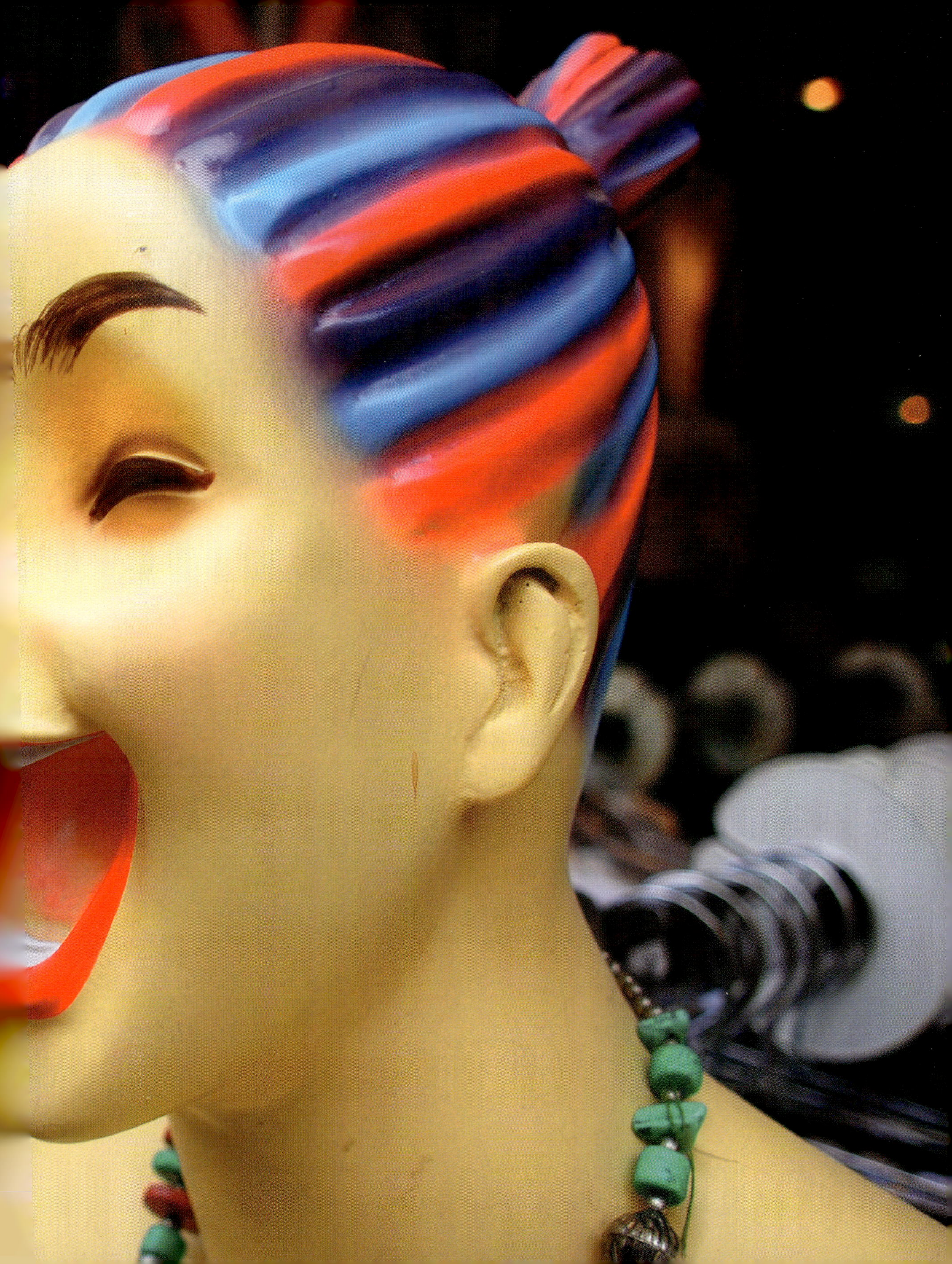

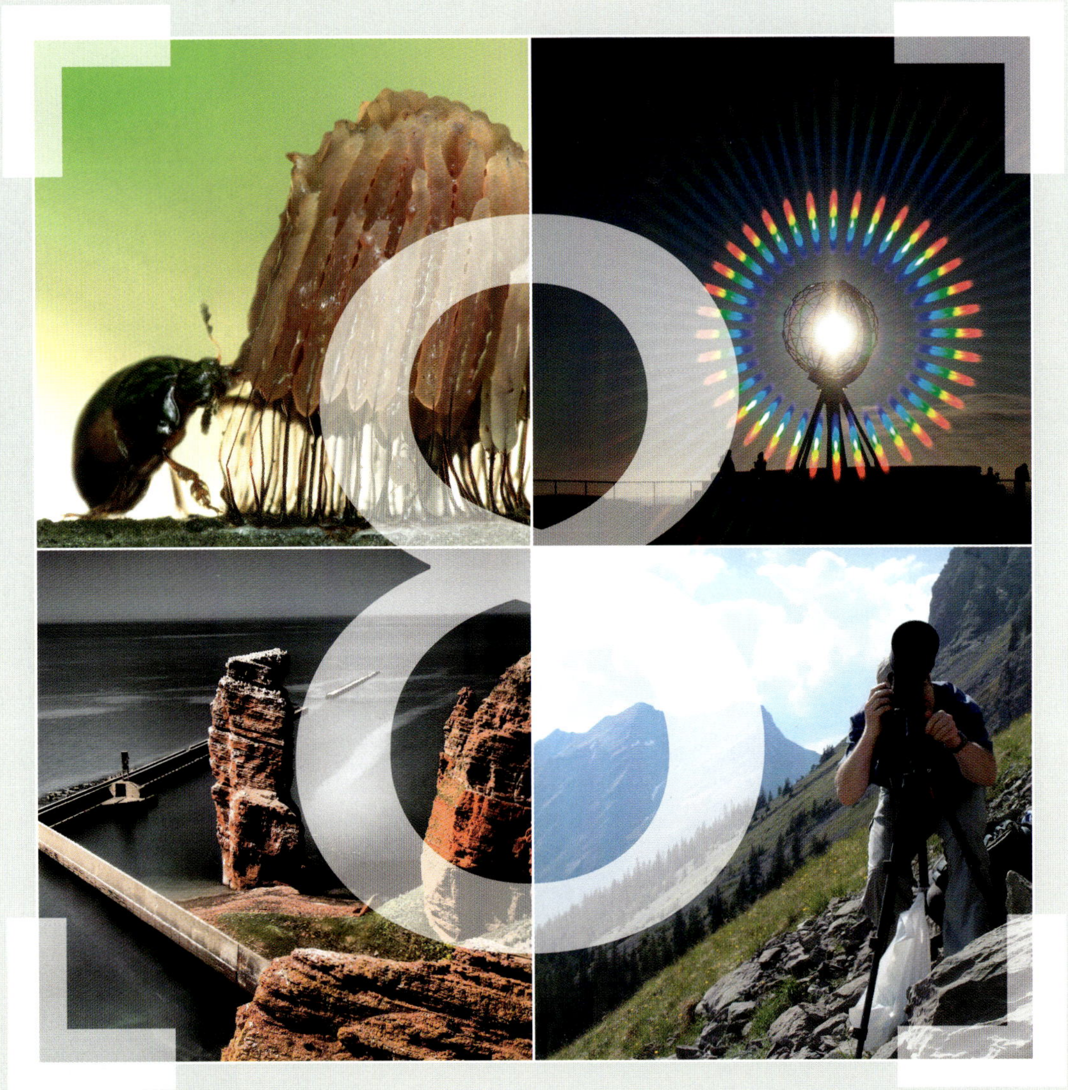

Zubehör für die PEN

291	**Das richtige Stativ**	304	**PEN auf dem Makroschlitten**
292	Stative Marke Eigenbau	305	**Kleine Dinge für die Fototasche**
292	Stativkopf: Kugel oder Neiger		
293	Panoramakopf und Panowinkel	306	**PEN und klimatische Extreme**
293	Multi-Row-Nodalpunktadapter	306	Kälte
294	**Bluetooth-Modul PENPAL**	306	Elektromagnetische Wechselfelder
		307	Hitze
294	**Makrolicht MAL-1**	307	Luftfeuchtigkeit
		307	Vorsicht Spritzwasser
294	**Das Mikrofon SEMA-1**	308	Tiefgefrorene PEN auftauen
295	**Kabelauslöser an der PEN**	308	**Reinigen der Kamera**
295	**Streitpunkt Vorsatzfilter**	310	**Reinigen des Sensors**
295	UV-Filter		
296	IR-Filter	312	**Nässe in der Kamera**
297	Lens Flare	313	**Reinigen der Optiken**
298	Polfilter		
299	Graufilter		
301	Grauverlaufsfilter		
303	Effektfilter		

Der Adapter auf dieser PEN heißt EMA-1. Zusammen mit dem Stereomikrofon wird er zum SEMA-1. Im Lieferumfang sind noch eine Klinkenverlängerung und eine Kragenklammer für das Mikrofon enthalten.

8 Zubehör für die PEN

Olympus bietet für seine Kameras eine ganze Palette an Zubehör an. Hinzu kommt eine schier unüberschaubare Auswahl an Zusatzausrüstung von Fremdherstellern. Ob diese zusätzliche Ausstattung sinnvoll oder sogar notwendig ist, weiß man leider oft erst, wenn man vor einer überraschenden neuen Motivsituation steht. Am leichtesten dürfte da noch die Entscheidung für ein Stativ fallen. Beginnen wir also das Kapitel mit der Vorstellung geeigneter Stative für die PEN.

Das richtige Stativ

■ Die PEN besitzt einen eingebauten Bildstabilisator. Viele Bilder sind trotzdem ohne ein stabiles Stativ nicht zu verwirklichen. Berücksichtigen Sie bei der Anschaffung des Stativs, dass es dafür gedacht ist, Ihre Kamera ruhig zu halten. Ein Stativ sollten Sie dabeihaben, damit es vor Ort seinen Zweck erfüllen kann, also sollte es tragbar sein. Wenn Sie ein Stativ kaufen wollen, besuchen Sie am besten den Fachhändler Ihres Vertrauens mit Ihrer Kamera und dem schwersten Objektiv, das Sie verwenden wollen. Bauen Sie das Stativ auf, schrauben Sie die Kamera darauf und beginnen Sie damit, durch den Sucher zu schauen und an der Kamera herumzuwackeln.

Wenn Sie sich bücken müssen, um in den Sucher zu schauen, setzen Sie entweder der PEN den VF-2 oder VF-3 auf, oder Sie kaufen ein höheres Stativ. Wackelt die ausgezogene Mittelstütze merklich, wird sie das unterwegs ebenfalls tun. Viele billige Stative haben eine kurbelbare Mittelstütze. Stellen Sie sich vor, Sie wollen vor Ort Ihr Stativ aufbauen. Die Füße auszuklappen, liegt noch im zeitlichen Rahmen, aber dann fangen Sie mit dem Kurbeln an. Bleibt nur zu hoffen, dass Ihr Motiv sich derweil nicht eine andere Gegend sucht.

Lassen Sie sich nicht von einem Stativ beeindrucken, solange noch kein Kopf und keine Kamera daran befestigt ist. Ein Stativ soll nicht nur sich selbst stabilisieren, sondern auch Ihre Kamera. Untersuchen Sie die Klemmungen der Beine und die Stativfüße. Wenn da irgendetwas wackelt oder sich zu leicht löst, lassen Sie die Finger davon. Vor allem die Gummipuffer der Füße sind verlustgefährdet. Stative sind kein Verbrauchsmaterial. Ein gutes Stativ ist eine Anschaffung für die nächsten 20 Jahre. Hier zu sparen, bedeutet, an der falschen Stelle zu sparen. Bei der Stativauswahl sollten Sie vor allem auf die Funktion achten, weniger auf das Material. Ob nun aus Karbon, Holz, Stahl oder Aluminium: Sie müssen stabil und tragbar sein. Sehr leichte Stative benötigen noch eine Vorrichtung, um ein Gewicht daran zu befestigen.

Die meisten Stative, die über den Ladentisch gehen, sind aus Aluminium. Damit aber eine vernünftige Stabilität vorhanden ist, braucht es bei einem Alustativ schon recht dicke Rohre. Eine oft unterschätzte Alternative sind hochwertige Holzstative. Sie sind leicht und stabil und vor allem bei strengem Frost deutlich angenehmer anzufassen als die eisigen Metallstative.

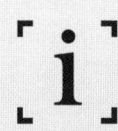

HERSTELLER GUTER STATIVE

Im Einsteigerbereich tummeln sich Walimex, Dörr und Cullmann, dann kommt Manfrotto mit einer extrem weit gesteckten Palette, darüber schließlich Gitzo, mittlerweile eine Manfrotto-Tochter, mit sehr hochwertigen Stativen. Bei den Holzstativen hat Berlebach einen ausgezeichneten Ruf. Die Stative made in Germany sind auch mit eingebautem Kugelkopf zu haben und preislich absolut eine Alternative. Benro stellt mittlerweile auch sehr brauchbare Stative her, Induro ist eine Tochter von Benro und vertreibt die Benro-Stative unter eigenem Namen. Im Leichtbausektor hat sich Velbon etabliert.

AUFNAHMEDATEN	
Brennweite	10,8 mm
Blende	f/4,5
Belichtung	1/1000 s
ISO	100

Benro-Stativ mit Plastiktüte als Beschwerung, als Füllung vor Ort gesammelte Steine.

Falls Sie ein leichtes Stativ bevorzugen und trotzdem in windiger Umgebung arbeiten wollen, können Sie Ihren Rucksack unter das Stativ hängen. Das gibt eine gute Standfestigkeit, Sie müssen nur darauf achten, dass der Rucksack nicht schwingt, sondern gut zwischen den drei Beinen eingekeilt ist. Flexibler und besser ist eine sehr viel billigere Lösung: eine stabile Plastiktüte, die Sie vor Ort mit Steinen füllen. Mehr Gewicht geht nicht, und mit einem Stückchen Schnur können Sie die Tüte so aufhängen, dass sie fest auf dem Boden aufliegt, aber trotzdem genug Gewicht ans Stativ bringt.

Neben den Dreibeinstativen gibt es auch Einbeine, die natürlich deutlich leichter sind und am besten mit eingeschaltetem Bildstabilisator benutzt werden. Einbeinstative dürfen auf keinen Fall zu klein sein, da sie bequem und ruhig vor dem Körper gehalten werden müssen. Sie sind für Langzeitbelichtungen unbrauchbar, können aber bei Belichtungszeiten unter einer Sekunde entscheidende Stabilität geben. Bei schwerem Equipment und langen Fototerminen kann man damit auch seine Armmuskeln entlasten.

Stative Marke Eigenbau

Ein Stativ, das fast umsonst ist, in jede Hosentasche passt und nur wenige Gramm wiegt, ist ein Schnurstativ. Sie benötigen dazu etwa vier Meter reckarme Schnur, also Schnur, die sich bei Zug nicht längt – gute Paketschnur etwa. Dazu brauchen Sie eine Schraube für das Stativgewinde. Nehmen Sie dazu auf keinen Fall eine Schraube aus der Grabbelkiste, sondern eine „echte" Stativschraube mit 1/4 Zoll und 12 oder 25 mm Länge, eventuell auch mit Rändel aus dem Fotozubehörhandel für um die 2 Euro.

Binden Sie die Schraube in die Mitte der Schnur. An beiden Enden der Schnur binden Sie feste Schlaufen. Nun befestigen Sie die Stativschraube am Stativgewinde der Kamera, steigen mit Ihren Füßen in je eine der Schlaufen und ziehen an. Wenn Sie sich jetzt etwas breitbeinig hinstellen, ist die Kamera besser stabilisiert als mit einem Einbein, da sie nur noch nach vorne oder hinten schwanken kann. Sind Ihnen die Schlaufen zu viel Gefummel, können Sie auch große Beilagscheiben an die Enden binden und einfach Ihre Füße darauf stellen oder, wenn Sie Bergschuhe haben, kleine Schlaufen binden und sie an den Schnürsenkelhaken einhängen.

Mit etwas mehr Aufwand verbunden ist ein Bohnensäckchen. Außer Bohnen haben sich auch getrocknete Erbsen und Kirschkerne bewährt. Gern verwendet wird das Bohnensäckchen, um die Autotür in ein Behelfsstativ zu verwandeln oder um die Kamera im richtigen Winkel auf der Kirchenbank zu platzieren.

Stativkopf: Kugel oder Neiger

Keine Kosten sollten Sie beim Stativkopf scheuen. Es gibt Kugelköpfe, die beim Verklemmen regelmäßig verrutschen, Neiger, die nur zwei Zustände kennen – locker und fest –, und es gibt Wechselplatten, deren Mechanik chronisch wackelt. Stativköpfe gibt es von den Stativherstellern, und Novoflex stellt mit dem MagicBall eine sehr ausgereifte Lösung her, die auch Einsätze in der Sahara und Antarktis ohne Probleme meistert.

Ob Sie sich für einen Kugelkopf oder einen Neiger entscheiden, ist eine Sache der persönlichen Gewohnheiten. Wenn Sie am Stativ sehr schnell agieren wollen, ist der Kugelkopf günstiger, der Neiger ist mehr etwas für Leute mit Zeit. Zudem können Sie den Neiger meist einfacher justieren und auch mal mit einer Videokamera für einen Schwenk nutzen.

Was zum Stativ zu sagen ist, gilt ebenso für den Kopf: Probieren Sie ihn vorher aus. Untersuchen Sie die Klemmungen, wackeln Sie daran herum, überprüfen Sie, wie weit sich der Kopf verstellen lässt.

Es gibt sehr viele Gründe, ganz ohne Stativ unterwegs zu sein – aber es gibt nur zwei Beweggründe, ein schlechtes Stativ zu kaufen: wenn Sie damit unbedarfte Passanten beeindrucken und vorwitzige Räuber in die Flucht schlagen wollen.

Panoramakopf und Panowinkel

Panoramaköpfe sind Köpfe, die eine Platte mit Gradeinteilung aufweisen, auf der der Kopf gedreht werden kann, teilweise haben sie sogar eine Einrastung. Um Panoramen aufzunehmen, bei denen Sie sich um einen Parallaxenfehler kümmern müssen, benötigen Sie zusätzlich allerdings noch einen Panowinkel, an dem die Kamera hochkant befestigt wird und an dem man den Nodalpunkt des Objektivs einstellen kann.

Multi-Row-Nodalpunktadapter

Anspruchsvollere Panoramen, die aus mehreren Reihen übereinander bestehen, benötigen einen Multi-Row-fähigen Nodalpunktadapter, also eine Mechanik, bei der die Kamera nicht nur um den Nodalpunkt geschwenkt, sondern auch noch gekippt wird.

Die Stativschraube der PEN hat einen Offset von zwischen 8 und 15 mm zur optischen Achse. Dieser Offset muss durch einen T-Adapter ausgeglichen werden. Den T-Adapter gibt es nicht bei allen Panowinkelherstellern als Zubehör, bei Manfrotto 303 SPH besteht bereits im Kopf die Möglichkeit, den Offset einzustellen, Nodal Ninja bietet einen T-30-Adapter an. Leider frisst der Adapter einige der wertvollen Zentimeter Auslegerlänge, sodass kaum noch sinnvolle Nodalpunkte eingestellt werden können. Für Multi-Row-Panoramen ist der Manfrotto-Adapter für die PEN so ziemlich die einzige gangbare Alternative, der Nodal Ninja 5 als Alternative liegt preislich auf dem gleichen Level.

Für ein gelegentliches Einzeilenpanorama ist der Nodal Ninja äußerst brauchbar. Er findet zusammengeklappt auch in der Fototasche Platz, und wenn man mit der etwas diffizilen Einstellung zurechtkommt, arbeitet er zufriedenstellend. Erstellt man jedoch professionell Panoramen, ist der Manfrotto-Adapter die bessere Wahl – kürzere Brennweiten sind nur damit möglich.

Bohnensäckchen als Stativ auf einer Astgabel.

AUFNAHMEDATEN	
Brennweite	54 mm
Blende	f/8,0
Belichtung	1/15 s
ISO	400

Panos mit Top-Pro-Objektiven erfordern sehr große, stabile Panoadapter. Der Einstieg in diesen Bereich führt über den Pano-Maxx, der von SEVEN Trading in Hamburg vertrieben wird. Für den PanoMaxx gibt es eine 30-mm-T-Offsetplatte, und sein Ausleger ist bis zu 150 mm verstellbar, was auch für die Top-Pros ausreicht.

Bluetooth-Modul PENPAL

Das Bluetooth-Modul kann nicht nur als Sender fungieren, um die gerade geschossenen Fotos ans Smartphone zu übertragen, sondern auch als Backup für die SD-Karte und als Vehikel, um zwischen Fotografen Bilder auszutauschen – entweder drahtlos auf einen anderen PENPAL oder einfach durch Umstecken des Geräts. Außerdem können Sie über den PENPAL ganz einfach Bilder von einer Speicherkarte auf die nächste kopieren – etwa wenn Sie jemandem, den Sie fotografiert haben, das Bild mitgeben wollen und er gerade eine SD-Karte dabeihat.

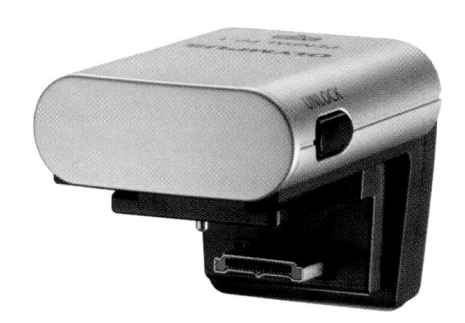

Das Bluetooth-Modul PENPAL.

Makrolicht MAL-1

Das Makrolicht MAL-1 ist eigentlich nichts weiter als ein Adapter für den Accessory-Port mit zwei LEDs an einer Schwanenhalshalterung. Einfach, unkompliziert und effektiv. Durch den Schwanenhals sind ausgesprochen kreative Beleuchtungen möglich.

Das Makrolicht MAL-1.

Das Mikrofon SEMA-1

Die Verpackung des SEMA-1 enthält nicht nur den Portadapter mit der 3,5-mm-Klinkenbuchse, sondern auch ein sehr hochwertiges Stereomikrofon in T-Form und eine Klinkenverlängerung mit Krokodilklemme. Das Mikrofon ist noch mal einen Tick besser als die in den Kameras verbauten, vor allem hat es im Bassbereich einen ausgewogeneren Klang. Es hat jedoch den großen Nachteil, dass es genauso windempfindlich ist wie die eingebauten Mikros und dass es keinerlei Richtwirkung besitzt. Es nimmt lediglich Stereoraumklang auf, was bei Video eigentlich selten gewollt ist, da die Tonquelle im Allgemeinen vor der Kamera ist – und nicht links und rechts daneben. Störgeräusche von der Straße oder aus Nebenräumen sind oft lauter als der eigentliche Nutzton, Interviews sind dann fast unmöglich, da die Sprache des Gefilmten nahezu unhörbar ist.

Der Adapter auf dieser PEN heißt EMA-1. Zusammen mit dem Stereomikrofon wird er zum SEMA-1. Im Lieferumfang sind noch eine Klinkenverlängerung und eine Kragenklammer für das Mikrofon enthalten.

Abhilfe bietet ein externes Richtmikrofon, etwa ein Rode Stereo VideoMic, das man auf einen externen Blitzgriff montiert und mit dem sehr gute Ergebnisse erzielt werden können, solange das Klangereignis nicht zu laut ist – bei Rockkonzerten übersteuert der hohe Pegel des VideoMic die Eingangsstufe der PEN. In solchen Fällen ist eine externe Tonlösung auf jeden Fall vorzuziehen – etwa indem man das VideoMic an einen Olympus-PCM-Rekorder anschließt und das interne Mikrofon lediglich als Sync-Ton verwendet.

Kabelauslöser an der PEN

An allen PENs mit Ausnahme der E-PL1 funktioniert der Kabelauslöser RM-UC1 von Olympus. Der Auslöser ist vergleichsweise teuer, aber von hoher Qualität. Wesentlich preiswerter ist der RS-801 O1 des chinesischen Herstellers YONGNUO zu haben. Dieser Hersteller bietet auch Varianten mit Timer und mit Funk an. Bei vielen anderen China-Auslösern, wie etwa dem Aputure-Auslöser, besitzen die Stecker eine kleine Plastiknase, die verhindert, dass der Stecker korrekt in die Buchse der Kamera geschoben wird. Erst mit Kraftaufwand ist das möglich, dabei wird die Plastiknase platt gedrückt bzw. die Buchse etwas aufgebogen. Dann aber funktioniert der Fernauslöser.
Kabelauslöser sind für Bulb-Belichtungen und Makroaufnahmen unentbehrlich. Bei der PEN sind sie eigentlich bei allen Stativaufnahmen zu empfehlen, da man sich dann die Anti-Schock-Gedenksekunde sparen kann – die bei DSLR-Kameras notwendige Spiegelvorauslösung ist ja bei der PEN abgeschafft.
Für die E-PL1 gibt es keine Möglichkeit der Fernauslösung, weder über Infrarot noch per Kabel. Diese Möglichkeit wurde seinerzeit schlicht vergessen.

Streitpunkt Vorsatzfilter

Kaum ein Thema ist so emotional besetzt wie das Thema Vorsatzfilter und Digitalkameras. Der größte Streitpunkt sind dabei die UV-Filter.

UV-Filter

Diese Filter, zu analogen Zeiten im Gebirge unerlässlich, um den Blaustich in den Bildern zu verhindern, sind im Zeitalter der Digitalkameras aus optischen Gründen entbehrlich, da sie einen entsprechenden Filter bereits im IR-Filter vor dem Sensor integriert haben. Trotzdem werden UV-Filter in Mengen verkauft und vor die Objektive geschraubt. Der einzige Grund dafür besteht in einem Schutz der Frontlinse des Objektivs vor Kratzern. Objektivfrontlinsen sind vergütet und normalerweise aus recht hartem Material. Solange Sie die Gegenlichtblende auf dem Objektiv haben, was sich grundsätzlich empfiehlt, kann kaum etwas, mit Ausnahme Ihres eigenen Putztuchs, die Frontlinse verkratzen. Stürzen Sie, wird bei nackter Frontlinse zuerst die Sonnenblende den Stoß abfangen und dann das Filtergewinde.
Stürzen Sie mit einem Schutzfilter, bekommt der UV-Filter den zweiten Stoß ab, und wenn er splittert, klatschen die Scherben gegen die

Drei UV-Filter und ein Gelbfilter aus der Grabbelkiste.

AUFNAHMEDATEN	
Brennweite	54mm
Blende	f/9,0
Belichtung	1/200 s
ISO	100

Frontlinse. Nicht gerade das, was man unter einem Kratzerschutz versteht. Ein wirklich guter UV-Filter kostet dazu noch erheblich Geld. Für den Preis von drei UV-Filtern können Sie bei Olympus ein Pro-Objektiv mit einer neuen Frontlinse ausstatten lassen.

Wenn Sie der Meinung sind, UV-Filter müssten sein, nehmen Sie die besten, die Sie bekommen können. Billige Filter beeinträchtigen die Bildqualität, führen zu Spiegelungen zwischen Filter und Frontlinse und verkratzen selbst sehr schnell. Es gibt allerdings auch Filter, die fotografisch sinnvoll sind. Die im Folgenden vorgestellten Filter erzeugen Effekte, die so in der Bildbearbeitungssoftware nicht zu erzeugen sind. Sie sind sinnvolles Zubehör, solange der entsprechende Effekt beabsichtigt ist.

IR-Filter

Am dem UV-Filter entgegengesetzten Ende des Spektrums liegt der Infrarotfilter. Während der UV-Filter ein UV-Sperrfilter ist, ist der Infrarotfilter ein Durchlassfilter. Er sperrt Frequenzen oberhalb des Infrarots. Infrarotfilter werden nicht mit der Sperrfrequenz, sondern mit der Sperrwellenlänge bezeichnet. Es gibt sie mit 645 nm bis zu 1.000 nm. Bei 645 nm sieht man noch ein bisschen was im Sucher, bei 1.000 nm ist es zappenduster.

Wenn Sie damit fotografieren, haben Sie normalerweise mehrere Problem zu bewältigen: Der Fokuspunkt, der bei sichtbarem Licht stimmt, tut das bei Infrarot nicht mehr. An der PEN haben Sie aber einen großen Vorteil gegenüber Spiegelreflexkameras:

Durch den vorgeschalteten IR-Filter entsteht natürlich ein starker Rotstich.

AUFNAHMEDATEN	
Brennweite	14 mm
Blende	f/8,0
Belichtung	3,2 s
ISO	100

AUFNAHMEDATEN	
Brennweite	50 mm
Blende	f/6,3
Belichtung	1/640 s
ISO	100

**KAPITEL 8
ZUBEHÖR
FÜR DIE PEN**

Der Kontrast-AF richtet sich nach dem, was auf dem Sensor landet, sodass Sie sogar mit einem IR-Filter per AF scharf stellen können. Sollte dabei ein Problem entstehen: Auch manuell ist es sehr gut möglich.

Das zweite Problem betrifft die lange Belichtungszeit. Solange Sie die Kamera nicht zur reinen IR-Kamera umbauen lassen – dabei wird der Tiefpassfilter gegen einen IR-Filter ausgetauscht –, müssen Sie mit einem IR-Filter vom Stativ bei hellem Sonnenschein, Blende f/5,6 und ISO 200 etwa eine Sekunde belichten. Laub bewegt sich dabei natürlich und wird unscharf.

Im Gegensatz zu DSLR-Kameras kann die PEN im Live-View je nach IR-Filter das Bild am Display so stark aufhellen, dass Sie den Bildausschnitt gut bestimmen können. Schalten Sie dazu im Zweifelsfall die LV-Anpassung ein.

Lens Flare

Lens Flares sind Reflexe innerhalb der Linse, die von starken Lichtquellen hervorgerufen werden. Je nach Stärke der Lichtquelle und Einfallwinkel sind nahezu bei jedem Objektiv Lens Flares zu provozieren. Besonders anfällig ist dafür das Ultraweitwinkel Zuiko 7-14 mm, das Panasonic 7-14 mm ist deutlich unempfindlicher. Filter können das Problem noch verschärfen. Abhilfe schafft nur das Vermeiden starker Lichtquellen im Bild – oder Sie müssen, wenn das nicht geht, den Lens Flare kreativ einbauen oder so legen, dass er nicht stört.

Lens Flare an einem Zuiko 50-200. Prinzipiell können diese Reflexionen mit nahezu jedem Objektiv auftreten. Bei extrem vergüteten Objektiven wie denen der Zuiko-Top-Pro-Serie haben solche Lens Flares einen Grünstich. Hier wurde der Flare ins Motiv eingebaut.

AUFNAHMEDATEN	
Brennweite	50 mm
Blende	f/2,8
Belichtung	1/500 s
ISO	100

Flussgrund ohne Polfilter.

AUFNAHMEDATEN	
Brennweite	50 mm
Blende	f/2,8
Belichtung	1/100 s
ISO	100

Flussgrund mit Polfilter. Die Spiegelungen sind verschwunden.

Polfilter

Ein Filter, der in keiner Fototasche fehlen sollte, ist der Polfilter. Es gibt zirkulare Polarisationsfilter und lineare Polarisationsfilter. Beide filtern je nach Stellung des Filters einen gewissen Anteil des Lichts aus und lassen nur Licht einer Polarisationsebene durch. Zirkulare Polarisationsfilter sind ebenfalls lineare Polfilter, die nur anschließend eine Schicht haben, die das linear polarisierte Licht wieder in zirkular polarisiertes Licht umwandeln. Diese Filter wurden entwickelt, damit Belichtungsmessungen, die das von der Oberfläche des analogen Films reflektierte Licht messen, nicht durcheinanderkommen.

Für die PEN können Sie jeden Polfilter verwenden. Die Unterschiede bei den Filtern liegen vor allem in der Vergütung der Oberfläche, die Reflexionen zwischen Frontlinse und Polfilter verhindern soll, in der Farbwiedergabe und in der Stärke der Polarisierung. Achten Sie auf Markenfilter. Mit Polfiltern von Marumi oder B&W können Sie nicht viel falsch machen, auch Hoya- und Heliopan-Filter sind sehr brauchbar. Von No-Name- und Handelsmarken ist dringend abzuraten. Polfilter können Landschaftsaufnahmen deutlich verändern. Der knackig blaue Polfilterhimmel ist bekannt, er entsteht dadurch, dass die Reflexionen an Luftpartikeln, die den Himmel milchig machen, unterdrückt werden. Das funktioniert je nach Tageszeit und Himmel in unterschiedlichem Umfang: Zur Mittagszeit ist der Effekt am Horizont am größten. Steht die Sonne tief, ist der Effekt in Richtung Süden oder Norden am stärksten (im rechten Winkel zur Sonne). Stark dunstiger Himmel kann durch den Polfilter nicht gerettet werden. Das Licht ist dann zu diffus. Blaue Reflexionen des Himmels an Blatt- und Wasseroberflächen können dagegen mit dem Polfilter eliminiert werden, was in dunklerem Wasser und grüneren Pflanzen resultiert.

Wenig Glück hat man bei Metallflächen, diese polarisieren das Licht nicht. Lichtreflexe auf Chrom wird man also über einen Polfilter nicht los. Besonders frappierend ist das bei Hochhausfassaden mit Wärmeschutzverglasung. Diese Gläser sind oft metallbedampft und polarisieren das reflektierte Licht ebenfalls nicht. Erkennbar ist das meistens an dem goldenen oder bräunlichen Ton der Scheiben. Zirkulare Polfilter zu stapeln, ist wenig sinnvoll. Jeder Polfilter verursacht bis zu zwei Blenden Lichtverlust, und durch ein Stapeln der Filter wird der Himmel nicht mehr blauer, das ganze Bild wird lediglich dunkler. Wenn Sie zu viel Licht haben, um Ihre gewünschte Belichtungszeit realisieren zu können, sind Graufilter deutlich besser geeignet. Allerdings hat der Stapel aus einem zirkularen und einem linearen Polfilter durchaus auch seine Reize – mehr dazu später.

Zum Teil gibt es in Bildbearbeitungssoftware digitale Filter, die einen Polfilter simulieren sollen. Dabei wird aber lediglich die Sättigung bestimmter Farben erhöht. Spiegelungen unterdrücken kann ein solcher digitaler Filter nicht.

Graufilter

Graufilter sorgen nicht etwa dafür, dass das Bild grau wird, sondern werden dazu verwendet, Belichtungszeiten künstlich zu verlängern. Die Stärke von Graufiltern wird unterschiedlich angegeben, für den Fotografen sind aber vor allem die Blendenstufen wichtig, die man bei Verwendung eines Graufilters weiter öffnen kann.

Graufilter können gestapelt werden, aber jeder zusätzliche Filter erhöht die Randschattenproblematik und senkt damit die Bildqualität. Wenn Sie Filter stapeln, addiert sich der Lichtverlust. Der Stapel aus einem ND 0,9 und einem ND 1,8 bringt also neun Blendenstufen.

NEUTRALDICHTE	FAKTOR	BLENDENSTUFEN
ND 0,6	4x	2
ND 0,9	8x	3
ND 1,8	64x	6
ND 3,0	1.000x	10
ND 5,0	100.000x	17

Graufilter mit niedriger Neutraldichte setzen Sie ein, wenn Sie bei hellem Sonnenschein mit geöffneter Blende arbeiten wollen, um ein Motiv freizustellen. Die PEN kann mit 1/4000 noch bis 15 EV bei Blende f/3,5 arbeiten. Das reicht für helles, nordeuropäisches Tageslicht aus. Im sonnigen Süden, im Gebirge oder wenn Sie eines der neuen, lichtstarken Objektive einsetzen, kann das eng werden, dann empfiehlt sich ein ND 0,9 oder auch einfach ein Polfilter.

Seien Sie vorsichtig bei der unvollständigen Beschreibung von Filtern. Es gibt Hersteller, die ihre Filter mit ND-2 oder ND-4 bezeichnen. In diesem Fall sind die Faktoren gemeint. Ein ND-8-Graufilter dieses Herstellers hat in Wirklichkeit eine ND von 0,9. Filter mit Neutraldichten von 4 gibt es auf dem normalen Markt nicht mehr zu kaufen, da Glas oberhalb von ND 3,0 nicht mehr hergestellt wird. Die Restbestände, die sich nach der Sonnenfinsternis von 1999 stapelten, sind mittlerweile aufgebraucht oder teilweise sogar vernichtet. Sollten Sie noch irgendwo einen ND-4,0- oder ND-5,0-Filter finden, schlagen Sie zu und kaufen sich dazu entweder einen Step-up-Ring oder ein passendes Objektiv. Die einzige Alternative sind Filterstapel.

AUFNAHMEDATEN	
Brennweite	25 mm
Blende	f/9,0
Belichtung	30 s
ISO	100

Die lange Anna auf Helgoland, aufgenommen mit ND-3-Graufilter, Polfilter auf Maximum und ART-Filter Dramatischer Effekt. Der Graufilter eliminiert die Wellen, der Polfilter die Spiegelungen.

Will man mit Graufiltern fließendes Wasser so fotografieren, dass es wirklich weich und samtig aussieht, reichen ND-0,9-Filter nicht mehr aus. Die Belichtungszeiten müssen sich jenseits der Sekunde bewegen. Zehn Sekunden sind ein guter Wert. Allerdings kommt es auch auf die Fließgeschwindigkeit des Wassers an. Um bei hellem Tageslicht (13 EV) einen Bach zu fotografieren, brauchen Sie also mit Blende f/5,6 und zehn Sekunden (2 EV) einen ND 3,0. Wenn Sie die Blende weiter schließen, etwa auf Blende f/11 – bei noch kleinerer Blende geraten Sie wieder in den Bereich der Beugungsunschärfe –, können Sie mit einem ND 3 bei Tag Belichtungszeiten von etwa 30 Sekunden erreichen.

Das reicht meistens auch für die dritte Anwendung von Graufiltern aus: Straßen und Plätze leer zu fegen. Wenn Sie einen belebten Platz fotografieren wollen und sich dabei weniger für das quirlige Leben als für den Platz selbst interessieren, haben Sie nur selten die Möglichkeit, den Platz für die Dauer des Fotos sperren zu lassen. Mit einem ND-3-Graufilter können Sie 30 Sekunden belichten. In dieser Zeit bewegen sich die Autos und die Menschen. Der Anteil des Lichts, das sie reflektieren, am Bild auf dem Sensor Ihrer Kamera sinkt damit. Die Menschen werden schemenhaft, und je schneller sie sich bewegen und je länger Sie belichten, desto mehr verschwindet das Volk vom Platz.

Leider sieht man bei größeren Menschenmengen immer einen Geisterschleier: Wenn das Motiv länger 30 % der Belichtungszeit von irgendetwas anderem verdeckt wird – dabei kann es sich auch um unterschiedliche Personen handeln, die vorbeilaufen –, sieht man den störenden Schleier. Verlassen Sie sich also bei einem Foto eines Platzes nicht auf Ihren ND-3,0-Filter, sondern warten Sie darauf, bis der Platz halbwegs leer ist. Einzelne Personen und einzelne fahrende Autos sind kein Problem, größere Mengen stören. Bei Fahrzeugen sollten Sie auch darauf achten, dass die Sonne nicht für Reflexe auf Chrom und Lack sorgt. Diese Reflexe sind im Bild als Streifen sichtbar, selbst wenn das Auto nicht zu sehen ist.

Falls Sie noch einen alten linearen Polfilter haben, können Sie sich daraus einen einstellbaren Graufilter als Notbehelf basteln. Schrauben Sie Ihren zirkularen Polfilter vor das Objektiv und den linearen davor. Nun können Sie durch Verdrehen des linearen Polfilters die Lichtdurchlässigkeit der Kombination auf nahe null drehen. Natürlich muss der Fokus vor dem Aufsetzen des zweiten Polfilters bereits passen. Mit dieser Methode erreichen Sie ohne Probleme acht Blendenstufen und mehr. Denken Sie aber daran, in RAW zu fotografieren, nur dann können Sie die entstehenden Farbverschiebungen durch die Polfilter korrigieren. Wie Sie den zirkularen Polfilter einstellen, ist übrigens egal, da der zirkulare Polfilter immer die Hälfte des Lichts ausfiltert. Durch die Verdrehung des Polfilters stellen Sie ja nicht etwa die Stärke des Polfilters ein, sondern nur die Filterrichtung. Für den Verdunklungseffekt ist lediglich wichtig, dass der vordere Polfilter senkrecht zum hinteren Polfilter ausfiltert.

Bei der Verwendung von Polfiltern als Graufilterersatz müssen Sie die Belichtung im Blindflug einstellen. Die Belichtungsmessung wird beim Einsatz des Doppelpolfilters unzuverlässig. Dadurch, dass Sie stufenlos einstellen können, gibt es auch keine festen Blendenwerte, an die Sie sich halten könnten. Sie müssen also die Belichtung auf M einstellen und so lange probieren, bis die Belichtung dem entspricht, was Sie sich vorstellen. Beachten Sie, dass Ihnen auch der eingebaute Belichtungsmesser nichts hilft.

Mittlerweile gibt es im Zubehörhandel einstellbare Graufilter, die sogar teilweise Markierungen für Blendenstufen am Rand haben. Sehr genau ist das aber auch nicht.

Grauverlaufsfilter

Der Filter erzeugt einen Grauverlauf: oben dunkel und unten hell. Er sorgt dafür, dass der Himmel deutlich dramatischer wird, die Helligkeit des Erdbodens darunter aber bleibt. Die erzeugte Stimmung erinnert etwas an ein Gewitter. Grauverlaufsfilter gibt es in unterschiedlichen Dichten und mit unterschiedlichen Übergängen. Die meisten haben das Problem, dass die Verlaufsgrenze in der Mitte sitzt, Sie also den Horizont in die Mitte legen müssen, was die Möglichkeiten zur Bildgestaltung einschränkt.

AUFNAHMEDATEN	
Brennweite	14 mm
Blende	f/16,0
Belichtung	15 s
ISO	100

Menschen und Fahrzeuge auf dem Neupfarrplatz in Regensburg. Trotz ND-3,0-Graufilter und Blende 16 sieht man die vorbeilaufenden Personen deutlich als Schatten.

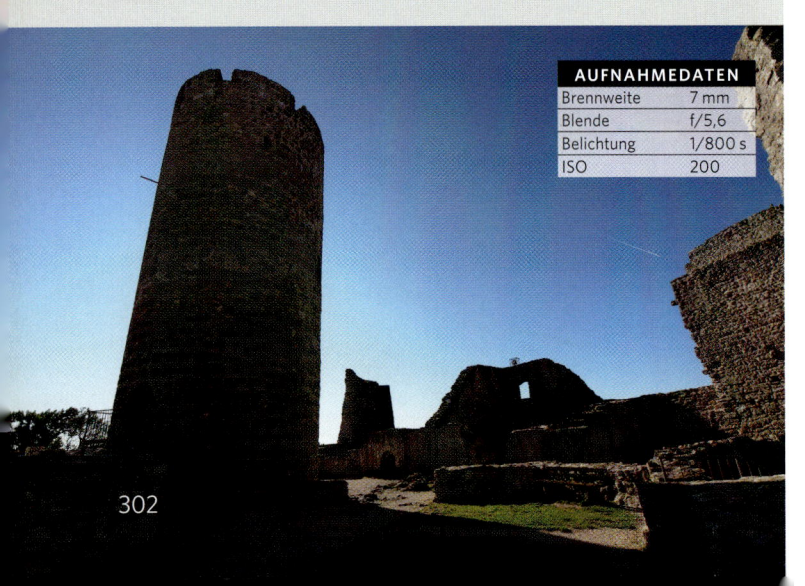

Die Alternative ist das Cokin-System, bei dem rechteckige Filterplatten in einem Filterhalter vor dem Objektiv verschoben werden können. Mittlerweile gibt es auch Cokin-Filter aus Mineralglas, die aber ebenso teuer sind wie die Filter und Filterhalter von LEE, die es in Deutschland leider nur bei wenigen Händlern gibt.

Für das Zuiko 7-14 mm gibt es von Helge Süß einen speziellen Filterhalter für das Cokin-X-System, das mit dem extrem großen Bildwinkel von 114 Grad zurechtkommt. Nachdem Cokin einige Zeit aufgrund interner Schwierigkeiten nicht liefern konnte, sind die Filter mittlerweile wieder erhältlich. Die Filterhalter werden auf Vorbestellung gefertigt.

Auch die Brennweite und die Blende haben einen Einfluss auf den Effekt des Graufilters. Je kürzer die Brennweite und je kleiner die Blendenöffnung ist, desto härter wirkt der Übergang von der grauen Seite des Filters zur ungefärbten Seite. Problematisch bei der Verwendung eines Grauverlaufsfilters sind auch Fernsehtürme oder Bäume, die in den Himmel ragen. Die werden ebenfalls abgedunkelt, was dann den Effekt des Bildes deutlich mindert. Aus diesem Grund verzichten viele Fotografen auf den Grauverlauf und ersetzen den Filter durch eine Belichtungsreihe mit anschließender Bildbearbeitung.

AUFNAHMEDATEN	
Brennweite	7 mm
Blende	f/5,0
Belichtung	1/160 s
ISO	200

AUFNAHMEDATEN	
Brennweite	7 mm
Blende	f/5,6
Belichtung	1/800 s
ISO	200

Oben: PEN mit adaptiertem Zuiko 7-14 mit Filterhalter und Grauverlaufsfilter Cokin X121S.

Mitte: Die stürzenden Linien der Burg Wolfstein wurden bewusst in Kauf genommen. Aufgenommen mit Grauverlaufsfilter Cokin X121S, das einen soften Grauverlauf bietet. Die Belichtung im Bild ist deutlich ausgewogener.

Unten: Das gleiche Bild ohne Grauverlaufsfilter.

KAPITEL 8
ZUBEHÖR FÜR DIE PEN

Effektfilter

Zu analogen Zeiten gab es noch dutzendweise Effektfilter, die Kaleidoskopeffekte oder wilde Farbverläufe produzierten. Die allermeisten sind durch die Ausbreitung von Bildbearbeitungsprogrammen mittlerweile überflüssig geworden. Bisweilen kann das Fotografieren damit jedoch ausgesprochen Spaß machen. So gibt es etwa sogenannte Spektralcolorfilter, die um starke Lichtquellen Regenbogensterne erzeugen. Ein anderer Filter ist der Crossfilter, der ebenfalls um starke Lichter dekorative Sterne produziert. Beide Filter sind eher etwas für kurze Brennweiten, weil die Lichtquellen möglichst punktförmig sein sollten, um die Sterne scharf abgegrenzt zu erhalten. Und man sollte möglichst nicht abblenden, weil sonst die Gitter auf den Filtern im Bild zu sehen sind. Speziell den Sternchenfilter kann man auch mit einem Photoshop-Filter simulieren, der digitale Filter hat jedoch den feinen Regenbogenverlauf im Stern nicht – und erst dieser macht die Sternchen natürlich.

Eine solche Gegenlichtaufnahme bei hoch stehender Sonne mit einem Spektralcolorfilter – hier vom Nordkap-Monument – ist mit der PEN für die Augen ungefährlich. Mit einer DSLR sollte man hingegen außerordentlich vorsichtig sein.

AUFNAHMEDATEN	
Brennweite	23 mm
Blende	f/7,1
Belichtung	1/8000 s
ISO	320

PEN auf dem Makroschlitten

Ein Makroschlitten ist nichts anderes als eine Schiene mit darauf befestigter Stativplatte, mit der man mittels Stellschrauben die Kamera ruckelfrei um Zehntel von Millimetern bewegen kann – bei ernsthafter Makrofotografie unerlässlich. Bei Schärfentiefen von Millimeterbruchteilen ist die Schärfeverteilung bei Freihandaufnahmen blanker Zufall. Auch hier gilt: lieber etwas mehr Geld in die Hand nehmen und dafür eine ruckelfreie, weiche Justage bekommen, als fürs Sparen am falschen Ende mit hakeligen Führungen bestraft zu werden. Die PEN ist durch den hervorragenden Live-View und die Sucherlupe ideal für Makrofotografie. Zudem können durch die Vielfalt der Adapter auch die exotischsten Objektive verwendet werden.

Für viele Makroanwendungen reicht die hohe Schärfentiefe des MFT-Sensors nicht aus. In diesem Fall muss man ein sogenanntes Focus Stacking betreiben. Dabei werden mehrere Bilder mit unterschiedlicher Schärfeebene gemacht, die dann von einer Software, z. B. PhotoAcute, Helicon Focus oder Combine ZP, zusammengerechnet wird. Das Verfahren ist im Prinzip simpel: Man stellt alle Parameter auf die vorderste Kante des zu fotografierenden Motivs ein, stellt eine passende Blende und Belichtungszeit ein, ermittelt die Schärfentiefe, und nun wird einfach die Kamera über den Makroschlitten mit fixiertem Fokus sowie fixierter Blende und Belichtungszeit um 2/3 Sekunden der Schärfentiefe in Richtung Motiv gekurbelt. Ein Fernauslöser ist dabei natürlich hilfreich. Ist man am hinteren Ende des Motivs angelangt, müssen die fertigen Bilder nur noch mit der Software gestapelt werden, und das Bild ist fertig.

Andere verschieben den Fokus über den Schärfering des Objektivs. Bei beiden Verfahren darf natürlich nichts wackeln oder zittern. So einfach es sich anhört, Focus Stacking im Makrobereich ist eine Technik für Enthusiasten mit großer Frusttoleranz.

Aufgenommen mit einer E-P2 mit Sigma 150 mm. Stack aus vier Fotos, daher gibt es keine Aufnahmendaten. Schleimpilz mit Schwammkugelkäfer. Höhe des Pilzes: 5 mm. (Foto: Frank Rückert)

KAPITEL 8
ZUBEHÖR FÜR DIE PEN

Kleine Dinge für die Fototasche

Das Fläschchen 90%igen Alkohols samt Mikrofasertuch für die Kontaktreinigung wurde schon angesprochen. Für Journalisten ist ein kleines Döschen mit Gehörschutzstöpseln oder Ohropax empfehlenswert. Das kann nicht nur bei Rockkonzerten sinnvoll sein, bei denen man sich als Fotograf oft unmittelbar an einer Box aufhält, sondern auch bei Freilufteventen.

Zweckmäßig ist auch eine kleine Taschenlampe für Nachtaufnahmen. Falls Sie schon einmal versucht haben, einen heruntergefallenen Objektivdeckel in stockfinsterer Nacht zu finden, wissen Sie, wozu. Zudem ist das Ablesen der Entfernungsskala an Objektiven mit etwas Licht deutlich einfacher, und solange man die Tastenanordnung an der Rückseite noch nicht auswendig kann, ist auch da hin und wieder etwas Licht von Vorteil.

Ein Stapel Visitenkarten und gegebenenfalls die Handwerkskarte und der Presseausweis sollten selbstverständlich sein, ebenfalls – wenn man mit Nodalpunktadapter unterwegs ist – natürlich eine Tabelle der Nodalpunkte und dazu eigentlich immer ein kleiner Zettel mit den wichtigsten Schärfentiefewerten und Hyperfokaldistanzen.

Bei längeren Reisen ist ein Imagetank, eine Festplatte mit SD-Lesegerät, eine Überlegung wert. Verlassen Sie sich aber nicht darauf, es wurde ein Fall bekannt, bei dem zwei Conceptronic-Fotospeicher unabhängig voneinander innerhalb von fünf Wochen ihren Geist aufgaben – was in Datenverlust endete. Sparen Sie nicht bei der Anschaffung eines Backup-Mediums.

Displayschutzfolien werden von vielen Fotografen als völlig überflüssiger Schnickschnack abgelehnt, da die Olympus-Displays außerordentlich robust sind. Sie sind jedoch weniger wegen einer zweifelhaften Schutzwirkung beliebt als vielmehr als Hilfsmittel, um die Displays zu entspiegeln und damit die Ablesbarkeit zu verbessern. Man kann für wenig Geld eine entsprechende Handyfolie verwenden und selbst passend zuschneiden.

Die E-P3 an einem Nodal Ninja. Man kann die relevanten Einstellungen auch auf einen Aufkleber drucken und direkt auf den Adapter kleben. So hat man sie immer dabei.

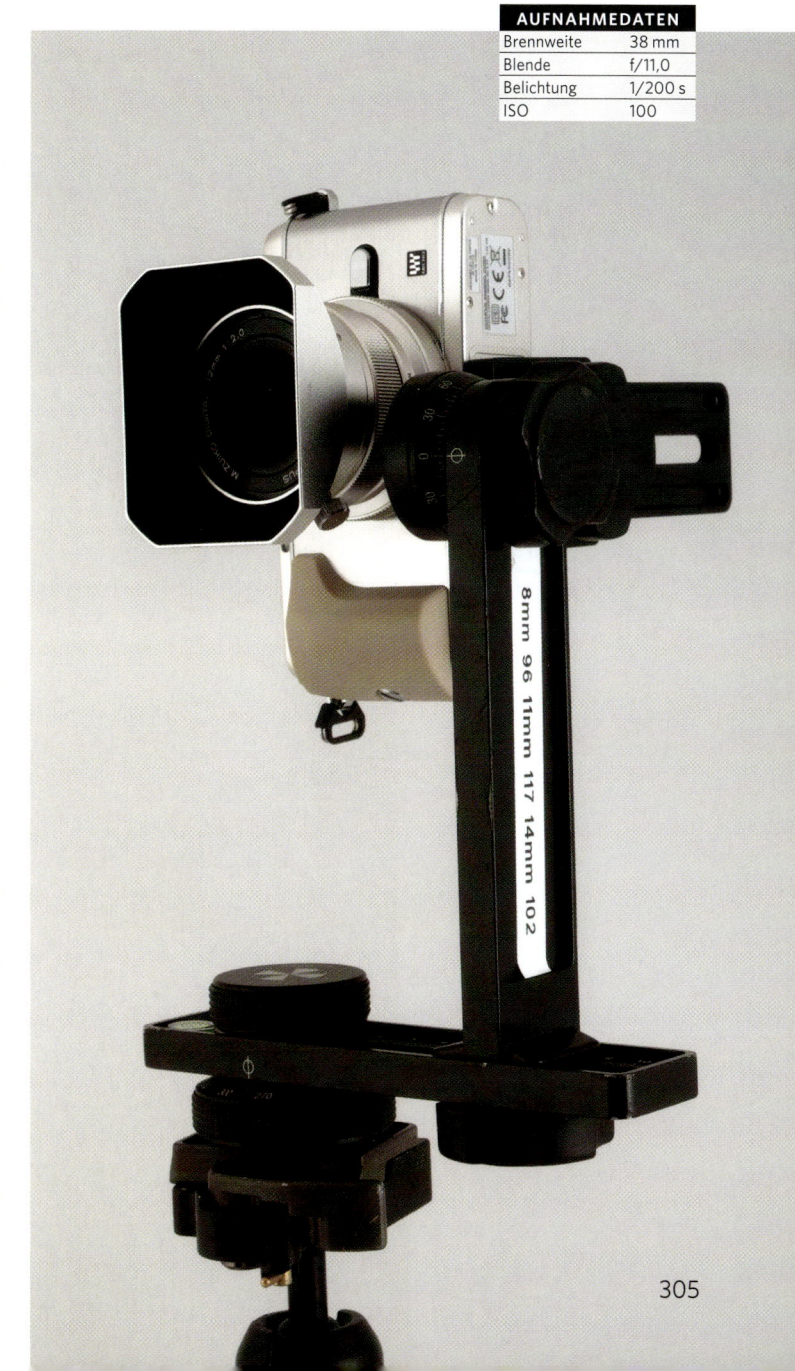

AUFNAHMEDATEN	
Brennweite	38 mm
Blende	f/11,0
Belichtung	1/200 s
ISO	100

AUFNAHMEDATEN	
Brennweite	14 mm
Blende	f/4,0
Belichtung	1/200 s
ISO	200

Man kann mit der PEN auch in strömendem Regen fotografieren, man sollte nur darauf achten, sie hinterher schnell abzutrocknen.

AUFNAHMEDATEN	
Brennweite	54 mm
Blende	f/10,0
Belichtung	1/200 s
ISO	100

Eine E-PL3 im ZipLoc-Beutel. Die Luft wurde abgesaugt.

PEN und klimatische Extreme

Die PEN ist weder staubgeschützt noch wasserdicht. Sie ist nicht als Expeditionskamera entwickelt worden und sollte laut Spezifikation nur zwischen 0 und 40 °C eingesetzt werden. Die Luftfeuchte sollte zwischen 30 und 90 % liegen. Nehmen Sie diese Specs ernst. Die Fotos für dieses Buch wurden bei Sandsturm, bei −15 °C, bei praller Sonne, direkt am Meer und in strömendem Regen gemacht. Sorgen Sie nur immer wieder dafür, dass die Kamera trocken und sauber wird.

Kälte

Der limitierende Faktor bei der Temperatur sind die Akkus. Bei −25 °C können die Elektrolyte der Akkus einfrieren, dann ist es vorbei. Lithium-Ionen-Akkus verlieren bereits unter 10 °C an Leistung, die ideale Arbeitstemperatur liegt zwischen 10 und 28 °C. Die ideale Lagerung der Akkus ist mit 50 % Ladung im Kühlschrank. Ein BLS-1 bringt bei −20 °C zwar noch 80 % der Kapazität, aber das heißt nicht, dass deshalb auch die benötigten Ströme geliefert werden. Achten Sie also darauf, immer einen zweiten Akku in der Hosentasche zu haben, dort ist es am wärmsten, und tauschen Sie ihn beim ersten Anzeichen von Schwäche. Wenn das Thermometer deutlich unter −20 °C sinkt, sollten Sie sich um eine Kameraheizung bemühen. Bei derart niedrigen Temperaturen drohen Kälterisse in der Elektronik. Lassen Sie deshalb in bitterkalten Nächten die Kamera nicht im Auto liegen.

Elektromagnetische Wechselfelder

Extrem starke elektromagnetische Wechselfelder, wie sie zum Beispiel in der Umgebung von elektrischen Hochöfen, die nach dem Elektrostahlverfahren arbeiten, auftreten, können in der Kamera die Elektronik stören.

Das kann von erhöhtem Rauschen bis zum Totalausfall führen. Leider haben Menschen keinen wirklich zuverlässigen Sinn für starke elektromagnetische Strahlung. Achten Sie also, wenn Sie Industriefotografie mit einer Digitalkamera betreiben wollen, darauf, dass Sie Ihre Kamera dann zusätzlich schützen und im Zweifelsfall Abstand halten. (Die Stärke der Felder sinkt mit zunehmendem Abstand von der Quelle rasant.)

Hitze

Auch Hitze macht zuerst den Akkus zu schaffen. Eine schwarze Kamera kann in der Sonne schnell mal auf 70 °C aufheizen. Solange sie nicht durchglüht, ist das unproblematisch, achten Sie aber darauf, die Kamera nicht längere Zeit in praller Sonne liegen zu lassen. Die Elektronik dankt es Ihnen mit längerer Lebensdauer. Wenn Sie die Kamera im Sommer im Auto liegen lassen müssen, legen Sie eine Decke darüber oder stecken sie in den Kofferraum – was auch aus anderen Gründen eine gute Idee ist.

Im Kapitel zum Live-View und der damit zusammenhängenden Erwärmung des Sensors war Hitze bereits ein Thema. Die PEN hat einen Temperatursensor eingebaut, der Alarm schlägt, wenn der Sensor zu heiß wird. Das geschieht nicht im normalen Betrieb, sondern nur dann, wenn die interne Kühlung der Kamera nicht ausreicht oder ganz ausfällt. Wenn Sie die Kamera in glühender Hitze einsetzen müssen und keine Möglichkeit haben, für Kühlung zu sorgen, montieren Sie wenigstens ein Telezoom dran und pumpen öfter mal etwas Luft ins Gehäuse.

Luftfeuchtigkeit

Ein weiteres Problem ist die Luftfeuchtigkeit. In einem Tropenhaus herrschen 100 % Luftfeuchtigkeit und über 30 °C – draußen dagegen vielleicht 10 °C mit 60 % Luftfeuchte. Sobald Sie also das Tropenhaus betreten, schlägt sich an allen glatten Flächen der Kamera Wasser nieder. Kritisch ist das vor allem bei Sucher und Objektiv, auch weil mit so einer Art Weichzeichner entstandene Fotos nur begrenzten Wert haben. Sie können nun mit Papiertaschentüchern, der Krawatte, dem Unterhemd oder Optikputztüchern verzweifelt dem Übel zu Leibe rücken, aber im Endeffekt müssen Sie einfach warten, bis die Kamera die korrekte Temperatur angenommen hat.

Nicht ganz so krass, aber noch lästiger sind Fototermine in überfüllten Kneipen und Diskotheken. Die Luftfeuchtigkeit liegt dort ebenfalls sehr hoch. Es kann sein, dass ein durchgekühltes Objektiv, das bei nächtlichen 8 °C bleibt, auch nach einer Stunde noch nicht schussbereit ist. In diesem Fall: Objektivdeckel drauf und in die Innentasche der Jacke stecken, bis sich das Objektiv handwarm anfühlt. Das ist meistens innerhalb von zehn Minuten erledigt.

Achten Sie darauf, dass Sie die Kamera nicht längere Zeit in einem solchen Beutel liegen lassen, es sei denn, Sie haben ausreichend Trocknungsmittel mit in den Beutel getan. Luftfeuchte im Beutel kann dafür sorgen, dass die Kamerainnereien oxidieren, was schlicht einen Totalschaden bedeutet.

Vorsicht Spritzwasser!

Die PEN ist nicht spritzwasserdicht. Sie kann Nieselregen ab, aber seien Sie vorsichtig bei Gischt und auch bei Wasserfällen. Oberflächenwasser enthält außer H_2O meistens noch andere Stoffe, und keiner davon hat etwas im Inneren von Objektiv oder Kamera zu suchen. Aufgrund des großen Displays sind die PENs scheinbar ideal für den Plastiktütentrick: Plastiktüte über die Kamera und vorne mit Gummiring am Objektiv festschnallen. Das geht aber nur, wenn es sich

DIE PEN AKKLIMATISIEREN

Damit Sie nun nicht sorgenvoll an Ihrer tropfenden Kamera herumputzen müssen, hier der Tipp: Kaufen Sie im Haushaltswarenladen Ihres Vertrauens ZipLoc-Gefrierbeutel, die Dreiliterbeutel reichen für die PEN mit einem beliebigen MFT-Objektiv, wenn Sie vorher die Gegenlichtblende abnehmen. Packen Sie, bevor Sie das Tropenhaus betreten, Ihre Kamera ein, saugen Sie die Luft heraus, und dann können Sie im Tropenhaus gemütlich warten, bis sich Ihre Kamera akklimatisiert hat. Auspacken, losfotografieren. Seien Sie aber nicht ungeduldig, die Akklimatisierung kann durchaus eine Viertelstunde dauern, abhängig davon, wie kalt die Kamera vorher war. Nehmen Sie keinen größeren Beutel, aus den großen kriegt man die Luft nicht vernünftig raus.

> **TABU: KONTAKT-SPRAYS UND DRUCKLUFT!**
>
> **Verwenden Sie unter keinen Umständen Kontaktsprays, Druckluftgeräte, Drucklufsprays. Letztere enthalten fast alle Propan oder Butan (Kohlenwasserstoffe), und das hat in der Kamera nichts verloren. Bei Kompressoren aus dem Baumarkt ist die Druckluft fast immer ölhaltig. Wenn Sie Zahnarzt oder Taucher sind, sieht das etwas anders aus. Die Druckluft aus dem Gebläse des Zahnarztes ist unbedenklich – genauso wie die Druckluft aus den Tauchkompressoren.**

beim Objektiv um ein FT-Objektiv handelt. Die MFT-Pancakes sind zu kurz dafür, und das M.Zuiko 14-42 mm sowie die neuen M.Zuiko 9-18 mm und M.Zuiko 14-150 mm fahren einen Tubus aus, der nicht abgedichtet ist. Wenn das Wasser am Tubus entlang ins Innere des Objektivs läuft, wird es teuer. Deshalb ist der beste Schutz gegen Spritzwasser: Kamera unter die Jacke oder anderweitig in Sicherheit bringen. Die im Fachhandel erhältlichen Regenhüllen für Kameras, etwa von Kata, sind in den allermeisten Fällen in der Handhabung und Dichtigkeit nicht besser als eine Plastiktüte mit Gummiring.

Tiefgefrorene PEN auftauen

Kondenswasser kann auch außerhalb des Tropenhauses zu Problemen führen. Wenn Sie im Winter die Kamera über Nacht im Auto lassen, kann sie auf –5 °C durchfrieren. Kommt das Gerät dann in einen warmen Raum (21 °C, 70 % Luftfeuchte), findet sofort ein Luftaustausch innerhalb der Kamera statt. Die gesamten Innenteile, vom Sensor angefangen bis zum letzten ASIC, sind noch tiefgefroren. Daran schlägt sich binnen Sekundenbruchteilen die Luftfeuchte in Form von Reif nieder. Die Effekte können von erhöhtem Rauschen bis zum Totalausfall der Kamera gehen. Wenn Sie also eine tiefgefrorene Kamera auftauen müssen, nehmen Sie einen ZipLoc-Beutel, packen die Kamera noch im Freien ein und stecken sie eine halbe Stunde unter Ihren Pullover. Zur Sicherheit sollten Sie vorher noch den Akku herausnehmen und extra auftauen.

Grundsätzlich gilt: Die PEN ist für den dauernden harten Einsatz bei Schlechtwetter, Sturm, Eis und Staub die falsche Kamera. Bevor Sie in teure Kameraschutzausrüstung investieren, überlegen Sie sich die Anschaffung einer E-5 oder einer Tough810.

Reinigen der Kamera

Die PEN ist ein optisches Präzisionsgerät und braucht ebenso wie die Objektive hin und wieder eine Reinigung. Für das Gehäuse außen verwenden Sie am besten einen feuchten Lappen, für das Display kann man auch schonende Bildschirmreiniger verwenden. Denken Sie daran, Sie halten sich die Kamera vor Mund und Nase – scharfe Reinigungsmittel schaden nicht nur der Kamera. Gelegentlich sollten Sie die Kontakte am Objektivbajonett reinigen. Verwenden Sie hierfür ausschließlich reinen Alkohol (90 % Ethanol) aus der Apotheke. Keinen Spiritus, keinen Kontaktreiniger, kein gar nichts. Es gibt auch Isopropanolsprays. Verwenden Sie aber besser keine Sprays. Der Alkohol darf ausschließlich auf die Kontakte und deren unmittelbare Umgebung kommen, nicht auf die Linsen. Die Linsen sind oberflächenvergütet, und nicht jede Vergütung hält die Behandlung mit Lösungsmitteln lange aus. Die Methode ist: Alkohol (Ethanol) auf ein Baumwolltuch geben, die Kontakte auf Kamera- und Objektivseite reinigen, fertig.

Wenn Sie glauben, unbedingt im Inneren des Gehäuses reinigen zu müssen, verwenden Sie einen kleinen Blasebalg, den es für die Sensorreinigung gibt. Besser ist es aber, Sie lassen es bleiben. Sie wirbeln damit unter Umständen mehr Staub auf, als Sie aus dem Gehäuse herauspusten. Zudem ist eines der großen Probleme in der Kamera nicht etwa der lose Staub, sondern klebender Staub, Pollen, fettiger Ruß und dergleichen. Den losen Staub kann der Supersonic Wave Filter sehr effektiv abschütteln. Und beim klebenden Staub seien Sie einfach froh, wenn der irgendwo im Gehäuse klebt und nicht auf Ihrem Sensor.

Profis verwenden zur Innenreinigung der Kamera Scotch-Tape, aber nicht etwa, um den Sensor damit zu malträtieren. Das Scotch-

KAPITEL 8
ZUBEHÖR FÜR DIE PEN

Tape wird auf die schwarzen Innenseiten des Spiegelkastens aufgelegt und wieder abgezogen. Dabei sollte man vorsichtig zu Werke gehen und das Tape keinesfalls anreiben. Bewährt hat sich auch eine Reinigungsmasse namens RODICO, die wie Fensterkitt aussieht. Es ist verblüffend, was man damit an Abrieb und Feinstaub aus der Kamera holen kann. RODICO, das aus der Uhrmacherszene stammt, wird dabei vorne auf einen kleinen Holzstab gedrückt, und mit diesem wird dann das Gehäuse ausgetupft. RODICO erhalten Sie bei Stetefeld-Design. Die Stange kostet etwas über sechs Euro und reicht die nächsten zehn Jahre.

Eine Lösung für das Staubproblem innerhalb der Kamera bieten spezielle Tonerstaubsauger aus der Kopiererwartung. Diese Geräte haben eine reduzierte Saugleistung und als Ansaugöffnung einen flexiblen Gummischlauch. Bastlerlösungen mit dem heimischen Staubsauger und einem Silikonschlauch sind eher nicht zu empfehlen. Abgesehen davon, dass die Geräte meistens veritable Staubschleudern sind, brauchen Sie sich mit dem Saugrüssel nur einmal am SSWF (Supersonic Wave Filter) festzusaugen, und die Kamera ist reif für den Service. Wirklich problematisch ist auch der Dunst unserer Zivilisation, Zigarettenqualm zum Beispiel. Dieser Dunst enthält Kohlenwasserstoffe, die sich wie eine Art Ölfilm auf das Innere der Kamera und damit auch auf den Sensor legen. Da hilft kein Pusten und kein Supersonic Wave Filter, da hilft nur putzen. Je nach Einsatzfrequenz sollten Sie im Durchschnitt einmal pro Jahr Ihrer Kamera eine Innenreinigung gönnen, entweder beim Hersteller, in der Fachwerkstatt oder, falls Sie sich hundertprozentig fit fühlen, bei sich zu Hause. Näheres dazu weiter unten. Auch für die Außenreinigung gilt: Verwenden Sie keine Druckluftsprays. Sie pusten damit den Dreck nur in die letzten Ritzen

Die Marienstatue in La Marre, Franche Comte, aufgenommen mit dem ART-Filter Crossentwicklung. Wenn Ihre Bilder so einen Fleck haben, ist eine Sensorreinigung notwendig.

AUFNAHMEDATEN	
Brennweite	14 mm
Blende	f/7,1
Belichtung	1/320 s
ISO	200

und im Zweifelsfall samt dem Butan-Treibmittel ins Innere der Kamera. Alle Kontaktreiniger kriechen, dafür sind sie entwickelt worden. Das bedeutet, sie bewegen sich selbstständig innerhalb der Kamera weiter, auch dorthin, wo sie nichts verloren haben. Verwenden Sie also Kontaktreiniger auch nicht in Spuren auf einem Tuch.

Reinigen des Sensors

Normalerweise sollten Sie den Sensor nicht reinigen müssen. Der Supersonic Wave Filter ist von beeindruckender Effektivität. Wenn Sie überprüfen wollen, ob Sie Dreck am Sensor haben, machen Sie Folgendes: Stellen Sie Ihre Kamera nun ein: Aufnahmemodus A, MF, Blende auf 22 schließen, Entfernung auf unendlich. Nun fotografieren Sie ein gut belichtetes weißes Blatt Papier aus nächster Nähe, verwackeln ist ausdrücklich erlaubt. Anschließend heben Sie am Computer den Kontrast des Bildes noch stark an. Sollten Sie Staub auf dem Sensor haben, sieht das so aus:

E-P1-Journalistentestgerät, das alle zwei Wochen von jemand anderem genutzt wurde. Hier der Zustand nach vier Monaten ohne Reinigung. Die Bilder waren noch einwandfrei.

Der Staub befindet sich natürlich nicht auf dem Sensor, sondern auf der Scheibe des Staubschutzes (SSWF), der sich vor dem Sensor und dem Tiefpassfilter befindet. Die Bezeichnung „Supersonic Wave Filter" ist irreführend, da es sich nicht um einen Filter handelt, sondern um eine dünne Glasscheibe, die hochfrequent vibriert und dabei losen Staub abschüttelt. Das Ganze ist eine Art Sandwich: zuerst der superentspiegelte SSWF, an dem eine Art Vibrator befestigt ist – der Ultraschallrüttler. Dahinter liegen, gut mit Gummis abgedichtet, Tiefpassfilter und Sensor. Durch diesen wenn auch geringen Abstand wirkt sich Staub, der dann doch einmal auf dem Filter hängen bleibt, nicht so stark auf das Bild aus, da er weiter von der Bildebene entfernt ist.

Wie kommt nun der Dreck auf den Staubfilter? Einmal natürlich beim Objektivwechsel, aber selbst wenn Sie Ihr Zoom beim Kauf einmal montieren und dann nie mehr abnehmen, pusten Sie bei jedem Zoomvorgang Luft ins Gehäuse. Große Zoomobjektive wirken dabei wie Luftpumpen, die einen erheblichen Wind machen können. Die beim Zoomen angesaugte Luft wird beim Auszoomen samt dem darin enthaltenen Staub quer durch den Kamerabody geblasen.

Für eine Reinigung des Sensors gibt es mehrere Dutzend wunderbare Mittelchen aus dem Fotohandel. Das verbreitetste und auch das einzige, das viele Hersteller empfehlen, sind Sensor Swabs mit einem Reinigungsmittel namens Eclipse. Dabei handelt es sich um ein Pad an einem Stiel genau in der Größe des Sensors, das mit der Flüssigkeit (reinem Methylalkohol) getränkt wird. Dann fährt man einmal über den Sensor und wirft das Swab anschließend weg. Für eine Reinigung benötigt man meistens drei Swabs. Neu ist eine Reinigungsflüssigkeit namens Eclipse E2T, die speziell für antistatisch beschichtete Sensoren entwickelt wurde.

Billiger geht es mit PecPads, die man um einen flachen Holzspatel wickelt und mit

> **VORSICHT IM UMGANG MIT METHANOL**
>
> Sowohl Eclipse als auch Methylalkohol (Methanol) sind stark giftig. Methanol wird im Körper zu Ameisensäure und Formaldehyd umgewandelt. Formaldehyd trifft vor allem das Auge, nach einigen Tagen kommt es zur Trübung der Sehschärfe. Daneben schädigt Formaldehyd auch innere Organe wie Leber, Herz und Nieren. Mengen ab fünf Gramm Methanol können durch den narkotisierenden Effekt tödlich sein. Eine Aufnahme von Methanol ist über die Haut, über die Atemwege oder oral möglich. Symptome einer Methanolvergiftung sind Bauchkrämpfe, Schwindel, Kopfschmerzen, Übelkeit und Schwächeanfälle, später treten Sehstörungen, Atemnot und Bewusstlosigkeit auf.
> Die Therapie einer Methanolvergiftung ist die Gabe von Ethanol. Ethanol verhindert die Umwandlung von Methanol in Formaldehyd, da die Leber vorrangig mit dem Abbau des Ethanols beschäftigt ist. Dadurch kann das Methanol über die Niere ausgeschieden werden. Das Ethanol muss über mehrere Tage in ausreichender Menge verabreicht werden, idealerweise soll während dieser Zeit der Blutalkoholspiegel bei einem Promille bleiben. Das Mittel der Wahl ist hier die regelmäßige und ausreichende Gabe von hochwertigen, 40%igen Alkoholika.
> Die toxische Wirkung der Ameisensäure kann durch hohe Dosen Folsäure oder Natron (z. B. Bullrich-Salz) ausgeglichen werden. Beim Auftreten von Vergiftungssymptomen unbedingt einen Arzt konsultieren und auf die Methanol-Aufnahme hinweisen. Dass alle Methanol-Produkte außerhalb der Reichweite von Kindern aufbewahrt werden müssen, ist selbstverständlich.

Methylalkohol aus der Apotheke beträufelt. Nicht zu viel, sonst läuft der Alkohol hinter den Tiefpassfilter. Auch hier: ein Wisch und weg damit. Die PecPads haben den großen Vorteil, dass man sie auch um kleinere Holzspatel wickeln und damit den Sensor punktgenauer säubern kann als mit den Swabs – vor allem in den Ecken ist die Reinigung mit den PecPads exakter.

Als Alternative zu reinem Methanol können Sie auch Ethanol verwenden. Ethanol bekommen Sie als 90-%-Lösung in der Apotheke. Je mehr Alkohol in der Lösung enthalten ist, desto besser. Viele Apotheken verkaufen aber keinen höherprozentigen Alkohol, weil der sehr schnell verdunstet und der Alkoholgehalt in der Flasche mit der Zeit sinkt. Genau das Gleiche passiert auch mit Ihrem kleinen Alkoholfläschchen. Nach einem halben Jahr ist der Alkoholgehalt so weit gesunken, dass die Flüssigkeit auf dem Sensor nicht mehr restlos verdunstet.

Dann wird es Zeit, sich frischen Alkohol zu besorgen. Wenn Sie im Urlaub nach Italien fahren, versuchen Sie es dort mal: „Alcohol purissimo" ist in Einliterflaschen im Supermarktregal bei den Grappas für etwa zehn Euro erhältlich. Wenn Sie diese Flasche so selten wie möglich öffnen und immer nur in kleinere Fläschchen umfüllen, kommen Sie damit sehr weit. Die Einfuhr des Alkohols ist übrigens nach Deutschland problemlos möglich, da er mit mehr als 22 Volumenprozent als normale Spirituose gilt. Wenn Sie jedoch durch die Schweiz fahren, sollten Sie beachten, dass dort nur ein Liter zulässig ist. In Österreich ist er übrigens für den gleichen Preis unter dem Namen „Ansetzschnaps" erhältlich.

Versuche der Sensorreinigung mit Druckluft und Blasebalg sind bei der PEN meist verschwendete Zeit. Was der Supersonic Wave Filter nicht abschütteln kann, klebt

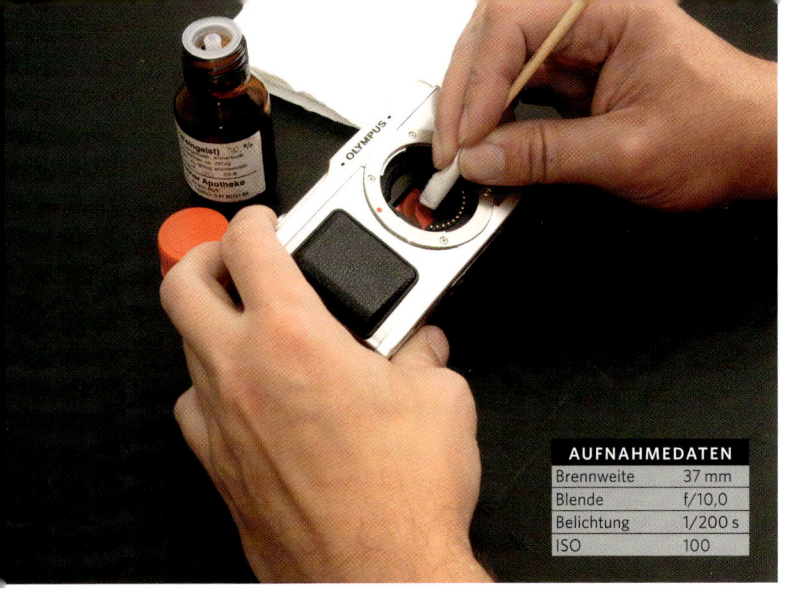

AUFNAHMEDATEN	
Brennweite	37 mm
Blende	f/10,0
Belichtung	1/200 s
ISO	100

Sensorreinigung an der E-P1 mit 90%igem Alkohol.

– und das bekommen Sie mit keinem Püsterich weg, auch wenn das Handbuch das empfiehlt. Einzige Ausnahme: richtig grober Dreck, also grobe Fusseln, die Sie auch mit bloßem Auge sehen.

Ausnahmslos alle anderen Mittel und Wege – von Scotch-Tape über Discofilm und RODICO-Masse bis zu Hausmitteln wie Q-Tips mit Spiritus oder einem simplen, sauberen Mikrofasertuch an einem Eislöffel – wurden von Besitzern von Kameras ohne Staubschutz entwickelt. Damit entfernt man nur losen Dreck vom SSWF. Und den werden Sie auch durch zwei- bis dreimaliges Einschalten los.

Wenn eine Reinigung des SSWF fällig ist, müssen Sie den Schmutz erst gründlich mit Alkohol einweichen und dann wegwischen. Haben Sie einen Blasebalg, pusten Sie sofort nach dem Putzen über den Sensor, der Alkohol verdunstet damit schneller, und die Gefahr von Schlierenbildung sinkt. Eventuell nehmen Sie hinterher den losen Dreck, der sich während der Zeit der Reinigung in die Kamera verirrt hat, noch mit einem sauberen Mikrofasertuch auf.

Alles andere ist zum Scheitern verurteilt, und wenn Sie es gar mit einer Trockenreinigung versuchen, verschmieren Sie den Dreck nur. Im Kameragehäuse sammeln sich nämlich neben trockenem Staub auch Kohlenwasserstoffe aus der Luft. Das klingt harmlos, aber Kohlenwasserstoffniederschläge sind eine ausgesprochen schmierige Angelegenheit. Kohlenwasserstoffe sind zum Beispiel Benzol, Paraffin, Toluol, Propan, Butan, Octan etc.

Wenn Sie ein mulmiges Gefühl bei der Putzerei haben: Schicken Sie die Kamera an Olympus oder geben Sie sie beim Fachhändler Ihres Vertrauens ab. Bei einer Reinigung von Olympus wird übrigens automatisch auch der Klebestreifen gewechselt, der den Staub, der vom SSWF abgeschüttelt wird, festhält.

Da die PEN keinen Spiegel hat und der Verschluss in Ruhelage offen ist, haben Sie keinerlei Zeitdruck beim Putzen. Berücksichtigen Sie, dass Sie, um den Erfolg der Reinigung abschätzen zu können, auch ein paar Kontrollbilder machen müssen. Selbst mit einer speziellen Sensorlupe werden Sie nicht sämtlichen Dreck auf dem Sensor erkennen können.

Nässe in der Kamera

Wenn Feuchtigkeit in die Kamera gelangt ist, sollten Sie sofort den Akku entfernen, sämtliche Klappen öffnen und die Kamera bei Zimmertemperatur austrocknen lassen. Haben Sie einen Ventilator, stellen Sie ihn davor auf, den Föhn stellen Sie auf Stufe „kalt". Es gibt aber noch allerlei andere erfolgreiche Methoden, eine durchnässte Kamera zu trocknen. Sie können sie drei Tage bei 0,5 bar in den Vakuumschrank stellen oder mit größeren Mengen Silicagel in einen Exsikkator. Da die dazu notwendigen Gerätschaften aber eher gering verbreitet sind, ist der Ventilator das Mittel der Wahl. Wenn die Kamera ein Bad im Meer genommen hat, müssen Sie unbedingt das Salz aus der Kamera spülen. Also immer zuerst den Akku herausnehmen, dann spülen – idealerweise mit Aqua destillata – und dann trocknen. Trocknen Sie sie lieber einen Tag länger als einen Tag zu kurz. Und widerstehen Sie der Versuchung, den Akku zu früh einzusetzen und auszuprobieren, ob alles wieder geht.

Diese Hinweise sollten Sie nicht zum Leichtsinn verleiten. Es ist möglich, dass Sie mit den Tipps Ihre Kamera retten können, es bestehen aber auch gute Chancen dafür, dass eine untergetauchte PEN hinterher einen Totalschaden hat.

Reinigen der Optiken

Kommen Sie nicht auf die Idee, ein Objektiv von innen putzen zu wollen. Wenn Sie im Inneren des Objektivs Dreck feststellen, der sich auf das Bild auswirkt, ist das ein Fall für den Service. Das Gehäuse der Objektive können Sie mit einem feuchten Lappen reinigen, die abgedichteten Pro-Objektive auch mit einem nassen Lappen. Das Problem ist immer die Frontlinse. Diese ist zwar hartvergütet, aber trotzdem empfindlich.

- Erste Regel: Übertreiben Sie es nicht mit der Putzerei. Jeder Reinigungsvorgang ist eine Gefahr für die Linse, versuchen Sie erst mal, den Staub wegzupusten.

- Zweite Regel: Niemals trocken reinigen! Egal wie weich das Papier, das Tuch oder was auch immer ist: Wenn Sie damit trocken über die Linse wischen, verreiben Sie den Staub, der auf der Linse liegt. Dieser Staub kann von Rußpartikeln über kosmischen Staub und Saharasand bis zu Metallspänen alles enthalten, was eine Optik ruinieren kann.

- Dritte Regel: Lassen Sie die Finger von Linsenreinigungslösungen und anderen Lösungsmitteln. Sie wissen nicht, was in dem Fläschchen wirklich drin ist, und der Produzent des Fläschchens weiß nicht, was sich auf Ihrer Frontlinse befindet.

Wenn Sie wollen, kaufen Sie sich Linsenreinigungspapier, das ist sehr weiches Papier, das auch als Brillenputzpapier verkauft wird. Besorgen Sie sich ein kleines Fläschchen destilliertes Wasser, feuchten Sie das Brillenputzpapier damit an, wischen Sie einmal über die Linse und werfen Sie das Papier hinterher weg. Allerdings gibt es einige Optiker, die zu diesem Thema eine andere Meinung haben.

Oder Sie besorgen sich Mikrofasertücher, die Sie regelmäßig waschen und am besten in einem kleinen Plastiktütchen in der Fototasche aufbewahren, damit sie nicht selbsttätig die Fototasche von innen reinigen. Es gibt allerdings auch eine große Fotografengemeinde, die den Allesreinigern angehören und nehmen, was gerade zur Hand ist: T-Shirt, Papiertaschentücher oder Baumwollhemden. Linse anhauchen, drüberwischen, fertig.

Hoya schreibt zwar, es gäbe keinen Dreck auf der Linse, der nicht vor Aqua destillata und einem weichen Tuch kapituliere, aber hin und wieder gibt es denn doch ölige oder fettige Flecken, die die Website von Hoya noch nicht kennen. Dagegen hilft dann der Hama Lenspen – oder etwas Seifenwasser auf einem Taschentuch. Keinesfalls die Frontlinse mit größeren Mengen Spülwasser behandeln. Das Spülwasser ist schneller als gedacht auf der anderen Seite der Linse. Reinigen Sie Objektivgehäuse nicht mit entfettenden Mitteln. Die Gummidichtungen am Tubus brauchen einen gewissen Gleitfilm, sonst laufen sie nicht mehr sauber. Wenn Sie aus Versehen doch den Tubus entfettet haben, helfen kleine Mengen Silikon- oder Teflonspray auf einem Taschentuch, mit dem man den Tubus einreibt.

INDEX

A

Abbildungsmaßstab 191
Abendlicht 172
Accessory-Port 163
Accessory-Port-Abdeckung 38
Achromatische Nahlinsen 194
Adapter 278
AF-Feld 52
AF-Hilfslicht 239
AF-System 50
Akkus 306
Alkohol 305, 311
Alustativ 291
Anwendermenü 32, 111
Anwenderspezifisch A
   AF-Feld 112
   AF-Hilfslicht 115
   AF/MF 111
   AF-Modus 111
   Bulb Fokus 114
   Dauer Auto Fokus. 111
   Gesichtserkennung 115
   [...] Grundeinstellung 115
   MF Assistent 114
   MF Richtung 114
   Obj. Rücks. 113
   [...] Setup 113
Anwenderspezifisch B
   AEL/AFL 116
   AEL/AFL <-> Fn 128
   Drehrad sperren 128
   Einstellfunktion 127
   Einstellrichtung 127
   Pfeiltasten Funktion 128
   Tasten Funktion 119

Anwenderspezifisch C
   Anzeigezeit 130
   Ausl. Prio. C 129
   Ausl. Prio. S 129
   Bilder fps 129
   H fps 130
   L fps 130
Anwenderspezifisch D
   Art Liveview Modus 134
   Bild Modus Einstellung 133
   Disp/Signalton/PC 130
   Hintergrundbel. 136
   Histogramm 133
   Info aus 135
   Info Einst. 131
   Kontroll Einst. 132
   Lautstärke 136
   LV-Erweit. 134
   Makro Modus 134
   Modus geändert 134
   Ruhe Modus 136
   Signalton 136
   USB Modus 137
   Videosignal 131
Anwenderspezifisch E
   Anti-Schock 143
   Bulb Timer 143
   EV-Stufen 138
   ISO 141
   ISO-Auto 142
   ISO-Auto Einst. 141
   ISO-Stufen 141
   Messung 138
   Modus geändert 140
Anwenderspezifisch F
   Blitzbelichtungskorrektur 148

Blitzmodus 144
Blitz Zeit Limit 148
X-Synchron 146
Anwenderspezifisch G
   Alle WB Einstellung 150
   Auflösung einstellen 153
   Bildgrösse 153
   Blitzweißabgleich 151
   Farbraum 152
   Randsch. Komp. 152
   Rauschmind. 148
   Rauschunt. 149
   WB 150
   WB Auto Warme Farben 150
Anwenderspezifisch H
   Copyright Einstell. 156
   Dateinam.bearb. 154
   Dateiname 154
   dpi Einstellung 156
   Prio. Einst. 156
   RAW+JPEG lösch. 154
   Schnell lösch. 153
Anwenderspezifisch I
   Creativ Video M. 157
   Film+Foto 159
   Film Mikrofon 160
Anwenderspezifisch J
   Batterielevel 161
   Belichtungsjustage 160
   Einstell. Touch Screen 162
   Eye-Fi 162
   Justierung 161
   Pixel Korr. 160
Äquivalenzbrennweite 65
Architekturfotografie 171
ART-Filter 41, 216
Asphärische Linsen 260

Aufnahmemenü 1 91
   Bildformat 99
   Bildmodus 93
   Gradation 94
   Karte einr. 91
   Movie 97
   Rücksetzen/Myset 92
   Standbild 96
Aufnahmemenü 2 100
   Belichtungsreihe 102
   Bildstabi. 101
   Blitzbelichtungskorrektur 105
   Dig. Tele-Konverter. 106
   Mehrfachbelichtung 103
   RC Mode 105
   Selbstauslöser 100
   Serienbild 100
Aufsteckblitze 237
Aufstecksucher 24
Ausschnittansichten 38
Autofokus 55, 198
   Filmen 56
Autofokusfeld 52
Autofokussystem 50

B

Backpacking 173
Balgengeräte 282
Beleuchtung 218
Belichtungsreihe 185
Belichtungszeit 69
Beugungsunschärfe 259
Bildaufbau 217
Bildebene 258
Bildstabilisator 40, 46, 47
Bildwinkel 66, 259

Blasse Farben 42
Blaue Stunde 198
Blau-Problem 83
Blende 69, 70
Blendenvorwahl 69
Blimp 182
Blitzen 225
Blitzschuh 258
Blitzschuhabdeckung 37
Bohnensäckchen 292
Bokeh 258, 259
Bouncer 234
Bracketing 185
Brennweite 65, 215
Bühnenbeleuchtung 178
Bühnennebel 177

C

C-AF 53
Chromatische Aberrationen 262
Cokin X121S 302
Comedians 181
Crossentwicklung 44

D

Datum 33
Daumensprungregel 84
Deckenhöhe 232
Diffusoren 234
Digitale Brennweite 66
Diorama 42, 44
Display 34
Displayschutzfolie 305
Dramatischer Effekt 44
Dreibeinstativ 292

Druckluft 308
Dynamik 71
Dynamikumfang 183

E

Effektfilter 41, 303
Ein-/Ausschalter 38
Einstellungsmenü 32, 35, 164
Elektronikblitze 238
Eventfotografie 175
EVIL-Konzept 65
EXIF 66, 255

F

Farbfolien 229, 230
Farbraum 79
Farbtemperatur 72
Fernpunktformel 81
Firmware 36
Firmware-Update 36
FL-14 225
Fokusfallen 212
Fotografierverbot 155
Fototabelle
   Adapter 278
   Blendenreihe 70
   EV-Wertetabelle 71
   Gegenstandsweite 83
   Konverter 277
   Standardbelichtungsreihe 69
   Systemblitze 227
   vollmechanische Fremdobjekt. 275
FourThirds 65
FT 65
Funkblitzen 241

INDEX

G

Geo-Tagging 33
Gesichtserkennung 51
Gigapixelbilder 203
GPS-Daten 189
GPS-Logger 189
GPS-Track 190
Graufilter 218, 299
Graukarte 76
Grauverlaufsfilter 301
Gruppenbilder 51, 211

H

Handlung 219
Handschlaufen 37
HDR-Bilder 183
HDR-Fotografie 183
HDR-Software 187
HDR-Technik 184
Hintergrund 50
Hintergrundpappe 210
Histogramm 34
Hitze 307
Hyperfokaldistanz 188, 260

I

iAUTO 46
Imagetank 305
Indirektes Blitzen 231
INFO-Taste 52
IR-Filter 296
I.S.1 46
I.S.2 46
I.S.3 46
ISO 141
Isopropanol 285

J

Jazzkonzerte 180
JPEG 42, 186
JPEG-Format 67
JPEG-Kompression 67

K

Kabelauslöser 295
Kälte 306
Kameragurt 37
Kamerahaltung 49
Kameramenü 32
Kamera reinigen 308
Kleinbildbrennweite 66
Klimatische Extreme 306
Kondenswasser 308
Kontaktspray 308
Kontrastautofokus 56
Konverter 277
Kugelkopf 293
Kugelpanoramen 204

L

Landschaftsfotografie 187
LDR-Bilder 183
LED 78
LEE Filters 229
Leica DG Macro-Elmarit 45 mm 274
Leitzahl 225
Lensbaby 282
Lens Flare 297
Lichtfarbe 72
Lichtformer 243
Lichtquelle 78
Lichtstärke 262
Lichtwanne 244
Lichtwert 71
Lochkamera 42
Luftfeuchtigkeit 307
Lupentaste 52

M

Makrofotografie 191
Makroschlitten 304
MAL-1 294
Manuelle Fokusfallen 212
Menschen 208
Menüsprachen 34
MENU-Taste 32
Methanol 311
MFT 65
Micro FourThirds 65
Mikrofasertuch 305
Mitzieher 213
MMF-1 65
MMF-2 65
Monitorhelligkeit 34
Monochrom Film 41, 42
Morgenlicht 172
Motiv 171
Motivprogramme 30, 39
MTF-Charts 255
Multi-Row-Panoramen 204
M.Zuiko 9-18 mm 263

N

Nachtaufnahmen 194
Naheinstellgrenze 262
Nahpunktformel 81
Nässe 312
Neiger 293
NIK HDR Efex Pro 187
Nodalpunkt 255
Nodalpunktadapter 293
Normalbrennweite 66, 171

O

Objektive 255
   Fremdobjektive 275
   Kontakte reinigen 284
   Leica DG Summilux 25 mm 272
   Leica Summilux 25 mm 262
   Lumix 14-42 mm 265
   Lumix G 12,5 mm 3D 275
   Lumix G 14 mm 270
   Lumix G 20 mm 272
   Lumix G Fisheye 8 mm 270
   Lumix G Vario 7-14 mm 263
   Lumix G Vario 14-42 mm 265
   Lumix G Vario 14-45 mm 266
   Lumix G Vario 45-200 mm 268
   Lumix G Vario 100-300 269
   Lumix G Vario HD 14-140 mm 266
   Lumix G X Vario PZ 45-175 mm 268
   M.Zuiko 14-42 mm 264
   M.Zuiko 17 mm 271
   M.Zuiko 45 mm 209, 273
   M.Zuiko ED 12 mm 270
   M.Zuiko ED 14-150 mm 266
   M.Zuiko ED 40-150 mm 267
   M.Zuiko ED 75-300 mm 269
   Olympus-Pro-Linie 279
   Olympus-Standard-Linie 279
   Olympus-Top-Pro-Linie 281
   Panasonic 48
   reinigen 313
   Voigtländer Nokton 25 mm 273
   wechseln 284
   Zuiko 11-22 mm 262, 280
   Zuiko 35 mm Makro 280
   Zuiko 50 mm Makro 281
   Zuiko 70-300 mm 280
   Zuiko ED 50 mm Makro 66
Objektivrückdeckel 283
Ohropax 179
O.I.S. 48
Olympus-Standard-Linie 279
ORF-Format 68

P

Panoramafotografie 199
Panoramakopf 293
Panoramasoftware 206
PEN E-P1 21
PEN E-P2 21, 22
PEN E-P3 23
PEN E-PL1 22
PEN E-PL2 23
PEN E-PL3 23
PEN E-PM1 23
PEN F 20
PENPAL 163, 294
Perspektivische Tiefe 84
Photomatix Pro 187
Polarisiertes Licht 249
Polfilter 203, 298, 247
Pop Art 41, 42
Porträtfotografie 207
Programmwählscheibe 32
Purple Fringing 262

R

RAW 42, 67, 186
RAW-Format 68
RAW-Konverter 69
RC-Blitzen 228
Reflexionsflächen 232
Reset 155
Retrostellung 192
Ringblitze 237
Robert Capa 171
Rockkonzerte 176
Rote Augen 231
Rot-Problem 83

S

SAT 94
Schärfeebene 192
Schärfentiefe 55, 80, 84, 216, 260
Schärfeskala 283
Scheimpflug-Regel 282
Schirmreflektor 244
Schnittprogramme 219
Schnurstativ 292
Schwenks 217
SEMA-1 294
Sensorbreite 259

INDEX

Sensordiagonale 259
Sensorhöhe 259
Sensor reinigen 310
Serienbildaufnahme 100
Serienbildmodus 38
Shiften 172, 282
Sixtomat 68
Slow-Blitz 241
Soft-Blimp 182
Softbox 244
Soft Fokus 42
Sphärische Aberration 260
Spotmessung 138
Spritzwasser 307
SSWF 310
Stabblitze 237
Stativ 291
Stativkopf 219, 292
Stativschraube 293
Staub 310
Staubschutz 310
Stauchung 84
Sternenbilder 197
Striplight 245
Stroboskopblitzen 236
Studio mieten 249
Styroporplatte 243
Sucher Einstellung 164
Sucherlupe 52
SWD 58
SWD-Objektive 66
Synchronzeit 146
Systemblitze 225
    FL-36R 226
    FL-50R 225

T

Taschenlampe 305
Theater 182
Theodor Scheimpflug 282
Tiefe 84
Tiefenschärfe 84
Tilten 282
Ton 218
Touchpad 52
Trageriemen 37
TTL 227

U

Uhrzeit 33
Ultraschall emittieren 284
UTC 33
UV-Farben 77
UV-Filter 295

V

Verschwenken 58
VF-1 24
VF-2 24
VF-3 25
Video 215
    Klappe 217
Videolänge 217
Visitenkarten 305
Vollmond 195
Vordergrund 50
Vorsatzfilter 295

W

Wabenspot 246
Wanderblitzen 240
Weiches Licht 42
Weißabgleich 72, 73, 178, 198
    Graukarte 76
Weißabgleichsfestwerte 75
Wiedergabemenü 106
    Bearb. 108
    BGM 106
    Druckvorausw. Erst. 110
    Schutz Aufh. 110
    Starten 106

Y

Yoshihisa Maitani 21
YouTube 215

Z

Zahnrad B
    AF-Modus 125
    Blitzmodus 125
Zangenblitze 237
Zartes Sepia 44
Zerstreuungskreis 261
Zoom 283
Zoomreflektor 232
Zweiter Vorhang 241

Bildnachweis

Kapitel 1
Alexander Wagner   16-17
Olympus, Reinhard Wagner   18
Olympus   20-22
Reinhard Wagner   23
Reinhard Wagner, Olympus   24
Reinhard Wagner   25

Kapitel 2
Reinhard Wagner   26-28
Olmypus   30-31
Reinhard Wagner   32-46
Alexander Wagner   47
Reinhard Wagner   51-59

Kapitel 3
Reinhard Wagner   60-61
Dorothe Menzel,
   Reinhard Wagner   62
Reinhard Wagner   64-85

Kapitel 4
Reinhard Wagner   86-165

Kapitel 5
Reinhard Wagner   166-168
Alexander Wagner   170
Reinhard Wagner   171-187
Alexander Wagner   188
Reinhard Wagner   189-194
Rebecca Wagner   195
Reinhard Wagner   196-218

Kapitel 6
Reinhard Wagner   220-242
Multiblitz   244
Reinhard Wagner   245-246
Reinhard Wagner, Multiblitz   247
Reinhard Wagner   248

Kapitel 7
Reinhard Wagner   250-251
Reinhard Wagner,
   Rebecca Wagner   252
Reinhard Wagner   254-262
Panasonic, Reinhard Wagner   263
Olympus, Reinhard Wagner   264
Reinhard Wagner, Panasonic   265
Panasonic   266
Olympus, Reinhard Wagner   267
Olympus, Panasonic,
   Reinhard Wagner   268
Reinhard Wagner   269
Panasonic   270
Olympus, Reinhard Wagner   271
Panasonic, Reinhard Wagner   272
Reinhard Wagner   273-274
Panasonic   275
Reinhard Wagner   277
Olympus, Reinhard Wagner   278
Reinhard Wagner, Olympus   280
Olympus, Reinhard Wagner   281
Rebecca Wagner   282
Reinhard Wagner   284

Kapitel 8
Reinhard Wagner   286-287
Frank Rückert, Reinhard Wagner   288
Reinhard Wagner   290-293
Olympus, Reinhard Wagner   294
Reinhard Wagner   295-303
Frank Rückert   304
Reinhard Wagner   305-312

Die Bedienelemente der PEN E-PL3

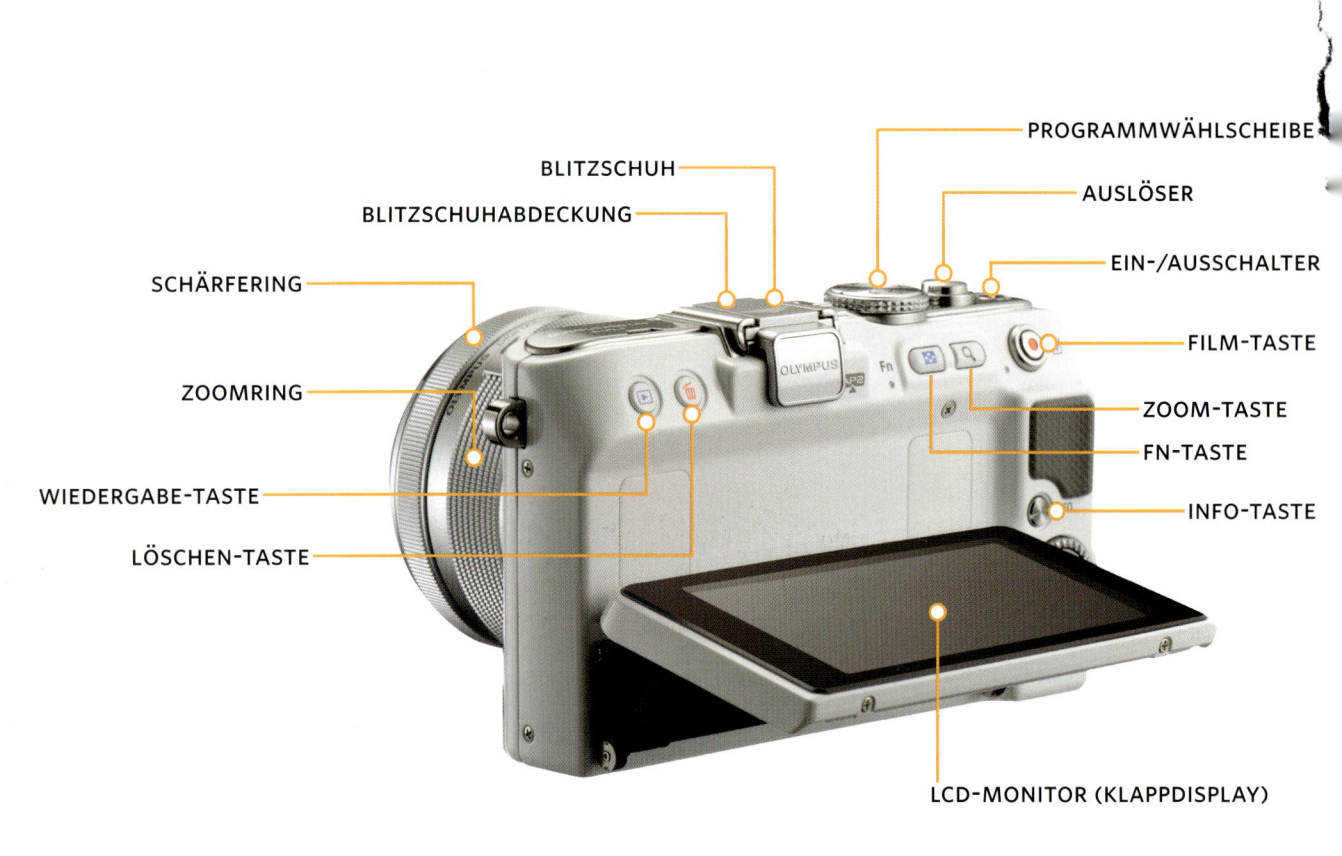

- PROGRAMMWÄHLSCHEIBE
- BLITZSCHUH
- AUSLÖSER
- BLITZSCHUHABDECKUNG
- EIN-/AUSSCHALTER
- SCHÄRFERING
- FILM-TASTE
- ZOOMRING
- ZOOM-TASTE
- FN-TASTE
- WIEDERGABE-TASTE
- INFO-TASTE
- LÖSCHEN-TASTE
- LCD-MONITOR (KLAPPDISPLAY)